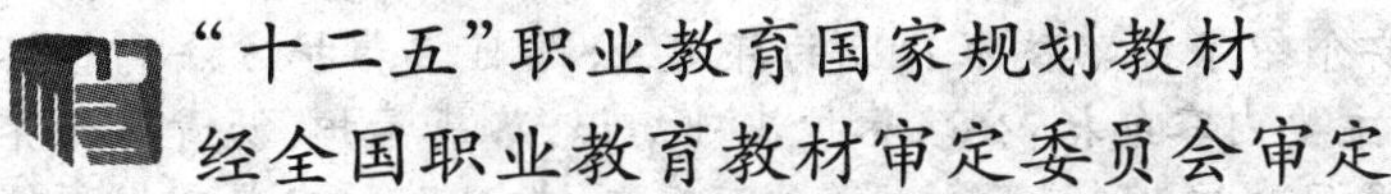

"十二五"职业教育国家规划教材
经全国职业教育教材审定委员会审定

Gonglu Yanghu Jishu yu Guanli

公路养护技术与管理

（第三版）

彭富强 主 编

袁 芳 副主编

杨朝杰[河南省交通运输厅公路管理局]
马松林[哈尔滨工业大学] 主 审

人民交通出版社股份有限公司
China Communications Press Co.,Ltd.

内 容 提 要

本书为"十二五"职业教育国家规划教材、全国交通土建高职高专规划教材。本书根据我国交通职业技术学院的教学大纲编写,同时也考虑了广大公路工程技术人员的自学要求,以现行标准、规范为基本依据,主要介绍了公路技术状况的评定、公路日常养护方法和损坏处治措施。全书共分十三个单元,主要内容包括:公路养护基础知识,路基养护,沥青路面养护,水泥混凝土路面养护,桥梁,涵洞养护,隧道养护,路线交叉养护,公路防灾与突发事件处置,交通工程及沿线设施养护,公路绿化与环境保护,公路养护作业安全,公路养护技术管理和灌浆技术。本书为高等职业院校高等级公路维护与管理专业及相关专业的教学用书,也可作为公路养护技术人员和管理人员的培训教材。

本教材配套多媒体课件,读者可通过加入职教路桥教学研讨群(QQ 群 561416324)索取

图书在版编目(CIP)数据

公路养护技术与管理/彭富强主编.--3 版.--北京:人民交通出版社股份有限公司,2015.1

"十二五"职业教育国家规划教材

ISBN 978-7-114-11977-4

Ⅰ.①公… Ⅱ.①彭… Ⅲ.①公路养护-技术管理-高等职业教育-教材 Ⅳ.①U418

中国版本图书馆 CIP 数据核字(2015)第 007907 号

"十二五"职业教育国家规划教材

书　　名:公路养护技术与管理(第三版)
著 作 者:彭富强
责任编辑:刘　倩　李学会
出版发行:人民交通出版社股份有限公司
地　　址:(100011)北京市朝阳区安定门外外馆斜街 3 号
网　　址:http://www.ccpress.com.cn
销售电话:(010) 59757973
总 经 销:人民交通出版社股份有限公司发行部
经　　销:各地新华书店
印　　刷:北京鑫正大印刷有限公司
开　　本:787×1092　1/16
印　　张:17.5
字　　数:420
版　　次:2002 年 8 月 第 1 版
2010 年 5 月 第 2 版
2015 年 3 月 第 3 版
印　　次:2017 年 12 月　第 3 版　第 4 次印刷　总第 25 次印刷
书　　号:ISBN 978-7-114-11977-4
印　　数:80001-84000 册
定　　价:44.00 元

第三版前言

本教材第一版于 2002 年 8 月出版。2006 年,本教材被教育部评选为"普通高等教育'十一五'国家级规划教材",根据规划教材编写的指导思想和有关原则,在总结教学经验、充分吸取其他使用本教材老师的意见及养护工程单位的意见的基础上,结合交通运输部新颁布的规范和标准,对第一版进行全面的修订,于 2010 年 5 月出版了第二版。

经过全国各交通高职院校 10 年多的实践检验,本教材得到了相关院校师生的肯定。2013 年,本教材入选教育部"'十二五'职业教育国家规划教材",按照要求,结合国内外公路养护中的新设备、新工艺、新材料,对本教材进行了第三次全面修订,内容力求反映当前公路养护技术的发展水平,并吸收了国内外最新的研究成果。

本课程是《路基路面工程》、《桥梁工程》等专业课的一门后续专业课,具有较强的综合性和实践性。在教学过程中,应突出重点,以掌握基本概念及其应用为主,尽量运用录像等电化教学手段,提高教学效果。

本书第 1、11 单元由吉林交通职业技术学院沈艳东编写,第 2、6、7、10 单元由湖南交通职业技术学院袁芳编写,第 3、4、9、12 单元由湖南交通职业技术学院彭富强编写,第 5 单元由湖南交通职业技术学院郭芳编写,第 8 单元由中山市明远路桥工程有限公司吴汉全高级工程师编写,第 13 单元由湖南腾达工程有限公司袁航高级工程师编写。

全书由湖南交通职业技术学院彭富强担任主编,湖南交通职业技术学院袁芳担任副主编。各学校可根据本校对该课程教学时数的规定,有选择性地讲授,应保证路基、路面、桥涵、隧道、交通安全设施等内容。

本书第三版继续请哈尔滨工业大学教授马松林和河南省交通运输厅公路管理局杨朝杰(教授级高级工程师)担任主审。

特别感谢湖南腾达工程有限公司袁航高级工程师提供的技术资料。

限于编者水平,疏误之处在所难免,敬请读者提出宝贵意见,以便再版时修改。

编　者

2014 年 8 月

第三版前言

第二版前言

本教材第一版于2002年8月出版，经过全国各交通高职院校7年多的教学实践检验，本教材得到了相关院校师生的肯定。2006年，本教材被教育部评选为“普通高等教育‘十一五’国家级规划教材”。随着我国公路建设的快速发展，新的养护技术不断涌现出来，公路养护管理水平也不断提高。因此，本教材的内容也亟待更新。

2009年12月，交通运输部颁布了新的《公路养护技术规范》(JTG H10—2009)并于2010年1月1日起施行，原规范(JTJ 073—96)同时废止。针对此情况，结合教育部普通高等教育“十一五”国家级规划教材编写的指导思想和有关原则，在总结教学经验、充分吸取其他使用本教材老师的教学意见及工程单位意见的基础上，编者对本教材第一版进行了全面修订。

修订后的本教材，借鉴了国内外最新的研究成果，体现了交通运输部最新发布的有关行业规范、标准及生产过程中积累的实践经验，反映了当前公路养护与管理的发展水平。本教材在第一版的基础上，增加了工程案例、公路工程灌浆技术等内容。

本课程是《路基路面工程》、《桥梁工程》等专业课的一门后续专业课，具有较强的综合性和实践性。在教学过程中应突出重点，以掌握基本概念及其应用为主。各学校可根据本校对该课程教学时数的规定，有选择地讲授，但应保证路基、路面、桥涵、交通安全设施、路政管理等内容的教学。在教学中应尽量运用多媒体教学手段，以提高教学效果。

本书第一、五、十一章由吉林交通职业技术学院沈艳东编写；第七、八、十章由湖南交通职业技术学院赵曦编写；第二、六、九章由湖南交通职业技术学院李振编写；第三、四、十二章由湖南交通职业技术学院彭富强编写，第十三章由湖南腾达工程有限公司袁航高级工程师编写。全书由湖南交通职业技术学院彭富强担任主编，吉林交通职业技术学院沈艳东担任副主编。哈尔滨工业大学交通学院马松林教授和河南省交通运输厅公路局杨朝杰(教授级高级工程师)担任本书主审。

特别感谢湖南腾达工程有限公司袁航高级工程师提供的技术资料。在本书的编写过程中，编者参阅了大量的文献资料，在此向有关作者表示感谢。

限于编者水平和实际经验有限，书中不足和疏误之处在所难免，敬请使用本教材的老师和读者提出宝贵意见，以便再版时修改。

编　者

2010年4月

第一版前言

本书是为适应高等职业教育发展的需要，根据交通部科教司路桥工程学科委员会高职教材联络组2001年7月昆明会议决议，按照《交通高等职业技术教育路桥专业课程设置框架》要求编写的。本书注意到职业教育的特点，内容以实用、实际、实效为原则，力求反映当前公路养护与管理的发展水平，吸收了国内外最新的研究成果，采用了交通部最新修订的《公路水泥混凝土路面养护技术规范》(JTJ 073.1—2001)、《公路沥青路面养护技术规范》(JTJ 073.2—2001)等有关规范。

本课程是《路基路面工程》、《桥梁工程》等专业课的一门后续专业课，具有较强的综合性和实践性。在教学过程中应突出重点，以掌握基本概念及其应用为主，尽量运用录像等电化教学手段，提高教学效果。

本书审稿会于2002年7月3日~7月6日在合肥举行，参加审稿会的有：广西交通职业技术学院梁志锐，人民交通出版社卢仲贤、刘建荣，湖南交通职业技术学院彭富强，安徽交通职业技术学院王丰胜、韦斌，河北交通职业技术学院田平。

本书由湖南交通职业技术学院彭富强主编，广西交通职业技术学院梁志锐主审。具体编写情况如下：第一、二、三、四章由湖南交通职业技术学院彭富强编写，第五、六、七、八、九、十一章由广西交通职业技术学院黄立明编写，第十章由湖南交通职业技术学院王中伟编写。

由于编者水平有限，书中不妥或错误之处在所难免，敬请读者不吝赐教。

编　者

2002年7月

目　录

单元1 公路养护基础知识

课题1 公路损坏原因分析

公路竣工并交付使用后，在反复的行车荷载作用和自然因素的影响下，特别是交通量和轴载的不断增加，以及部分筑路材料的性质衰变，加上在设计、施工中留下的某些缺陷，公路的使用功能将逐渐下降。

一、车辆荷载

1. 作用于公路上的车辆荷载

（1）行驶车辆通过车轮传递给路面的垂直压力，其大小主要取决于车辆的类型和轴载。

（2）车辆起动、制动、变速、转向以及克服各种行车阻力作用于路面的水平力，其大小除与车辆的行驶状况和轮胎性质有关外，还与路面的类型及其干湿状况有关。

（3）汽车行驶时，自身产生的振动以及因路面不平整引起车辆颠簸产生振动而对路面作用的动压力，其大小主要与车速、路面的平整度和车辆的减振性能有关。车速越高、路面的平整度越差，对路面产生的动压力就越大。

（4）车辆行驶时，在车轮的后方与路面之间形成暂时的真空而对路面产生的真空吸力。真空吸力对材料黏结力差的中、低级砂石路面起作用，导致路面集料松动，路面结构逐步发生破坏。

此外，荷载作用的时间、频率和荷载次数，对路面也起着重要的影响。荷载作用的时间与车轮着地长度、车速及所处的路面结构有关，荷载频率和荷载次数与交通量、车道宽度、路面使用年限等条件有关。

2. 车辆荷载作用分析

在车轮垂直荷载作用下，路基将产生压缩和弯曲。柔性路面因其材料的黏弹性质不仅产生弹性变形，还将伴随加载时间产生滞后弹性变形和不可恢复的塑性变形。在多次加载和卸载的过程中，如果压力不超过一定的限度，不可恢复的变形逐渐变小，而弹性变形增加，使路面密实度得到增加而强化。但当压力超过一定限度时，就会发生很大的不可恢复的塑性变形。在多次重复荷载作用下，路面可因竖向塑性变形的累积而逐渐产生沉降。对于采用黏土做结合料的碎石、砾石路面，在雨季潮湿状态下，以及沥青路面在夏季高温时表现尤为明显。高等级公路的沥青路面，由于渠化交通的作用，会导致车辙产生。

对于水泥混凝土、沥青混凝土以及半刚性等整体材料的路面，在车轮重复垂直荷载作用下，超过材料的疲劳强度时，路面将产生疲劳开裂破坏。重复作用的荷载次数越多，材料可以随疲劳作用的强度则越小。

行车产生的水平力，主要作用在路面的上层，引起路表面变形而影响其平整度。

水平力对路面的影响，首先表现在对路面的磨损上。路面的磨损主要是由车辆在行驶过程中车轮产生滑移造成的。强烈的路面磨损发生在车辆的制动路段上，如公路的下坡段、小半径平曲线和交叉口进口段以及通过居民点和交通稠密的路段上。在曲线上，因车辆侧向滑移也可使路面产生磨损。在不平整的公路上，由于行驶的车轮轮胎表面通过的距离比车轮中心通过的距离要“加长”，以及因振动在车辆向上颠簸时使车辆的压力减小，都将引起车轮滑移对路面产生磨损。

路面磨损除了受行车的作用外，大气因素诸如雨水冲刷和风蚀也是重要的因素。同时，在很大程度上还与路面的类型及材料的性质有关。石料愈耐磨，路面磨损越小。在相同的条件下，碎、砾石等中、低级路面的磨损量最大，水泥混凝土路面磨损量较小，沥青路面磨损量则最小。

路面磨损不仅使路面材料受到损失并使路面厚度减薄，而且由于外露石料表面被磨光，使路面的摩擦系数衰减，从而影响行车安全。

对于黏结力较弱的碎石、砾石和沥青碎石路面，车轮的水平力可使其路面表面粒料被拉脱，并逐渐扩大形成坑槽。在雨天泥泞时，带有黏土的车轮行驶在碎石、砾石路面上，也可使其表面粒料产生拉脱。

在车轮垂直力与水力平的综合作用下，路面中将产生较大的剪应力。当剪应力超过面层的抗剪强度时，会导致路面失稳变形。面层的抗剪强度除由粒料颗粒间的摩阻力提供外，在很大程度上还依赖于结合料的黏结力。结合料的黏结力易受水温条件变化的影响，面层的抗剪强度也随水温条件的变化而变化。在我国干旱的西北、内蒙等地区或南方多雨地区的级配砾石路面上出现的搓板，以及一些沥青混凝土路面，特别是当细料和沥青含量偏多或沥青稠度过低时，在夏季高温季节常产生拥包、波浪变形，其原因就在这里。按碎石嵌挤原则铺筑的碎石路面和沥青碎石路面，由于其强度主要由碎石之间的嵌挤力和内摩阻力构成，受水温条件的影响较小，因而通常很少出现这类变形病害。

路面所以会出现有规律的波浪变形，即通常所称的搓板现象，与汽车行驶时重复地产生一定频率的振动和冲击有关。在汽车的这种动力作用下，轮胎对路面的水平推移、磨耗及真空吸力等作用也具有相应的规律性，从而使路面产生有规律的波浪变形而形成搓板。特别是路面的不平整，将使汽车的振动与冲击作用加剧，水平推移与真空吸力作用也随之增大，从而加速了路面搓板的形成与发展。路面搓板在中、低级的砂石路面上较为普遍，它与公路上行驶的汽车的速率和发动机的工作状况有关。

汽车产生冲击、振动的能量，大部分消耗在轮胎和弹簧的变形上，部分作用于路面，使路面产生周期的振动，并在路面中产生周期性的快速变向应力。动力作用对路面的影响与路面的刚度有关，路面的刚性愈强，对路面的破坏性就愈大。由于路面的振动，可能产生对路面强度有危险的应力，使水泥混凝土路面出现裂纹，碎石路面密实度降低，潮湿的路基土在受到振动后引起湿度的重分布从而可能危害路面，并使路基土挤入粒料垫层而影响其功能。沥青路面由于具有较大的吸振能力，因而振动对它的影响较小，实际上它起到了车轮冲击、振动的减振器作用。

当汽车产生周期性动力作用的频率与路面的固有振动频率相接近时，路面将发生振幅和加速度很大的共振，对路面会产生较大的破坏作用。

二、自然因素

1. 自然因素的影响

自然因素对路面的影响，主要有温度、湿度、风力、雨雪、空气、地震力等。

暴露于大气中的路面，直接受着大气温度的影响。路面温度随气温一年四季和昼夜的周期性变化而相应地变化，并沿路面厚度方向产生温度梯度。

冬季的最低温度发生在路表，并使路面产生最低气温。水对路基路面的作用主要来自大气的降水和蒸发、地面水的渗透以及地下水的影响。当路基内出现温度差时，在温差作用下水还会以液态或气态的方式从热处向冷处移动和积聚，从而改变路基的湿度状态。

荷载和自然环境条件可因路基路面的结构条件和采用材料的性质不同表现出不同的影响。

2. 自然因素影响分析

路基和路面的物理力学性能是随着水温状况而变化的。当路基受到严重的水浸湿时，其强度和稳定性会迅速下降，并导致路基失稳，引起塌方、滑坡等病害。在北方冰冻地区，在有地下水作用的情况下，冬季易使路基产生不均匀冻胀，路面被抬高，以致产生冻胀裂缝，严重时拱起可达几十厘米；在春融季节则产生翻浆，在行车作用下路面出现裂缝和冒泥现象，以致路面结构遭到全部的破坏，使交通中断。

在非冰冻地区，中、低级粒料路面在雨季、潮湿季节，强度和稳定性最低，容易遭到破坏；而在干燥季节，路面尘土飞扬，磨耗严重，易影响行车视线并污染周围环境。

对于沥青路面，当土基承受较大的荷载时，会因承载能力不足，在车轮荷载作用下使路面产生沉陷，有时在沉陷两侧还伴有隆起现象。严重时，在沉陷底部及两侧受拉区发生裂纹，逐步形成纵裂，并逐渐发展成网裂。沥青路面虽可防止雨水透渗，但亦阻止了路基中水分的蒸发，在昼夜温差的作用下，路基中的水分以气态水形式凝聚于紧挨面层下的基层上部，改变了基层原来的潮湿状况。当基层采用水稳性不良的材料时，会导致路面产生早期破坏。

沥青路面在浸水的情况下，可使其体积松胀，并削弱沥青与集料之间的黏附性，从而降低沥青混合料的物理力学性能。水对黏附性的影响，主要决定于沥青的性质和集料的黏附性能，同时与集料的吸水性能也有关。通常，煤沥青比石油沥青，碱性矿料比酸性矿料有更好的黏附性。当水中含有溶盐时，会使沥青产生乳化作用，从而加剧沥青的溶蚀作用。

沥青路面在冬季低温时，强度虽然很高，但变形能力则因刚性增大而显著下降。当气温下降、路面收缩时，受基层约束而产生累积温度应力。当温度应力超过沥青混合料的抗拉强度时，将使路面产生一定间距的横向裂缝，水分浸入裂缝后，基层和土基承载力下降，使裂缝边角产生折断碎裂。影响低温收缩裂缝的主要因素有两个：一是沥青混合料的性质，包括沥青

的性质和用量、集料的级配；二是当地的气候条件，包括降温速率、延续时间、最低气温和每次降温的间隔时间等。此外，路面的老化程度、结构条件与路基土种类也对其有一定的影响。

在阳光、温度、空气等大气因素作用下，沥青路面易老化，从而使沥青丧失黏塑性，路面变得脆硬、干涩、黯淡而无光泽，抗磨性能降低，在行车荷载作用下相继出现松散、裂缝以致大片龟裂。日照愈强烈、气温愈高、空气愈是干燥和流通，路面老化的速度愈快；沥青中不饱和烃及芳香烃愈多，混合料空隙越大，以及矿料中含有铝、铁等盐类时，路面愈易老化。

采用无机结合料的半刚性基层，会因其干缩和温缩产生的裂缝，引起沥青面层出现反射裂缝。发生路面反射裂缝现象，除与半刚性基层材料的收缩性能有关外，还与面层的厚度和采用的沥青性能有关。通常，半刚性基层采用水泥、石灰和粉煤灰稳定的材料比采用石灰材料收缩性小，稳定粒料、粒料土比细粒土的收缩性要小。同时，含水率、密实度和稳定剂用量对收缩也有较大影响。

对于水泥混凝土路面，会因土基出现较大的变形，特别是不均匀的变形时，使混凝土板产生过大的荷载应力，从而导致断裂。水泥混凝土路面接缝渗入雨水后，使基础软化，在频繁的轮载作用下，路面会出现错台或脱空、唧泥等现象，并导致面板产生横向裂缝。

水泥混凝土路面板会因温度的变化产生胀缩变形。当变形受阻时，使板内产生胀缩应力和翘曲应力。由于水泥混凝土是一种拉伸能力很小的脆性材料，为了减小其温度应力，避免板自然开裂，需把板体划成一定尺寸的板块，并修筑各种接缝。当板块尺寸设置不当或接缝构筑质量不合要求时，会使板体产生断裂，并引起各种接缝的损坏。

拌制的水泥混凝土混合料的水分过大，或在施工养生期水分散失过快时，也会引起混凝土板的过大收缩和翘曲，使板的表面产生发状裂纹，以致早期发生断裂情况。

由上述可知，公路在使用过程中，所受的行车和自然因素作用是十分复杂的，往往并非单一因素的作用，而是多种因素的综合作用。在这些因素的作用下，导致公路各种病害和损坏现象出现。因此，在进行公路养护维修时，首先应运用这些基本知识，分析损坏的原因，并区别是功能性的损坏，还是结构性的损坏，以及损坏是发展性的还是非发展性的，只有这样才能制订有效可行的养护措施。

课题2　公路养护工程分类

养护按其工程性质、技术复杂程度和规模大小，分为小修保养、中修工程、大修工程、改建工程等四类。公路养护工程作业内容见表1-1。

一、小修保养

对公路及其沿线设施经常进行维护保养和修补其轻微损坏部分的作业。

二、中修工程

对公路及其沿线设施的一般性损坏部分进行定期的修理加固，以恢复公路原有的技术状况的工程。

三、大修工程

对公路及其沿线设施的较大损坏进行周期性的综合修理，以全面恢复到原技术标准的工程。

四、改建工程

对公路及其沿线设施因不适应现有交通量增长和荷载需要而进行全线或逐段提高技术等级指标，显著提高其通行能力的较大工程项目。

公路养护工程作业内容 表1-1

工程项目	小修保养	中修工程	大修工程	改建工程
路基	保养 1. 整理路肩、边坡，修剪路肩、分隔带草木，清除杂物，保持路容整洁； 2. 疏通边沟，保持排水系统畅通； 3. 清除挡土墙、护坡滋生的有碍设施功能发挥的杂草，修理伸缩缝、疏通泄水孔及松动石块； 4. 路缘带的修理 小修 1. 小段开挖边沟、截水沟或分期铺砌边沟； 2. 清除零星塌方，填补路基缺口，轻微沉陷翻浆的处理； 3. 桥头接线或桥头、涵顶跳车的处理； 4. 修理挡土墙、护坡、护坡道、泄水槽、护栏和防冰雪设施等局部损坏； 5. 局部加固路肩	1. 局部加宽、加高路基，改善个别急弯、陡坡、视距； 2. 全面修理、接长或个别添建挡土墙、护坡、护坡道、泄水槽、护栏及铺砌边沟； 3. 清除较大塌方，大面积翻浆、沉陷处理； 4. 整段开挖边沟、截水沟或铺砌边沟； 5. 过水路面的处理； 6. 平交道口的改善； 7. 整段加固路肩	1. 在原路技术等级内整段改善线形； 2. 拆除、重建或增建较大挡土墙、护坡等防护工程； 3. 大塌方的清除及善后处理	整段加宽路基，改善公路线形，提高技术等级
路面	保养 1. 清除路面泥土、杂物，保持路面整洁； 2. 排除路面积水、积雪、冰、积砂，铺防滑料、灭尘剂或压实积雪，维持交通； 3. 砂土路面刮平，修理车辙； 4. 碎砾石路面均匀、扫面砂，添加面砂，洒水润湿，刮平波浪，修补磨耗层； 5. 处理沥青路面的泛油、拥包、裂缝、松散等病害； 6. 水泥混凝土路面日常清缝、灌缝及堵塞裂缝； 7. 路缘石的修理和刷白 小修 1. 局部处理砂石路的翻浆变形、添加稳定料；	1. 砂土路面处理翻浆，调整横坡； 2. 碎砾石路面局部路段加厚、加宽，调整路拱加铺磨耗层，处理严重病害； 3. 沥青路面整段封层罩面； 4. 沥青路面严重病害的处理； 5. 水泥混凝土路面严重病害的处理； 6. 水泥混凝土路面接缝材料的整段更换； 7. 整段安装、更换路缘石；	1. 整段用稳定材料改善土路； 2. 整段加宽、加厚或翻修重铺碎砾石路面； 3. 翻修或补强重铺铺装、简易铺装路面； 4. 补强、重铺或加宽铺装、简易铺装路面	1. 整线整段提高公路技术等级，铺筑铺装、简易铺装路面； 2. 新铺碎砾石路面； 3. 水泥混凝土路面病害处理后，补强或改造为沥青混凝土路面

续上表

工程项目	小修保养	中修工程	大修工程	改建工程
路面	2. 碎砾石路面修补坑槽、沉降，整段修理磨耗层或扫浆铺砂； 3. 桥头、涵顶跳车的处理； 4. 沥青路面修补坑槽、沉陷、处理波浪、局部龟裂、啃边等病害； 5. 水泥混凝土路面板块的局部修理	8. 桥头搭板或过渡路面的整修		
桥梁、涵洞、隧道	保养 1. 清除污泥、积雪、积冰、杂物，保持桥面的清洁； 2. 疏通涵管，疏导桥下河槽； 3. 伸缩缝养护，泄水孔疏通，钢支座加润滑油，栏杆油漆； 4. 桥涵的日常养护； 5. 保持隧道内及洞口清洁 小修 1. 局部修理、更换桥栏杆和修理泄水孔、伸缩缝、支座和桥面的局部轻微损坏； 2. 修补墩、台及河床铺底和防护圬工的微小损坏； 3. 涵洞进出口铺砌的加固修理； 4. 通道的局部维修和疏通修理排水沟； 5. 清除隧道洞口碎落岩石和修理圬工接缝，处理渗漏水	1. 修理、更换木桥的较大损坏构件及防腐； 2. 修理更换中小桥支座、伸缩缝及个别构件； 3. 大中型钢桥的全面油漆除锈和各部件的检修； 4. 永久性桥墩、台侧墙及损面的修理和小型桥面的加宽； 5. 重建、增建、接长涵洞； 6. 桥梁河床铺底或调治构造物的修复和加固； 7. 隧道工程局部防护加固； 8. 通道的修理与加固； 9. 排水设施的更换； 10. 各类排水泵站的修理	1. 在原技术等级内加宽、加高、加固大中型桥梁； 2. 改建、增建小型桥梁和技术性简单的中桥； 3. 增改建较大的河床铺底和永久性调治构造物； 4. 吊桥、斜拉桥的修理与个别索的调整更换； 5. 大桥桥面铺装的更换； 6. 大桥支座伸缩缝的修理更换； 7. 通道改建； 8. 隧道的通风和照明，排水设施的大修或更新； 9. 隧道的较大防护、加固工程	1. 提高公路技术等级，加宽、加高大中型桥梁； 2. 改建、增建小型立体交叉桥； 3. 增建公路通道； 4. 新建渡口的公路接线、码头引线； 5. 新建短隧道工程
交通工程及沿线设施	保养 标志牌、里程碑、百米桩、界牌、轮廓标等埋置、维护或定期清洗 小修 1. 护栏、隔离栅、轮廓标、标志牌、里程碑、百米桩、防雪栏栅等修理、油漆或部分添置更换； 2. 路面标线的局部补画	1. 全线新设或更换永久标志牌、里程碑、百米桩、轮标、界牌等； 2. 护栏、隔离栅、防雪栏等的全面修理更换； 3. 整段路面标线的画设； 4. 通信、监控、收费、供配设施的维修	1. 护栏、隔离栅、防雪栏栅等增设； 2. 通信、监控、收费、供配电设施的更新	1. 整段增设防护栏、隔离栅等； 2. 整段增设通信、监控、收费、供配电设施
绿化	保养 1. 行道树、花草的抚育、抹芽、修剪、治虫、施肥； 2. 苗圃内幼苗的抚育、灭虫、施肥、除草 小修 1. 行道树、花草缺株的补植； 2. 行道树冬季刷白	更新、新植行道树、花草、开辟苗圃等		

课题3 公路技术状况评定

一、公路技术状况标准

(1)公路技术状况用公路技术状况指数MQI(Maintenance Quality Indicator)和相应分项指标表示,MQI和相应分项指标的值域为0~100。

(2)公路技术状况分为优、良、中、次、差五个等级。公路技术状况等级按表1-2规定的标准确定。

公路技术状况标准 表1-2

评价等级	优	良	中	次	差
MQI及各级分项指标	≥90	≥80,<90	≥70,<80	≥60,<70	<60

二、公路损坏类型

1.沥青路面

沥青路面损坏分11类21项。

1)龟裂

轻:初期裂缝,裂区无变形、无散落,缝细,主要裂缝宽在2mm以下,主要裂缝块度在0.2~0.5m之间,损坏按面积计算。

中:龟裂的发展期,龟裂状态明显,裂缝区有轻度散落或轻度变形,主要裂缝宽度在2~5mm之间,部分裂缝块度小于0.2m,损坏按面积计算。

重:龟裂特征显著,裂块较小,裂缝区变形明显、散落严重,主要裂缝宽度大于5mm,大部分裂缝块度小于0.2m,损坏按面积计算。

龟裂见图1-1。

2)块状裂缝

轻:缝细、裂缝区无散落,裂缝宽度在3mm以内,大部分裂缝块度大于1.0m,损坏按面积计算。

重:缝宽、裂缝区有散落,裂缝块度在3mm以上,主要裂缝块度在0.5~1.0m之间,损坏按面积计算。

块状裂缝见图1-2。

图1-1 龟裂

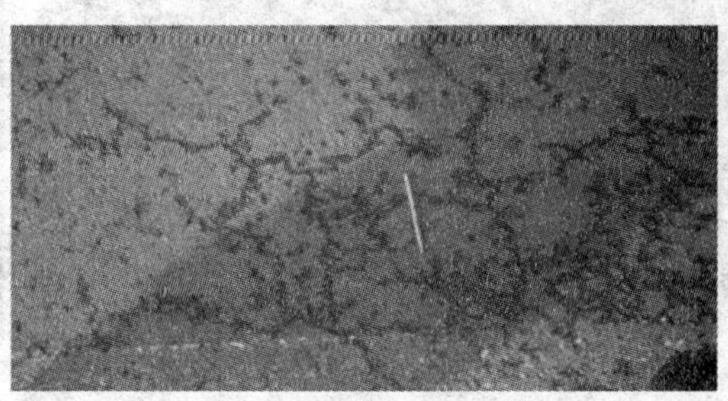

图1-2 块状裂缝

3）纵向裂缝

与行车方向基本平行的裂缝，见图1-3。

轻：缝细、裂缝壁无散落或有轻微散落，无支缝或有少量支缝，裂缝宽度在3mm以内，损坏按长度计算，检测结果要用影响宽度（0.2m）换算成面积。

重：缝宽、裂缝壁有散落、有支缝，主要裂缝宽度大于3mm，损坏按长度计算，检测结果要用影响宽度（0.2m）换算成面积。

4）横向裂缝

与行车方向基本垂直的裂缝，见图1-4。

轻：缝细、裂缝壁无散落或有轻微散落，裂缝块度在3mm以内，损坏按长度计算，检测结果要用影响宽度（0.2m）换算成面积。

重：缝宽、裂缝贯通整个路面、裂缝壁有散落并伴有少量支缝，主要裂缝宽度大于3mm，按损坏长度计算，检测结果要用影响宽度（0.2m）换算成面积。

图1-3　纵向裂缝

图1-4　横向裂缝

5）坑槽

轻：坑浅，有效坑槽面积在$0.1m^2$以内（约$0.3m \times 0.3m$），损坏按面积计算。

重：坑深，有效坑槽面积大于$0.1m^2$（约$0.3m \times 0.3m$），损坏按面积计算。

坑槽见图1-5。

6）松散

轻：路面细集料散失、脱皮、麻面等表面损坏，损坏按面积计算。

重：路面细集料散失、脱皮、麻面、露骨，表面剥落、有小坑洞，损坏按面积计算。

松散见图1-6。

图1-5　坑槽

图1-6　松散

7)沉陷

大于10mm的路面局部下沉,见图1-7。

轻:深度在10~25mm之间,正常行车无明显感觉,损坏按面积计算。

重:深度大于25mm,正常行车有明显感觉,损坏按面积计算。

8)车辙

轮迹处深度大于10mm的纵向带状凹槽(辙槽),见图1-8。

轻:辙槽浅,深度在10~15mm之间,损坏按长度计算,检测结果要用影响宽度(0.4m)换算成面积。

重:辙槽深,深度15mm以上,损坏按长度计算,检测结果要用影响宽度(0.4m)换算成面积。

图1-7 沉陷

图1-8 车辙

9)波浪拥包

轻:波峰波谷高差小,高差在10~25mm之间,损坏按面积计算。

重:波峰波谷高差大,高差大于25mm,损坏按面积计算。

波浪、拥包分别见图1-9和图1-10。

图1-9 波浪

图1-10 拥包

10)泛油

路面沥青被挤出或表面被沥青膜覆盖形成发亮的薄油层,损坏按面积计算。泛油见图1-11。

11)修补

龟裂、坑槽、松散、沉陷、车辙等的修补面积或修补影响面积(裂缝修补按长度计算,影响宽度为0.2m)。修补见图1-12。

图 1-11　泛油

图 1-12　修补

2. 水泥混凝土路面

水泥混凝土路面损坏分 11 类 20 项。

1）破碎板

轻：板块被裂缝分为 3 块以上，破碎板未发生松动和沉陷，损坏按板块面积计算。

重：板块被裂缝分为 3 块以上，破碎板有松动、沉陷和唧泥等现象，损坏按板块面积计算。

破碎板见图 1-13。

2）裂缝

板块上只有一条裂缝，裂缝类型包括横向、纵向和不规则的斜裂缝等。裂缝见图 1-14。

轻：裂缝窄、裂缝处未剥落，缝宽小于 3mm，一般为未贯通裂缝，损坏按长度计算，检测结果要用影响宽度（1.0m）换算成面积。

中：边缘有碎裂，碎裂宽度在 3～10mm 之间，损坏按长度计算，检测结果要用影响宽度（1.0m）换算成面积。

重：缝宽、边缘有碎裂并伴有错台出现，缝宽大于 10mm，损坏按长度计算，检测结果要用影响宽度（1.0m）换算成面积。

图 1-13　破碎板

图 1-14　裂缝

3）板角断裂

裂缝与纵横接缝相交，且交点距板角小于或等于板边长度一半的损坏。板角断裂见图 1-15。

轻：裂缝宽度小于 3mm，损坏按断裂板角的面积计算。

中：裂缝宽度在 3～10mm 之间，损坏按断裂板角的面积计算。

重：裂缝宽度大于 10mm，断角有松动，损坏按断裂板角的面积计算。

4)错台

接缝两边出现的高差大于 5mm 的损坏,见图 1-16。

轻:高差小于 10mm,损坏按长度计算,检测结果要用影响宽度(1.0m)换算成面积。

重:高差 10mm 以上,损坏按长度计算,检测结果要用影响宽度(1.0m)换算成面积。

图 1-15 板角断裂

图 1-16 错台

5)唧泥

板块在车辆驶过后,接缝处有基层泥浆涌出,损坏按长度计算,检测结果要用影响宽度(1.0m)换算成面积。唧泥见图 1-17。

6)边角剥落

沿接缝方向的板边碎裂和脱落,裂缝与板面成一定角度,见图 1-18。

轻:浅层剥落,损坏按长度计算,检测结果要用影响宽度(1.0m)换算成面积。

中:中深层剥落、接缝附近水泥混凝土有开裂,损坏按长度计算,检测结果要用影响宽度(1.0m)换算成面积。

重:深层剥落,接缝附近水泥混凝土多处开裂,深度超过接缝槽底部,损坏按长度计算,检测结果要用影响宽度(1.0m)换算成面积。

图 1-17 唧泥

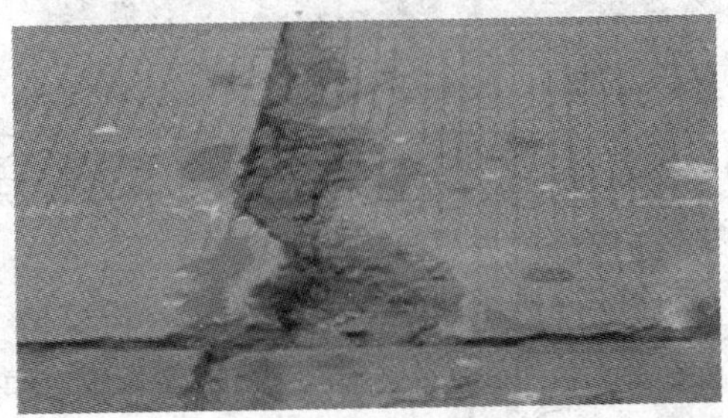

图 1-18 边角剥落

7)接缝料损坏

由于接缝的填缝料老化、剥落等原因,接缝内已无填料,接缝被砂、石、土等填塞。接缝料损坏见图 1-19。

轻:填料老化,不密水,但尚未剥落脱空,未被砂、石、泥土等填塞,损坏按长度计算,检测结果要用影响宽度(1.0m)换算成面积。

重：三分之一以上接缝出现空隙或被砂、石、土填塞，损坏按长度计算，检测结果要用影响宽度（1.0m）换算成面积。

8）坑洞

板面出现有效直径大于30mm、深度大于10mm的局部坑洞，损坏按坑洞或坑洞群所涉及的面积计算。

9）拱起

横缝两侧的板体发生明显抬高（大于10mm），损坏按拱起所涉及的板块面积计算。拱起见图1-20。

图1-19　接缝料损坏

图1-20　拱起

10）露骨

板块表面细集料散失、粗集料暴露或表层松疏剥落，按损坏面积计算。露骨见图1-21。

图1-21　露骨

11）修补

裂缝、板角断裂、边角剥落、坑洞和层状剥落的修补面积或修补影响面积（裂缝修补按长度计算，影响宽度为0.2m）。

3.路基

路基损坏分8类。

1）路肩边沟不洁

路肩（包括土路肩、硬路肩和紧急停车带）和边沟（包括边坡）有杂物、油渍、垃圾及堆积物，按行车方向的长度计算，每1m扣0.5分。

2）路肩损坏

路肩上出现的各种损坏，见图1-22。

轻：路肩轻度损坏均按损坏的实际面积计算，每$1m^2$扣1分，累计面积不足$1m^2$按$1m^2$计算。

重：路肩重度损坏均按损坏的实际面积计算，每$1m^2$扣2分，累计面积不足$1m^2$按$1m^2$计算。

3）边坡坍塌

挖方路段易出现边坡坍塌。损坏按处和行车方向的长度计算。长度小于或等于5m为轻度损坏，5～10m之间为中度损坏，大于10m为重度损坏。边坡坍塌见图1-23。

图 1-22 路肩损坏

图 1-23 边坡坍塌

4)水毁冲沟

填方路段边坡由于雨水冲刷形成冲沟,损坏按处和冲刷深度计算。深度小于或等于 0.2m为轻度损坏,0.2 ~ 0.5m 之间为中度损坏,大于 0.5m 为重度损坏。路基水毁见图 1-24。

5)路基构造物损坏

路基构造物损坏包括挡墙等圬工体断裂、沉陷、倾斜、局部坍塌、松动和较大面积勾缝脱落,损坏按处和长度计算。长度小于或等于 5m 为轻度损坏,5 ~ 10m 之间为中度损坏,大于 10m 为重度损坏。路基构造物损坏见图 1-25。

图 1-24 路基水毁

图 1-25 路基构造物损坏

6)路缘石缺损

路缘石丢失或损坏,按行车方向的长度计算,每 1m 扣 4 分。路缘石缺损见图 1-26。

7)路基沉降

深度大于 30mm 的沉降。损坏按处和长度计算。长度小于 5m 为轻度损坏,5 ~ 10m 之间为中度损坏,大于 10m 为重度损坏。路基沉降见图 1-27。

图 1-26 路缘石缺损

图 1-27 路基沉降

8）排水系统的淤塞

轻：边沟、排水沟、截水沟等排水系统淤积，按长度计算，每1m扣1分，累计长度不足1m按1m计算。

重：边沟、排水沟和截水沟等排水系统完全截面堵塞，损坏按处计算，每处扣20分。

三、公路技术状况评价指标

公路技术状况评价，包含路面、路基、桥隧构造物和沿线设施四部分内容。公路技术状况评价指标见图1-28，各指标值域均为0～100。

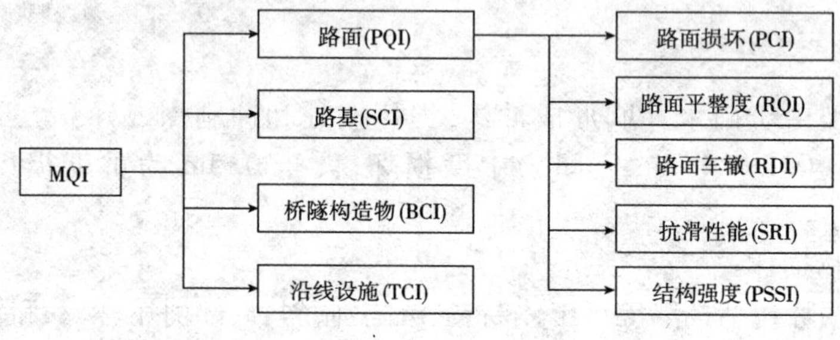

图1-28　公路技术状况评价指标

图中：

MQI——公路技术状况指数；

PQI——路面使用性能指数(Pavement Quality or Performance Index)；

SCI——路基技术状况指数(Subgrade Condition Index)；

BCI——桥隧构造物技术状况指数(Bridge, Tunnel and Culvert Condition Index)；

TCI——沿线设施技术状况指数(Traffic－facility Condition Index)；

PCI——路面损坏状况指数(Pavement Surface Condition Index)；

RQI——路面行驶质量指数(Riding Quality Index)；

RDI——路面车辙深度指数(Rutting Depth Index)；

SRI——路面抗滑性能指数(Skidding Resistance Index)；

PSSI——路面结构强度指数(Pavement Structure Strength Index)。

四、公路技术状况检测与调查

1.检测与调查内容

公路技术状况检测与调查包括路面、路基、桥隧构造物和沿线设施四部分内容。路面检测包括路面损坏、平整度、车辙、抗滑性能和结构强度五项指标。其中，路面结构强度为抽样检测指标。桥隧构造物调查包括桥梁、隧道和涵洞三类构造物。

2.检测与调查单元

（1）公路技术状况检测以1 000m路段为基本检测或调查单元。

（2）公路技术状况数据按上行方向（桩号递增方向）和下行方向（桩号递减方向）分别检测。二、三、四级公路可不分上下行。

(3)采用快速检测方法检测路面使用性能评定所需数据时,每个检测方向至少检测一个主要行车道。

3. 检测与调查方法

1)路面损坏状况检测

路面损坏状况检测,宜采用自动化的快速检测方法,条件不具备时,可人工检测。

采用快速检测设备检测路面损坏时,纵向应连续检测,横向检测宽度不得小于车道宽度的70%。检测设备应能够分辨1mm以上的路面裂缝,检测结果宜采用计算机自动识别,识别准确率应达到90%以上。

采用人工方法调查时,调查范围应包含所有行车道。有条件的地区,可借助便携式路况数据采集仪进行现场调查、汇总、计算与评定。紧急停车带按路肩处理。

路面损坏检测数据应以100m(人工检测)或10m(快速检测)为单位长期保存。

2)路面平整度检测

路面平整度宜采用快速检测设备,可结合路面损坏和车辙一并检测。单独检测路面平整度时,宜采用高精度的断面类检测设备。路面平整度检测设备必须定期标定,每年至少标定一次,标定的相关系数应大于0.95。

条件不具备的三、四级公路,路面平整度可采用3m直尺人工检测,检测结果按表1-3评定。

路面平整度检测数据应以100m(人工检测)或20m(快速检测)为单位长期保存。

路面平整度人工评定标准 表1-3

技术等级	优	良	中	次	差
RQI	≥90	≥80,<90	≥70,<80	≥60,<70	<60
3m直尺(mm)	≤10	>10,≤12	>12,≤15	>15,≤18	>18
颠簸程度	无颠簸,行车平稳	有轻微颠簸,行车尚平稳	有明显颠簸,行车不平稳	严重颠簸,行车很不稳定	非常颠簸,非常不平稳

3)路面车辙检测

路面车辙宜采用快速检测设备,可结合路面损坏和路面平整度一并检查。路面平整度检测设备必须定期标定,每年至少标定一次。根据断面数据计算路面车辙深度(RD),计算结果应以10m为单位长期保存。

4)路面抗滑性能检测

路面抗滑性能检测,宜采用基于横向力系数的路面抗滑性能检测设备或其他具有可靠数据标定关系的自动化检测设备。检测设备必须定期标定,每年至少标定一次。路面抗滑性能检测数据(横向力系数)应以20m为单位长期保存。

5)路面结构强度检测

路面结构强度检测,宜采用自动检测设备检测。自动检测时,宜采用具有可靠数据标定关系的自动化检测设备,检测结果应能换算成我国相关技术规范规定的回弹弯沉值。自动检测设备必须定期标定,每年至少标定一次,标定的相关系数不得小于0.95。弯沉检测数据应以20m为单位长期保存。

采用贝克曼梁检测时，检测数量应不小于 20 点/（km・车道）。

抽样检测时，检测范围可控制在养护里程的 20% 以内。

4. 检测与调查

公路技术状况评定所需要的最低检测与调查频率，按表 1-4 的规定执行。

最低检测与调查频率 表 1-4

检测频率 检测内容			路面损坏（PCI）	路面平整度（RQI）	抗滑性能（SRI）	路面车辙（RDI）	结构强度（PSSI）
路面 PQI	沥青	高速、一级公路	1 年 1 次	1 年 1 次	2 年 1 次	1 年 1 次	抽样检测
		二、三、四级公路	1 年 1 次	1 年 1 次			
	水泥混凝土	高速、一级公路	1 年 1 次	1 年 1 次	2 年 1 次		
		二、三、四级公路	1 年 1 次	1 年 1 次			
	砂石		1 年 1 次				
路基 SCI			1 年 1 次				
桥隧构造物 BCI			采用最新桥梁、隧道、涵洞技术状况评定结果				
沿线设施 TCI			1 年 1 次				

五、公路技术状况评定

1. 评定要求

公路技术状况评定以 1 000m 路段长度为基本评定单元。

2. MQI 确定

公路技术状况指数 MQI 按式（1-1）计算。

$$MQI = w_{PQI}PQI + w_{SCI}SCI + w_{BCI}BCI + w_{TCI}TCI \tag{1-1}$$

式中：w_{PQI}——PQI 在 MQI 中的权重，取值为 0.70；

w_{SCI}——SCI 在 MQI 中的权重，取值为 0.08；

w_{BCI}——BCI 在 MQI 中的权重，取值为 0.12；

w_{TCI}——TCI 在 MQI 中的权重，取值为 0.10。

1）路面使用性能（PQI）

路面使用性能评价包括路面损坏、平整度、车辙、抗滑性能和结构强度五项技术内容。其中，路面结构强度为抽样评定指标，单独计算与评定，评定范围根据路面大中修养护需求、路基的地质条件等自行确定。

水泥混凝土路面使用性能评价包含路面损坏、平整度和抗滑性能三项技术内容。

路面使用性能指数 PQI 按式（1-2）计算。

$$PQI = w_{PCI}PCI + w_{PQI}PQI + w_{RDI}RDI + w_{SRI}SRI \tag{1-2}$$

式中：w_{PCI}——PCI 在 PQI 中的权重，按表 1-5 取值；

w_{PQI}——PQI 在 PQI 中的权重，按表 1-5 取值；

w_{RDI}——RDI 在 PQI 中的权重，按表 1-5 取值；

w_{SRI}——SRI 在 PQI 中的权重，按表 1-5 取值。

PQI 分项指标权重 表1-5

路面类型	权重	高速、一级公路	二、三、四级公路
沥青路面	w_{PCI}	0.35	0.60
	w_{PQI}	0.40	0.40
	w_{RDI}	0.15	—
	w_{SRI}	0.10	—
水泥混凝土路面	w_{PCI}	0.50	0.60
	w_{PQI}	0.40	0.40
	w_{SRI}	0.10	—

(1)路面损坏(PCI)。路面损坏用路面损坏状况指数(PCI)评价,PCI按式(1-3)、式(1-4)计算。

$$PCI = 100 - a_0 DR^{a_1} \tag{1-3}$$

式中:DR——路面破损率(Pavement Distress Ratio),为各种损坏的折合损坏面积之和与路面调查面积之百分比,%;

a_0——沥青路面采用15,水泥混凝土路面采用10.66;

a_1——沥青路面采用0.412,水泥混凝土路面采用0.461。

$$DR = \frac{\sum_{i=1}^{i_0} w_i A_i}{A} \times 100\% \tag{1-4}$$

式中:A_i——第 i 类路面损坏的面积,m^2;

A——调查的路面面积(调查长度与有效路面宽度之积),m^2;

w_i——第 i 类路面损坏的权重,沥青路面按表1-6取值,水泥混凝土路面按表1-7取值;

i——考虑损坏程度(轻、中、重)的第 i 项路面损坏类型;

i_0——包含损坏程度(轻、中、重)的损坏类型总数,沥青路面取21,水泥混凝土路面取20。

沥青路面损坏类型和权重 表1-6

类型(i)	损坏名称	损坏程度	权重(w_i)	计量单位
1	龟裂	轻	0.6	面积(m^2)
2		中	0.8	
3		重	1	
4	块状裂缝	轻	0.6	面积(m^2)
5		重	0.8	
6	纵向裂缝	轻	0.6	长度(m)(影响宽度:0.2m)
7		重	1	
8	横向裂缝	轻	0.6	长度(m)(影响宽度:0.2m)
9		重	1	

续上表

类型(i)	损坏名称	损坏程度	权重(w_i)	计量单位
10	纵向裂缝	轻	0.8	面积(m^2)
11		重	1	
12	松散	轻	0.6	面积(m^2)
13		重	1	
14	沉陷	轻	0.6	面积(m^2)
15		重	1	
16	轻辙	轻	0.6	长度(m)（影响宽度:0.4m）
17		重	1	
18	波浪拥包	轻	0.6	面积(m^2)
19		重	1	
20	泛油		0.2	面积(m^2)
21	修补		0.1	面积(m^2)

水泥混凝土路面损坏类型和权重　表 1-7

类型(i)	损坏名称	损坏程度	权重(w_i)	计量单位
1	破碎板	轻	0.8	面积(m^2)
2		重	1.0	
3	裂缝	轻	0.6	面积(m^2)
4		中	0.8	
5		重	1.0	
6	板角断裂	轻	0.6	面积(m^2)
7		中	0.8	
8		重	1.0	
9	错台	轻	0.6	长度(m)（影响宽度:1.0m）
10		重	1.0	
11	唧泥		1.0	长度(m)（影响宽度:1.0m）
12	边角剥落	轻	0.6	长度(m)（影响宽度:1.0m）
13		中	0.8	
14		重	1.0	
15	接缝料损坏	轻	0.4	长度(m)（影响宽度:1.0m）
16		重	0.6	
17	坑洞		1.0	面积(m^2)
18	拱起		1.0	面积(m^2)
19	露骨		0.3	面积(m^2)
20	修补		0.1	面积(m^2)

(2)路面行使质量(RQI)。路面平整度用路面行使质量指数(RQI)评价,按式(1-5)计算。

$$RQI = \frac{100}{1 + a_0 e^{a_1 IRI}} \tag{1-5}$$

式中:IRI——国际平整度指数(International Roughness Index),m/km;

a_0——高速公路和一级公路采用0.026,其他等级公路采用0.018 5;

a_1——高速公路和一级公路采用0.65,其他等级公路采用0.58。

(3)路面车辙(RDI)。路面车辙用路面车辙深度指数(RDI)评价,按式(1-6)计算。

$$RDI = \begin{cases} 100 - a_0 RD & (RD \leqslant RD_a) \\ 60 - a_1(RD - RD_a) & (RD_a < RD \leqslant RD_b) \\ 0 & (RD > RD_b) \end{cases} \tag{1-6}$$

式中:RD——车辙深度(Rutting Depth,mm);

RD_a——车辙深度参数,采用20mm;

RD_b——车辙深度限值,采用35mm。

a_0——模型参数,采用2.0;

a_1——模型参数,采用4.0。

(4)路面抗滑性能(SRI)。路面抗滑性能用抗滑性能指数(SRI)评价,按式(1-7)计算。

$$SRI = \frac{100 - SRI_{min}}{1 + a_0 e^{a_1 SFC}} + SRI_{min} \tag{1-7}$$

式中:SFC——横向力系数(Side-way Force Coefficient);

SRI——标定参数,采用35.0;

a_0——模型参数,采用28.6;

a_1——模型参数,采用-0.105。

(5)路面结构强度(PSSI)。路面结构强度用路面结构强度指数(PSSI)评价,按式(1-8)、式(1-9)和计算。

$$PSSI = \frac{100}{1 + a_0 e^{a_1 SSI}} \tag{1-8}$$

式中:a_0——模型参数,采用15.71;

a_1——模型参数,采用-5.19;

SSI —路面结构强度系数(Structure Strength Coefficient),为路面设计弯沉与实测代表弯沉比。

$$SSI = \frac{l_d}{l_0} \tag{1-9}$$

式中:l_d——路面设计弯沉,mm;

l_0——实测代表弯沉,mm。

2)路基技术状况(SCI)

路基技术状况用路基技术状况指数(SCI)评价,按式(1-10)计算。

$$SCI = \sum_{i=1}^{8} w_i(100 - GD_{iSCI}) \tag{1-10}$$

式中：GD_{iSCI}——第 i 类路基损坏的总扣分（Global Deduction），最高分值为 100，按表 1-8 的规定计算；

w_i——第 i 类路基损坏的权重，按表 1-8 取值；

i——路基损坏类型。

路基损坏扣分标准　　表 1-8

类型(i)	损坏名称	损坏程度	计量单位	单位扣分	权重(w_i)
1	路肩边沟不洁		m	0.5	0.05
2	路肩损坏	轻	m^2	1	0.10
		重		2	
3	边坡坍塌	轻	处	20	0.25
		中		30	
		重		50	
4	水毁冲沟	轻	处	20	0.25
		中		30	
		重		50	
5	路基构造物损坏	轻	处	20	0.10
		中		30	
		重		50	
6	路缘石缺损		m	4	0.05
7	路基沉降	轻	处	20	0.10
		中		30	
		重		50	
8	排水系统淤塞	轻	m	1	0.10
		重	处	20	

六、公路养护对策

1. 沥青路面

沥青路面养护质量的评定等级分为优、良、中、次、差 5 个等级，按以下情况分别采取各种养护对策：

(1) 在满足强度要求的前提下，当高速公路及一级公路的路面损坏状况指数（PCI）评价为优、良，或者二级及二级以下公路的路面损坏状况指数评价为优、良、中时，以日常养护为主，并对局部破损进行小修；当高速公路及一级公路的路面损坏状况指数评价为中及中以下，或者二级及二级以下公路的路面损坏状况指数评价为次及次以下时，应采取中修罩面措施。

(2) 在强度不能满足要求时，应采取大修补强措施以提高其承载能力。

(3) 当高速公路及一级公路的路面行驶质量指数（RQI）评价为优、良，或者二级及二级以下公路的路面行驶质量指数评价为优、良、中时，以日常养护为主；当高速公路及一级公路的路面行驶质量指数评价为中及中以下,或者二级及二级以下公路的路面行驶质量指数评价为次及次以下时,应采取罩面等措施改善路面的平整度。

(4)高速公路及一级公路的抗滑能力不足的路段,或二级及二级以下公路抗滑能力不足的路段,应采取加铺罩面层等措施提高路表面的抗滑能力。

(5)当路面不适应现有交通量或荷载的需要时,应通过提高现有路面的等级或通过加宽等改建措施提高公路的通行能力和服务质量。

(6)大、中修及改建工程的结构类型和厚度,可根据公路等级、交通量、当地经济条件和已有经验,通过设计确定。

(7)对项目及其养护维修对策,可根据公路网的资金分配情况和养护工作计划安排,结合各路况分项评价结果和本地区成熟的养护经验,选择具体的养护维修措施。

2. 水泥混凝土路面

水泥混凝土路面的养护质量评定等级分优、良、中、次、差5个等级。按以下情况分别采取各种养护对策:

(1)高速公路及一级公路的路面损坏状况指数评价为优和良,二级及二级以下公路的路面损坏状况指数评价为中及中以上时,可采取日常养护和局部或个别板块修补措施。

(2)高速公路及一级公路的路面损坏状况指数评价为中及中以下,二级及二级以下公路的路面损坏状况指数评价为次及次以下时,应采取全路段修复或改善措施。

(3)高速公路及一级公路的路面行驶质量指数、抗滑性能指数评价为中及中以下,二级及二级以下公路的路面行驶质量指数、抗滑性能指数评价为次及次以下时,应分别采取措施,改善路面平整度,提高路表面的抗滑能力。

(4)路面结构承载能力不满足现有交通的要求时,应采取铺筑沥青混凝土或水泥混凝土加铺层措施,提高其承载能力。

课题4　公路养护的方针、政策、标准和规范

一、公路养护的方针、政策

(1)公路养护应贯彻"预防为主,防治结合"的方针,加强预防性养护,保持公路及其沿线设施良好的技术状况。

(2)公路养护工作应切实贯彻"科技兴交,科学养路"的方针,大力推广和应用先进的养护技术、机械装备和科学的管理方法。

(3)公路养护工作应重视资源节约和环境保护。

(4)公路养护工作应注重养护生产作业安全及减少对通行车辆的影响。

(5)公路养护质量的考核,应严格按照《公路技术状况评定标准》(JTG H20—2007)规定执行。

二、公路养护的标准、规范

(1)中华人民共和国行业标准. JTG H10—2009　公路养护技术规范[S]. 北京:人民交

通出版社,2009.

(2)中华人民共和国行业标准. JTG H11—2004　公路桥涵养护规范[S]. 北京:人民交通出版社,2004.

(3)中华人民共和国行业标准. JTG E40—2007　公路土工试验规程[S]. 北京:人民交通出版社,2004.

(4)中华人民共和国行业标准. JTJ 073.1—2001　公路水泥混凝土路面养护技术规范[S]. 北京:人民交通出版社,2001.

(5)中华人民共和国行业标准. JTJ 073.2—2001　公路沥青路面养护技术规范[S]. 北京:人民交通出版社,2001.

(6)中华人民共和国行业标准. JTG H20—2007　公路技术状况评定标准[S]. 北京:人民交通出版社,2007.

(7)中华人民共和国行业标准. JTG H30—2004　公路养护安全作业规程[S]. 北京:人民交通出版社,2004.

(8)湖南省高速公路沥青路面常见病害处治施工技术指南(试行). HNGSYH 006—2008.

(9)广东省公路水泥混凝土路面养护技术指南(试用). 2010.

复习思考题

1. 公路养护工程分为哪4类?

2. 公路技术状况有哪几个等级? 等级如何确定?

3. 沥青路面损坏类型有哪11类? 水泥混凝土路面损坏类型有哪11类?

4. 试述公路技术状况评价指标体系。

5. 试述公路沥青路面和水泥混凝土路面养护对策。

6. 现行公路养护的标准、规范主要有哪些?

单元2 路基养护

课题5　路基养护工作的内容和要求

一、路基养护工作的内容

为保证路基密实、稳定,各部分尺寸和坡度应符合规定,必须保持排水系统完好,防止地面水和地下水浸入路基,并及时消除不稳定的因素。因此路基养护工作应包括下列内容:

(1)维修、加固路肩、边坡。

(2)疏通、改善排水设施。

(3)维护、修理各种防护构造物。

(4)清除塌方、积雪,处理塌陷,检查险情,防治水毁。

(5)观察、预防、处理翻浆、滑坡、泥石流等病害。

(6)有计划、有针对性地对局部路基进行加宽、加高,改善急弯、陡坡和视距不良路段,使之逐步达到所要求的技术标准。

二、路基养护工作的要求

(1)通过日常巡查,发现病害及时处治,保持良好稳定的技术状况。

(2)路肩无病害,边坡稳定。

(3)排水设施无淤塞、无损坏,排水畅通。

(4)挡土墙等附属设施良好。

(5)加强不良地质中边坡崩塌、滑坡、泥石流等灾(病)害的巡查、防治、抢修工作。

课题6　路肩养护

一、路肩养护的要求

公路路肩应保持平整、坚实,横坡适顺,排水顺畅。土路肩或草皮路肩的横坡应略大于路面横坡，硬路肩与路面同坡。硬路肩产生病害应参照同类型路面病害处治。

二、保持路肩整洁的方法

1. 保持硬路肩的整洁

加强日常巡查，发现路肩上出现杂物，应及时清扫，以保护路肩的整洁。清扫路肩时，应洒水，避免造成扬尘污染。

（1）清扫泥土、杂物。

（2）排除积水、积雪、积冰、积沙。

（3）刷白、修理拦水带（路缘石）。

2. 保持土路肩的整洁

（1）土路肩上出现的车辙、坑洼，用与原路肩相同的土填平夯实，恢复原有状态。

（2）雨后必须及时排除积水、清理淤泥，以保持路肩的整洁。

（3）对于植草皮或利用天然草加固的路肩，定期进行维护和修剪，草高不得超过 15cm，并随时清除杂草和草丛中积存的泥沙杂物，以利于排水，保持路容美观。

3. 路肩上严禁种植农作物和堆放任何杂物

对于养路材料，应在公路以外相连路肩之处，根据地形情况，选择适宜地点，设置堆料台，堆料台的间距以 200～500m 为宜。

三、路肩加固的类型和方法

公路上的路肩通常不供行车之用，但从功能上要求应能承受汽车荷载。为减少路肩养护工作量，应有计划地将土路肩进行加固，对于行车密度大的线路，可将土路肩改铺成硬路肩。硬路肩的横坡度应与路面的横坡度相同。对于交通量较小的线路，路肩可用植草加固。

1. 采用粒料加固路肩

为了防止雨中会车时的泥泞陷车，路肩可用粒料加固，砾石、风化石、炉渣、碎砖等粒料掺拌黏土铺筑加固层，其厚度不小于 15cm。加固层施工应尽量采用挖槽铺压，也可在雨后路肩湿软时，直接将粒料（不加黏土）撒铺到路肩上，并进行碾压，分期地将粒料铺压进路肩土中加固。

2. 种植草皮加固路肩

对于交通量不大或铺筑硬路肩有困难的路线或路段，可种植草皮或利用天然草来加固路肩。种植草皮应选择适宜于当地土质、易于成活和生长的草种，成活生长后定期进行维护和修剪，草高不得超过 15cm，并随时清除杂草和草丛中积存的泥沙杂物，以利排水，保持路容美观。

3. 采用路缘石加固路肩

（1）路缘石的混凝土应按试验确定的配合比进行拌制及预制，路缘石的质量符合图纸规定要求。

（2）路缘石埋设的槽底基础和后背填料应夯击密实，压实度符合图纸要求。

（3）安砌缘石时应钉桩拉线，务必使顶面平整，线条直顺，曲线圆滑美观，埋砌稳固。

采用路缘石加固路肩见图2-1和图2-2。

图2-1　路缘石加固路肩(1)

图2-2　路缘石加固路肩(2)

4. 水泥混凝土加固路肩

施工前,应按图纸逐桩测量其施工高程及应有宽度,当不符合图纸规定时,应进行修整。土路肩的压实度,需满足重型击实标准的95%以上,同时路基变坡整修应符合图纸要求。经监理工程师检查同意后,方可分段进行预制块的铺砌或现浇水泥混凝土加固作业。

1)混凝土预制块加固土路肩

(1)混凝土预制块应按图纸要求的尺寸在预制场集中预制,并经检验合格后方可使用,预制块在运输时应轻拿轻放,不得野蛮装卸,避免损坏。

(2)铺砌预制块时,首先应按图纸要求设置垫层或整平,然后将块件接缝处用水湿润,并在侧面涂抹水泥砂浆。砌块落座时应位置正确、灰缝挤紧,且不得碰撞相邻砌块,灰缝宽度不大于10mm。

(3)铺砌段完成后,即进行养生,在砂浆强度达到图纸规定要求前,应禁止在其上行走或碰撞。

2)现浇混凝土加固土路肩

(1)模板应采用钢板材料制成,所用模板均不应翘曲,并应有足够强度来承受混凝土压力,而不发生变形。所有模板应处理干净,涂上脱模剂,并按图纸尺寸对混凝土全深立模,然后浇筑混凝土。

(2)混凝土应按试验确定的配合比进行拌和。浇筑在模块内的混凝土宜用振动器振捣或用监理工程师认可的其他方法捣固。模板应留待混凝土固结后才可拆除,拆模时应保证棱角不受损坏。

(3)混凝土应按规定刮平成形,然后用木抹子将其抹饰平整。经监理工程师允许可采用其他抹面方法,但不允许粉饰。抹饰平整后即进入养生。

现浇混凝土加固土路肩见图2-3。

图2-3　现浇混凝土加固土路肩

5. 砂石加固的硬路肩

可用泥结碎石、稳定类材料加固路肩,如石灰土、二灰碎石等。

6. 综合结构硬路肩

可在基层上作沥青表面处治的综合结构路肩。

四、处理路肩坑洼、隆起、塌陷的方法

1. 土路肩车辙、坑槽的处理

土路肩上出现车辙、坑洼、坑槽等病害时，必须及时排除积水、清理淤泥，并用与原路肩相同的土填平夯实，恢复原有状态。

1）修补材料

用与原路肩相同的土或良好的砂性土。砂性土或粉性土地段，应掺拌黏性土加固表面，以提高路肩的稳定性。

2）修补方法

（1）清除杂草，刨松表面。

（2）用填补材料摊铺压实，使填补层与原路肩结合牢固。

（3）填补厚度大于 0.15m 时，应分层夯压密实。

2. 土路肩隆起，妨碍路面排水，应铲削整平

铲除的土或混合料，不得堆放在边沟内或边坡上，铲除路肩宜在雨后土质湿润的状态下，结合清理边沟及修理边坡一并进行。

3. 填土路基路肩塌陷的修理

（1）用级配较好的砂砾土，或塑性指数满足要求的亚黏土。

（2）对于小型路肩塌陷缺口，用黏性良好的土修补夯实。

（3）对较大的塌陷缺口，修理时应先进行清理，将路肩上出现病害部分的土挖去，再分层填筑夯实。回填时，挖补面积要扩大，且逐层挖成台阶状，由下往上，逐层填筑，压实度达到路基施工质量要求。

五、陡坡路段路肩的养护措施

陡坡路段（纵坡大于 5%）的路肩，由于纵坡大，易被暴雨冲成纵横沟槽，甚至冲坏路堤边坡，一般可根据路基排水系统的情况与需要，综合改善，可采取下述措施。

（1）设置截水明槽。自纵坡坡顶起，每隔 20m 左右两侧交叉设置 30 ~ 50cm 宽的斜向截水明槽，并用碎（砾）石填平，同时在路肩边缘处设置高 10cm、顶宽 10cm、底宽 20cm 的拦水土埂，在每条截水明槽处留一淌水缺口，其下边的边坡用草皮或砌石加固，使雨水集中在截水明槽内排出。路肩截水明槽见图 2-4。

（2）用粒料加固土路肩或有计划地铺筑硬路肩。为减少土路肩的养护工作量，对路面过窄或行车密度大的路线，应尽量利用当地砂石或矿渣等材料，对路肩有计划地加固、硬化，或用沥青、水泥混凝土材料改铺成硬路肩。

（3）在陡坡路段的路肩和边坡上全范围人工植草，以防冲刷。在铺筑硬路肩有困难的路线或路段，可种植草皮或利用天然草来加固路肩。种植草皮应选择适宜于当地土质、易于成活和生长的草种，成活生长后定期进行维护和修剪，草高不得超过 15cm，并随时清除杂草和草丛中积存的泥沙杂物，以利排水，保持路容美观。

（4）高速公路及实施 GBM 工程的一般公路的路肩，应根据设计要求硬化，并砌筑路肩边

缘带。

(5)路肩上严禁种植农作物和堆放任何杂物。养路材料,应在公路以外相连路肩之处,根据地形情况,选择适宜地点,设置堆料台,堆料台的间距以200~500m为宜。

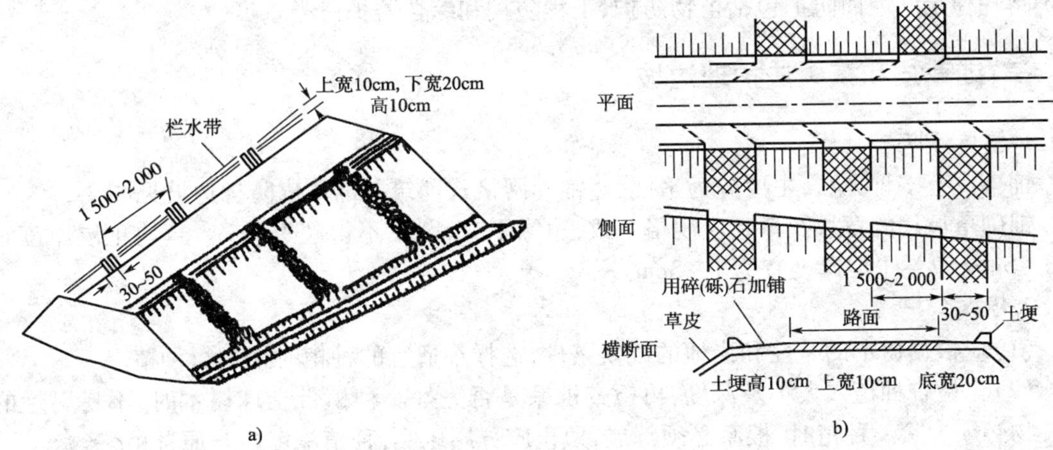

图2-4 路肩截水明槽(尺寸单位:cm)

六、路肩外侧边缘缺口的维修方法

(1)路肩边缘带应加强养护和修理。对由于雨水冲刷及车辆碾压造成的松动、破损,应及时修复或更换。

(2)路肩外侧边缘被流水冲缺,或牲畜踩踏、车轮碾压形成缺口时,应及时修补,也可结合实施GBM工程,用石块、水泥混凝土预制块铺砌(或现浇)路肩边缘带(护肩带),其宽度不小于20cm,以保护路肩,美化路容。

课题7 边坡养护

一、边坡养护的要求

路基边坡应保持平顺、坚实,遇有缺口、坍塌、高边坡碎落、侧滑等病害,应分别针对具体情况采取各种相应的加固整修措施。

二、路基防护与加固分类

1.路基防护与加固分类

(1)坡面防护。保护路基边坡表面,以防受到自然因素的破坏(雨水冲刷、干湿及冷热循环作用,以及表面风化等)。

(2)冲刷防护(堤岸防护与加固)。主要使沿河路堤,不致受到水流的冲刷、淘空和浸软。

(3)支挡建筑。指各类挡土墙,主要用以防止路基变形或支挡路基本体以保证其稳定性。

(4)地基加固。指提高湿软地基的承载能力的措施。

2. 坡面防护方法

公路边坡养护是公路重要组成部分,是保障路基稳定的关键。边坡养护是为了保护路基边坡免受雨水冲刷,减缓温差与温度变化对边坡的影响,防止边坡岩土表层的风化破碎,保护路基稳定。坡面防护包括植物防护、工程防护和综合防护三类。

三、铺草皮和植树法护理边坡

1. 铺草皮防护

铺草皮有多种方法,主要分为平铺、竖铺和网格式铺筑。铺草皮防护边坡见图2-5。

铺砌草坪用的草块及草卷应规格一致,边缘平直,杂草不得超过5%。草块土层厚度宜为3~5cm,草卷土层厚度宜为1~3cm。

2. 植树防护

(1)应根据树木的习性和当地的气候条件,选择最适宜的种植时期进行种植。

(2)先检查种植穴大小及深度,再检查根系是否完好。种植带土球树木时,不易腐烂的包装物必须拆除。种植时,根系必须舒展,填土应分层压实,种植深度应与原种植一致。

(3)种植应按设计图纸要求核对苗木品种、规格及种植位置。行道树或行列种植树木应在一条线上,相邻植株规格应合理搭配,高度、干径、树形近似,种植的树木应保持直立,不得倾斜,应注意观赏面的合理朝向。

(4)新植树木定植后24h内必须浇上第一遍水,定植后第一次浇水称为头水。水要浇透,使泥土充分吸收水分。

植树防护边坡见图2-6,草灌结合防护边坡见图2-7。

图2-5　铺草皮防护边坡

图2-6　植树防护边坡

图2-7　草灌结合防护边坡

四、处理路基塌方

路基塌方,是常见的路基边坡病害,也是公路水毁的普遍现象。按破坏规律和病害成因的不同,路基塌方大致可分为剥落、碎落、滑塌及坍塌等。

1. 路基边坡塌方原因

(1)路基边坡过陡。

(2)路基施工方法不当,如路基施工时大爆破震松了山石。

(3)雨水或地下水导致土体过于潮湿。

(4)路基边坡坡脚被水冲刷。

(5)边坡岩石破碎、风化严重。

2. 处理方法

1)加强日常养护

(1)对于石质路堑边坡,应经常观察坡面岩石风化情况,以及危岩、浮石的变动,发现问题,及时采取适当的措施处理,如清除、抹面、喷浆、勾缝、嵌补、锚固等,避免危及行车、行人安全和堵塞边沟,影响排水。

(2)对于填土路堤边坡形成冲沟和缺口,应及时用黏结性良好的土修补拍实。对较大的冲沟和缺口,修理时应将原边坡挖成台阶形,然后分层填筑压实,并注意与原坡面衔接平顺。

(3)随时清理路基塌方。

(4)严禁在边坡上及路堤坡脚、护坡道上挖土取料或种植农作物。

2)整修边坡

经常保持路基边坡有适宜的坡度。坡面保持平顺、坚实无冲沟,坡度符合设计规定。

3)边坡加固

(1)土质边坡可采用种草、铺草皮等方法加固。开采石料方便的地方,可做成干砌片石护坡加固。

(2)软硬岩石交错的边坡,将软硬岩层用水泥砂浆抹面。抹面前先将风化岩石层清除,挖出新鲜岩面,并将岩体坑洼嵌补平齐。

(3)对于易风化的路堑边坡软质岩层,可修建干砌片石或浆砌片石护面墙。

(4)修建挡土墙。

4)增建排水设施

在容易发生塌方或已经发生塌方的路段,可修建截水沟、排水沟等排水设施,把冲刷路基的水流引至路基范围以外的沟渠中排出。

五、清除大塌方或一段内较集中塌方主要技术

路堤边坡如有塌方,应自上而下先挖成台阶,再分层填土夯实,夯实后宽度要稍超出原来坡面,以便最后整修切平,不能在边坡上贴土修补。另外应保护好原边坡上的植被。边坡疏松土挖台阶见图2-8。

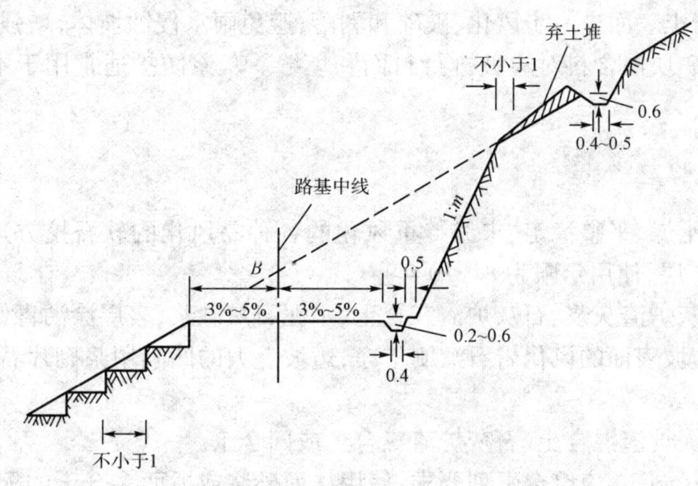

图2-8 边坡疏松土挖台阶(尺寸单位:m)

1. 滑坡的防治工程措施

(1)排水。滑坡体以上及以外的地表水,应拦截引离,可采用截水沟、明沟、渗沟等排水构造物。地下水可采用支撑渗沟、边坡渗沟及截水渗沟等措施。

(2)减重。在滑坡体后缘挖除一定数量的滑体,以减少滑体的下滑力,减重的废弃土应尽量堆填于滑坡前缘,以稳定滑坡,应注意整平、排水及防渗。

(3)支挡措施。根据滑坡性质,可采用干砌石垛、重力式挡土墙、锚杆及加筋土挡土墙等构造物进行处理。

2. 崩塌防治措施的工程措施

(1)遮挡。即遮挡斜坡上部的崩塌落石。此措施常用于中小型崩塌或人工边坡崩塌的防治,通常采用修建明洞、棚洞等工程进行防治,在铁路工程中较为常用。

(2)拦截。对于仅在雨季才有坠石、剥落和小型崩塌的地段,可在坡脚或半坡上设置拦截构筑物,如设置落石平台和落石槽以停积崩塌物质,修建挡石墙以拦坠石,利用废钢轨、钢钎及钢丝等编制钢轨或钢钎栅栏来挡截落石。这些措施也常用于铁路工程中。

(3)支挡。在岩石突出或不稳定的大孤石下面,修建支柱、支挡墙或用废钢轨支撑。

(4)护墙、护坡。在易风化剥落的边坡地段,修建护墙,对缓坡可进行水泥砂浆护坡等。

(5)镶补勾缝。对坡体中的裂隙、缝、空洞,可用片石填补空洞,或水泥砂浆勾缝等以防止裂隙、缝、洞的进一步发展。

(6)刷坡。在危石、孤石突出的山嘴以及坡体风化破碎的地段,采用刷坡来放缓边坡。

(7)排水。水的参与加大了发生崩塌的可能性,所以要在可能发生崩塌的地段上方修建截水沟,防止地表水流入崩塌区内。崩塌地段地表岩石的节理、裂隙可用黏土或水泥砂浆填封,防止地表水下渗。

六、易风化岩石边坡的防护和加固措施

1. 灰浆防护

为防止软弱岩土表面进一步风化、破碎和剥落,避免雨水侵蚀坡体,增强边坡整体性,可采用水泥、石灰类矿质混合料对边坡进行封面和填缝。灰浆防护通常用于不宜植物防护的坡面。

2. 抹(捶)面

1)一般规定

适用:坡面较干燥、平整稳定、未经严重风化的各种易风化的软石挖方边坡。抹面厚度为3 ~ 7cm,分2 ~ 3层,使用年限为8 ~ 10年。

抹面材料:石灰炉渣灰浆、石灰炉渣三合土、水泥石灰砂浆,表层涂沥青保护层。

抹面前须将边坡表面的风化岩石清刷干净,边坡上大的凹陷用浆砌片石嵌补,宽的裂缝要灌浆。

捶面材料:水泥炉渣混合土、石灰炉渣三合土或四合土。

抹面、捶面防护施工,应符合下列要求:使用抹面砂浆或捶面多合土的配合比应经试抹、试捶确定,保证能稳固地密贴于坡面。岩体的表面要冲洗干净,土体的表面要平整、密实、湿润。抹面宜分两次进行,底层抹全厚的2/3,面层抹全厚的1/3,捶面应经拍(捶)打使其与坡

面紧贴,厚度均匀,表面光滑。在较大面积上抹(捶)面时,应设置伸缩缝,其间距不宜超过10m。

2)水泥砂浆抹面

水泥砂浆抹面适用于不适宜草木生长的未经严重风化的各种易风化岩石的路堑边坡养护,如页岩、泥岩、泥灰岩、千枚岩等。水泥砂浆抹面边坡防护见图2-9。

水泥砂浆抹面的施工工艺:

施工准备→测量放样→清理坡面→准备混合料→预留泄水孔→设置伸缩缝→底层施工→抹面层→养生。

水泥砂浆抹面的施工要点:

(1)施工前嵌补填平边坡坑凹、裂缝,岩体表面要冲洗干净,土体表面要平整、密实、湿润。

(2)水泥砂浆抹面的厚度应符合设计要求,表面光滑,防护层与坡面应密贴稳固。抹面应分两层进行施工,底层为全厚的2/3,面层为全厚的1/3。

(3)大面积抹面应每隔5~10m设伸缩缝,缝宽10~20mm。

(4)抹面的顶部必须封闭。

(5)初凝后应立即进行养生。

(6)不宜在严寒冬季和雨天施工。

3. 喷护

喷浆。适用于边坡不陡于1:0.5易风化但未强风化、全风化的岩石挖方边坡。厚度不小于5cm。材料为不低于M10的砂浆。

喷射混凝土。适用于边坡不陡于1:0.5易风化但未强风化、全风化的岩石挖方边坡。喷射混凝土厚度不小于8cm,分2~3次喷射。材料为不低于C15的混凝土。

边坡喷护见图2-10。

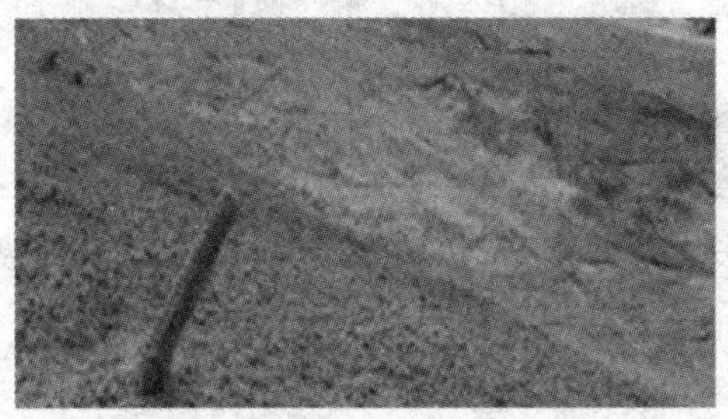

图2-9 水泥砂浆抹面边坡防护

图2-10 边坡喷护

4. 挂网喷护

适用于风化破碎的岩石边坡。挂网喷护见图2-11。

工艺流程:边坡清理→测量放线→钻孔、安装锚杆、灌浆→挂网施工→高压喷射混凝土→盖无纺布→养护。

材料:锚杆为全长黏结型螺纹钢筋。用镀锌铁丝网或钢筋网。

5. 砌石护坡

浆砌片石护坡。适用于不陡于1:1的防护流速较大、波浪作用较强、有流冰、漂浮物等

撞击的边坡。厚度一般采用等截面，为0.3～0.4m，其下设0.1m厚的碎石或砂砾垫层。浆砌片石护坡施工见图2-12，浆砌片石护坡见图2-13。

图2-11　挂网喷护

图2-12　浆砌片石护坡施工

浆砌片石护坡施工，应符合下列要求：坡面应修整成型或夯实平整，不应有树桩、有机质，修整后立即进行护坡砌筑。砌体外露面的坡顶、边口用较平整的石块并修整。护坡坡脚应挖槽使基础嵌入槽内。砌体错缝砌筑，砂浆饱满，勾缝平顺、牢固，不得有通缝、叠砌、贴砌和浮塞等。施工时砌体每10～15m留一条伸缩缝，缝宽2cm，用沥青麻絮嵌塞。

干砌片石护坡。适用于边坡坡度不陡于1：1.25的易受水流侵蚀的土质边坡、严重剥落的软石边坡、周期性浸水和受水流冲刷较轻的河岸或水库岸的坡面。厚度一般为0.3m，其下设0.1m厚的碎石或砂砾垫层，施工从下向上码砌，彼此嵌紧，接缝错开并用小石块填塞。干砌片石护坡见图2-14。

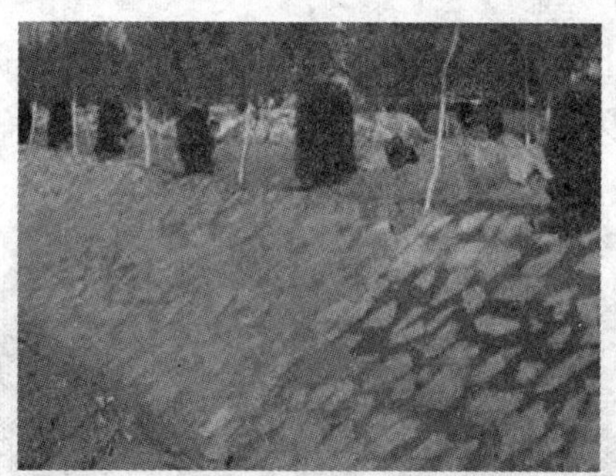

图2-13　浆砌片石护坡

图2-14　干砌片石护坡

6. 骨架防护

采用预制混凝土砌块、浆砌片石、栽砌卵石等做骨架，框格内采用植物防护或其他辅助防护措施。

1）浆砌片石或水泥混凝土骨架植草护坡

适用：缓于1：0.75的土质和全风化的岩石边坡。

骨架种类：方格形、人字形、拱形等。骨架内铺草皮或种草进行辅助防护。拱形骨架植草护坡见图2-15。

2）多边形水泥混凝土空心块植物护坡

适用：缓于1：0.75的土质边坡和全风化、强风化的岩石路堑边坡。空心预制块内填充种植土,喷播植草。多边形水泥混凝土空心块植物护坡见图2-16。

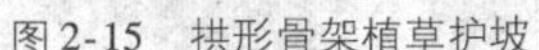

图2-15　拱形骨架植草护坡

图2-16　多边形水泥混凝土空心块植物护坡

3)锚杆混凝土框架植物护坡

适用:土质边坡和坡体中无不良结构面、风化破碎的岩石路堑边坡。框架采用钢筋混凝土,框架内采用植生袋或植草。锚杆混凝土框架植物护坡见图2-17,植生袋护坡见图2-18和图2-19。

图2-17　锚杆混凝土框架植物护坡

图2-18　植生袋护坡(1)

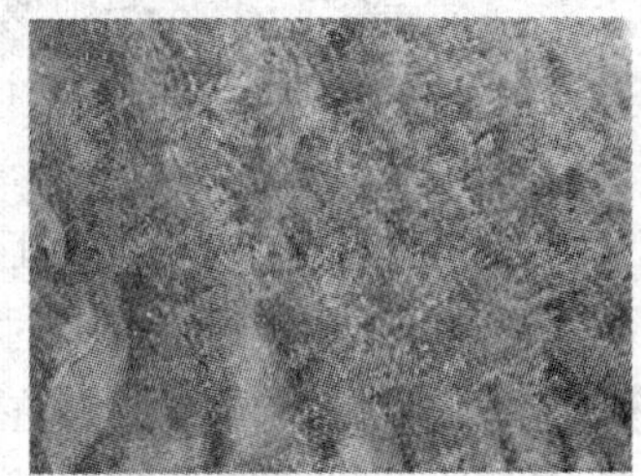

图2-19　植生袋护坡(2)

七、加固受冲刷护岸、护坡的技术

护岸的设施,应在洪水期前,检查其作用和效果是否完整稳固,如出现损坏,应在台风和汛期前进行修复加固,以保证路基稳定。加固修理方法可根据实际情况,分为直接防护和间接防护。直接防护包括:植物防护、石砌防护、抛石与石笼等。间接防护包括:修筑导治结构物等各类护岸设施来改变水流方向,消除和减缓水流对堤岸的直接破坏。主要是指堤坝,按其与河道的相对位置,一般可分为丁坝、顺坝或格坝。丁坝群防护边坡坡脚见图2-20。导流堤受到洪水的冲刷,采用铁丝石笼和排桩对坡脚进行防护,见图2-21。

图2-20　丁坝群防护边坡坡脚

图2-21　导流堤采用铁丝石笼和排桩对坡脚进行防护

抛石防护。抛石防护适用于经常浸水且水深较大的路基边坡或坡脚以及挡土墙、护坡的基础防护。抛石防护见图2-22，抛石防护及施工见图2-23。

石笼防护。石笼防护适用于水流流速较大、没有较大颗粒的耐冲石块进行坡脚和河岸防护时。石笼是用铁丝编织成的框架，内填石料。石笼防护见图2-24。

图2-22　抛石防护

图2-23　抛石防护及施工

图2-24　石笼防护

当护岸受到洪水冲刷或波浪漂浮物等冲击损坏时，应采用抛石加固。石料需坚硬，每块尺寸（边长或直径）不得小于30cm。其方法是堆成1：1～1：2的坡度，抛石体厚度应不小于石块尺寸的2倍。

土工模袋做护岸。土工模袋就像一个中间带有许多节点的超大型塑料编织袋，其规格可按工程要求加工。施工时，将模袋平铺于岸坡上，从袋口连续灌注流动性良好的混凝土，则充满混凝土的模袋紧贴在岸坡上，形成一个稳固的大面积混凝土壁，起到护岸的作用。这项技术的特点是施工速度快、简便、经济，而且可省去养管工作，尤其适用于冲刷严重的沿河路堤。

八、拆除或重建较大边坡护坡

拆除或重建较大边坡护坡时注意事项。

1. 边坡防护拆除施工措施

路堑边坡防护拆除与路堑土石方开挖同时进行，开挖及拆除由上向下逐层进行，做到挖除一层土石方，拆除一层边坡防护，每层控制高为3m左右，此高度为挖掘机正常作业范围。

（1）在施工前详细复查路堑地段的工程地质资料，包括土石界限、岩层风化厚度及破碎程度，岩层的构造特征等。根据设计横断面的边坡坡率、台阶宽度，精确计算路堑堑顶的开挖线。采用全站仪放样，根据现场坡口高程放出路堑坡口桩。

（2）根据坡口桩放出路堑开挖线，进行清表、清杂等。开挖中如发现有较大地质变化时，停止施工，重新进行工程地质补充勘探工作，并根据新的地质资料修正施工方案，报监理工程师审批后实施。因深挖路堑工程量大、施工环境复杂，技术要求高，施工难度大，是控制工程进度的关键工程，必须精心组织，科学施工。

（3）石方开挖。石方开挖根据岩石类别、风化程度和节理发育程度，确定开挖方法。对于风化碎落岩体，为保证施工中边坡的稳定和边坡防护的施工作业，采用阶梯式进行开挖，按照设计要求的高度设置平台，形成阶梯边坡。开挖时，边坡预留2～3m采用光面爆破或预裂爆破作业，人工刷坡。

(4)边坡防护拆除采用挖掘机拆除,把挖坡挖成向相反方向倾斜,挖掘机斗齿插入浆砌片石的接缝处,插入深度控制在 30～50cm,这样尽可能避免拆除后片石和土混在一起,然后用挖掘机铲斗把片石扒成一堆,再进行装车,装车后运输车辆负责把拆除后的片石运送到指定场地堆放,以便于下阶段再进行利用。

2. 重建较大边坡护坡时注意事项

较大边坡护坡重建时,为了确保其稳定,不产生超挖和欠挖,边坡采用光面爆破,节理裂隙较发育地段及某些特殊地段采用预裂爆破。深挖路堑的施工遵守分级开挖、分级防护、及时防护的原则,开挖一级防护一级,在下一级开挖时,上一级已经做好保护措施。砌筑边坡防护时应注意:

(1)砂浆采用重量法控制计量,并采用机械拌和,砌筑采用坐浆分层按规范砌筑。

(2)将较大块平整的片石人工加工凿平,用来砌筑护面墙的外露面,并加工好砌筑沉降缝的角石,角石应加工平整,要有两个相互垂直的面。

(3)护坡的沉降缝按设计图纸要求设置,砌筑沉降缝采用角石加工整齐,以保证沉降缝砌筑后垂直于水平面并且宽度上下一致。

(4)砌筑过程中和砌筑完工后 7～14d 内,随时对已砌筑砌体养生,保持其表面湿润。

课题 8 排水设施养护

一、基本要求

(1)路基排水设施应保持排水畅通,如有冲刷、堵塞和损坏,应及时疏通、修复或加固。

(2)路基排水设施断面尺寸和纵坡,应符合原设计标准规定。

(3)对暗沟、渗沟等隐蔽性排水设施,应加强检查,防止淤塞,如有淤塞,应及时修理、疏通。

(4)原有排水设施不能满足使用要求时,应适时增设和完善。

(5)新增排水设施时,其设计、施工应符合《公路路基设计规范》(JTG D30—2004)和《公路路基施工技术规范》(JTG F10—2006)的有关规定。

二、路基排水设施

(1)地表排水设施通常有边沟、截水沟、排水沟、跌水及急流槽、拦水带等。

(2)地下排水设施通常有暗沟、明沟、盲沟、管式渗沟、洞式渗沟及防水隔离层等。

三、疏通路基边沟的要求

(1)在春融前,特别是汛前,应全面对边沟、截水沟,以及暗沟(管)等排水设施进行检查疏浚。

(2)雨中上路巡查,及时清除堵塞,疏导水流,保持水流通畅,防止雨水集中冲坏路堤。

(3)暴雨后,应进行重点检查,如有冲刷、损坏,需及时修理加固,如有堵塞应立即疏通。

（4）对土质边沟，应经常保持符合设计断面，满足排水要求，并要特别注意排水口的设置，确保排水畅通。沟底应保持不小于0.5%的纵坡，在平原地区排水有困难的路段，沟底纵坡不宜小于0.3%。边沟内不能种庄稼，更不能利用边沟做排灌渠道。边沟外边坡也应保持一定的坡度，以防坍塌，阻塞边沟。

四、铺砌排水设施的方法

1. 排水设施的铺砌类型及适用范围

沟渠加固类型及适用范围见表2-1。

沟渠加固类型及适用范围　　表2-1

铺砌类型	适用范围
单层干砌片石	适用于无防渗要求，流速大于2m/s的沟渠
单层栽砌卵石	适用于无严格防渗要求，且流速在2～2.5m/s以内的沟渠防冲刷加固
浆砌片石	适用于沟内水流速度较快，且防渗要求较高的水沟加固

2. 单层干砌片石加固施工要点

（1）沟内平均流速在2～3.5m/s时，干砌片石尺寸可选用0.15～0.25m；当流速大于4.0m/s时，应采用急流槽或增加跌水。当沟壁沟底为细颗粒土时，应加设碎（砾）石垫层，其厚度在0.10～0.15m范围内。

（2）碎（砾）石垫层石料粒径为5～50mm的质量，应占总质量的90%以上。

（3）片石间隙应用硬碎石填塞紧密。片石大面应砌向表面，以减少表面粗糙度。

3. 单层栽砌卵石施工要点

（1）沟槽开挖后，沟壁沟底为细颗粒土时，应加设砾石垫层，要求选用平均粒径在2～4mm范围内的干净砾石。

（2）所用卵石要求质地坚硬，粒径在0.15～0.25m范围内。

（3）施工时，一般应先砌沟底，后砌沟壁，从下向上逐层砌筑。砌筑可自下而上逐步选用较小的卵石，最上一层则用较长卵石平放并封顶压牢。

（4）所有卵石均应栽砌，大头朝下，相互紧靠。每行卵石须大小均匀，两排之间保持错缝。卵石之间的孔隙，用小石填塞紧密。

4. 浆砌片石加固施工要点

（1）沟渠开挖后，沟槽要整平夯实。如土质干燥，应洒水润湿后夯实。遇有孔穴，应堵塞密实。

（2）在有地下水或冻害地段，沟壁沟底外侧需加设反滤层或垫层，并在沟壁上预留泄水孔。当平均流速大于4m/s，沟底纵坡不受限制时，应采用急流槽处理。

（3）一般采用M5水泥砂浆砌筑，砂浆机械拌和，随拌随用。

（4）砌筑完成后，应注意对砌体的养生。

浆砌片石边沟施工见图2-25，浆砌片石截水沟见图2-26。

图2-25　浆砌片石边沟施工

图2-26　浆砌片石截水沟

五、对损坏的排水设施进行加固的方法

在养护工作中，要针对现有排水系统不完善的部分逐步加以改进、完善，充分发挥各种排水设施的功能。如对有积水的边沟，应将水引至附近低洼处；对疏松土质的沟渠，需结合地形、地质、纵坡、流速等实际情况，综合考虑加固。

如发现渗沟、盲沟出水口处长草、堵塞，应进行清除和冲洗；对渗沟应经常检查疏浚，以保证管内水流通畅；如发现反滤层淤塞失效，则应翻修，并剔除其中较小颗粒的砂石，以保证其孔隙，便利排水；如位置不当，则应另建渗沟或盲沟。

使用针刺无纺布作反滤层。针刺无纺布的规格可选用200～300g/m^2。选用时，应注意无纺布的有效孔径要小于渗流中黏粒的粒径。

排水设施加固方法见表2-2，排水设施加固与沟底纵坡的关系见表2-3。

排水设施加固方法　　表2-2

形　式	加固方法	加固层厚度(mm)
简易式	土沟夯实 水泥砂浆抹平 石灰三合土抹平 黏土碎(砾)石加固 石灰三合土碎(砾)石加固	 20～30 30～50 100～150 100～150
干砌式	干砌片石 干砌片石，顶部水泥砂浆抹平	150～250 150～250
浆砌式	浆砌片石 浆砌混凝土预制块 砌砖	150～250 60～100 单砖或一砖半

排水设施加固与沟底纵坡的关系　　表2-3

沟底纵坡	<1	1～3	3～5	5～7	>7
加固类型	不加固	土质好，不必加固 土质不好，简易加固	干砌	干砌或浆砌	浆砌

六、地下排水设施的作用和清理维护方法

地下水可能存在于不透水层或透水性很差的土层上部，也可能存在于岩层的裂隙间。地下水可能因为存在水位差而流动着，也可能没有水位差而呈静止状态。降雨会使地下水位增高，大气的气温变化也会影响地下水位。为了防止地下水引起路基土过分潮湿，保持路基的强度与稳定，必须将地下水加以汇集、排除。地下排水设施，主要有明沟、暗沟、渗沟、盲沟、渗水井等。

1. 明沟的作用

明沟，一般适用于地下水不深（1～2m），或地层稳定，能进行较深明挖的地方，它可以拦截、疏导地下水和降低其水位，又可兼排地面水。常用断面形式有梯形和矩形两种。矩形断面挖成直立的槽式，并加以支撑而成。明沟深度要按地下水位高低视情况而定。边沟见图2-27。

2. 暗沟的作用

当路线经过地区，路基范围内出现泉水，而路线不能绕避时，在填方路基填筑之前或在挖方路基挖成之后，沿着泉眼方向挖出沟槽，同时根据泉水流量多少，铺筑暗沟，用暗沟将泉水引入边沟，流出路基范围以外，使水不致在土中扩散，危害路基。暗沟见图2-28。

图2-27　边沟

图2-28　暗沟

暗沟的构造一般都很简单，常用块、片石干砌，为防止泥土淤塞，在其周围用碎石、砾石做成反滤层、沟顶用黏土填筑夯实，黏土层下为双层反铺草皮，以免地下水下渗和黏土颗粒进入反滤层内。平砌式暗沟见图2-29。

反滤层的颗粒直径由上而下，由外而里，逐渐增大，一般上面和外层铺砂，中间铺碎砾石，下面和内层铺碎块石层，厚度不少于10cm，相邻层次间颗粒粒径之差，常不大于4～6倍。暗沟沟底纵坡一般不小于1%，出口处沟底应高出排水沟20cm以上，以免出现倒灌现象。暗沟的埋设深度应不小于当地的冰冻深度，以确保全年均可使用。

3. 渗沟的作用

渗沟是常见的一种地下排水设施，用它来隔断、汇集、排除或者拦截流向路基的地下水，降低地下水位效果良好。渗沟见图2-30。

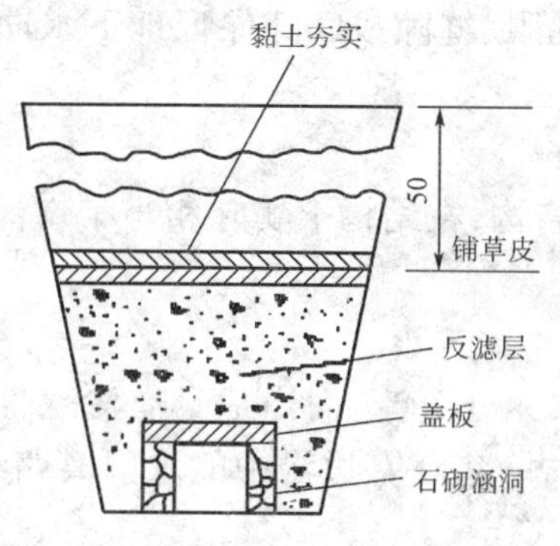

图2-29 平砌式暗沟(尺寸单位:cm)

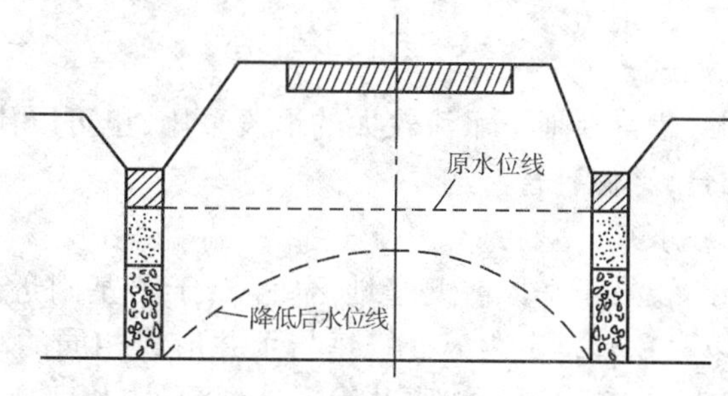

图2-30 渗沟

渗沟是由碎、砾石、反滤层和黏土、草皮封闭层组成。封闭层反铺双层草皮或其他材料，其上面是夯实的黏土层，厚度不大于50cm。反滤层是用来汇集水流并防止泥土或砂石颗粒材料挤掺入相邻层内而影响汇水、排水作用。相邻两层间，颗粒的粒径差约4～6倍，以防淤塞。渗沟的槽宽度按深度而定，在1.25m以内深度时，底宽可采用0.5m；深度在1.5～2m时，底宽为0.6～0.8m；深度在3～4m时，底的宽度应扩大到1.0m以上。渗沟的构造形式可分为盲沟、有管渗沟、洞式渗沟三种。

1)盲沟

盲沟一般设在流量不大，水路不长地段，有纵向、横向盲沟两种，横向盲沟一般与路线方向成一定斜角。排水层采用颗粒较大的坚硬大块碎石填充，并须保证具有通过全部排水量的孔隙度。盲沟的渗水部位填料深度，应在地下水位线以下0.3m，盲沟的纵向坡度，通常采用1%～5%。

纵向盲沟施工见图2-31，横向盲沟施工见图2-32，开槽波纹管上填多孔混凝土盲沟见图2-33。

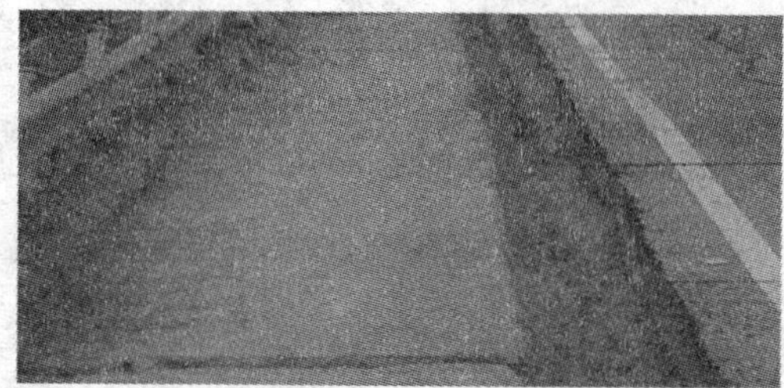
图2-31 纵向盲沟施工

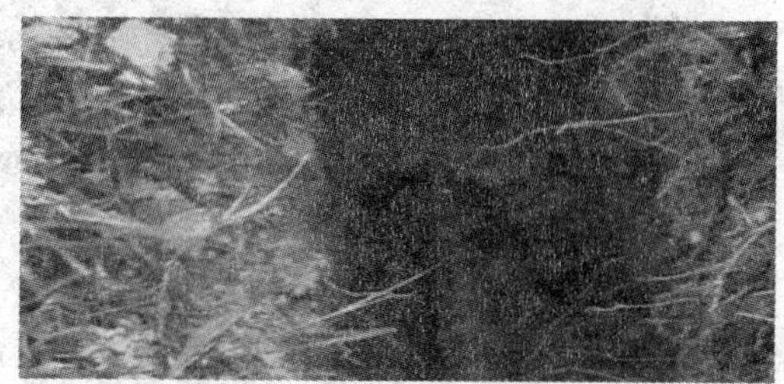
图2-32 横向盲沟施工

2)有管渗沟

有管渗沟与盲沟相似，只是将泄水部分由排水管代替，可设在地下水源较大的地段。当渗沟较长时，应横向设多道泄水道。以利迅速将水引离路基，水管的纵坡不小于5%。水管由陶瓷、水泥混凝土或石棉水泥等制成，或采用塑料管、铸铁管等。直径大小决定于地下水的流量，有冰

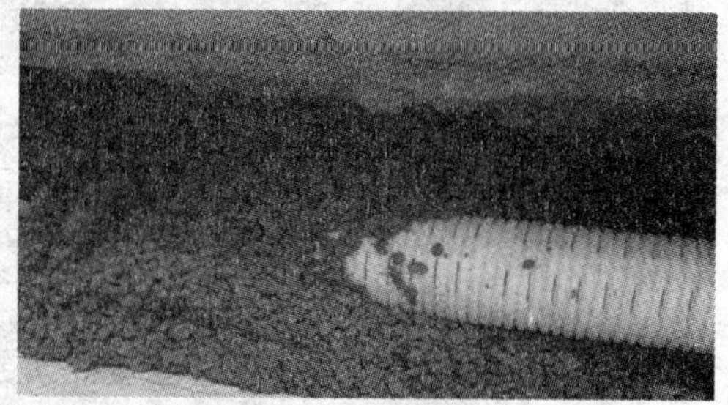
图2-33 开槽波纹管上填多孔混凝土盲沟

冻时，应采取稍大直径的水管。水管的集水部分应有孔眼、缝隙或间隙保证地下水向管内渗入。

3）洞式渗沟

洞式渗沟在地下水流较大的地段采用，也可以代替盲沟，在结构上实际相当于盲沟和暗沟的结合，类似有管渗沟。

4. 渗水井

当路线处于平原或戈壁地区，停滞于路基附近的水无处可流，而当地具有渗水性土层时，可以离路基一定距离处修建与水井形式相同的渗水井，将路基边沟中的水引离路线，汇集于渗水井内，水通过渗水井渗入地层深处，从而使路基稳定。

在路基范围内配合渗沟修筑渗水井时，井口面积的大小，取决于路基水的流量，一般可采用直径约为0.7m的圆形或0.6m×0.6m，或1.0m×1.0m的方形构造。在修水井时除四周所留进水口部分外，沿井口周围用黏土筑堤围墙，顶上也用黏土夯实或加水泥混凝土盖，严防水井淤塞。下部为排水结构，必须穿过不透水层，深入到渗水层，才能使水排出，井内填充料用大块片石或卵石，在上层不透水土层内，填砂或砾石。

5. 清理维护方法

渗沟（盲沟、有管渗沟、洞式渗沟）如发现沟口长草、堵塞，应及时清除和冲洗。如碎（砾）石层失去作用时，则应翻修，剔除较小颗粒砂石，补充大颗粒碎（砾）石，以保持空隙，便利排水。如渗沟设置位置不当，应考虑另建。

七、整段开挖边沟、截水沟的施工技术

1. 边沟的施工技术

边沟设置在挖方路基的路肩外侧或低路堤的坡脚外侧，一般与路中心线平行。用于汇集和排除路面、边坡范围内以及流向路基的少量地面水。断面形式有梯形、矩形、三角形或蝶形。高速及一级公路采用三角形和碟形，条件受限时用矩形，上面盖混凝土梳形盖板。二级及二级以下公路的土质边沟用梯形，石质边沟用矩形。

（1）挖方地段和填土高度小于边沟深度的填方地段均应设置边沟，路堤靠山一侧的坡脚应设置不渗水的边沟。

（2）为了防止边沟水流漫溢或冲刷，在平原区和重丘山岭区，边沟应分段设置出水口，多雨地区梯形边沟每段长度不宜超过300m，三角形边沟不宜超过200m。

（3）平曲线处边沟施工时，沟底纵坡应与曲线前后沟底纵坡平顺衔接，不允许曲线内侧有积水或外溢现象发生。

（4）认真做好边沟加固。

土质地段当沟底纵坡大于3%时，应采取加固措施。采用干砌片石对边沟进行铺砌时，应选用有平整面的片石，各砌缝要用小石块嵌紧。采用浆砌片石铺砌时，砌缝砂浆应饱满，沟身不漏水。沟底采用抹面时，抹面应平整压光。

2. 截水沟的施工技术

截水沟设置在路堑坡顶外缘或路堤坡脚外缘，作用是拦截路基一侧或两侧较大坡面面积的汇水，并予以排除。

截水沟的位置。在无弃土堆的情况下,截水沟的边缘离开挖方路基坡顶的距离视土质而定,以不影响边坡稳定为原则,如系一般土质至少应离开 5m,对黄土地区不应小于 10m 并应进行防渗加固。

截水沟挖出的土,可在路堑与截水沟之间修成土台并进行夯实,台顶应筑成 2% 倾向截水沟的横坡。

路基上方有弃土堆时,截水沟应离开弃土堆坡脚 1 ~ 5m,弃土堆坡脚离开路基挖方坡顶不应小于 10m,弃土堆顶部应设 2% 倾向截水沟的横坡。

课题 9　挡土墙养护

一、基本要求

(1)对挡土墙应加强检查,发现病害应查明原因,并观察其发展趋势,采取相应的修复、加固等措施,损坏严重时,可考虑全部或部分拆除重建。

(2)应保持挡土墙的泄水孔畅通,定期检查和维修,清理伸缩缝、沉降缝,使其正常发挥作用。

(3)重建或增建挡土墙,应根据公路所在地区地形及水文地质等条件合理选择挡土墙类型,并应符合《公路路基设计规范》(JTG D30—2004)和《公路路基施工技术规范》(JTG F10—2006)有关规定。

二、挡土墙的病害修理技术

1. 挡土墙病害原因分析

表面破损。表面破损主要是指浆砌片(块)石或预制砌块破碎松动、砂浆脱落,如维修不及时,使雨水冲刷下渗,致大面积散失、脱空和剥落,使得挡土墙的支挡作用降低甚至丧失。

墙背填土沉陷变形。挡土墙背填土发生沉陷变形是一种比较普遍的严重病害。由于填料选择不当,加之施工压实不足,在墙背排水不利情况下,地表径流汇集、雨水下渗,在潜蚀作用下引起沉陷变形。

泄水孔堵塞。挡土墙中设置合理的泄水孔,有利于排除墙背填土积水,降低孔隙水压力,维持其稳定性。但由于施工质量问题,如反滤层设置不合理,或泄水孔结构施工不符合设计要求等,在使用过程中随水流的作用,可能使泄水孔的排水通道被细颗粒材料堵塞,从而形成墙背填土积水,容易导致冻胀、湿陷、滑塌等严重病害的产生。

基础冲刷淘空。基础冲刷淘空是公路水毁的一种主要形式,且危害较大。处于暴雨集中、雨水冲刷严重或沿河、冲沟地段的挡土墙,常因雨水急速局部冲刷基础,使底部材料被形成的涡流冲蚀、卷起带走,随着冲刷深度和范围的增大,导致基础脱空,如不及时处理,则会进一步导致结构物失稳破坏。

沉降缝、伸缩缝破损变形。沉降缝、伸缩缝破损变形主要是指缝在施工中未按要求完全

封闭、设置位置不合理或设置数量不足，从而在自然因素和人为因素作用下，导致缝被颗粒材料填充，因变形量不足而被挤裂或拉开。

挡土墙产生破坏的原因大致有以下几个方面：第一，基础埋置过浅，墙后排水不良，墙背填土和地基土的含水率增加，从而加大了土体的湿密度，降低了抗剪强度和地基承载力，并产生附加的静水压力、土体的膨胀和冻胀压力。第二，设计、施工方面存在问题，如断面过小，设计参数选择不当，砌石挤浆不够密实，回填土不符合要求，压实不足等，都会造成墙身剪切破坏、外凸变形、勾缝脱落、石块松动等病害。第三，养护不及时，当病害发生初期，若不认真检查，很难及时发现，也就不能及时进行养护、修补；或者发现后，未能准确找出真正病害原因，而采用不正确的处治方法，贻误时机，导致严重病害的产生，如勾缝脱落、表面破损等，如能及时给予维修，将避免更严重的病害发生。挡土墙水毁见图 2-34，挡土墙基础局部淘空路面出现漏斗见图 2-35。

图 2-34　挡土墙水毁

图 2-35　挡土墙基础局部淘空路面出现漏斗

2. 挡土墙养护维修

每年春秋季病害检查后，应分轻重缓急安排维修计划。除新修挡土墙需整治路基病害外，还要做好已有挡土墙的保养、观测等工作。养护中应注意以下几点。

(1)挡土墙的泄水孔应保持畅通，如有堵塞，应及时疏通，如无法疏通，应另行选择适当位置增设泄水孔，或在墙背后沿挡土墙增做墙后排水设施，一般可增设盲沟将水引出路基以外，以防止墙后积水引起土压力增加或冻胀。

(2)挡土墙表面出现风化剥落时，应将风化表层凿除，喷水泥砂浆保护层，防止剥落恶化。当风化剥落严重时，应将风化部分拆除重砌。

(3)锚杆、锚定板挡土墙及加筋土挡土墙，应做顶面和墙外的防水、排水，经常注意有无变形、倾斜或肋柱、挡土板断裂、损坏，如有损坏，应及时修理、加固或更换。对暴露的锚头、螺母、垫圈应定期涂刷防锈漆，同时应经常检查锚头螺母有无松动、脱落，如有松动、脱落应及时紧固和补充。

三、挡土墙的加固技术和方法

根据挡土墙发生病害的原因，可采取压力灌浆锚固、增加支撑墙、部分拆除重建、在墙背加厚，并改善墙后排水等办法加固。

挡土墙的裂缝、断裂，如已停止发展，应立即进行修理、加固，其方法是首先将裂缝缝隙凿毛，清除碎渣和杂物，然后用水泥砂浆填塞。对水泥混凝土或钢筋混凝土裂缝也可用环氧树脂黏合。

挡土墙发生倾斜、鼓肚、滑动或下沉时，可选用下列加固措施：

1. 锚固法

适用于水泥混凝土或钢筋混凝土挡土墙。采用高强钢筋做锚杆，穿入预先钻好的孔内，用水泥砂浆灌满锚杆插入岩体部位，固定锚杆，待砂浆达到一定强度后，对锚杆进行张拉，然后用锚头固紧，如图2-36所示。

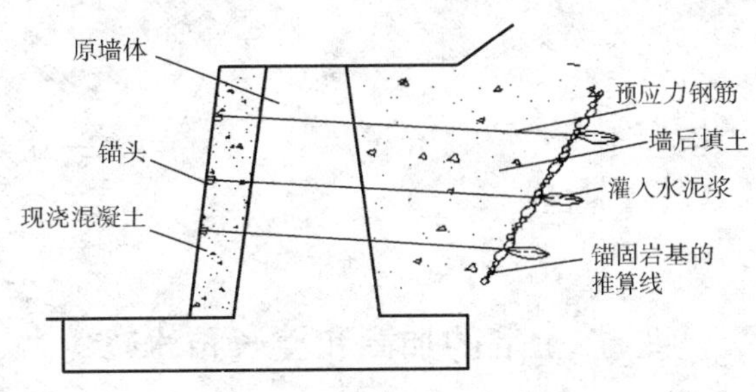

图2-36 锚固法加固挡土墙

2. 套墙加固法

在原墙外侧，加宽基础、加厚墙身，如图2-37所示。

施工时，应挖除一部分墙后填土来减少土压力，同时应注意新旧基础和墙身的结合。其方法是凿毛旧基础和旧墙身，必要时设置钢筋锚栓或石榫，也可以在修整过的旧混凝土表面涂混凝土黏合剂以增强新旧墙的连接。墙后回填土必须分层填筑并夯实。

3. 支撑墙加固法

在挡土墙外侧，每隔一定的距离修建支挡墙，如图2-38所示，以加强破损处断面并增加全墙的稳定性。支挡墙的基础埋深、尺寸和间距应通过计算确定。施工时老墙要洗刷干净，除掉不良灰缝，必要时加设连接短钢条，变形裂缝处要压注砂浆。

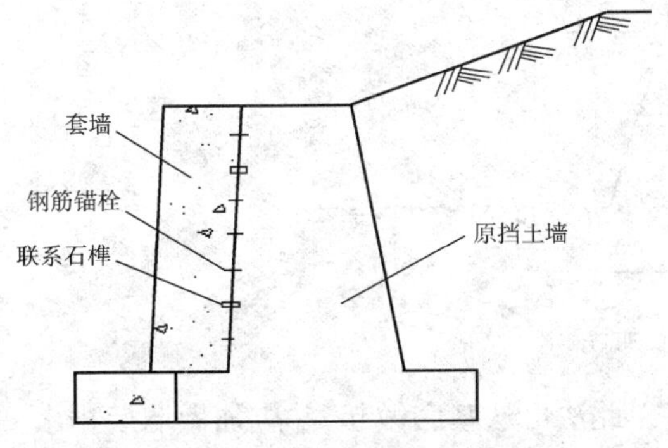

图2-37 套墙加固法

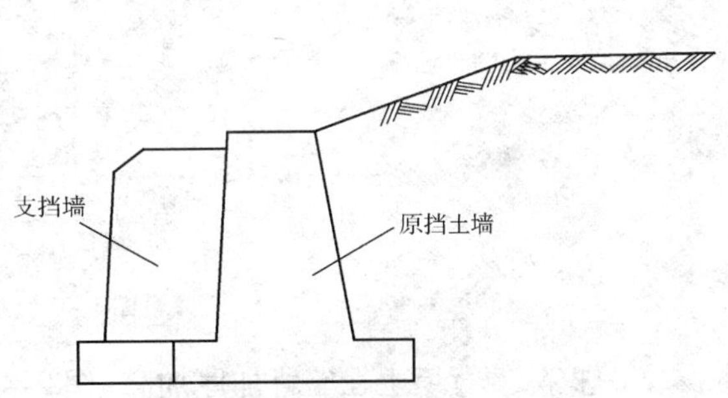

图2-38 支撑墙加固法

原挡土墙损坏严重，采用以上加固方法不能达到设计强度要求时，则应考虑将损坏部分拆除重建。为防止不均匀沉降，新旧挡土墙之间应设置沉降缝，应注意新旧挡土墙接头协调。

路肩墙或路堤墙基础埋置深度不足或基础受冲刷时，可在墙趾前增设浆砌片石基础墙、抛填和码砌片石防止冲刷，如图2-39所示。护基施工时要注意与前后河岸、结构物衔接圆顺。基础墙应有适当坡度，不要阻流太多，以免增加局部冲刷。

对滑动、下沉破坏的修复，若地基处治工程复杂，可采用干砌块石或码砌石笼进行加固。挡土墙与边坡连接处易被雨水冲成沟槽或缺口，应及时填补夯实，恢复原状。

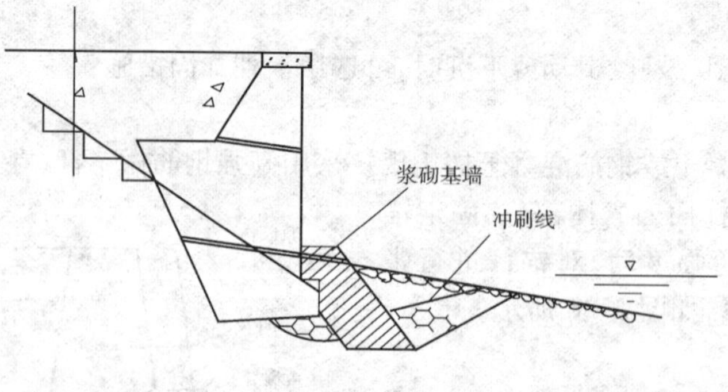

图 2-39　基础加固

四、挡土墙的加高和接长技术

1. 挡土墙加高

挡土墙因高度不够发生土体冒顶等现象时，除了做好土体稳定加固外，有时还需要加高挡土墙。加高的办法有如下几种：

(1)原有墙顶上加高(图 2-40)。当墙顶较宽，加高高度在 1.5m 以下时，可以在墙顶直接加高，但必须核对竣工图及计算参数，并进行薄弱断面和基底稳定性的验算，施工时需除掉墙顶灰砂和松石，注意接缝处质量。

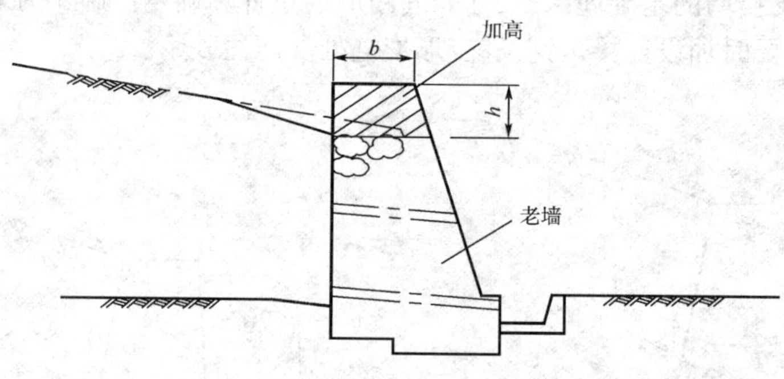

图 2-40　挡土墙加高

(2)挖除墙背填土在墙背加厚加高(图 2-41)。此法可从基底做起，并应加做墙后排水，部分改变墙后回填料性质，优点是不占用边沟路肩，外观较整齐，加高同时加厚，工作较为彻底。

(3)在墙面加厚加高(图 2-42)。当限界较宽，挖掉墙背填土不安全时，可采用此法。

2. 挡土墙加长

挡土墙长度不足或两端衔接不良，不能充分发挥挡土墙作用，致使墙的两端仍有滑塌等病害发生，或在洪水中衔接处路基被冲毁时，应根据需要向两端或一端适当延长。接长部分应与线路相协调，并尽量与原墙形式相同。挡土墙和路基或其他构造物衔接不良处均应在维修中加以改善，如路肩墙两端没有锥坡时应加做锥坡。接长挡土墙，应与原路线或挡土墙协调，新旧墙或基础应留沉降缝，防止不均匀沉陷。开挖基坑时，不要破坏原墙身、基础的稳定。

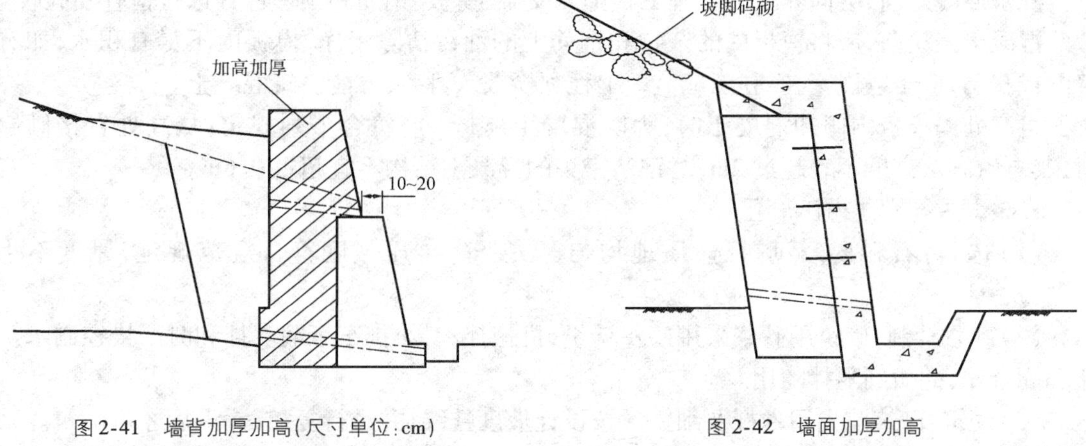

图2-41　墙背加厚加高(尺寸单位:cm)　　图2-42　墙面加厚加高

五、挡土墙的拆除和施工技术

1. 挡土墙的拆除

挡土墙的拆除工艺,应结合实际的材料、环境因素、施工机械等方面进行考虑,争取材料的再利用和保护环境,降低经济成本。

2. 钢筋混凝土挡墙施工

1)工艺流程

施工步骤:测量放线→钢筋绑扎→模板安装→混凝土浇筑→模板拆除→混凝土保养。

2)施工方法

模板施工:考虑到挡墙的高度较大,拟采用180mm厚木夹板作为模板,加设对拉螺栓。纵横向的模板支撑采用双角钢,通过对拉螺栓收紧。另外,为了保证壁厚准确,在挡墙内设置若干钢筋限位,防止墙壁收窄。为了确保模板安装及施工安全,沿挡墙每边设两道斜拉杆,以加强其整体性。

钢筋施工:按照设计图纸要求下料,制作钢筋,成品运输到现场附近后,由人力通过脚手架传递到位绑扎,先固定竖向钢筋,再安装箍筋等副筋。

混凝土施工:浇筑混凝土时,可采用混凝土泵车,利用导管将混凝土导入模具中,振捣密实,侧模2d后即可拆除,并用塑料薄膜包裹养护。

3)质量保证措施

模板应具有必要的强度、刚度和稳定性,且板面平整,接缝严密不漏浆。

重复使用的模板,应始终保持其表面平整、形状准确,不漏浆,有足够的强度、刚度等,任何翘曲、隆起或破损的模板,在重复使用之前必须进行修整,直至符合要求后才可以使用。

浇筑混凝土前,模板应涂刷隔离剂,隔离剂应采用同一品种,以利保持混凝土表面色泽一致,但容易黏结在混凝土上或使混凝土变色的油料不得使用。

模板安装完毕,应保持位置正确,不论在浇筑混凝土之前还是在浇筑时,当发现模板有超过允许偏差变形值的可能时,应即时停工,进行纠正。

浇筑混凝土前，会同驻工地监理工程师对支架、模板、钢筋和预埋件等进行检查和验收。

混凝土浇筑前，应将模板内的杂物和钢筋上的油污清除干净，模板内不得有积水，如有缝隙或孔洞，应予以嵌塞，经驻工地监理工程师检查认可后，方能浇筑混凝土。

自高处向模板内倾卸混凝土时，为防混凝土离析，应符合下列规定：从高处直接倾卸时，其自由倾落高度不宜超过2m，对钢筋密集的混凝土结构不宜超过0.6m。

3. 浆砌片石挡土墙的施工

（1）选料：石料要经过挑选，质地均匀，无裂缝，抗压强度符合规范规定，厚度不小于15cm。

（2）砂浆拌制：砌筑用砂浆采用磅秤计量，机械拌和，小推车运输。拌和时严格控制水灰比和配合比，并做到随拌随用。

（3）砌筑：砌筑前先用木杆及细铁丝按设计坡度挂线，并进行复核，无误后才可砌筑。采用坐浆法砌筑，分层分段进行，每层厚30～50cm，分段点设在沉降缝或伸缩缝的位置。分层砌筑时，先砌角，之后砌边石和面石，然后填腹石。面石进行加工达到粗料石标准，浆砌时长短相间并腹石交紧，上下层缝错开，距离应不小于8cm，砂浆灰缝应不大于4cm，也不小于1cm。

（4）勾缝及沉降处理：勾缝前先清理缝槽，并用水冲洗润湿，然后用M10水泥砂浆进行勾缝。灰缝采用凹缝形式，并做到深浅一致。浆砌片石沉降缝上下贯通，并用沥青麻絮填塞密实。

4. 挡土墙施工注意事项

挡土墙施工，应符合设计要求，除按一般施工规范中所规定的外，还应注意以下事项。

施工前应做好地面排水和安全生产的准备工作。浸水挡土墙宜在枯水季节施工。在松软地层、塌方或坡积层地段，基坑不宜全段开挖，以免在挡土墙砌筑过程中发生坍滑，而宜采用跳槽开挖的方法。

基坑开挖后，若发现地基与设计情况有出入，应按实际情况调整设计；若发现岩基有裂缝，应以水泥砂浆或小石子混凝土灌注饱满；若基底岩层有外露的软弱夹层，宜在砌墙前，对该层做封面防护，以防风化剥落后，基础折裂而致墙身外倾。

挡土墙的底部、顶部和墙面外层，宜选用较整齐的大块石砌筑。干砌挡土墙砌筑时，宜采用“丁”、“顺”、“嵌”、“楔”等办法，使块（片）石间嵌挤紧密，墙身稳定。墙址部分的基坑，在基础施工完后，应及时回填夯实，并做成5%外倾斜坡，以免积水下渗，影响墙身的稳定。

浆砌挡土墙应错缝砌筑，待砂浆强度达到70%以上时，方可回填墙背填料。墙背填料应符合设计要求，避免采用膨胀性和高塑性土，并做到分层填筑，分层夯实。不允许向着墙背斜坡填筑，夯实时应注意勿使墙身受较大冲击影响。墙后地面横坡陡于1：5时，应先处理填方基底（铲除草皮、开挖台阶等）再填土，以免填方顺原地面滑动。

墙顶设有护墙、护坡时，应采取措施，防止护墙、护坡沿着土体表面下滑。如在护墙、护坡背后设耳墙，或做粗糙面，使与土体密贴，或在护墙、护坡与挡土墙顶接触处设变坡平台。必要时应根据计算加大墙身截面。

浆砌挡土墙的墙顶，可用M5砂浆抹平，厚2cm，或顶层用较大块石料砌筑，而后勾平缝。

干砌挡土墙墙顶50cm厚度内，用M2.5砂浆砌筑，以利稳定。

南方多雨及冰冻地区，在挖方路段设置挡土墙时，应考虑到雨季、冻融季土体含水率的增加，会使填料内摩擦力降低较多，对挡土墙的稳定性影响很大。设计、施工时均应注意到这一点。

课题10　特殊路基养护

一、基本要求

特殊地区主要指盐渍土地区、黄土地区、沙漠地区、多年冻土地区、泥沼和软土地区等。

(1)盐渍土地区公路受水流侵袭后，路基出现坍塌或溶陷，应加强排水并采取相应的加固措施。

(2)黄土地区路基遇水容易发生沉陷、坍塌、边沟冲深和蚀宽、边坡松散等病害，应根据各种病害特征采取相应的处治措施。

(3)沙漠地区路基养护应采取"固、阻、输、导"等措施进行综合治理。公路两侧的固沙植物应加强管护。

(4)多年冻土地区的路基养护，应遵循"保护冻土"的原则，填土路基坡脚20m范围内不得破坏原地貌，取土坑应设在坡脚20m以外。

(5)多年冻土地区路基，应注意加强排水，填土路基上方20m以外、路堑坡顶5m以外应设置截水沟，将雨雪水引到路基以外。

(6)对有涎流冰产生的路段，应适当提高路基高度，保持路基高于涎流冰最大壅冰高度加0.5m。

(7)泥沼和软土地区路基，应加强排水，改善排水条件，采取适当的技术措施稳固路基。

二、黄土地区路基养护

黄土主要分布在昆仑山、秦岭、山东半岛以北的干旱和半干旱地区，其中以黄土高原的黄土沉积最为典型。

1.常见病害

黄土具有疏松、湿陷、遇水崩解、膨胀等特性。常见的病害如下：

(1)路堤沉陷。

(2)路缘石周围渗水。

(3)路肩和边坡在多次干湿循环后，出现裂缝、小块剥落、小型塌方、沟槽、陷穴、滑塌或在地下水及地面水的综合作用下，形成泥流，使路肩、边坡受到破坏。

(4)边沟被水冲深、蚀宽，导致路肩、边坡脚破坏。

2.加固措施

对病害的治理，应针对不同情况，采取下列加固措施：

(1)公路通过纵向、横向沟壑时，对边坡病害的治理可采取下列措施：

①沟壑边坡疏松土层，采用挖台阶办法清除。台阶宽度不小于1m。

②疏松的坡面，要拍打密实，或用轻碾自坡顶沿坡面碾实。如坡度缓于1：1，雨量适宜草类生长的，可用种草、铺草皮等方法加固。

③雨量较小、冲刷不严重的，可采用黏土掺拌铡草进行抹面，并每隔30～40cm打入木楔，增强草泥与坡面的结合。

④雨雪量较大的地区，应用石灰、黄土、细砂三合土或加炉渣的四合土进行抹面加固。

⑤高路堤边坡防护加固：植物护坡，选用根系发达、茎干低矮、枝叶旺盛、生长力强、多年生植物；葵花拱式浆砌铺块，材料可采用混凝土块或块片石等，然后播种草籽和种植小灌木。

（2）对路基出现的陷穴，要查清水的来源、水量、发展情况等，先做好导水或排水设施，将水排除到路基以外，然后，灌砂、灌泥浆填塞或挖开填塞孔道后再回填夯实。

（3）因地表水浸蚀，路肩上出现坑凹，可采取下列措施：

①用砂、土混合料改善表层。

②路肩硬化采用无机结合料稳定类半刚性基层，沥青表处面层，或其他硬化结构。

③路肩未硬化地段，为防止地表水渗入路面底层中，每隔20～30cm设盲沟一处。盲沟口与边坡急流槽相接，盲沟与盲沟之间铺设塑料薄膜防水层。

（4）在高路堤（大于12m）地段，为防止路基下沉，在垫层下铺设塑料薄膜防水层（塑料薄膜厚度不小于0.14mm），并设置盲沟。路面采用水泥混凝土预制块铺砌。

（5）通过沟壑时，如未设置防护工程，应在上游一侧路基边坡底部先铺设塑料薄膜或其他隔水材料，然后贴在隔水层上铺砌浆砌片石坡脚，铺砌高度高于常水位20～50cm。

（6）设置拦水埂及急流槽。

3.防止黄土地区高路堤的路基下沉的措施

黄土在一定压力（自重压力或自重压力与附加压力）下，受水浸湿后结构迅速破坏而发生显著附加下沉现象称为湿陷。浸水后产生湿陷的黄土称为湿陷性黄土。但是并不是所有的黄土都具有湿陷性。我国湿陷性黄土的分布面积约占我国黄土总面积的60%以上，主要分布在北纬34°～45°、东经102°～114°之间的黄河中游地区。

1）地基处理方法

选择地基处理方法，应根据构造物的类别、湿陷性黄土的特征、施工条件和当地材料，并经综合技术经济比较后确定。常用的处理方法有：垫层法、动力夯实法、挤密桩法、桩基础、预浸水法和碱液加固法或单液硅化等。

在雨季、冬季选择垫层法、动力夯实法和挤密桩法处理地基时，施工期间应采取防雨、防冻措施，并应防止水流流入基坑内。

（1）垫层法。垫层法可分为局部垫层和整片垫层。在湿陷性黄土地基上设置灰土垫层是我国一种传统的地基处理方法，已有近两千年历史，目前仍被广泛采用。灰土垫层法见图2-43。

（2）动力夯实法。动力夯实法一般可分为强夯法和重夯法，当要求消除3～6m厚度的湿陷性黄土时，宜采用强夯法，当要求消除1～3m厚度的湿陷性黄土时，宜采用重夯法。但在建筑物密集的地区和有精密仪表设备的房屋附近，或在其他浅基础构造物附近，应慎重采用或应采取行之有效的防振或隔振措施。强夯法施工见图2-44。

(3)挤密桩法。包括素土与灰土桩挤密法和碎石挤密桩法。

土桩、灰土桩挤密法。用沉管、冲击、爆破等方法在地基中形成直径28~70cm的桩孔，然后向孔内填夯素土或灰土成桩。土桩、灰土桩可以消除湿陷性黄土地基的沉陷性，并提高地基的承载力。土桩、灰土桩挤密法的主要特点是不需要大挖大填，土方量少，处理深度较深，造价低等。

碎石挤密桩法。碎石桩是以碎石为主要材料制成的地基加固桩，当前被广泛用于加固软土地基及消除土的液化，也有用于处理湿陷性黄土地基的工程实例。

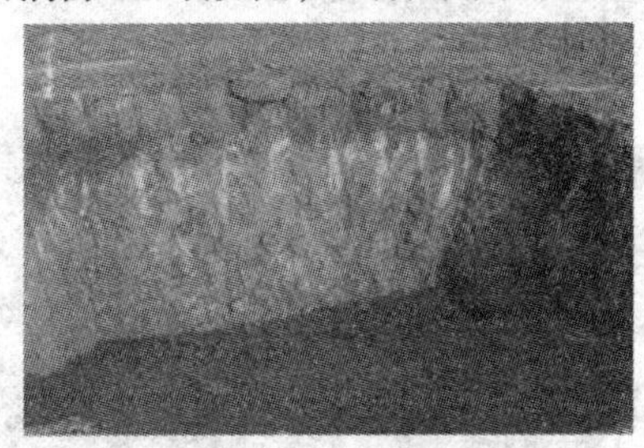

图2-43 灰土垫层法

图2-44 强夯法施工

2)黄土高路堤的变形

路堤下沉。工后下沉普遍比较严重，是黄土高路堤的主要病害。

坡面冲刷。用黄土填筑路堤易遭雨水冲刷，在多雨地区高原路堤坡面易被水流拉成沟槽。

坡面滑坍。用老黄土填筑的高路堤，在多雨地区，路肩和坡面易产生滑坍。

3)黄土高路堤下沉的处理

黄土高路堤下沉的原因有：

(1)黄土天然地基的压缩性和湿陷性。

(2)堤身的压实质量差。

为减少下沉危害，可采取下列措施：

(1)严格掌握路堤压实标准，确保压实质量。

(2)加强地表排水措施，防止地表水下渗。

(3)采取预浸水或重锤夯击方法，消除或减少地基的湿陷性，提高地基的承载力。

(4)考虑地基的压缩下沉，预留工后下沉量及加宽值。

(5)黄土高路堤的工后下沉量与填土高度有直接关系。根据铁路、公路的少量观测资料，对压实较好的高路堤，工后下沉量可按填土高度1%~2%估计。

三、沙漠地区路基养护

我国沙漠地区主要分布在北方干旱、半干旱地区。由于气候比较干燥，雨量稀少，风沙大，地表植被均较稀疏、低矮，边坡或路肩容易被风蚀，或整个路基被风积沙掩埋等。因此应备足防护材料，做好路基的防护工作。

“固、阻、输、导，综合治理”是沙漠地区筑路的基本方针。公路养护也应遵循此方针。因此，对公路两侧所设置的沙障、石笼、风力加速堤或用黏土砂砾覆盖的设施、防沙栅栏及为防沙设置的一切设施，如有被淹埋、倾倒、损坏和失效，应及时拔高、扶正或修复补充。

及时修理、填补卵（片）石护坡或草格防沙设施的塌落、破坏以及边坡上出现的风蚀、空洞、坍缺。对无防护措施的边坡，根据使用情况，增做护坡，以保持路基完好。

植树造林能起到固沙、防沙，保护公路的作用。因此对公路两侧现有植物，应加强管理和维护，并有计划地种植防沙植物，使之沿公路形成防护林带，并做到勤检查、勤浇灌、勤培土、勤修整，保证植被的完整与繁衍。沙漠中的公路见图2-45和图2-46。

路肩上严禁堆置任何材料或杂物，以免造成沙丘。对公路上的积沙，应及时清除并运到路基下风侧20m以外的地形宽阔处摊撒平顺，严禁随意堆弃。

图2-45　沙漠中的公路(1)

图2-46　沙漠中的公路(2)

四、多年冻土地区路基养护

在年平均气温低于0℃的条件下，地下形成一层能长期保持冻结状态的土，这种土叫多年冻土。在我国的兴安岭和青藏高原的高寒地区分布有成片的多年冻土，天山、阿尔泰山及祁连山等地也有零星分布。低温地带的多年冻土往往含有大量水分或夹有冰层，并有一些不良的地质现象，导致路基产生病害。

1. 路基病害

路基病害主要有：

（1）路堑边坡坍塌。

（2）路基底发生不均匀沉陷。

（3）由于水分向路基上部集聚而引起冻胀、翻浆。

（4）路基底的冰丘、冰堆往往使路基鼓胀，引起路基、路面的开裂与变形，而融解后，又发生不均匀沉陷。

因此，多年冻土地区的路基养护，应采取“保护冻土”的原则，做到“宜填不宜挖”，尽量避免扰动冻土。

2. 养护措施

对多年冻土地区的路基养护可以采取以下措施：

（1）公路防雪设施，应维护原有状态。对倒毁残损的，应修理加固或补充。设置不当的应纠正，使其发挥防雪作用。

（2）路基填方高度不宜小于1m，即除满足不同地区、气候、水文、土质等路基填筑的最小高度外，再另加50cm保护层。若受地形限制，路基填筑高度不够时，应铺筑保温隔离层。隔温材料可采用泥炭、炉渣、碎砖等，防止热融对冻土的破坏。

(3)加强排水,防止地表积水,保持路基干燥,减少水融,做到最大限度地保护冻土。

①完善路基侧向保护和纵横向排水系统,分段截流地表径流,使其通过桥涵排出到路基下方坡脚20m以外。

②不得破坏路基坡脚20m以内地貌,不得挖除原有草皮。

③取土坑应设在路基坡脚20m以外。

④在路基上侧20m处开挖截水沟,防止雨雪水沿路基坡脚长流或向低处汇积,造成地表水下渗,路基下冻土层上限下降。

⑤疏浚边沟、排水沟等排水设施时,要防止破坏冻层,导致冻土融化,产生边坡坍塌。

(4)养护材料要尽量选用砂砾等非冻胀性材料,不要选用黏土、重黏土之类毛细作用强、冻胀性大的养护材料。防护构造物应选用耐融性材料。选用防水、干硬性砂浆和混凝土时,在冰冻深度范围,其强度等级应提高一级。

3. 治理多年冻土地区路基涎流冰的措施

在寒冷地区,河水冻结可对桥梁浅桩产生冻拔,使小桥涵形成冰塞引起构造物冻裂,解冻时大量流冰对桥梁墩台产生巨大冲击,以至形成冰坝威胁桥梁安全。在地下水或地面水漫溢到地面或冰面时,逐层冻结而形成涎流冰。涎流冰可分为河谷涎流冰和山坡涎流冰,前者主要危害桥涵,后者主要危害公路路面。涎流冰覆盖道路,会造成行车道凸凹不平或形成冰块、冰槽等,严重影响行车的安全,若堵塞桥孔则会挤压上部结构导致损坏。公路上的涎流冰面积一般有数平方米到数千平方米,有的可达数万平方米,其厚度一般为数厘米到数米。

1)冰害防治措施

适当加大桩身,防治桥基冻拔。对于冰塞现象,除经常清除涵内冰冻外,必要时可适当加大孔径和涵底纵坡,或在上游采取聚冰池或冰坝等构造物。为避免气温突变解冻的流冰对桥梁墩台、桩的冲击,一般可在桥位上游设置破冰体,并在临近解冻前,在桥位下游对封冻冰面用人工或爆破方法开挖冰池及时疏导。冰池长度为河宽的1~2倍,宽为河宽的1/3~1/4,并不小于最大桥跨。如水面宽度小于30m时,冰池长度宜增加到水面宽的5倍,并在接近冰池下游开挖0.5m宽的横向冰沟。在危急时,应在下游将冰块凿开逐一送入冰层下冲走,在上游将流冰人工撬开或用炸药炸开并予以清除。

2)河谷涎流冰防护措施

(1)桥梁上游如有大片地形低洼的荒地,可用土坝截流。

(2)河床纵坡不大的河流,可于入冬初,在桥下游筑土坝,使桥梁上下游各约50m范围形成水池,水面结冰坚实后,在水池部位上游开挖人字形冰沟,以利集中水源。同时挖开下游河床最深处的土坝,排尽池内存水,保持上下游进出口不被堵塞,使水从冰层下流动。

(3)于桥位上下游各30~50m的水道中部顺流开挖冰沟,用树枝柴草覆盖,再加铺上保温材料或雪保温,并经常检修,保持冰沟不被冻塞,于解冻时拆除。水池的水面结冰坚实后,在水池部位上游开挖人字形冰沟,以利集中水源。同时挖开下游河床最深处的土坝,排尽池内存水,保持上下游进出口不被堵塞,使水从冰层下流动。

3)山坡涎流冰的主要防治措施

(1)聚冰沟与聚冰坑。聚冰沟多用于拦截冲积扇沟口处的泉水涎流冰和地势较缓的山坡涎流冰,聚冰坑多用于水量较小、边坡不高的堑坡涎流冰,用以积聚涎流冰不使其上路。聚冰沟断面图如图 2-47 所示,聚冰坑如图 2-48 所示。

(2)挡冰墙。挡冰墙适用于涌水量不大的山坡涎流冰和挖方边坡涎流冰,用以阻挡和积聚涎流冰,防止其上路。挡冰墙一般用浆砌片石、块石筑成,一般底宽为 60 ~ 120cm,顶宽 40 ~ 60cm。基础埋置深度按土质、积冰量及当地冰冻深度等情况确定。当积冰量较大时,可与聚冰坑配合使用,如图 2-49 所示。

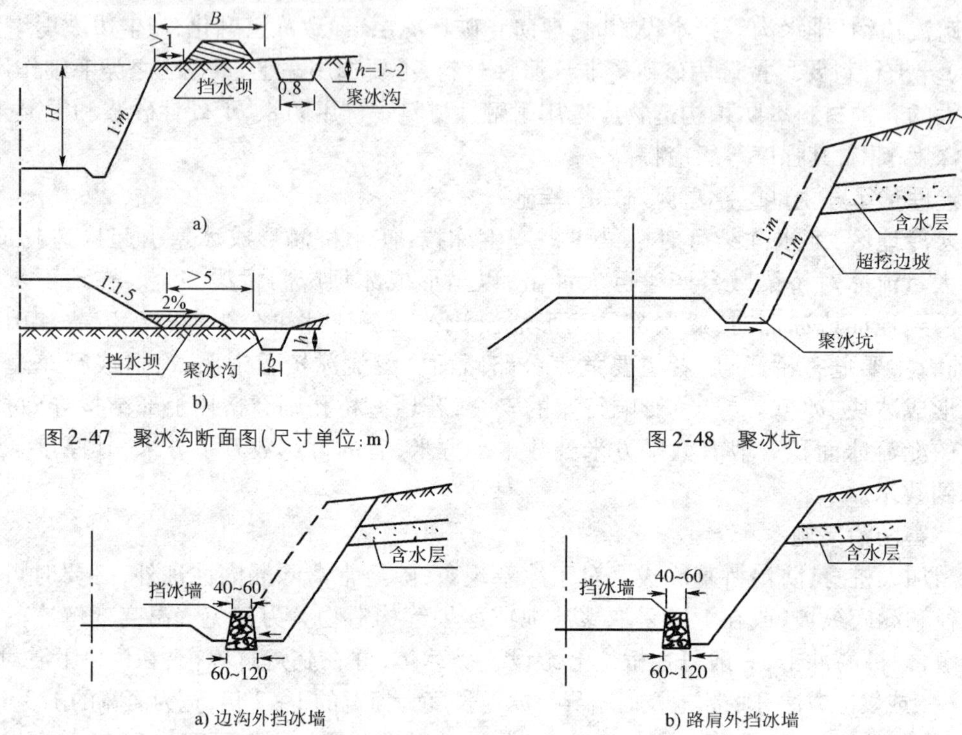

图 2-47　聚冰沟断面图(尺寸单位:m)

图 2-48　聚冰坑

图 2-49　挡冰墙(尺寸单位:cm)

(3)挡冰堤。挡冰堤适用于地势平坦、涌水量不大的山坡涎流冰和径流量不大的小型沟谷涎流冰。挡冰堤修筑在路基外,山坡地下水露头的下侧或沟谷内桥涵的上游,用以阻挡涎流冰,减小其漫延的范围,如图 2-50 所示。山坡上的涎流冰,可采用柴草、草皮或石砌的长堤予以拦截。在沟谷内一般采用干砌石堤,以利秋夏排水。挡冰堤的长、宽、高和道数按当地的地形及涎流冰数量确定,基础埋置深度按当地土质和冰冻深度而定。

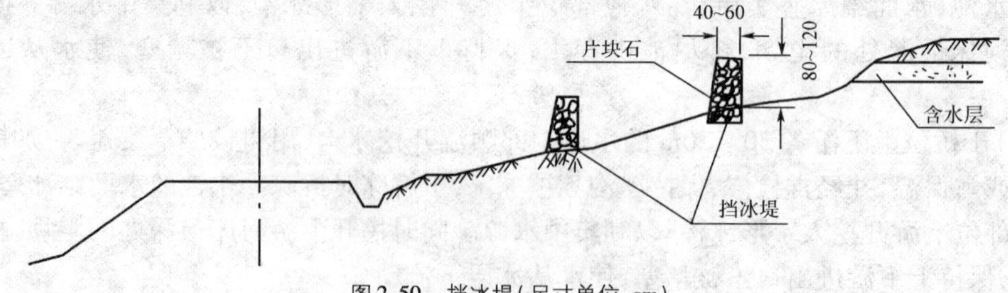

图 2-50　挡冰堤(尺寸单位:cm)

(4)设置地下排水设施。设地下排水设施适用于一般寒冷和严寒地区,常用的有集水渗井、渗池、排水暗管和盲沟等。必要时在出口处设置保温措施或出口集水井。

(5)涎流冰清除。对流至路面的涎流冰要及时清除,撒布砂、炉渣、矿渣、石屑、碎石等防滑材料或氯化钙、氯化钠等盐类防冻剂,以防行车产生滑溜,并设置明显标志。当冰层在盐类物质和行车作用下变软时,应立即将冰层铲除,以防降温时重新冻结,并应重撒防滑材料。

五、泥沼及软土地区路基养护

我国东北的大小兴安岭、长白山、三江平原、松辽平原等地及青藏高原和西北地区的湖盆洼地、高寒山地均分布有泥沼,在内陆湖塘盆地、江河湖海沿岸和山河洼地则分布有近代沉积的软土。泥沼、软土地带的路基,多因地面低洼,降雨充足,地下水位高,含水饱和、透水性小、压缩性大、抗剪强度低,在填土荷载和行车荷载作用下,容易出现路基基底土被压缩而产生较大的沉降,基底土被挤压溯流,向两侧或下坡一侧隆起,使路堤下陷、滑动以及冰冻膨胀而产生弹簧、翻浆等病害。

1. 处治方法

对泥沼、软土地区路基产生的病害,可采取下列方法处治:

(1)降低水位。当在路基两侧开挖沟渠的工程量不大时,可加深路堤两侧边沟,以降低水位,促进路基土渗透固结,达到稳固路基的效果。

(2)置换法。对软土路基沉降等病害可采用换填土层法,即将路基一定深度范围的湿软土层挖去,换以强度较大的砂、碎(砾)石、灰土或素土,以及其他性能稳定、无侵蚀性的土类,并予以压实,填至路基高程。

(3)抛石挤淤。抛石挤淤为强迫换土的一种形式,适用于软土液性指数大,厚度小于3~4m,排水困难,片石能沉达下卧硬层者。采用不易风化的直径一般不小于30cm的大片(块)石。具体做法:先将病害路段路堤挖到软土层,抛石自路堤中部开始,逐步向两侧展开,使淤泥挤出,在片(块)石抛至一定高度后(一般应露出淹没水面),用压路机碾压,然后在其上铺设反滤层,再填土至路基原有高度。泥沼路基施工见图2-51,抛石挤淤施工见图2-52。

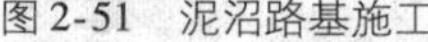

图2-51 泥沼路基施工

图2-52 抛石挤淤施工

(4)反压护道。当路堤下沉,两侧或路堤下坡一侧隆起时,可在路堤两侧或一侧填筑适当高度与宽度的护道,在护道重力作用下,使路堤下的淤泥或泥炭向两侧(或单侧)被挤出隆起的趋势得以平衡,保证路堤稳定。

(5)侧向压缩。在路堤坡脚处修筑块、片石挡土墙、板桩、木排桩、钢筋混凝土桩、片石齿墙等纵向结构,限制基底软土的侧向挤出,从而保证基底的稳定。坡脚侧向约束示意图如

图2-53所示。

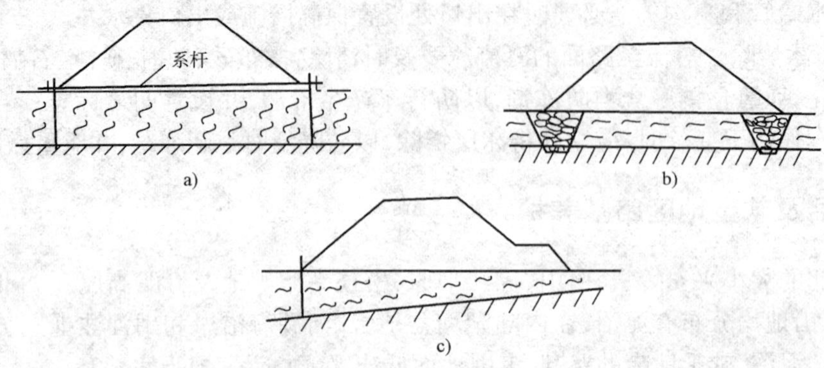

图2-53　坡脚侧向约束示意图

地基在施行侧向约束后，路堤的填筑速度可不加控制，且较反压护道节省土方，少占耕地，但须耗费一定数量的三材，成本较高。此法适用于软土层较薄、底部有坚硬土层和施工期紧迫的情况，下卧层面具横向坡度时尤其适合。

(6)挤密法。在软土路基中采取冲击或振动等方法造成一定直径的钻孔，在孔中灌以砂、石、灰土或石灰等材料，捣实而成直径较大的桩体，利用横向挤紧作用，使路基土粒彼此靠紧，孔隙减小。桩体具有较高的承载能力，群桩的面积约占松散土加固面积的20%，桩和原土组成复合地基，达到加固的作用。

(7)除以上治理方法外，还可采用砂石垫层、塑料排水板以及土工织物（滤垫）等方法，以改善排水条件，稳定路基。

路堤两侧边坡，应栽植柳、枫杨等亲水性好、根系发达的树木，以增强路基抵抗冲刷和侵蚀的能力。

2. 用砂石垫层、石灰桩、砂井（桩）等方法治理泥沼和软土地区路基的措施

1)砂石垫层

在软土层顶面铺设排水砂石垫层，以增加排水面，使软土地基在填土荷载的作用下加速排水固结，提高其强度，满足稳定性的需要。这种砂石垫层对于基底应力的分布和沉降量大小无显著的影响，但可加速沉降的发展，缩短固结的过程。

砂石垫层施工简单，不需特殊机具设备，占地较少，但需砂料，且填土时间较长，施工中需严格控制填土速度。

(1)适用范围。路堤高度小于两倍极限高度，软土表面无透水性低的硬壳；软土层不很厚，或虽稍厚，但具有双面排水条件；当地有砂，运距不太远；施工期限不甚紧迫。

(2)设计及施工要点。砂石垫层的厚度一般为0.6～1.0m，视路堤高度、软土层厚度及压缩性而定。

采用砂石垫层时，路堤填筑的速度应合理安排，使加荷的速率与地基承载力增加（即排水固结）的速率相适应，以保证地基在路堤填筑过程中不发生破坏。通常可利用埋设在路堤中线的地面沉降板以及布置在路堤坡脚外的位移边桩进行施工观测，随时掌握地基在路堤填筑过程中的变形情况和发展趋势，借以判断地基是否稳定，控制填土的速度。根据经验，在一般情况下水平位移量控制在每天不超过1.0cm，垂直位移量每天不超过1.5cm时，地基

便可保持稳定。

2)砂井(桩)排水法

砂井(桩)排水法是在湿软地基中人为地设置垂直排水砂井(桩),缩短排水距离,减少固结时间,以达到提高地基抗剪强度的一种方法。砂井(桩)的布置要根据对地基的固结率和固结度的要求,确定砂井(桩)的直径、间距、深度,并布置砂沟或砂垫层。一般情况下砂井直径多为20~40cm,间距是井径的6~8倍。施工深度应通过稳定性分析来确定,一般为15~20m。

(1)适用范围。当软土层较厚、路堤较高时,常采用砂井排水法,加速固结沉降。特别是当天然土层的水平排水性能较垂直方向大,或软土层中有薄层粉细砂夹层时,采用砂井的效果更好。

一般软土均适合采用砂井排水法。但次固结占很大比例的土类,如泥炭类土、有机质黏土和高塑性黏土等,则不宜采用。

(2)设计及施工要点。砂井地基的设计,首先应考虑砂井的直径、间距、布置形式和固结速率之间的关系。通常砂井直径、间距和长度的选择,应满足在预压过程中,在不太长的时间内,地基能达80%以上的固结度。

3)石灰桩

用生石灰在软土地基内形成桩柱,通过生石灰的消解和水化物的生成,以降低土中含水量,提高地基强度,减小沉降量。除单独使用生石灰外,也可采用和砂并用的石灰砂桩。

(1)适用范围。该方法的优点是不需要上置荷载,能在较短时间内发挥作用。适用于含砂量低,没有滞水砂层的软土地基。

(2)设计及施工要点。

①原理。生石灰在消解时,从软土中吸收体积比为1.08倍的水,体积膨胀为1.99倍体积比。不仅生石灰消解吸水,消解的石灰仍可吸收土中的孔隙水,直至达到平衡状态,而且消石灰与黏土矿物反应生成水化物,可促进稠度的改善。

②设计。桩径一般为0.3~0.5m,最大深度为30m左右,间距常取0.75~1.5m。

③施工。打孔方法有两种:孔壁能自立时,用螺旋钻开孔,用漏斗直接灌生石灰;孔壁不能自立时,用冲击或振动的方法将套管打入到要求的深度,边灌生石灰边提套管。

注意事项:为减小提套管时产生的负压力、生石灰与套管间的摩擦力及周围软土的压力,要根据桩径与桩长的情况,压送400~1 000kPa的压缩空气。

在石灰桩顶部要空1m左右,用黏性土回填,以防止地表水灌入以及桩在垂直方向上的膨胀使地基隆起。要注意施工安全和劳动保护。

六、盐渍土地区路基养护

1. 盐渍土的特点及对路基的危害

地表1m内含有容易溶解的盐类超过0.3%时,则该地表土为盐渍土,土中易溶盐大多为氯化盐、硫酸盐、碳酸盐等。我国西北、东北等气候干旱地区及沿海平原地区分布着大面积的盐渍土,其含盐量通常是5%~20%,有的高达60%~70%。由于土中含有易溶盐,使土的物理、力学性质发生变化,导致许多路基病害的产生。盐渍土在干旱季节和干旱地区,

因盐类的胶结和吸湿作用，有利于路基稳定。但一旦受到雨水、冰雪融化的淋溶，含水量急增，则会出现湿化坍塌、溶陷、路基发软，致使强度降低，丧失稳定，甚至失去承载力。其对路基的危害如下。

（1）淋溶与湿陷。这类病害主要是由于低矿化度的降雨或流动水体将土基中结晶的易溶盐晶体溶解，使土体中固相体积减小、孔隙比增大，从而在自重、流水或外荷载作用下形成土基局部雨沟、洞穴、沉陷或坍塌等病害。

（2）翻浆。这类病害主要是由于盐渍土中所含易溶盐晶体聚冰，脱水及吸湿潮化，使得土基饱水及承载能力下降，在外荷载反复作用下形成翻浆，使道路表面泥泞、湿滑，影响车辆正常运营，以氯盐渍土地区较为多见。

（3）盐胀。这类病害主要是由于盐渍土中的盐分因结晶膨胀而造成的路面局部不平、鼓起、开裂，还会在昼夜温度变化所引起的盐胀反复作用下造成路基边坡及路肩表层的疏松、多孔，致使道路易遭风蚀，易于陷车，盐胀主要发生在硫酸盐渍土中。

（4）腐蚀。这类病害主要是由于盐渍土中所含易溶盐与道路工程中所使用的金属材料、非金属制成品发生化学反应，致使这些材料或制成品的工程性能发生劣化，最终导致道路的破坏。这类病害在道路工程中的表现为钢筋锈蚀，混凝土或黏土制成品粉化开裂，高等级路面结构层损坏。

2. 盐渍土路基常见病害的处治措施

由于盐渍土含盐类型和含盐量、含硝量以及其他因素的不同，对路基的破坏各异。因此应针对产生病害的原因，采取相应的措施进行处治。

（1）秋末冬初季节或春融时期，由于雨水及融雪水较多，路基容易出现坍塌、溶陷，可采取下列防护及治理措施：

①加密排水沟，使沟底保持 0.5% ~1% 的纵坡。对于路基填土低、排水困难的路段，应加宽加深边沟或在边沟外增设横向排水沟，其间距不宜大于 500m，沟底应有向外倾斜 2% ~3% 的横坡，见图 2-54。

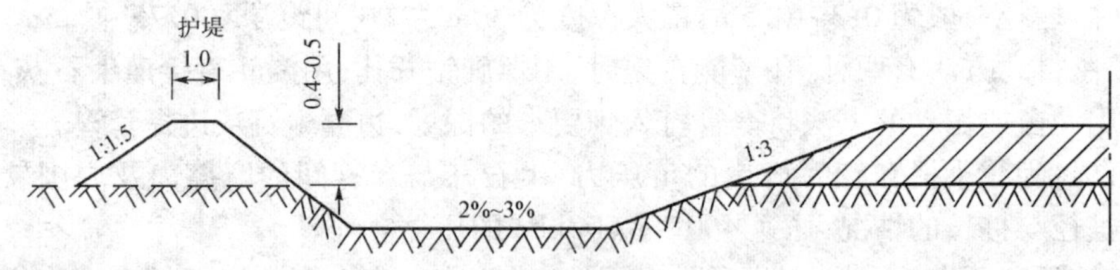

图 2-54　加大排水沟及护堤（尺寸单位：m）

②换填厚 30 ~50cm 的风积沙或矿料，保持正常通车。

③打石灰桩或砂桩，桩的深度达冰冻线以下，梅花状排列。

（2）在盐湖地区用盐晶块修筑的路基表面，原来没有覆盖层或有而失散的，应用砂土混合料进行覆盖和恢复。出现车辙、坑凹、泥泞，应清除浮土，洒泼盐水湿润，再填补碎盐晶块整平夯实，仍用砂土混合料覆盖压实。

（3）边坡经雨水或雪融水冲蚀后出现的沟槽、溶洞、松散等，可采用盐壳平铺或用黏土掺砂砾铺上拍紧，防止疏松。

(4)为防止边坡水土流失,在坡脚处增设每侧宽2m的护坡道。护坡道高出常水位20cm以上。护坡道及边坡上可结合当地的植物生长情况,种植耐盐性的树木或草本植物(如红柳、红杨、甘草、白茨等)以增强其稳定性。

(5)在过盐边坡地区,对较高等级的道路,为防止路肩吹蚀、泥泞以及防止水分从路肩部分下渗,而造成路面沉陷,路肩可考虑采用下列加固措施:

①用粗粒渗水材料掺在当地土内封闭路肩表层。

②用沥青材料封闭路肩。

③就地取材,用15cm厚的盐壳加固。

(6)对硫酸盐渍土路基,根据需要和可能,采取用卵石、砾石、黏土或盐壳平铺在路堤边坡上等措施处治边坡疏松、风蚀和人畜踩踏而造成的破坏。

课题11　路基翻浆与沉陷处治

一、路基翻浆的分类和分级

路基翻浆主要发生在季节性冰冻地区的春融时节,以及盐渍土、泥沼、水网、软土等地区。路基翻浆根据导致其发生的水类来源和翻浆时路面的变形破坏程度,可分为五种类型和三个等级,见表2-4和表2-5。

翻浆类型　　表2-4

序号	翻浆类型	导致翻浆的水类来源
1	地下水类	受地下水的影响,土基经常处于潮湿状态,导致翻浆。地下水包括上层滞水、潜水、层间水、裂隙水、泉水、管道漏水等。潜水多见于平原区,层间水、裂隙水、泉水多见于山区
2	地表水类	受地表水的影响,土基潮湿,导致翻浆。地表水主要指季节性积水,也包括路基、路面排水不良而造成的路旁积水和路面积水
3	土体水类	因施工遇雨或用过湿的土填筑路堤,造成土基原始含水率过大,在负温度作用下上部含水率显著增加导致翻浆
4	气态水类	在冬季强烈的温差作用下,土中水主要以气态形式向上运动,聚积于土基顶部和路面结构层内,导致翻浆
5	混合水类	受地下水、地表水、土体所或气态水等两种以上水类综合作用产生的翻浆,此类翻浆需根据水源主次定名

翻浆分级　　表2-5

翻浆等级	路面变形破坏程度
轻	路面龟裂、潮湿,车辆行驶时有轻微弹簧
中	大片裂纹、路面松散、局部鼓包、车辙较浅
重	严重变形、翻浆冒泥、车辙很深

路基翻浆见图2-55和图2-56。

图 2-55　路基翻浆(1)

图 2-56　路基翻浆(2)

二、翻浆发生的过程

秋季，由于降水或灌溉的影响，地面水下渗、地下水位升高，使路基水分增多，为冬季水分积聚提供了必要条件。进入冬季，气温下降，路基上部的土开始冻结。春季化冻时，由于路面结构层的吸热和导温性较强，路面下的路基上冻土先于路肩下的融化，于是路基下残余未化的冻土形成凹槽，化冻后的水分难以排出，路基上部处于过湿状态。当融化至聚冰层时，路基湿度更大，有时甚至超过液限。这样，路基在化冻过程中强度显著降低，以至丧失承载能力，在行车荷载作用下发生弹簧、开裂、鼓包、车辙，严重时泥浆外冒，路面大面积破坏，就形成了翻浆。

三、影响翻浆的因素

影响公路翻浆的主要因素有：土质、温度、水、路面、行车荷载、人为因素等，其中土质、温度、水三者的共同作用是形成翻浆的三个自然因素。

1. 土质

粉性土是最容易翻浆的土，这种土的毛细水上升较高，在负温度作用下水分聚流严重，而且土中的水分增多时强度降低幅度大而快，容易丧失稳定。粉性土的毛细水上升虽高，但上升速度慢，因此，只有在水源供给充足，并且在土基冻结速度缓慢的情况下，才能形成比较严重的翻浆。粉性土和黏性土含有大量腐殖质和易溶盐时，则更易形成翻浆。砂土在一般情况下不会发生翻浆，这种土毛细水上升高度小，在冻结过程中水分聚流现象很轻，同时，这种土即使含有大量水分，也能保持一定的强度。

2. 温度

一定的冻结深度和一定的冷量(冬季各月负气温的总和)是形成翻浆的重要条件。在同样的冻结深度和冷量的条件下，冬季负气温作用的特点和冻结速度的大小对形成翻浆的影响也是很大的。例如，当初冻的时候气温较高或冷暖交替出现，温度在 0℃ ~ −3℃(−5℃)之间停留时间较长，冻结线长期停留在路面下较浅处，就会使大量水分聚流到距路面很近的地方，产生严重翻浆。反之，如冬季一开始就很冷，冻结线很快下降到距路面较深的地方，则土基上部聚冰少就不易出现翻浆。除此之外，春天气温的特点和化冻速度对翻浆也是有影响的，如春季化冻时，天气骤暖，土基急速融化，则会加重翻浆的程度。

3. 水

翻浆的过程，就是水在路基土中转移、变化的过程。路基附近的地表积水及浅的地下水,能提供充足的水源,是形成翻浆的重要条件。秋雨及灌溉使路基土的含水量增加,使地下水位升高,将会加剧翻浆的程度。

4. 路面

路面结构与类型对翻浆也有一定的影响,如在比较潮湿的土基上铺筑沥青路面后,由于沥青面层透气性较差,路基土中的水分不能通畅地从表面蒸发,使水分滞积于土基顶部与基层,导致路面失稳变形,以至出现翻浆。

5. 行车荷载

公路翻浆是通过行车荷载的作用,最后形成和暴露出来的,当其他条件相同时,在翻浆季节,交通量越大,车辆轴载越重,则翻浆越为严重。

6. 人为因素

下列情况下,都将加剧翻浆的形成:

(1)设计时对翻浆的因素考虑不周。路基设计高度不够,特别是低洼地带,路线没有避开不利的水文地质地带,缺乏防治翻浆的措施,以及路面结构不当、厚度偏薄等。

(2)施工质量有问题。填筑方案不合理,不同土质填料混杂填筑,或采用大量的粉质上、腐殖土、盐渍土、大块冻土等劣质填料,或分层填筑时压实度不足。

(3)养护不当。排水设施堵塞,路拱有反向坡,路面、路肩积水,对翻浆估计不足,且无适当的抢防措施。

四、翻浆的防治措施

防治翻浆的基本途径是:防止地面水、地下水或其他水分在冻结前或冻结过程中进入路基上部,可将聚冰层中的水分及时排除或暂时蓄积在透水性好的路面结构层中;改善土基及路面结构;采用综合措施防治。

为了便于应用,现将各种防治翻浆的措施列于表2-6。

各种防治翻浆措施选择参考表　　表2-6

编　号	措施种类	适用的翻浆类型	翻浆等级	适用地区或条件	使用说明
1	路基排水	①、②、⑤	轻、中、重	平原区、丘陵区、山区	适用于一切新、旧道路
2	提高路基	①、②、⑤	轻、中、重	平原、洼地、盆地	新、旧路均可使用,必要时也可与3、4、5、6、7、9任何一类组合应用
3	砂(砾)垫层	①、②、③、⑤	中、重	产砂、砾地区	新、旧路均可用,主要做垫层可与2、4类组合应用
4	石灰土结构层	①、②、③、④、⑤	轻、中、重	缺少砂、石地区	新、旧路均可用,做基层或垫层可与3、5类措施组合应用
5	煤渣石灰土结构层	①、②、③、④、⑤	中、重	缺少砂、石地区,煤渣供有保证时	新、旧路均可用,做基层或垫层,可与4类措施组合应用

续上表

编　号	措施种类	适用的翻浆类型	翻浆等级	适用地区或条件	使用说明
6	透水性隔离层	①、②、⑤	中重	产砂、石地区	适用于新路
7	不透水隔离层	①、②、④、⑤	中、重	沥青、油毡纸、塑料薄膜、不透水土工布供有保证时	多用于新路
8	盲沟	①、⑤	轻、中、重	坡腰或横向地下水出露地段，地下水位高的地段	新、旧路均可使用
9	换土	①、②、③、⑤	中、重	产砂砾或水稳性好的材料地区	适用于新、旧路

注：①-地下水类；②-地面水类；③-土体水类；④-气态水类；⑤-混合水类。

1. 做好路基排水，提高路基

良好的路基排水可以防止地面水或地下水浸入路基，使路基土体保持干燥，从而减轻冻结时水分聚流的来源，这是预防和处理地面水类和地下水类翻浆的首要措施。

提高路基是一种效果显著、简便易行、比较经济的常用措施。增大路基边缘至地下水或地面水位间的距离，使路基上部土层保持干燥，在冻结过程中不致因过分聚冰而失稳。

提高路基的措施适用于取土方便的路段，并宜采用透水性良好的土填筑路基。路线通过农田地区，为了少占耕地，应与路面设计综合考虑，以确定合理的填土高度。

在重冰冻地区及粉性土地段，在提高路基时还要与其他措施，如砂垫层、石灰土等配合使用。

2. 铺设隔离层

隔离层设在路基顶面下 0.5 ~ 0.8m 处，其目的在于阻断毛细水上升通道，保持上部土基干燥，防止翻浆发生。地下水位或地面积水位较高，又不宜提高路基时，可铺设隔离层。隔离层按使用材料可分为两类：

(1)透水性隔离层。透水性隔离层采用碎石、砾石、粗砂或炉渣等做成，其厚度一般为 10 ~ 20cm。为了防止淤塞，应在隔离层上面和下面铺设 1 ~ 2cm 的泥炭、草皮或炉渣、石屑、针刺无纺布等透水性材料的防淤层。隔离层底部应高出地面水 20cm 以上，并向路基两侧做成 3% ~ 4% 的横坡。和边坡接头的地方，要用大块碎砾石铺进 50cm。

(2)不透水隔离层。不透水隔离层分不封闭式和封闭式两种。前者适用于一般路段，用以隔断毛细水，后者适用于地面排水有困难或地下水位高的路段，用以隔断毛细水和横向渗水。

不透水隔离层所用的材料有：

①沥青含量为 8% ~ 10% 的沥青土或 6% ~ 8% 的沥青砂，厚度一般为 2.5 ~ 3cm。

②直接喷洒厚度为 2 ~ 5mm 的沥青。

③2 ~ 3 层油毡或不易老化的特制塑料薄膜(在盐渍土地区不能使用)。

隔离层的适用条件及注意事项：

①隔离层对新旧路线翻浆均可采用，特别适用于新线。

②不透水隔离层适用于不透水路基中，在透水路面下只能设透水隔离层。

3. 设置路肩盲沟或渗沟

(1)路肩盲沟。为及时排除春融期间路基中的自由水，达到疏干路基上部土体的目的，可在路肩上设置横向盲沟。适合于路基土透水性较好的地下水类翻浆路段。

盲沟布置应与路中心线垂直。如路段纵坡大于1%时，则宜与路中心线成60°~75°的交角(顺下坡方向)，两边交错排列，一般5~6m设置一道，深为20~40cm，宽为40cm左右。

盲沟应用渗水性良好的碎(砾)石填充，沟底宜做成4%~5%的坡度。盲沟出水口应高出边沟水面30cm，出口按一般盲沟处理。

(2)排水渗沟。为了降低路基的地下水位，可在边沟下设置盲沟或有管渗沟。为了拦截并排除流向路基的层间水，可采用截水渗沟。

4. 换土

对因土质不良造成翻浆的路段，可在路基上部换填水稳性好、冰冻稳定性好、强度高的粗颗粒土，以提高土的强度和稳定性。

一般可根据地区情况、道路等级、行车要求、换填材料等因素确定换土厚度。一般在路基上层换填40~60cm厚的砂性土，路基即可基本稳定。

用换土法治理翻浆路段，应突出抓一个“早”字，一经发现翻浆苗头，即行开挖，用较少的工作量，取得较好的效果。

换土适合于路基高程受到限制，不能加高路基，且附近有砂性土的路段。

5. 改善路面结构层

(1)铺设砂(砾)垫层。砂(砾)垫层是用砂砾、粗砂或中砂做成的垫层。它具有较大的空隙，能隔断毛细水的上升，化冻时能蓄水、排水，冻融过程中体积变化小，可减小路面的冻胀和沉陷。它还具有一定的强度，能将荷载进一步扩散，从而可减小路基的应力和应变。

(2)铺设水泥稳定类、石灰稳定类或石灰工业废渣类基(垫)层，以增强路面的板体性、水稳性和冻稳定性，提高路面的力学强度，起到减缓和防止路基冻胀和翻浆的作用。

但在重冰冻地区潮湿路段，石灰土不宜直接采用，须与其他措施配合应用，如在石灰土下铺设砂垫层等。

五、用砂垫层防治路基翻浆的要求和措施

1. 铺设砂(砾)垫层

砂(砾)垫层是用砂砾、粗砂或中砂做成的垫层，具有较大的空隙，能隔断毛细水的上升，化冻时能蓄水、排水，冻融过程中体积变化小，可减小路面的冻胀和变形且还具有一定的强度，能将荷载进一步扩散，从而可减小路基的应力和应变。

砂(砾)垫层的厚度可按蓄水原则或排水原则设置。蓄水原则是指春融期间，路基化冻后的过量水分能全部集中于砂垫层中。根据蓄水的需要并考虑砂(砾)垫层被污染后降低蓄水能力的情况，经调查研究得出：中湿路段砂(砾)垫层的经验厚度为0.15~0.20m，潮湿路段为0.2~0.3m。排水原则是将春融期汇集于砂垫层中的水分通过路肩盲沟排走。砂垫层

厚度应由路面强度及砂（砾）垫层构造和施工要求决定，一般为0.1～0.2m。

砂垫层施工见图2-57，砂砾垫层施工见图2-58。

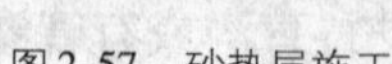
图2-57　砂垫层施工

图2-58　砂砾垫层施工

2. 砂垫层的设计原则

蓄水原则：用砂垫层汇集春融期从路基化冻土层中析出的全部多余水量。

排水原则：利用暗管或路肩盲沟等排水设施将砂垫层中汇集的水排出去。

按排水原则设计的砂垫层，水分能及时排走，更有利于疏干土基。

排除砂垫层中水分的方法，有整体式砂垫层和砂垫层与纵向或横向排水管配合的形式。

砂垫层的适用范围及注意事项：适用于盛产砂石地区，砂垫层的材料可选用砂砾、粗砂或中砂，要求砂中不含杂质、泥土。

课题12　路基改善工程

路基的局部改善一般是在维持通车的情况下进行的，应采取半幅施工、半幅通车，交替进行。通车一侧应加强养护，其宽度应满足车辆通行要求，其长度一般不宜超过1km。当交通量较大时，应加强施工路段道路交通管理。有条件时，可组织绕道通行或修筑临时便道通行。

一、进行路基加宽的施工技术

公路在经多年的通车后，路基沉降基本完成，路基加宽段由于新旧路基的不均匀沉降，必然产生以纵向裂缝为代表的裂缝，从而对公路产生破坏。为此，必须加强公路路基加宽时的设计优化，提高施工质量，使沉降量减为最少，以保证公路的质量。

1. 路基加宽前的准备

旧路路基加宽，首先要对旧路的状况进行调查，并对原路基的病害进行处理。调查内容包括旧路路基的填筑材料、使用和损坏等病害情况，分析病害的种类、规模、状态、原因等，并在施工前或施工期间，对路基不同类型的病害要进行彻底地处理。

旧路两侧一般为排水边沟和碎落台，边沟经长期的雨水侵蚀，其下部已基本变得相当软弱，平台由于绿化其底部实际也为腐质土。对于上述情况地基必须作彻底清除，对于地下水丰富区域，须铺设透水性材料。基底压实度一般比规范要求高出1%～2%，施工时必须严格按设计要求进行，保证基底承载力，减少新老路基剪切变形。

2. 路基加宽的施工技术

1）台阶

由于原路基边坡坡率一般为1∶1.5，必须将原边坡挖成台阶，台阶使新旧路基有效地交错结合，是新旧路基衔接的重要组成部分，施工时必须引起足够的重视。台阶宽度应满足摊铺和压实设备操作的需要，以便有利于机械施工，一般不少于2.0m，如受环境限制可适当放窄，但宽度不得小于1m，并做成2%～4%的内倾斜坡。原路基边坡部分填土由于原来施工的忽视、现施工的挠动及其他原因，填土压实度实际上一般都未达到设计要求。路基台阶见图2-59，路基单侧加宽台阶见图2-60。

图2-59 路基台阶

图2-60 路基单侧加宽台阶

2）填筑材料

填筑材料经自重、路面和车辆等荷载的作用，老路基已经基本被压实，而新路基的填料虽经严格压实，仍存在后期变形。为此，填筑材料的选择将很大程度影响路基的有效沉降。所有填料宜与旧路堤相同或选用透水性较好的材料，相关单位在综合考虑工程造价和施工实施的问题上，尽量使用碎石土或石渣等沉降量较少的材料进行填筑，并控制好填筑材料的液塑限、承载比（CBR）和击实试验等各项指标。

3）路基碾压

路基填筑前，须根据规范要求做好试验段，必须严格控制材料的最佳含水率、松铺厚度、压实设备的类型、最佳组合方式、碾压遍数及碾压速度等，使各项指标达到最优状态，保证压实度达到设计要求。对于加宽渐变部分，必须严格控制其碾压宽度，如旧路基挖台阶受限制时，可通过铺设护道等方式满足其要求，使路基压实度均满足要求。

在施工时分层碾压，控制每层填筑厚度及压实度，提高压实标准。碾压应采用重型压路机（>20t）进行，双驱双振。其松铺厚度不得大于30cm，压实度必须达到要求，且重点应放在新老路基的结合部，每层压完后应平整光滑。

路基填筑时应控制路堤填筑速率。当填土速率较快时，地基强度来不及增长，易产生较大的剪切变形。在施工时按照慢速填土标准进行控制，控制标准为地面沉降率每昼夜不大于10mm，坡角水平位移速率每昼夜不大于5mm。

3. 减少沉降的其他措施

1）铺设土工织物

土工格栅具有抗拉强度高、伸长率低，不易变形等特点，其全面与土体相接，大大增加了与土体的摩擦，有力约束土体的侧向位移，土工格栅网格与粗颗粒填料结合，其最优的镶嵌作用，最大限度地提高了加宽路基的承载能力和稳定性。在加宽路段中的铺设，可以增加新旧路基的结合，增大结合部抗剪能力，防止新路基的沉降对老路基的破坏，从而达到稳定新旧路基的效果。

土工格栅可根据路基填土高度进行设置，当路基填筑小于1.5m时，可在底部设置3层；填土高度在1.5～8m（10m）时，在路基底部和顶部各设置3层；填土高度大于8m（10m）时，在路基底部和顶部各设置3层，中部平台设置3层。底部铺设在基底平整碾压后铺设第1层，以后每2层填土铺设1层，上部铺设位置为上路床顶部和底部、下路床底部各1层。土工格栅铺设宽度根据加宽宽度进行，但新旧路基铺设宽度不应少于1.5m。土工格栅可优先考虑使用钢塑双向土工格栅，但其伸长率应小于4%，抗拉强度应大于45kN/m，锚固间距及搭接宽度与普通施工相同。土工格栅施工见图2-61，复合地基土工格栅见图2-62。

图2-61　土工格栅施工

图2-62　复合地基土工格栅

2）冲击夯实

路基的本体沉降主要与路基本身的压实度有很大关系，进行充分冲击，使其紧密结合，形成一个整体，可使路基本体和地基的沉降都达到最小，以减小路基的沉降，减少或避免新老路基结合部纵向裂缝的产生。由此，可选择冲击碾压的方法，对路基进行补强。

在施工前选择有代表性的路段进行试验，对机械的行走速度、影响深度、沉降量、行走遍数等进行总结。以往经验为：采用25t重型压路机对深度为1.0m（4层）填方段路基冲碾补压5～7遍是合适的，补压效果也是明显的。

3）跨年度施工

为降低加宽路基的沉降量，尽可能做到路基跨年度施工，使路基经历雨季。在路基完成后尽量开放交通，在路上采取一些措施，使车辆尽可能的在加宽处行驶，加大行车荷载作用，把沉降量降到最低程度。

二、进行路基加高的施工技术

（1）改建中加高路基，首先用铲运机将边坡的表层去掉，去掉边坡内有砂、碎石、砾石及其他与土的物理特性不符的材料，然后再分层填筑到要求的宽度和高度。

（2）当路基加高的数值略大于路面的设计厚度时，将旧路面挖去，用其旧石料来加固路肩和用作路基上层的填料。

（3）如果路基内0.5mm以下的高塑性石灰石颗粒超过20%～30%时，最好掺进20%～25%的砂，并在路基全宽拌匀和压实。对于旧路路面的碎石材料，再加进一些本地的低活性黏结料（如粉煤灰、石灰、炉渣、水泥灰、天然沥青砂等），可作为路面的垫层。

(4)旧路槽恢复完之后必须整型,做成不小于4%的双向横坡,然后再分层填筑,达到设计高程。为了确保压实度,使之与经过长期营运的旧路基相适应,每层填土的厚度应比规范小10% ~20%。

复习思考题

1. 试述路基养护工作的内容和要求。
2. 试述路肩加固的类型和方法。
3. 陡坡路段路肩的养护措施主要有哪些?
4. 试述路基防护与加固分类。
5. 试述易风化岩石边坡的防护和加固措施。
6. 加固受冲刷护岸、护坡的技术主要有哪些?
7. 路基地表和地下排水设施主要有哪些?
8. 挡土墙发生倾斜、鼓肚、滑动或下沉时,可选用哪些加固措施?
9. 试述特殊路基养护的基本要求。
10. 黄土地区因地表水浸蚀,路肩上出现坑凹,主要可采取哪些措施?
11. 对泥沼、软土地区路基产生的病害,主要可采取哪些方法处治?
12. 试述路基翻浆的分类和分级。
13. 翻浆的防治措施主要有哪些?
14. 试述用砂垫层防治路基翻浆的要求和措施。
15. 进行路基加宽的施工,可采取哪些补强措施?

单元3 沥青路面养护

课题13 路面养护的一般规定、沥青路面日常养护

一、路面养护的一般规定

(1)路面养护应符合下列要求:

①经常清扫路面,及时清除杂物、清理积雪积冰,保持路面整洁,做好路面排水。

②加强路况巡查,发现病害,及时进行维修、处治。

③防止因路面损坏和养护操作污染沿线环境。

(2)定期对路面的技术状况进行调查和评定。应以路面管理系统分析结果为依据,科学制订公路养护维修计划。

(3)路面技术状况各分项指标低于规定值时,应采取相应措施恢复或提高。

(4)路面损坏分类、技术状况抽查方法和频率,应按《公路技术状况评定标准》(JTG H20—2007)执行。

(5)改建工程、大中修工程的路面结构、施工工艺、材料、质量指标应符合现行有关设计、施工技术规范的规定。大交通量路段应制订科学合理的交通组织方案,减少对通行车辆的影响。

二、沥青路面养护要求

(1)对沥青路面应进行预防性、经常性和周期性养护,加强路况巡查,掌握路面的使用状况,根据路面的实际情况制订日常小修保养和经常性、预防性、周期性养护工程计划。对于较大范围路面损坏和达到或超过设计使用年限的路面,应及时安排大中修或改建工程。

(2)应及时掌握路面的使用状况,加强小修保养,及时修补各种破损,保持路面处于整洁、良好的技术状况。

(3)沥青路面养护工程使用的沥青、粗集料、细集料和填料的规格、质量要求、技术指标、级配组成及大修、中修、改建工程的设计、施工、质量控制,均应符合《公路沥青路面设计规

范》(JTG D50—2006)和《公路沥青路面施工技术规范》(JTG F40—2004)的有关规定。

三、沥青路面的日常养护

(1)沥青路面的初期养护应按下列规定进行:

①摊铺、压实后的热拌沥青混合料路面,待摊铺层自然冷却,混合料表面温度低于50℃后方可开放交通。开放交通初期,应控制行驶车辆限速在20km/h以下,视表面成型情况,逐步恢复到设计时速。乳化沥青路面(含稀浆封层和微表处)的初期稳定性差,应设专人管理,按实际破乳情况,封闭交通2~6h。在未破乳的路段上,严禁一切车辆、人、畜通过,开放交通初期,应控制车速不超过20km/h,并不得制动和掉头。

②沥青贯入式路面及层铺法施工的沥青表面处治路面,应及时将行车驱散的面料回扫,扫匀、压实,以形成平整密实的上封层。

(2)沥青路面日常养护应按下列规定进行:

①加强路况巡查,及时发现病害,研究分析病害产生的原因,并有针对性地对病害进行维修处治。

②路面清扫应按下列规定进行:

a.巡查过程中,发现路面上有杂物,应及时清扫,保持路面整洁。

b.路面的日常清扫,应根据实际情况,采用机械或人工的方法进行。高速公路和一级公路应以机械清扫为主,其他等级可以机械和人工相结合进行清扫。

c.二级和二级以上公路路面的清扫作业频率宜不少于1次/d,其他等级公路可根据路面污染程度、交通量大小及其组成、气候及环境等因素而定,但不宜少于1次/周,路面分隔带内的杂物清理宜不少于1次/月。长隧道内和大型桥梁的清扫频率应适当增加。

d.清扫时,应防止产生扬尘而污染环境,危及行车安全,并及时清除和处理路面油类或化工类等玷污物。

③雨后路面积水应及时排除。

④在春融期,特别是汛期,应对排水设施进行全面检查并疏通。

⑤冬季降雪天气应及时除雪除冰,并采取必要的路面防滑措施。

⑥加强经常性和预防性的日常养护,以保障路面及沿线设施良好的技术状况。

⑦严禁履带车和铁轮车在沥青路面上直接行驶,如必须行驶,应采取相应保护措施。

课题14 沥青路面常见病害的维修

一、基本要求

沥青路面病害的维修应符合下列要求:

(1)对各种路面病害应分析其产生的原因,并根据路面的结构类型,设计使用年限,维修季节、气温等实际情况,及时采取相应维修处治措施,防止病害扩大,并应符合沥青路面养护标准。

(2)高速公路和一级公路路面病害的维修应采用机械作业,所使用的沥青混合料宜集中厂拌，并采取保温措施，其他等级的公路应逐步提高维修作业的机械化水平。

(3)对病害的维修事先应有周密的计划，做好材料准备，保证工序之间的衔接，对坑槽、沉陷、车辙等需将原路面面层挖除后进行机械修补作业的病害，宜当日开挖当日修补，并设置警示标志保障行车安全。

(4)修补面积应大于病害的实际面积，修补范围的轮廓线应与路面中心线平行或垂直，并在病害面积范围以外 100～150mm。应采取措施使修补部分与原路面联结紧密。

(5)在病害的处治中，凡需重新做面层的，其技术要求应符合《公路沥青路面施工技术规范》(JTG F40—2004)的规定，凡需重新做基层的，其技术要求应符合《公路路面基层施工技术规范》(JTJ 034—2000)的规定。

二、裂缝的维修

1. 在高温季节全部或大部分可愈合的轻微裂缝，可不加处理

在高温季节不能愈合的轻微裂缝，可采用下列方法处治：

(1)将有裂缝的路段清扫干净并均匀喷洒少量沥青(在低温、潮湿季节宜喷洒乳化沥青)，再匀撒一层 2～5mm 的干燥洁净石屑或粗砂，最后用轻型压路机将矿料碾压。

(2)沿裂缝涂刷少量稠度较低的沥青。

2. 灌缝

由于路面基层温缩、干缩引起的纵向或横向的裂缝，缝宽在 5mm 以内的，可采用稠度较低的热沥青(缝内潮湿时应采用乳化沥青)灌缝并撒石屑或粗砂封堵、捣实。缝宽在 5mm 以上的，把缝内处理干净后，用热拌沥青混合料填入缝中，捣实。缝内潮湿时应采用乳化沥青混合料。

(1)灌缝作业流程和主要设备。沥青路面裂缝施工(灌缝)作业流程如图 3-1 所示，沥青路面裂缝修补(灌缝)主要设备如表 3-1 所示。

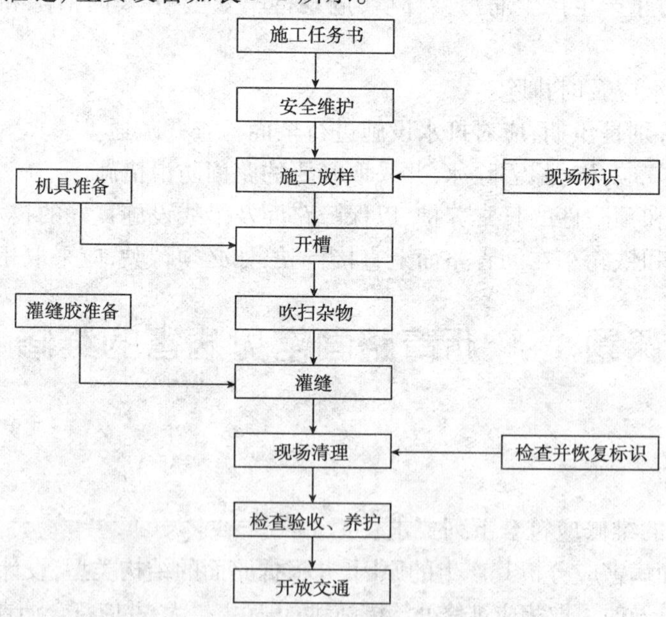

图 3-1 沥青路面裂缝施工(灌缝)作业流程

沥青路面裂缝修补(灌缝)主要设备表　　表3-1

序　号	设备名称	规　格	备　注
1	开槽机	25PH	设备数量与施工工作面、进度有关,根据实际情况配备,灌缝机需带加热熔釜并装有温度计
2	空压机	$3m^3/min$	
3	灌缝机	—	
4	工程服务车	≥4t	

(2)灌缝施工要求。

①裂缝灌缝维修时间宜主要安排在天气偏凉的春、秋季节,裂缝基本完全张开,温度在7~18℃之间。温度低于4℃及雨雪天气不宜施工。

②施工现场安全标志、标牌的设置必须满足《公路养护安全作业规程》(JTG H30—2004)的规定。

③裂缝维修放样需现场做好标识,并经监理工程师复查认可后方可进行开槽施工。

④开槽:宜用专用开槽机进行扩缝,宽度应大于裂缝本身宽度,最小不得少于1cm,深度应控制在1.5~2.0cm。应按切割段的裂缝尺寸并对准中线切割出均匀的凹槽,不得跑锯。

⑤对缝内杂物首先要用大功率的鼓风机或热空气枪进行吹扫(压力≥0.5MPa)1~2遍,然后再对凹槽内少量吹扫不干净的碎屑、杂物,采用专用钩子人工清理,清理完后再吹扫缝内及缝周围1~2遍,保证缝内绝对干燥、洁净,缝周围洁净。

⑥灌缝胶最高加热温度不得超过204℃,一般加热施工温度宜控制在193~204℃之间。灌缝胶重复加热次数不得超过3次,灌缝前应准确计算好每次使用量,以防灌缝胶重复加热老化失效。

⑦裂缝灌缝修补设备应采用带加热熔釜的灌缝机施工,热熔釜应能连续搅拌并安装有温度计,温度符合要求后才允许灌缝。不得用水壶直接淋灌。

⑧灌缝前应对缝槽两侧进行预热,灌缝时应把喷枪对准凹槽,使灌缝胶能均匀自下而上充分填满,避免填料时下部产生气穴,灌注应连续进行,同时根据现场情况,用少量灌缝胶将裂缝两侧的轻微裂缝涂刷一遍。高速公路沥青路面灌缝一般采用开槽贴封式工艺,灌缝胶的表面宽度比开槽后的凹槽两侧各宽出至少1.5cm,贴封厚度不大于3mm,要求灌缝平整、美观。

⑨灌缝完成以后应对现场的垃圾、杂物清理至路外指定地点,待灌缝胶或密封胶冷却、固结好后开放交通。

灌缝施工见图3-2~图3-4,灌缝后路面见图3-5,灌缝后见图3-6。

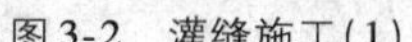

图3-2　灌缝施工(1)

图3-3　灌缝施工(2)

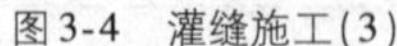
图3-4　灌缝施工(3)

图3-5　灌缝后路面

(3)因沥青性能不好、路面设计使用年限较长、油层老化等原因出现的大面积裂缝(包括网裂)，此时如基层强度尚好，通过技术经济比较，可选用下列维修方法：

①乳化沥青稀浆封层，封层厚度宜为3～6mm。乳化沥青稀浆封层施工见图3-7。

②加铺沥青混合料上封层，或先铺设土工合成材料后，再在其上加铺沥青混合料上封层。

③改性沥青薄层罩面。

④单层沥青表处。

(4)由于土基、基层强度不足或路基翻浆等引起的严重龟裂，应先处治好基层后再重做面层。

图3-6　灌缝后

图3-7　乳化沥青稀浆封层施工

三、坑槽的维修

1. 维修方法

(1)路面基层完好，仅面层有坑槽时的维修：

①按照“圆洞方补，斜洞正补”的原则，划出所需修补坑槽的轮廓线。

②沿所划轮廓线开凿至坑底稳定部分，其深度不得小于原坑槽的最大深度。

③清除槽底、槽壁的松动部分及粉尘、杂物，并涂刷黏层沥青。

④填入沥青混合料(在潮湿或低温季节，采用乳化沥青拌制的混合料)并整平、压实。如果坑槽较深(7cm以上)，应将沥青混合料分两次或三次摊铺和压实。

(2)热补法修补。采用热修补养护车，将加热板加热坑槽处路面，翻松被加热软化铺装层，喷洒乳化沥青，加入新的沥青混合料，然后搅拌摊铺，压路机压实成型。

(3)若因基层局部强度不足，使基层破坏而形成坑槽，应先处治基层，再修复面层。

2. 沥青路面坑槽维修主要设备、工艺流程

(1)主要设备。沥青路面坑槽维修主要设备见表3-2。

沥青路面坑槽维修主要设备表　　表3-2

序　号	设备名称	规　格	备　注
1	沥青路面综合养护车	汽车底盘	设备数量与施工工作面、进度有关,根据实际情况配备,沥青路面综合养护车具有洒布乳化沥青、加热等功能;振动小压路机振动力大于2.5t
2	液压镐动力站	18HP	
3	切割机	≥9HP	
4	空压机	$3m^3/min$	
5	振动小压路机	≥5.5HP	
6	夯锤	—	
7	工程服务车(货车)	≥4t	

(2)工艺流程。坑槽修补施工工艺流程见图3-8。

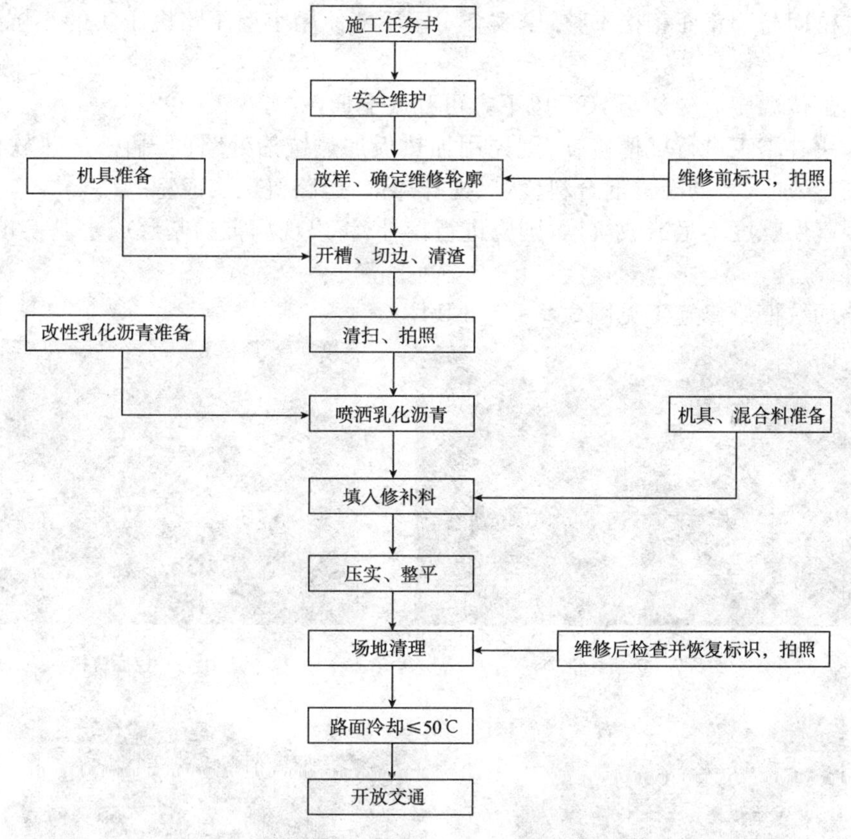

图3-8　坑槽修补施工工艺流程图

(3)沥青路面坑槽维修施工要求。

①气温低于10℃,不宜施工。

②坑槽维修应严格按照"圆洞方补,斜洞正补"的原则,沿坑槽损坏部分扩大10cm画线,标出所要维修的坑槽轮廓线,严禁小洞大补。由监理工程师核查批准后,按画好的坑槽

轮廓线开槽，切边至坑底稳定部分，最少不得少于3cm，维修前中后均要拍照片存档。

③清除槽底、槽壁的松动部分及粉尘、杂物。吹扫干净后，应仔细检查槽底是否有裂缝，如有裂缝，应按裂缝维修要求处治并加贴抗裂贴。确认合格后方可喷洒改性乳化沥青黏层油，用量为0.5kg/m^2，喷洒不到的部位应采取人工涂刷，尤其是四壁应多涂刷1～2遍。

④待黏层油完全破乳后填入混合料，改性沥青混合料填入温度应控制在150℃左右。沥青路面综合养护车加热保温料仓中沥青混合料从常温加热到150℃，一般加热时间需要4～6h，加热时间较长，应特别注意沥青的连续或断续加热产生老化的问题。加热方式应采用温度较低（≤250℃）的导热油系统并辅以较好的保温措施，且每次加料应以当班用量为佳，当班未用完的料不允许重复加热使用。

⑤坑槽面积大于1m^{2}的应采用小型压路机（不得小于1t）碾压，坑深大于7cm必须分层摊铺，分层压实，碾压温度不得低于140℃，碾压遍数不得少于4遍，且坑边应多压2遍。坑槽面积小于1 m^2，应采用小型振动夯压实，碾压遍数不得少于5遍。坑边、四角碾压不到的部位应采用人工夯锤压实。摊铺时应注意松铺系数，根据经验控制坑槽面的松铺厚度，保证压实后的坑槽面与旧路面相接平整，密实。对于不能使用小型压路机压实的小坑，应用小锤夯实。

⑥坑槽部位温度应冷却至50℃以下方可开放交通。

⑦如采用补路王进行坑槽修补，则先用加热板加热坑槽处路面，翻松加热软化铺装层，喷洒乳化沥青，加入新的沥青混合料，然后搅拌摊铺，压路机压实成型。

⑧若因基层强度不足造成坑槽，则应进行挖补，将出现病害的基层或土基换填后用沥青混凝土修补面层。

沥青路面坑槽维修施工见图3-9～图3-14。

图3-9　坑槽开挖

图3-10　开挖后坑槽

图3-11　沥青混合料加热

图3-12　养护车加热板

图3-13 填入加热后沥青混合料

图3-14 压实

四、松散的维修

(1)对大面积的松散路段,可在气温上升(10℃以上)后,清扫干净,重做喷油封层,喷洒沥青0.8~1.0kg/m^2后,撒石屑或粗砂,用轻型压路机压实。

(2)由于油温过高,黏结料老化而造成松散的,应挖除重铺。

(3)由于基层或土基松软变形而引起的松散,先处理基层或土基的病害,重做路面。

(4)因沥青与酸性石料间的黏附性差而造成路面松散的,应将松散部分全部挖除后,重做面层。重做面层的矿料不应再使用酸性石料。在缺乏碱性石料的地区,应在沥青中掺入抗剥离剂、增黏剂或使用干燥的生石灰、消石灰、水泥等表面活性物质作为填料的一部分,或采用石灰浆处理粗集料等抗剥离措施,以提高沥青与矿料的黏附力,并增加混合料的水稳性。

五、沉陷的维修

(1)因路基不均匀沉降而引起的局部路面沉陷,若土基和基层已经密实稳定,不再继续下沉,可只修补面层。并根据路面的破损状况分别采取下列处治措施:

①路面略有下沉,无破损或仅有少量轻微裂缝,可在沉陷处喷洒或涂刷黏层沥青,再用沥青混合料将沉陷部分填补,并压实平整。

②因路基沉陷导致路面破损严重,矿料已松动、脱落形成坑槽的,应按照坑槽的维修方法予以处治。

(2)因土基或基层结构遭到破坏而引起路面沉陷,应先处治好基层后再重做面层。

六、车辙的维修

(1)车道表面因车辆行驶推移而产生的车辙,维修时应将出现车辙的面层切削或铣刨清除,然后重铺沥青面层。

(2)路面受横向推挤形成的横向波形车辙,如果已经稳定,可将凸出的部分削除,在波谷部分喷洒或涂刷黏结沥青,填补沥青混合料并找平、压实。

(3)因面层与基层间有不稳定的夹层而形成的车辙,应将面层挖除,清除夹层后,重做面层。

(4)由于基层强度不足、水稳性能不好,使基层局部下沉而造成的车辙,应先处治基层,再做面层。

七、波浪的维修

(1)属于面层原因形成的波浪可按下述方法进行维修:

①路面仅有轻微波浪时,可在波谷部分喷洒沥青,并匀撒适当粒径的矿料,找平后压实。

②波浪的波峰与波谷高差起伏较大时,应顺行车方向将凸出部分铣刨削平,并低于路表面约10mm。削除部分喷洒热沥青,再匀撒一层粒径不大于10mm的矿料,扫匀,找平,并压实。

③严重的、大面积波浪,应将面层全部挖除,然后重铺面层。

(2)因面层与基层之间存在不稳定的夹层而使面层形成波浪的,应挖除面层,清除不稳定的夹层后,喷洒黏结沥青,重铺面层。

(3)因基层局部强度不足,或稳定性差等原因造成的波浪,应先对基层进行处治,再重做面层。

八、拥包的维修

(1)由于施工时操作不慎将沥青漏洒在路面上形成的拥包,将拥包除去即可。

(2)对已趋于稳定的轻微拥包,应将拥包用机械刨削或人工挖除。并将路表处治平整。

(3)因面层沥青用量过多或细料集中而产生较严重拥包,或路面连续多次出现拥包且面积较大,但路面基层仍属稳定,则应用机械或人工将拥包全部除去,并低于路表面约10mm。扫尽碎屑、杂物及粉尘后用热沥青混合料重做面层。

(4)因基层原因引起的严重拥包,应把拥包连同面层挖除,处理基层,并待基层稳定密实后,再重做面层。

九、泛油的维修

(1)轻微泛油的路段,可撒上3~5mm粒径的石屑或粗砂,并用压路机或控制行车碾压。

(2)泛油较重的路段,可先撒5~10mm粒径的碎石,用压路机碾压。待稳定后,再撒3~5mm粒径的石屑或粗砂,并用压路机或控制行车碾压。

(3)面层含油量高,且已形成软层的严重泛油路段,可视情况采用下述方法之一进行处治:

①先撒一层10~15mm粒径(或更大的)碎石,用压路机将其强行压入路面,待基本稳定后,再分次撒上5~10mm粒径的碎石,并碾压成型。

②将含油量过高的软层铣刨清除后,重做面层。

(4)施工要求。

①处治时间应选择在泛油路段已出现全面泛油的高温季节。

②撒料应顺行车方向撒,先粗后细,做到少撒、薄撒、匀撒、无堆积、无空白。

③禁止使用含有粉粒的细料。

④采用压路机或引导行车碾压,使所撒石料均匀压入路面。

⑤如采用行车碾压,应及时将飞散的粒料扫回,待泛油稳定后,将多余浮动的石料清扫并回收。

十、应用实例——某高速公路沥青混凝土路面坑槽病害维修工艺简介

1.概述

某高速公路北段的沥青混凝土路面采用 super12.5 结构,面层厚度为 16cm,分为三层:上面层 4cm(改性沥青)、中面层 6cm(重交沥青)、下面层 6cm(重交沥青)。

某地处中低纬度,属于亚热带大陆性季风气候,具有四季分明、日照充足、雨水充沛、雨热同季的气候特点,所以多雨季节在重载车作用下,沥青混凝土路面坑槽病害通常会大量产生。坑槽病害是沥青混凝土路面常见的早期破坏形式,它的出现一方面极大地影响了行车舒适性和安全性,另一方面在得不到及时维修的情况下,坑槽病害在水和车轮作用下,继续扩大病害范围,直至影响到基层的结构稳定性。

2.沥青混凝土路面坑槽成因分析

1)水损坏

水损坏是产生沥青混凝土路面坑槽的最主要因素。水对沥青混凝土产生软化作用(沥青混合料含水率增加,导致其强度和刚度降低)、剥离作用(降低沥青与集料的黏附性)和冲刷作用(在荷载作用下产生的动水压力不断冲刷细料),造成沥青混凝土松散、跑料,从而形成坑槽。

2)材料不合格

由于沥青混合料的"贫油"现象,导致沥青与石料的黏附性差,以及沥青混合料水稳定性能差等。材料本身路用性能不合格容易导致成型后的沥青混凝土路面在荷载、水等综合因素作用下产生病害。病害产生的原因主要有以下几点:

(1)集料与沥青黏性不良。

(2)集料含泥量偏高。

(3)沥青混合料拌和不均匀或沥青用量不足。

(4)沥青混合料离析。

(5)沥青混合料细集料偏多等原因。

3)施工控制不严

在施工中由于控制不严造成沥青混合料产生离析、夹层以及沥青混凝土路面压实不达标等,都是沥青混凝土路面发生坑槽的隐患。

4)其他因素

事故车辆的挤压、划刮和油污都会造成沥青混凝土路面的坑槽病害。

3.沥青混凝土病害维修数据统计分析

作为连接南北交通的主动脉,某高速公路承担繁重的交通压力,现有日通行量超过了 2.5万辆左右,且重载车居多,平均胎压已达 0.79MPa。

在渠化交通的作用下,引起沥青混凝土路面损坏的原因不仅仅是水损坏那么简单,该高

速公路沥青混凝土路面出现的坑槽有大部分并不是由水损坏引起的，而是由于沥青混凝土路面出现的宽裂缝、沉陷、翻浆、面层推挤或桥面铺装损坏等其他原因造成了沥青混凝土路面的提前损坏。据统计，仅2006年，该高速公路北段沥青混凝土路面坑槽病害出现数目1 393处（处治工程数量524.21m^3），其中由水损坏引起的坑槽871处（处治工程量223.95m^3），余下522处（处治工程量300.27m^3）坑槽病害均是由宽裂缝、沉陷、基层翻浆、面层推挤或桥面铺装损坏等原因引起沥青混凝土路面破损进而形成的坑槽病害，对这部分病害的处治量占到了全年坑槽处治总量的57%。

为了保证坑槽维修的及时性，目前维修沥青混凝土路面坑槽病害主要采用“热补”工艺和“微波”工艺相结合的方法，在更大程度上提升了坑槽维修效率。

4.“热补”工艺简述

“热补”沥青混凝土路面修补工艺是利用沥青混凝土路面热养护车自带的热料仓和加热墙，对沥青坑槽病害进行修补。适用于所有类型的坑槽修补，并同时用于龟裂、翻浆、宽裂缝等病害维修。

“热补车”利用自带的热料仓对成品沥青混合料加热至150～180℃，能够比较方便的将热补料带到维修现场，提高了工作效率。加热墙主要用于对原沥青面层进行加热，然后耙松，再视情况添补新料和黏接剂，最后碾压成型。不过加热墙的热效率只能达到路表以下2～5cm，因此不适用维修深度大于5cm的坑槽。

因为重载车居多原因，随着运营时间的增加，目前出现的坑槽病害均达中面层，即10cm以上，在这种情况下，对于沥青混凝土路面坑槽，采用人工开挖的方式，加热墙仅辅助用于对人工开挖后路槽的加热，其目的在于加速乳化沥青的破乳速度，加快维修时间。

为了克服坑槽维修过后弱接缝的问题，在接缝处采用了新材料“立贴胶”、美国新型沥青再生剂TOPEIN或者CAP进行了灌缝处理，这一措施有效地提高了坑槽维修过后的质量和使用性能，使坑槽维修的返修率由以前的30%下降到1%左右。

1）材料选择

热补车采用厂拌沥青混合料。沥青混合料采用super12.5设计标准，原材料用国创pg76-22q改性沥青。矿料采用京山灰绿岩，矿粉采用京港矿业加工的石粉。由京山灰绿岩与国创pg6-22改性沥青等原材料，按照superpave设计标准进行目标配合比设计，采用油石比5.2%（配合比为1号：2号：3号：4号：矿粉=30：30：25：12：3）。在实际施工时候所用的沥青混合料，必须采用按照以上标准厂拌后的热拌沥青混合料。

为了提高效率，在施工时，施工单位也采用其他具有质量检验报告单的沥青混合料或成品沥青混合料。

2）热补材料存放

采取密闭容器和包装袋包装，有利于储存和使用。如果采取室外存放，放置在坚硬地面上，堆置的高度小于50cm，并用油布或不透水帆布遮盖好其表面，避免因雨淋日晒而降低了沥青混合料的使用性能。

3）施工步骤

（1）开挖维修界面。根据病害面积特点，首先划出修补范围的轮廓线。按照“圆洞方补，斜洞正补”的原则，使维修面成矩形，四周同路面标线平行或垂直，范围根据表面病害实际范围向四周扩大5～10cm。

(2)凿出病害面层。凿出病害面层时要根据上、中、下面层次序,结合病害涉及的层次依次处理,病害发生到哪一层就要处理到哪一层,确保处理彻底。对于开槽过后基层出现的裂缝,在基层上面铺设土工布和玻纤格栅。

(3)处理裸露面。用吹风机和刷子清理路槽里的碎屑,对清理干净的路槽用乳化沥青均匀涂刷坑槽底部及四周槽壁,涂刷量为0.3～0.5kg/m^2。

(4)加热。确定好加热墙分区加热的位置,用加热墙进行加热约6min,加速路槽中乳化沥青的破乳。然后采用新材料——立贴胶,沿着四周槽壁竖向粘贴好,其目的在于解决坑槽维修过后的弱接缝问题,提高坑槽使用寿命。

(5)回填混合料。向修补区域分层填入新的沥青混合料(沥青混合料出仓的温度控制在120～140℃之间)。采用人工摊铺,同时人工找平,并清除混合料中的杂质和大粒径石料,使新路面高度比原路面高出1～2cm,边缘接缝处和新路面表面使用细集料。

(6)分层碾压。用激振力不小于15kN的压路机进行压实。对于目前结构层的碾压,分4层(维修厚度≥16cm)碾压,温度控制在70～90°C。

在分层碾压时,要注意坑槽边缘沥青混合料形成的碾压“死角”,对于这种情况,先采用振捣夯对周边进行压实,再用小型压路机进行压实。对于上面层的碾压,先沿接缝处静压1～2遍,后逐步向中间碾压,最后采用振动碾压机碾压3～5遍,先横向,后纵向,保证坑槽修补的压实度和平整度。最后在接缝边缘灌入普通沥青,起到防水作用,进一步提高接缝处的质量。

4)关键控制技术

“热补车”沥青混凝土路面修补技术在施工过程中,接缝防水处理、平整度控制以及底面病害处理是决定维修质量的关键。

(1)防水控制技术:

①坑槽开挖的底面、四壁要涂抹黏层油,要求涂抹均匀不留空白且不流淌。

②在四壁要采用“立贴胶”粘贴工艺,填料碾压完毕后,四周接缝还要进行灌缝处理。

③多层修补要形成台阶,台阶宽大于10cm。

④四周接缝处填料要细,略多一点,加大振压遍数以提高压实度。

(2)平整度控制技术:

①分层填筑时中下面层厚度可以适当调整,各层要严格控制松铺厚度。

②相邻坑槽相距不足1m时上面层连通形成一个修补面。

③四周接口平顺,纵横向平整度要求3m直尺检查小于3mm。

④用较细的集料填边,先压边再依次向中间推进。

⑤压实度是保证平整度的先决条件,要求填补料温度不低于120℃,修补时开挖面积要保证每层压实机具都能下去正常工作,碾压时采用小型平夯板、手扶式钢轮压路机联合作业,碾压5～6遍,确保每层的压实度。

(3)底面病害处理彻底控制技术:

①对修补床面的杂物、浮灰、松动的集料一定要处理干净。

②底面无龟裂、松散、唧浆、渗水等现象,一经发现处理至完好基层面。

③底面出现裂缝的时候，对裂缝首先进行灌缝处治。

④底面潮湿一定要烘干。

5）微波“热再生”工艺简述

为了改变公路养护车对沥青混凝土路面加热深度浅、易烧焦沥青混凝土、效率较低等问题，该高速路北段养护部门2005年在全省率先引进了美的集团研制的微波热再生养护车。

微波热再生养护车是利用微波加热的原理，能够在10～15min内，将沥青混凝土路面无损加热到养护施工作业温度，热量最强可以穿透18～22cm厚的沥青层，可快速修复沥青混凝土路面。

微波热再生养护车适用于底部完好，仅沥青面层出现的坑槽病害，另外还可以用于沥青表面出现松散、推移等病害维修。

施工步骤：因为微波可以穿透18～22cm厚的沥青层，所以在维修时可以直接对原沥青面层进行加热，然后耙松，再视情况添补新料和黏接剂，最后碾压成型。从而形成真正意义上的热接缝，更大程度上提高了坑槽使用寿命。

①形成维修界面。划出修补范围的轮廓线。按照“圆洞方补，斜洞正补”的原则，使维修面成矩形，四周同路面标线平行或垂直，范围根据表面病害实际范围向四周扩大5～10cm。

②加热。确定好加微波分区加热的位置，对病害部位加热10～15min，将沥青混凝土路面无损加热到作业温度为130～170℃。

③回填混合料。对已经软化的沥青混凝土路面耙松，喷洒改性乳化沥青，填入适当的细料，进行碾压（该环节参考“热补车”工艺碾压环节）。

④灌缝。对维修完毕的坑槽接缝处，灌入普通沥青，起到防水作用，提高接缝处的质量。

5. 沥青混凝土路面坑槽修补质量验收评价标准

对于坑槽维修质量的评价包括以表观为主的定性标准和以检测指标为准的定量标准，具体各项标准如下：

1）定性标准

（1）修补面平整，新旧沥青混凝土搭接处纵横向3m直尺检查平整度要小于3mm，修补面略高于原路面但高差不能超过3mm。

（2）沥青混凝土颗粒分布均匀，无离析现象。

（3）修补面颜色均匀、结构密实。

（4）新旧沥青混凝土搭接处紧密，平顺、无啃边、松散和麻面等缺陷。

（5）新路面上层沥青混合料外观颜色尽量接近旧路面。

（6）接缝处灌缝线形平顺，完全覆盖接缝，应具有很好的防水性能。

2）定量标准

（1）压实度不小于98%。

（2）抗滑系数BPN不小于45，构造深度为0.7～1.1mm。

（3）渗水系数不大于120mL/min。

6. 总结

坑槽是沥青混凝土路面常见病害之一，如果不得到良好的修补，其蔓延速度之快、恶化程度之深,将会导致路面结构的全面损坏,因此必须及时处理并保证维修质量。

对于坑槽病害前期的预防性养护尤为重要,在日常养护中要对可能导致坑槽的表面松散、翻浆、离析等病害进行及时处理,以杜绝和延缓坑槽的出现,降低维修成本,从而实现预防性、低成本、高效能养护。

课题15 沥青路面罩面

一、一般规定

1. 罩面类型

沥青路面罩面按其使用功能划分为普通型罩面(简称罩面),防水型罩面(简称封层)和抗滑型罩面(简称抗滑层)三种。

2. 适用范围

(1)罩面主要适用于消除破损、完全或部分恢复原有路面平整度、改善路面性能的修复工作。

(2)封层主要适用于提高原有路面的防水性能、平整度和抗滑性能的修复工作。

(3)抗滑层主要适用于提高路面抗滑能力的修复工作。

3. 材料的要求

1)罩面

罩面的结合料宜使用性能较好的黏稠型道路石油沥青、乳化石油沥青、改性乳化沥青、改性沥青。矿料宜选择耐磨、强度高的石料。

高速公路、一级公路宜采用中粒式、细粒式密集配沥青混凝土或沥青马蹄脂结构。

二级或二级以下公路可采用热拌沥青碎石混合料结构,三级或三级以下公路可采用沥青表面处治层结构。

所采用的结合料、矿料、沥青混合料的规格、各项技术指标要求符合《公路沥青路面施工技术规范》(JTG F40—2004)或其他有关规范的规定。

2)封层

封层的结合料宜采用乳化石油沥青、改性乳化石油沥青。矿料宜选用耐磨、强度高、水稳定性好的石料。

各种结合料、矿料、填料及乳化沥青混合料的各项技术指标要求应符合《公路沥青路面施工技术规范》(JTG F40—2004)的规定。

高速公路、一级公路可采用沥青稀浆封层养护,但宜使用粗粒式改性乳化沥青混合料。其他等级公路可采用乳化沥青混合料。

3)抗滑层

应采用适合铺筑抗滑表层的材料和沥青混合料。

高速公路、一级公路宜选用重交通道路石油沥青、改性石油沥青、改性乳化石油沥青作为结合料。宜选用抗滑、耐磨的石料,磨光值应大于42。

所采用沥青结合料、矿料规格、各项技术指标要求按照《公路沥青路面施工技术规范》

（JTG F40—2004）中有关对抗滑表层方面的要求执行。

4. 厚度要求

1）罩面

罩面厚度应根据所在路段的交通量、公路等级、路面状况、使用功能等综合考虑确定。

当路面状况指数、行车质量指数在中、良等级，路面仅有轻度网裂时，可采用较薄的罩面层（厚：1.0～3.0cm）。当路面破损、平整度、抗滑三项指标都在中等以下，有要求恢复到优、良等级时，宜采用较厚的罩面层（厚：3.0～5.0cm）。一般情况下，高速公路、一级公路罩面宜采用4.0～5.0cm的厚度，其他公路可采用较薄的罩面层（厚：1.0～4.0cm）。

各级公路的罩面层厚不得小于最小施工层厚度。

2）封层

交通量较大、重型车辆多的路段宜采用厚约1.0cm的封层。在中等交通量路段宜采用厚约0.7cm的封层。在交通量小、重型车少的路段宜采用厚约0.3cm的封层。

3）抗滑层

用于高速公路、一级公路时宜采用不小于4.0cm的厚度。用于二级公路时宜采用中粒、细粒式沥青混凝土结构，也可采用热拌沥青碎石或沥青表面处治结构，厚度不得小于最小施工层厚度。用于三、四级公路时可采用乳化沥青封层结构，厚度可为0.5～1.0cm。

二、施工技术

（1）沥青路面罩面施工，除应按《公路沥青路面施工技术规范》（JTG F40—2004）有关规定执行外，还应按下列要求进行：

①对确定罩面的路段，在罩面前必须完成翻浆、坑槽、严重裂缝、沉陷、拥包、松散、车辙等病害的修复工作，并清除路面上的泥土杂物。

②根据施工气温、旧沥青路面状况等因素采取相应施工工艺措施，罩面前必须喷洒黏层沥青，确保新老沥青层结合，沥青用量为0.3～0.5kg/m²，裂缝及老化严重时宜为0.5～0.7kg/m²。有条件时，洒黏层沥青前最好用机械对路面进行打毛处理。

③罩面不应铺在逐年加厚的软沥青层上，也不应铺在和原沥青路面结合不好、即将脱皮的沥青罩面薄层上，应将其铲除，整平后，再进行罩面。

④当气温低于10℃或路面潮湿时，不得浇洒黏层沥青，不得摊铺沥青罩面层。

罩面施工见图3-15。

（2）采用乳化沥青稀浆封层时，除应按《公路沥青路面施工技术规范》（JTG F40—2004）有关规定执行外，还应按如下要求进行：

①采用乳化沥青稀浆封层时，必须有固定的专业人员、固定的专业乳液生产和施工设备、专职的检测试验人员，并按有关规定标准进行检测和质量控制。

②稀浆封层撒布机在使用前，应根据稀浆混合料配合比设计，对集料、乳液、填料、加水量进行认真调试，调试稳定后，方可正式摊铺。

乳化沥青稀浆封层同步碎石封层见图3-16。

图3-15　罩面施工

图3-16　乳化沥青稀浆封层同步碎石封层

三、施工质量管理与检查验收

(1)沥青路面罩面的施工质量管理与检查验收,应遵照《公路沥青路面施工技术规范》(JTG F40—2004)有关规定执行。

(2)使用乳化沥青、改性乳化沥青作结合料时,其乳液、稀浆混合料的质量检验要求按《公路沥青路面养护技术规范》(JTJ 073.2—2001)的规定进行。

(3)罩面层、封层、抗滑层施工验收评定标准,可按照《公路沥青路面养护技术规范》(JTJ 073.2—2001)的规定执行。

课题16　微　表　处

一、定义

微表处是采用专用机械设备将聚合物改性乳化沥青、粗细集料、填料、水和添加剂等按照设计配合比拌成稀浆混合料摊铺到原路面上,并很快开放交通的、具有高抗滑和耐久性能的薄层。

二、适用范围

微表处适用条件是:

(1)路面破损状况较轻(PCI > 90),有一定的车辙病害(车辙深度为 10 ~ 25mm)的路段。

(2)路面裂缝较少,主要存在松散、麻面等病害。

(3)路面抗滑能力不足而进行的加铺罩面。

微表处施工见图3-17和图3-18。

图3-17　微表处施工(1)

以下路段不宜进行微表处:

(1)路面出现结构性病害,如大量反射裂缝、龟裂等。

(2)结构强度指数不足的路段。

未处理的原路面唧泥迅速发展到微表处层见图3-19。

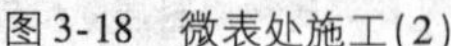
图3-18　微表处施工(2)

图3-19　未处理的原路面唧泥迅速发展到微表处层

三、原材料要求

微表处需要的材料主要是聚合物改性乳化沥青、粗细集料、填料、添加剂、水等。

1. 聚合物改性乳化沥青技术要求

微表处必须采用改性乳化沥青，其基质沥青标号为70#。改性乳化沥青应满足相关的技术要求。

2. 粗、细集料的技术要求

细集料必须采用耐磨性较好的玄武岩，且通过筛孔4.75mm矿料的砂当量不小于65%。

3. 填料的技术要求

微表处矿料中可采用矿粉、水泥、消石灰等填料，填料应干燥，疏松，无结团，并应符合《公路沥青路面施工技术规范》(JTG F40—2004)中的相关要求。

4. 水的技术要求

水不得含有有害物质的可溶性盐类、能引起化学反应的物质和其他污染物，一般采用可饮用水。

四、混合料技术要求

(1)MS-2，MS-3型微表处的级配范围须满足相关要求。

(2)沥青微表处混合料试验技术标准按《公路沥青路面施工技术规范》(JTG F40—2004)执行。

沥青微表处混合料试验技术标准需满足相关要求。

五、混合料配合比设计

1. 混合料配合比设计

(1)对微表处混合料的设计，首先要根据选择的级配类型，确定矿料的级配范围，计算各种集料的配合比例，使合成级配在要求的级配范围内。

(2)根据以往经验初选乳化沥青、填料、水和外加剂的用量，进行拌和试验和黏聚力试验。其中对可拌和时间试验温度应考虑最高施工温度，对黏聚力试验的试验温度控制应考虑施工中可能遇到的最低温度。

(3)根据上述试验结果和稀浆混合料外观状态,选择3个左右认为合理的混合料配方,按规定试验稀浆混合料的性能要求,若不符合则可适当调整各种材料的配合比例再做试验,直至符合要求为止。

(4)当设计人员经验不足时,可变化不同的沥青用量,对初选的3个左右的混合料配方分别按要求进行重复试验,并分别将不同沥青用量的1h湿轮磨耗值及砂黏附量绘制成关系曲线,得出沥青用量的可选择范围。

选择适宜的沥青用量,使混合料的各项技术指标均满足要求。对微表处混合料,以所选择的沥青用量检验混合料的浸水6d湿轮磨耗指标,用于车辙填充的增加检验负荷车轮试验的宽度变化率指标,直至符合要求为止,否则要调整沥青用量重新试验。

(5)根据以往经验及配合比设计试验结果,在充分考虑原路面状况、气候及交通特点和经济条件等的基础上,综合确定混合料配方。

2.配比设计流程

微表处混合料配比设计流程见图3-20。

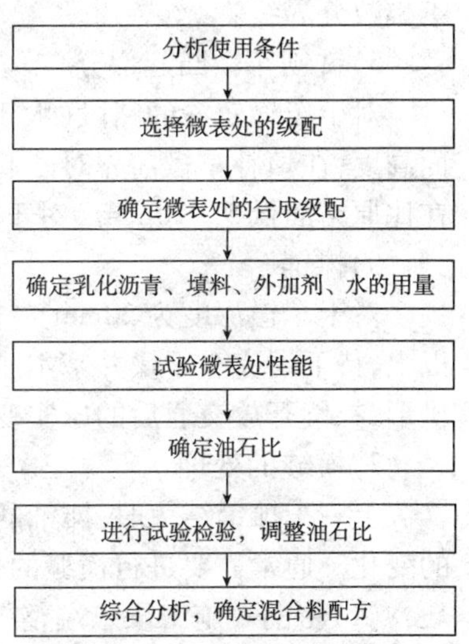

图3-20 微表处混合料配比设计流程

六、施工

1.施工主要设备

微表处施工主要设备参考表3-3。

微表处施工主要设备表 表3-3

序号	设备名称	规格	备注
1	微表处摊铺机	SOM-1000	
2	车辙修复摊铺槽(备选)	GYCZ02C	
3	数控矿料级配筛分机	GYSG1050C	
4	钢轮压路机	—	
5	轮胎压路机	16T	
6	强力吹风机	—	
7	乳化沥青存储罐	GYCG0620D	
8	发电机组	—	
9	抽泵	—	
10	装载机	—	

2.轮迹带车辙处治施工流程

1)病害处治

提前对施工段路面病害进行彻底处治,保证原路面的平整度及完整性。需要处治的病害主要为纵、横向裂缝及坑槽,对裂缝进行改性乳化沥青灌缝处理,对坑槽进行修补。

2）路面清扫

为了保证微表处与旧路面的黏结，在施工前对老路面进行彻底清扫，对一些不易清扫的路段用水冲洗，待路面彻底干燥后方可进行施工。

3）摊铺车标定

微表处摊铺车采用的是体积计量方式，在铺筑前应对其进行认真标定。

4）放样划线

根据微表处稀浆封层的宽度调节摊铺箱宽度，施划导线，作为封层机行驶的导向线和施工幅数分界线。

5）铣刨车辙凸起部分

对于车辙较深的路段（大于20mm），由于车辆的碾压，大部分车辙凸起部分已超出原路面高度，在填补车辙前先对凸起路面部分进行铣刨，铣刨后的路面比原路面略低，一般控制在比原路面低5～10mm。对于非车辙病害微表处则可免去此步骤。

6）摊铺

对于车辙深度为20mm左右的微表处，需分两次分层摊铺，两层摊铺间隔时间一般在1d以上，待下层完全干燥并基本压实后，再进行上层摊铺。在填补车辙时，微表处表面要形成拱形，补偿开放交通后的压实变形，一般控制预留拱度为填料深度的1/8～1/6。

7）横缝的处理

上一车摊铺结束时，摊铺的厚度会逐渐变薄，且粗颗粒增多，细颗粒变少，故表观有明显的变化。通常需要进行横缝的处理，微表处的横向接缝应采用对接缝，施工步骤为：

（1）将前一施工段末端整平，用0.5m×4m油毡或薄钢片将前一施工段末端覆盖，保证油毡末端与封层材料层边缘平齐。

（2）将封层机后退，使摊铺槽后缘落在油毡上。

（3）启动封层机开始摊铺。

（4）将油毡连同上面的稀浆混合料取走，倒入废料车中，清洗油毡，以备下次使用。

8）局部修复

在微表处施工中，采用手工作业修复局部缺陷，安排施工经验丰富的人员来操作。手工作业的主要工作是使用橡胶板、拖布、铲子等工具修整侧边线、横向和纵向接缝，修补刮痕、拉伤、漏铺的地方。负责修复施工缺陷的人员要随时观察、检查，严禁踩入未破乳成型的稀浆封层，避免留下脚印。

9）碾压

压实机具可采用轮胎压路机或钢轮压路机，但不可用振动压路机。

轮胎压路机轮重一般为4.5t，轮胎压力为3个大气压，碾压时由中向外扩碾，碾压速度为5～8km/h。

钢轮压路机多用于多层稀浆封层的底层压实。

10）初期养护

微表处施工后，封层有一个破乳成型过程，在此时间段内应封闭交通，禁止任何行人、车辆通行。养护时间的长短，视稀浆混合料中水分的排除及黏结力的大小而变化。

3. 施工注意事项及施工质量控制

（1）采用微表处处理车辙时，由于车辙横断面一般为下凹形曲线，其填补厚度为变量，这就需要混合料中骨料的粒径按照辙槽的横断面分布。因此摊铺机需配备“V”形摊铺槽，在摊铺过程中混合料浆体中各种粒径的骨料就会在“V”形槽内经搅拌按照厚度变化呈正态分布进行摊铺，同时在辙槽上方形成一定的预留拱度。

(2)乳化沥青的输送应尽可能采用对乳液扰动少的泵，以免破坏乳液的稳定，影响质量。

(3)乳化沥青应每天进行一次搅拌或循环，保证灌顶与罐底的乳化沥青含量一致。

(4)由于天气原因罐车中的乳化沥青不能及时用完而需放置几天时，应用泵抽吸循环或放出，保证罐车中乳化沥青上下密度一致。

(5)稠度是反映稀浆混合料施工和易性和用水量的指标。稀浆混合料在进入摊铺箱后应保持所要求的黏稠度和稳定性。混合料若过于黏稠，则容易在摊铺箱内过早破乳、结团并黏在摊铺箱的螺旋布料器、刮平器等部件上，从而导致摊铺箱堵料而停机。混合料过稀，则会导致离析，含有大量沥青的细料会漂在上层而粗料则沉入下层，不仅影响封层的构造深度，还会影响与原路面的黏结力并导致泛油。另外，混合料流动性过大还会流向低处而造成封层的厚薄不均和，边缘跑浆、边线不齐。

由于现场环境温度、湿度、集料的含水率、路面湿润状况等条件的影响，在现场往往需要根据实际情况对用水量作一微量的调整以保持合适的混合料稠度。

混合料破乳过早是造成施工质量问题的重要原因。稀浆混合料应在搅拌和摊铺的过程中保持必要的施工稳定，过早的破乳会造成严重后果。虽然在实验室的拌和试验中已对拌和时间进行了控制和预测，在现场仍需进行适当的控制，发现破乳时间过早时需采取添加缓凝剂，适当调整乳化沥青配方等措施。

七、质量检验与验收

1.基本要求

①沥青路面微表处施工过程中的材料质量检查，应符合《公路沥青路面施工技术规范》(JTG F40—2004)对微表处混合料路面的有关规定。

②微表处施工工艺应符合有关规定，工程质量的控制应满足有关要求。

微表处施工过程检验要求见表3-4。

微表处施工过程检验要求 表3-4

检查项目	质量要求	检查频率	试验方法
稠度	适中	1次/100m	经验法
油石比	施工配合比的油石比±0.2%	1次/日	三控检验法
矿料级配	满足施工配合比的矿料级配要求	1次/日	摊铺过程中从矿料输送带末端接出集料进行筛分
外观	表面平整、均匀、无离析、无划痕	全线连续	目测
摊铺厚度	-10%	5个断面/km	钢尺和其他有效手段，每幅中间及两侧各1点
浸水1h湿轮磨耗	不大于540g/m^2	1次/7个工作日	—

2. 实测项目

微表处验收实测项目见表 3-5。

微表处验收实测项目 表 3-5

项目		质量要求	检查频率	方法	权值
表观质量	横向接缝	对接平顺	每条	目测	1
	纵向接缝	宽度 <80mm 不平整 <6mm	全线连续	目测或用尺量	1
	边线	任一 30m 长度范围内的水平波动不得超过 ±50mm	全线连续	目测或用 3m 直尺测量	1
抗滑性能	摆值 Fb(BPN)	≥45	5 个点	T 0964	2
	横向力系数	≥54	全线连续	T 0965	2
	构造深度 TD(mm)	≥0.60	5 个点/km	T 0901	2
渗水系数		≤10mL/min	3 个点/km	T 0971	2
厚度		−10%	3 个点/km	钻孔及其他有效方法	2

3. 外观检定

表面平整密实、均匀、无松散、无轮迹、无划痕。

4. 资料要求

施工完工后必须具备以下资料：

(1) 所有原材料、混合料的质量检验结果或试验检验报告，包括材料的“三证”资料。

(2) 微表处混合料配比，拌和加工控制检验和试验数据资料。

(3) 微表处施工记录表和质量检验资料。

八、应用实例——2012 年某高速公路路面养护 1cmMS-3 微表处工程专项技术方案

1. 微表处施工前准备工作

包括施工现场勘测，施工环境调查，拟定具体的技术质量管理措施及办法。

1) 对原路面的准备

(1) 原路面必须有充足的结构强度。原路面整体结构强度不足的，不应采取微表处，原路面局部结构强度不足的，必须根据具体情况选择合适的方法进行补强。

(2) 原路面 15mm 以下的车辙可直接进行微表处处理，同时为了避免隐患，在微表处处理之前应对裂缝灌缝并修补路表坑槽、凹陷等病害。

(3) 微表处处理段的全部表面，采用机械清扫，事先将所有松动的材料、泥块以及其他障碍性的物质加以清除。

(4) 原路面的拥包等隆起型病害应事先进行处理。

2) 材料的准备

为了保证实际所用的材料及材料的配比与实验室相符，在施工前应进行评估。微表处矿料级配见表 3-6，微表处混合料技术性能要求见表 3-7。

微表处矿料级配　　表3-6

筛孔尺寸(mm)	通过下列筛孔的质量百分率(%)(方孔筛)
	微表处
	MS-3 型
9.5	100
4.75	70～90
2.36	45～70
1.18	28～50
0.6	19～34
0.3	12～25
0.15	7～18
0.75	5～15
一层的适宜厚度(mm)	8～10

微表处混合料技术性能要求　　表3-7

项　目	单　位	技术要求	试验方法
黏聚力试验 30min(初凝时间) 60min(开放交通时间)	 N·m N·m	 ≥1.2 ≥2.0	T 0754
负荷轮碾压试验(LWT) 黏附砂量 轮迹宽度变化量	 g/m^2 %	 <450 <5	T 0755
湿轮磨耗试验的磨耗值(WTAT) 浸水 1h 浸水 6d	 g/m^2 g/m^2	 <450 <800	T 0752

注:试验方法按照《公路工程沥青及沥青混合料试验规程》(JTG E20—2011)规定执行。

(1)矿料。

①矿料必须过筛,把超大粒径筛出去,以免超粒径石料给拌和、摊铺带来不利影响。

②对筛后的矿料进行质量检查,检查的内容主要包括:级配、砂当量、含水率、干容重等,检测的结果必须符合规范要求,与实验室的结果一致。尤其注意含水率的现场检测,因为矿料的含水率对矿料单位体积的质量影响很大。

③注意矿料的堆放,矿料需堆放在经过铺装且洁净的地面上,这样能避免过筛和上料时混入泥土。

微表处所用粗、细集料应满足表3-8和表3-9所示技术要求。

粗集料主要技术指标 表 3-8

试验项目		指标要求	试验方法
石料压碎值	%	>26	T 0316
洛杉矶磨耗值	%	<28	T 0317
视密度	g/cm^3	>2.6	T 0316
细长扁平克拉含量	%	<15	T 0312
石料磨光值		>42	T 0321
软石含量	%	<3	T 0320
吸水率	%	≤2.0	T 0304
坚固性	%	≤12	T 0314
黏结性		5 级	—
抗压强度	MPa	>120	—

注：粗集料宜采用玄武岩或辉绿岩集料，试验方法按照《公路工程集料试验规程》（JTJ E42—2005）规定执行。

细集料主要技术指标 表 3-9

试验项目		指标要求	试验方法
视密度	g/cm^3	>2.5	T 0328
坚固性	%	≤12	T 0340
含泥量	%	≤3	T 0333
砂当量	%	≥60	T 0334
亚甲蓝值	g/kg	≤25	T 0346
棱角性（流动时间）	s	≥30	T 0345

注：细集料宜采用碱性石料生产的机制砂或纯净的石屑，试验方法按照《公路工程集料试验规程》（JTJ E42—2005）规定执行。

（2）改性乳化沥青技术要求如表 3-10 所示。

改性乳化沥青技术要求 表 3-10

项目		单位	技术要求	试验方法
破乳时间		—	慢裂	—
筛上剩余量（1.18mm）		%	≤0.1	T 0652
储存稳定性（1d）		%	≤1	T 0655
储存稳定性（5d）		%	≤5	T 0655
黏度	沥青标准黏度 C25.3	5	12～60	T 0621
	恩格拉黏度（25℃）	—	3～30	T 0622
残留物含量		%	≥60	ASTMD244

续上表

项　目		单　位	技术要求	试验方法
蒸馏残留物性质	针入度(25℃,100g,5s)	0.1mm	40~100	T 0604
	延度(15℃,5cm/min)	cm	≥20	T 0605
	软化点	℃	≥55	T 0606
	溶解度	%	≥97.5	T 0607

应对改性乳化沥青的动稳定性有充分的考虑与认识,保持每24h有一次搅拌或翻滚循环,对使用前的改性乳化沥青进行筛上剩余量检测,同时进行颗粒分析实验,当检测结果符合要求后才可使用。

(3)填料。填料的质量要求是细度、含水率等。水泥、骨料均不得含泥土、杂质,并应干燥、疏松、没有聚团和结块。

(4)水。施工拌和时的外加水采用可饮用水,不得使用盐水、工业废水、生活废水及含泥土的水。

3)微表处摊铺机的准备

微表处摊铺机是微表处机械化施工的最关键设备,施工前应对摊铺机的各项指标进行标定,逐项检查摊铺机的发动机、传动系统、液压泵、乳液泵、水泵、乳化沥青管道、水管路、添加剂路及阀门系统等是否正常,如有故障或异常,应立即修理,并检查矿料给料器、皮带输送机、填料给料器、混合料拌和器、摊铺箱螺旋分料器等是否保持良好的工作状态,否则不能开工。在铺筑前还应对每辆微表摊铺车进行标定。

2.铺筑试验段

(1)微表处施工前,选择合适路段铺筑试验段,试验段长度在200~300m之间。

(2)根据试验段的铺筑情况,在设计配合比的基础上做小范围调整,确定生产配合比。生产配合比的沥青用量不得超出设计沥青用量±0.5%的范围,否则必须重新进行混合料设计。

(3)调整后得出的生产配合比必须经过监理工程师或业主认可。

(4)通过试验段铺筑,确定施工工艺。

3.微表处摊铺

(1)放样划线。根据路幅全宽,调整摊铺箱宽度,使施工车程次数为整数。据此宽度从路缘开始放样,一般第一车均从左边开始,划出走向控制线。

(2)将装好料的摊铺机开至施工起点,对准走向控制线,并调整摊铺箱螺旋分料器。

(3)操作员再次确认各料门的高度或开度。

(4)开动发动机,接合拌和缸离合器,使搅拌轴止常运转,并开启摊铺箱螺旋分料器。

(5)打开各料门控制开关,使矿料、填料、水几乎同时进入拌和缸,并当预湿的混合料推移至乳液喷出口时,乳液喷出。

(6)调节稀浆在分向器上的流向,使稀浆能均匀地流向摊铺箱左右。

(7)调节水量,使微表处稀浆稠度适中。

(8)当微表处稀浆混合料均匀分布在摊铺箱的全宽范围内时,操作员就可以通知驾驶员启动底盘并缓慢进行,一般前进速度为1.5~3.0km/h,但应保持稀浆充满摊铺箱容积的1/2

左右。

(9)混合料摊铺后，立即进行人工找平，找平的重点是：起点、终点、纵向接缝、过厚、过薄或不平处，尤其对超大粒径矿料生产的纵向刮痕，尽快清除并填平。

(10)当摊铺机上任何一种材料用完时立即关闭所有材料输送的控制开关，让搅拌缸中的混合料搅拌均匀，并送入摊铺箱摊铺完后，即通知驾驶员停止前进。

(11)将摊铺箱提起，然后把摊铺机连同摊铺箱开至路外，清洁搅拌缸和摊铺箱。

(12)查对材料剩余量。

4. 施工质量控制

(1)施工材料的试验报告，在确认符合规范要求后，方可使用。

(2)施工前必须提供混合料的试验报告，在未发生变化和符合要求后，方可施工。当乳化沥青的蒸发残留物含量和矿料含水量发生变化时，应调整配合比使之符合要求，并按调整后的配合比施工。

(3)施工中应对稀浆混合料性能进行抽样检测，并应符合表3-11要求。

稀浆混合料性能检测要求 表3-11

序号	项目	要求或允许误差	检验频率		检验方法
			范围	点数	
1	矿料裹覆性	>2/3	每车料或1 000m^2	1	目测
2	稠度值	机械施工2～3cm	1d施工段	1	稠度试验
3	油石化	±0.3%	1d施工段	2	抽提法
4	矿料级配	规定范围	1d施工段	1	抽提法

(4)稠度控制。在混合料的配比设计中，最佳的用水量已被确认。但在现场由于集料的含水率、环境温度、湿度、路面的吸水情况等条件都会偏离实验的原有情况，因而在现场根据实际情况对用水量做一些适当调整，以保证混合料合适的施工稠度。

(5)厚度控制。对原材料严格检验，选用符合要求的石料，特别是5～10mm的石料。混合料用量决定了铺层的厚度，铺层厚度通常取决于最大集料粒径。过薄、过厚都会影响施工质量。在施工过程中后盘操作手要及时调整摊铺厚度，避免太薄路面出现流水纹或漏气，避免太厚路面发亮泛油。

微表处有一定的摊铺系数，所以现场摊铺厚度应控制在1.2cm左右，开放交通后，压实厚度应达到设计要求。

在摊铺过程中应对厚度及时检测和控制，每车道左中右100m各检测一次，以保证达到虚铺厚度，开放交通后，压实厚度达到设计要求。

(6)集料级配控制。微表处混合料的级配直接影响到表观效果的内在质量，1cm的薄层是通过骨料的最大粒径决定，其密实度、防水性能、薄层的稳定性靠4.75mm以下的细集料作用，严格按照配合比设计中混合料的级配控制各种粗料及细料的掺配。

(7)破乳时间控制。通过调节水量、微量调整水泥用量或适当加入适量化学添加剂的方法来实现对破乳时间的控制。

(8)施工温度。微表处的最佳施工温度应控制在15～37℃之间，温度高、破乳早，尤其是乳化沥青温度大于60℃时会使破乳过速,使稀浆混合料摊铺困难。温度过低成型迟,延长了高速公路的封闭时间。

(9)微表处施工外观质量控制应符合下列要求:

①表面平整、密实、无松散、无划痕、无轮迹。

②纵缝、横缝衔接平顺,外观色泽均匀一致。

③与路缘石及构造物衔接平顺,无污染。

④摊铺范围以外无流出的稀浆混合料。

⑤表面粗糙、无光滑现象。

(10)开放交通时间的控制。混合料在达到初始凝固前应禁止一切行人和车辆上路。特别是微表处在达到初凝后仍需一段养生的时间才会逐渐硬化到可支承车辆碾压的程度,因而开放交通的时间应比初凝时间更长一些,在此时期内车辆应禁止通行,以免留下车轮的痕迹。开放交通的时间将根据现场温度、风速等情况来确定。

课题17 同步碎石封层

一、定义

同步碎石封层是用专用的同步碎石封层机将碎石和黏结剂(热沥青、改性沥青、乳化沥青等)同步洒铺在路面上,通过轮胎压路机及自然行车的碾压形成沥青碎石磨耗层。它主要作为沥青路面表面处理层使用,也可用于低等级公路的面层施工。

二、主要结构类型

同步碎石封层普遍采用单一粒径抗滑磨耗层进行路面养护,其强度大小主要由石料本身的强度及材料间的相互嵌挤力所决定。根据原路面状况及铺筑后路面所要达到的路用性能的要求,同步碎石封层可选用不同的结构类型。

(1)按石料的粒径范围大小可分为细封层、粗封层、加粗封层3种类型。

①细封层:石料的级配范围为4~6mm,石料的撒铺量为4~6m^3/1 000m^2、碾压成型厚度为5mm的碎石封层。

②粗封层:石料的级配范围为6~10mm,石料的撒铺量为7~9m^3/1 000m^2、碾压成型厚度为8mm的碎石封层。

③加粗封层:石料的级配范围为10~14mm,石料的撒铺量为11~13m^3/1 000m^2、碾压成型厚度为12mm的碎石封层。

(2)按封层结构层数分为以下几种类型:

①单层碎石封层:指在原有路面上仅喷洒一层黏结层及一层碎石层的碎石封层技术。在将该形式的碎石封层技术应用于已有沥青道路的养护作业时,单层碎石封层可以满足养护所进行的再封层所需的所有功能,即路面防水、阻止道路的损坏、恢复道路的防滑性能。

图 3-21　同步碎石封层施工

②双层碎石封层：指在原有路面上先后进行两次单层碎石封层的碎石封层技术，双层碎石封层强度很好，并具备单层碎石封层的功能。

③三层碎石封层：指在原有路面上先后进行三次单层碎石封层的碎石封层技术。在三层碎石封层技术中，第三层使用小的碎石，这将有助于减少交通产生的噪声，同时第三层的沥青将确保道路的免养护期更长。

同步碎石封层施工见图 3-21。

三、适用范围

（1）各等级公路的旧沥青面层加铺防水磨耗层。

（2）低等级道路、乡村道路建设。

（3）沥青路面应力吸收膜（SAMI）防反射裂缝施工、下封层施工。

（4）旧水泥面板路面改造为沥青路面的防水黏结层。

（5）桥面防水施工。

（6）与稀浆封层/微表处结合施工。

根据路面平整度情况和抗滑性能要求确定石料的粒径范围。一般路面养护进行一次碎石封层即可，在路面平整度较差时可选用适宜粒径的石料作为下封层找平，然后再做上封层。碎石封层作为低等级公路路面时须 2 层或 3 层，各层石料粒径应互相搭配以能产生嵌挤作用，一般遵循下粗上细的原则。

四、原材料的选择

1. 碎石的选择

碎石要根据工程的实际情况进行选择，如应用于重交通条件下的封层，应尽量采用玄武岩等硬质碎石，一般情况下采用石灰岩即可。对石料的粒径、清洁度和棱角性等要严格要求。

1）粒径的要求

碎石粒径的大小取决于封层的厚度和层数。

2）棱角性的要求

（1）占集料 90% 以上的颗粒必须符合关系式 $L+G \ll 6E$；其中：L 为集料长度（最长的尺寸）；G 为集料直径（碎石能通过的圆圈的最小直径）；E 为厚度（碎石能通过的平行板面的最小空隙）。

（2）集料 G/E 比率大于 1.56 的质量百分率应按如下划分：低交通时为 20% ~25%；中等交通或较高交通时为 15%；重交通时为 10%。

3）清洁度

小于 0.075mm 颗粒含量不大于 1%（水洗法）。

2. 黏结剂的选择

在沥青碎石封层中所用黏结剂无论是普通沥青、乳化沥青还是改性沥青均应满足规范要求。

五、机械要求

进行沥青碎石封层,必须具备如下机械设备:

(1)路面清扫设备。清扫设备可采用真空吸式清扫车1台或空气压缩机(也可用风力灭火机)2~4台清扫大面积,局部人工用铁铲、钢刷、扫帚等清扫。

(2)同步碎石封层机。沥青洒布必须达到高性能、全自动、智能化的要求,且能洒布普通沥青、乳化沥青和改性沥青等不同的黏结料,计量准确、洒布均匀。集料撒铺应达到与沥青洒布相对应的集料用量,且撒铺均匀的要求。同时可以进行石料的洒铺。

(3)压实设备。16~20t轮胎压路机2台。吨位越大,压实效果越好。

六、施工工艺

1. 工艺及作用原理

沥青洒布后及时撒布石料。热沥青喷洒后,形成一个厚度均匀的沥青膜,厚度约为1mm,可起到理想的防水效果。由于沥青本身的性质,该沥青膜可以吸收路面反射裂缝发展的传递应力,从而抑制或延缓裂缝的发展,更好地起到抑制裂缝、防水的作用。

2. 路况调查

同步碎石施工前首先要对施工路段路况进行详细的勘查记录,并据此来确定施工方案,调查内容主要包括以下七方面:

(1)基础资料:原路面的技术等级、结构类型和建养史。

(2)几何数据:道路断面的尺寸、平纵线形等。

(3)交通状况:交通量的大小、车型比例等。

(4)基层条件:路面基层的类型、基层状况的好坏。

(5)质量状况:路面整体强度、病害状况等。

(6)环境条件:道路所处环境状况,如气温、降雨等。

(7)养护条件:养护队伍素质、日常养护和养护资金投入情况等。

3. 原路面病害处理

封层施工以前,要对原路面坑槽、严重沉陷、拥包、松散等主要病害进行处理,使原路面平整度和强度满足基本要求。

4. 机械设备的调试及试运行

(1)同步碎石封层机,配有导热油加热系统,可喷洒改件沥青、乳化沥青、普通沥青,在使用前由厂方专家来工地进行现场指导,一切正常后投入试验路铺筑。

(2)其他处于正常使用中的各种类型压路机、装载机及运料自卸车等投入封层施工的机械设备,也需进行维修、保养,并经机械工程师检查,使之处于良好的工作状态。

5. 碎石预拌

所用碎石可采用粒径为0.5~1.0cm的玄武岩碎石,玄武岩具有抗压性强、压碎值低、抗腐蚀性强、耐磨、吃水量少、沥青黏附性好等优点。对碎石进行预拌,使碎石表面附着少量

沥青材料。具体做法如下：碎石经二次筛分后，进入沥青混凝土拌和站拌缸，同时喷入0.4%的70号重交沥青，在拌缸中拌和，使碎石表面均匀附着沥青。碎石预拌后，表面均匀附着沥青，提高了碎石与沥青的亲和性，达到了理想的效果。

6. 铺筑试验段

试验路段铺筑的目的：

(1)检验施工方案、施工工艺、操作规程的适用性。

(2)施工中沥青、石子最佳用量的控制。

(3)压实机具的选择和组合，碾压顺序、碾压速度和碾压遍数。

(4)探讨使运料、摊铺、碾压三道工序施工机械相互协调与配合的方法。

(5)探讨同步碎石封层接缝的处理方法。

(6)制定保证质量的技术措施和质量控制方法。

(7)确定每天作业段的铺筑长度。

7. 施工工序

1)交通管制

施工路段采取半幅封闭施工，放置安全标志，在施工现场两端放置600m、300m施工牌、20km限速牌和导向牌，并在施工段内每500m放一个20km限速牌。对大的公用道口由路政人员专门进行交通管制，防止车辆提前驶入施工路段影响施工质量。上路作业的人员均穿带安全标志服，对所有养护作业机械按标准涂以橘黄色，并按国标设置反光作业标志，确保安全第一。

2)测量放样

用测量仪器定出中线和边线桩，画出施工线，便于洒布作业。

3)路面清洁

沥青混凝土顶面：路面的清洁直接关系到黏结效果及施工质量。由于尘土、泥沙的比表面积非常大，与沥青结合产生隔离层，使碎石封层沥青与路面不能接触，更无黏结可言。因此，为保证沥青碎石封层与下承层的良好黏结，施工前要对原路面进行认真清扫，首先用铁铲、铁刷子和扫帚将路面泥土等异物清除，再用吹风机吹净。

4)铺油毡

在施工起点、终点及横接缝处铺设油毡。横向接缝可采取在接缝处覆盖宽1m，长大于喷洒宽度的覆盖物，覆盖在早已处理好的整齐的接缝处，以保证不重撒、不漏撒。

5)同步碎石封层施工

将装在罐内的沥青，在控制板上设定好用量，通过电脑根据车速自动调整，呈雾状均匀地喷洒到路面上，同时，装到料槽内的碎石，通过人工调整料门，在1s内，将定量碎石均匀地撒到刚喷洒过黏接料的路面上。步骤如下：

(1)穿戴好工作服，检查机械各部位是否正常，检查沥青温度是否符合规定，检查碎石质量是否符合规定。

(2)启动机械，将沥青喷洒系统进行预热，把沥青装入罐内，把碎石装入料槽内，启动沥青大循环系统，查看有无不正常现象。

(3)到达施工现场后，按工程设计的沥青用量和碎石用量，设定好每平方米喷洒剂量和碎石料门高度,将碎石料槽升至40°角。

(4)操作员展开沥青喷洒杆和碎石撒布器,并预调整好喷洒宽度和高度。驾驶员听从操作员的指令,车速以3.5~4.5km/h的速度行驶,操作员迅速打开碎石撒布开关及沥青喷洒开关。在喷洒过程中,操作员密切注意喷洒情况,发现喷嘴堵塞马上停止,发现碎石量不合规定及时调整。

(5)接缝。纵向接缝对操作员和驾驶员的操作要求很高,驾驶员要按规定车速并且沿着上一幅的轨迹不偏不倚的行驶,还要同时观察前后左右及上空有无障碍物,操作员应保证喷洒出的沥青和上一幅的搭接宽度保持在8~10cm之间,这对碎石脱落和路面接缝处是否返油非常重要。

(6)压实。洒铺碎石后,应立即用轮胎压路机碾压3~4遍,碾压速度前两遍不应超过2km/h,后两遍速度可适当增加。碎石撒布后,应及时稳压,不宜太晚,沥青黏结材料结合温度不低于120℃之前完成初步碾压,如若等到部分碎石已黏结时再压,不但达不到预期的黏结效果,还会使已黏结的碎石松动。

6)现场质量检测

(1)沥青洒布:沥青应均匀无漏洒和油层过厚现象,碎石撒布应均匀,不重不漏。

(2)洒布量检测:分总量检测和单点检测。

7)初期养护

当发现泛油时,应在泛油处补洒与石料规格相同的嵌缝料并扫匀,多余集料应回收或扫出路外。如有黏结不良处,可采用喷灯对局部进行加热,然后人工撒布石料、进行压实处理。

8)开放交通

沥青碎石封层在碾压结束后15min可开放交通,依靠行车自然碾压,开放交通两小时内采用移动标志引导车辆对路面错位碾压。并通过开放交通补充压实,成型稳定,但应注意以下问题:

(1)通车放行不宜过早,车速不能太快。封层做好后,要待碎石与沥青充分接触完全成型后才能放行。否则,石料与沥青的黏结力不足以抵抗行车造成的晃动、搓拧,很容易松动、脱落。一旦发生这种现象,沥青膜也将受到严重损坏。

(2)封层施工后1~2h内应尽量避免通车放行,通车放行后也要设立导向牌,人为控制车辆普遍碾压,慢速通行。另外,严禁在前期封层后路面上制动、掉头。

七、应用实例——SBS改性沥青同步碎石应力层施工技术交底

某大道主线及辅道旧水泥混凝土路面加铺沥青结构层设计SBS改性沥青同步碎石应力层,厚度为1cm,采用9.5~13.2mm单一粒径石料,用量为7~12m^3/1 000m^2,SBS I-D沥青用量为1.6~2.2kg/m^2。

SBS改性沥青同步碎石应力层原理:洒布用量约为2.0kg/m^2左右的聚合物SBS改性沥青,同步在上面均匀撒布一层单一粒径的碎石,碎石粒径的大小应与防水层上铺筑的沥青混凝土粒径相匹配,其撒布面积为满铺的60%~70%,然后用胶轮压路机稳压1~2遍成型。

1. 准备工作

(1)采用同步碎石封层技术施工 SBS 改性沥青应力层,需要以下机械设备:

①同步碎石封层车 1 台。

②装载机 1 台,主要是给封层车装碎石用。

③16 ~ 20t 胶轮压路机 1 ~ 2 台。

④25 ~ 40t 高温沥青罐车 1 台。

⑤15t 以上碎石运料车,具体数量根据运距确定。

(2)施工前,对旧混凝土路面进行检查,接缝要按设计方案进行处理完善,有破损地方应进行修补。若有其他污染或杂物应进行冲洗或清扫,当用水冲洗时,应等水分蒸发表面完全干燥后才可进行改性沥青封层的施工。

(3)对路缘石等两旁结构物或设施采取覆盖措施,以防改性沥青喷洒飞溅污染结构物。

(4)确定单位面积碎石撒布量。为了保证施工时碎石能够均匀地满布在原路面上,防止出现"缺料露油"现象,要事先确定封层单位面积所用碎石的数量。将施工用碎石按 60% ~ 70% 均匀、不重叠地摆铺在测算面积上,然后计算出单位面积上所用石料的体积及质量。

2. 上料、摊铺

在施工现场,采用轮式装载机向同步碎石封层车的骨料斗装载 9.5 ~ 13.2mm 单粒径石灰石碎石,从沥青高温罐车泵吸高温改性沥青(180℃左右)到同步碎石封层车沥青储罐内。为防止高温沥青罐车的输油管阀门滴漏沥青,应采用铁质容器接受滴漏沥青。

将装好料的同步碎石封层车开至施工起点,操作手调整好各个系统的工作参数,然后指挥驾驶员沿预先设置的控制线起步,行驶速度应控制在 5 ~ 8km/h。

打开各料门控制开关,使沥青喷出,同时撒布均匀碎石。改性沥青洒布量的参数 2.0kg/m^{2}一旦设定,同步碎石封层车的控制系统就会根据车速自动调节沥青流量,使洒布量控制在 2.0kg/m^2,误差控制在 ±5% 以内。碎石撒布量应根据现场试验检测,通过控制车速确定。

施工时,应注意几点:

(1)为保证雾状喷洒而形成均匀、等厚度的沥青膜,必须保证 SBS 改性沥青洒布温度在 170℃以上。

(2)洒布 SBS 改性沥青封层的施工气温不应低于 15℃,大风、浓雾或下雨天不得施工。

(3)喷油嘴高度不同沥青膜厚度不同,通过调整喷嘴高度使得沥青膜厚度适宜和均匀。

(4)碎石封层车应以适宜的速度匀速行驶,在此前提下石料和黏结料两者的撒布率必须匹配。

(5)改性沥青洒布与碎石撒布后,应立即进行人工修补或补撒,修补的重点是起点、终点、纵向接缝、过厚、过薄或不平处。

(6)派专人手拿竹扫帚紧跟同步碎石封层车后边,及时把弹出摊铺宽度(即沥青洒布宽度)外的碎石扫到摊铺宽度内,或加挡板防止碎石弹出摊铺宽度。

(7)当同步碎石封层车上任何一种料用完时,应立即关闭所有材料输送的控制开关。查对材料剩余量,校核拌和准确性。

3. 碾压

刚洒布的防水层不能立即碾压,否则高温改性沥青会黏附胶轮压路机的轮胎并黏走碎石。当SBS改性沥青温度降至100℃左右时，采用胶轮压路机稳压1个来回，控制行驶速度在5～8km/h，使碎石压入改性沥青之中且黏结牢固。

4.养护

封层铺筑后，严禁施工车辆急制动和掉头。应封闭交通，SBS改性沥青封层的施工与下面层的施工紧密衔接，紧接着施工沥青下面层。摊铺完下面层后方可开放交通。经胶轮压路机稳压形成的防水层表面，碎石和沥青的黏结非常牢固，改性沥青的延性（弹性恢复）大，发挥应力吸收层作用，能有效延缓和减少基层裂缝在面层上的反射裂缝。

5.检测、验收

（1）现场质量检测。外观检测、改性沥青封层的改性沥青洒布：SBS应均匀无漏洒和油层过厚现象。改性沥青SBS封层的单粒径碎石撒布应均匀不重不漏。

洒布量检测分总量检测和单点检测。前者控制施工路段的总体洒布量，对碎石和沥青过磅称重，根据洒布路段的长度和宽度计算洒布面积，然后计算施工路段的总体洒布量。后者控制单点洒布量和均匀性。

（2）同步碎石应力吸收层施工过程中主要控制沥青喷洒量和横向不均匀度，石料撒布量及其横向不均匀度，碎石脱粒率。

①要求实际用量与设计量的差值应小于100g/m^2。

②横向沥青喷洒量的横向不均匀度系数不得大于10%。

③要求碎石撒布量的横向不均匀度系数不得大于15%。

④当石料的平均脱落率$M_p < 10\%$时，合格；若$M_p > 10\%$，则表明施工不良，应考虑修复。

（3）同步碎石应力吸收层质量验收标准。按同步碎石应力吸收层竣工验收要求进行质量验收和视觉评价。同步碎石应力吸收层质量验收标准如表3-12所示。

同步碎石应力吸收层质量验收标准 表3-12

检查项目	检查频率（每幅行车道）	质量要求或允许偏差	试验方法
外观	全线	密实、不松散	目测
厚度	每200m一点	-5mm	钻芯
宽度	每1km 20个断面	不小于设计宽度	用尺量
沥青用量	每1km 1点	±0.5%	抽提
石料用量	每1km	±5%	抽提
石料剥落	每1km 4点	小于10%	现场测值
构造深度	每1km 5点	≥0.55	铺砂法
摩擦系数摆值	每1km 5点	≤45	摆式仪
渗水系数	每1km测点	≯5mL/min	变水头渗水仪

视觉评价内容及标准如下：

①从外观看，同步碎石应力吸收层没有表面裂缝，且几乎没有沥青结合料的条纹。

②接缝平直顺滑，没有重叠、未覆盖或不好看的表面，纵缝的重叠区小于5cm，用2m直尺测量，跨横缝测量的间隙小于6.5mm。

③同步碎石应力吸收层表面沿着车道、路肩和边线是统一、均匀的，沿车道方向，任何30m内的高差都小于50mm。

④厚度的控制采用控制沥青与集料的总用量的方法来代替厚度管理，即根据1日内全部原料的用量与铺筑面积，算出平均铺筑厚度值。

课题18 雾封层技术

一、雾封层技术定义

雾封层技术（Fog Seal）全称为雾状封层技术，它是将乳化沥青、改性乳化沥青或沥青路面养护剂等流体状的材料，经喷洒机械喷洒在沥青路面上，以形成一层严密的防水层将路面的孔隙以及微裂缝封闭，防止水分和空气进入路面结构中而引起路面结构的破坏，对3mm以下的裂缝有自动愈合的作用。雾封层还能稳住道路表面松散的骨料以防止其进一步的松散，可以保护或修复路面因老化所损失的黏结料，减少路面的老化和风化作用。此外，它还能延迟路面其他病害的产生，维持路面的使用功能，延长道路的使用寿命。

二、雾封层技术适用范围

（1）原路面路表产生微小裂缝，裂缝宽度在1～3mm时，可采取雾封层技术。对于出现严重的网裂、龟裂等裂缝的路面，应将裂缝预先处理，待稳定后，再采取雾封层技术。

（2）原路面路表松散，甚至出现麻面，路表面沥青剥落或老化而结构强度完好时，可采取雾封层技术，有效地黏结松散集料，修复老化沥青，改善路面外观。

（3）当原路表面渗水系数增大，路面出现渗水严重或较严重，而路面结构强度及结构完好时，采用雾封层技术可有效地防止路面渗水，防止水的渗入软化基层及路基，保护基层及路基，减少或防止水损坏。

三、雾封层分类

按照雾封层所采用的材料不同，可将其大致分为：有机硅雾封层、CAP雾封层、HAP雾封层和Star－seal雾封层四种。几种常用雾封层指标的对比如表3-13所示。

几种雾封层技术的对比　　表3-13

养护方式	养护成本（元/m^2）	施工工艺	开放交通时间（h）
有机硅雾封层	16～19	简便	4
CAP雾封层	10～14	比较简便	6
HAP雾封层	12～15	比较简便	6
Star-seal雾封层	24～28	复杂	24

有机硅雾封层价格与其他路面预防性养护技术，如CAP雾封层、HAP雾封层等相比稍高，但是有机硅树脂兼具无机材料、有机材料的双重特性，与其他的养护材料相比具有优异的化学稳定性和耐久性，另外有机硅雾封层还具有施工工艺简便，开放交通时间短等优点。采

用有机硅雾封层后，可以延缓路面中修3～5年，延缓路面大修5～7年，具有一次投入，长久受益的优势，减少了后期二次养护或者重修的投入，从长远来看具有突出的经济效益优势。

四、材料要求

雾状封层所使用的材料一般为乳化沥青和水，有时可以添加一定比例的添加剂，其中，乳化沥青可以是阳离子型或阴离子型，技术要求应符合《沥青路面施工及验收规范》(GB 50092—1996)的有关规定。

1. 乳化沥青再生剂

乳化沥青再生剂是雾封层主要的原材料，除了能改善老化沥青的性能外，还要求其具有以下性能：

(1)防水性，能使路表面的渗水系数大幅度下降。

(2)流动性，能接近水的流动性，有利于材料进入裂缝。

(3)黏结性，能与沥青及集料有极强的黏结力。

(4)渗透性，能很好地渗入沥青混凝土中，对老化沥青起再生作用。

2. 水

雾封层对水的要求很高，水的质量好坏会对雾封层质量产生很大的影响，雾封层所采用的水必须达到饮用水标准，水中不得含有不溶性杂质，pH值控制在6～8之间。进行雾封层混合液的配制前，应检测水与乳化沥青再生剂的相容性。具体做法为：找一个烧杯，按照1∶1的比例加入乳化沥青再生剂和水，搅拌均匀后静止，根据施工的使用时间观察有无沉淀或者分层的现象产生。如有以上现象产生，则应更换水源。

五、施工工艺

雾封层技术的施工应满足《公路沥青路面施工技术规范》(JTG F40—2004)以及《公路沥青路面养护技术规范》(JTJ 073.2—2001)等。雾封层施工见图3-22。

雾封层技术的工艺流程如下：

(1)影响路面结构强度的病害的处理。雾封层技术不能增加路面的结构强度，因此，在雾封层技术施工前应对影响路面结构强度的病害进行修补，以保证雾封层技术的施工质量，如宽度大于3mm的裂缝，应采取灌缝处理等方法进行修补。

图3-22 雾封层施工

(2)待路面病害处理完并形成一定强度后，施工负责人跟交通管理部门联系，对将要实施雾封层的路段进行交通管制，交通标志要求醒目。

(3)对施工路段进行路面预处理。用高压气流吹风机将路面上的松动的细颗粒及灰尘，由里向外吹出路面，用定制的胶布将路面的白色标线封黏起来，以免雾封层施工后将标线覆盖或污染标线。

(4)清理路面的时候，应将施工喷洒的机械准备就位，把雾封层材料拌和均匀，以备喷洒。

(5)按照试验的喷洒量及计算的喷洒高度调整好横木高度,进行雾封层施工。喷洒横木的高度应根据计算的高度试验调整确定。

(6)雾封层喷洒完后,进行路面封闭养护,期间严禁车辆行人入内,同时,用清洁的刮耙清除洒布过量的径流油或洒布不均匀部位,及时清理扫除出现油膜的部位,待路面达到一定的强度后,开放交通,开放交通初期应限制车速为40km/h。

(7)清理路面,将路面上的封胶布清除,开放交通。

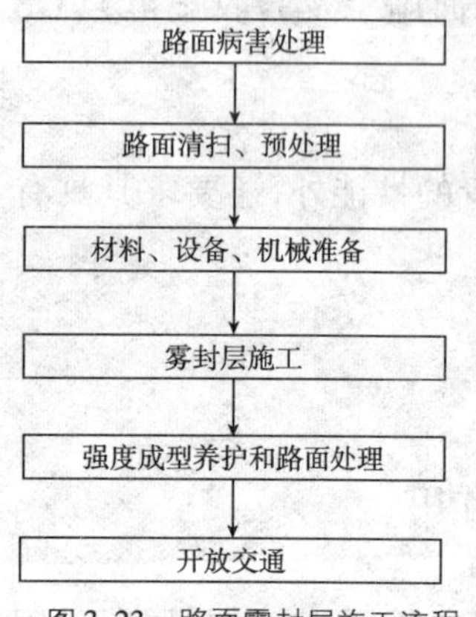

图3-23 路面雾封层施工流程

雾封层技术的工艺流程见图3-23。

六、质量检验与验收

1. 基本要求

雾封层技术主要用来处理沥青路面的渗水问题,因此,雾封层施工前后,为评价使用效果,可以通过渗水试验对其防水性能进行检验,通过摆式摩擦仪对其摩擦系数及铺砂法对其构造深度进行对比。

采用摆式仪测试抗滑值、铺砂法测试构造深度、渗水试验测试渗水系数、钻孔取芯测试喷洒液渗透状况。

2. 实测项目

雾封层验收实测项目见表3-14。

表3-14

雾封层验收实测项目

项目		质量要求	检查频率	方法	权值
抗滑性能	摆值Fb(BPN)	≥45	5个点	T 0964	2
	横向力系数	≥54	全线连续	T 0965	2
	构造深度TD(mm)	≥0.60	5个点/km	T 0901	2
渗水系数		≤10mL/min	5个点/km	T 0971	2
乳化沥青渗透情况		渗透至旧面层	5个点/km	钻孔及其他有效方法	2

3. 外观鉴定

外观颜色均匀,厚度基本一致。

4. 资料要求

(1)所有原材料的质量检验结果或试验检验报告,包括材料的“三证”资料。

(2)乳化沥青及添加剂加工控制检验和试验数据资料。

(3)铺洒施工记录表和质量检验资料。

七、应用实例——某高速公路沥青路面雾封层专项养护工程施工组织设计

1. 工程概况

为了加强沥青路面的预防性养护,提高路面的使用寿命,保证路面的使用性能,延缓路

面的老化速度，根据业主要求在某高速公路 K698 + 500 ~ K745 + 000 上行线，K698 + 500 ~ K745 + 000 下行线使用路面雾封层技术进行预防性养护，将解决的主要问题为：

(1)沥青路面空隙率较大，主要表现为雨后路面返潮严重。

(2)沥青路面中石料与沥青的黏附力不好，造成路面水湿磨耗较大，主要表现为部分集料散失。

(3)部分路面存在着微细裂缝。

2. 施工组织

(1)该工程将利用国内最先进的沥青洒布设备，调配相关技术骨干人员，根据该高速公路的日通行量、气候条件，结合养护工作的适时性、高效性和实用性的特点，确保施工生产、原材料供应、后勤保障等工作的落实，成立项目部领导小组如下：

①项目经理：负责整个工程的材料组织，技术质量控制，施工进度安排，人员安排调度，资料管理与相关项目部及业主等部门进行联系等工作。

②项目副经理：主要负责施工段落原路面的清扫、交通疏导以及雾封层现场安全措施的落实、施工过程中的质量控制和突发事件的应急处理等。

③现场技术人员：主要负责现场技术工作和资料整理工作。

④试验负责人：主要负责工程用原材料的质量检测、施工现场各指标的检测，以及工程资料的整理和申报。

⑤安全负责人：负责施工前场的全面安全工作。

(2)施工队共 18 人(包括施工负责人 1 名、质检员 1 名、操作手 2 名)。

(3)项目部和料场设置。项目部和料场占地约 500m^2，设在收费站旁养护工区，作为人员办公、设备存放、停置维护的场地，最大限度的对人员、设备进行集中管理，提高施工作业的工作效率。

(4)工期安排。根据实际情况，结合当地气候条件，合理安排工期，计划工期为 1 年。

3. 施工方案

根据项目部安排，在各部门相互协调确保质量的前提下，保证施工顺利进行。施工采用机械化施工和人工施工相结合的方法，清扫和疏导交通以人工为主，路面雾封层施工采用全智能沥青喷洒车进行机械化施工，以充分发挥人工、机械各自的优势，具体如下：

1)施工前准备工作

(1)路况检测和调查。雾封层试验段正式施工前，必须对施工路段的所有病害进行一次细致的调查，并登记造册，对未处理到位的病害要重新处置，不留施工质量隐患。根据不同的路面情况，对路面的渗水系数和路面摩擦系数或构造深度进行检测，平均 300m 点，特殊部位自行加密测点，为下一步的施工作好数据准备工作，同时也可进行施工前后的数据对比，以反映施工效果。

(2)机具选择及组合。路面雾封层施工采用国内最先进的全智能沥青喷洒车进行机械化施工，罐体容积为 8m^3，并配置计算机控制系统，性能可靠，可根据施工需要控制洒布量，随机调节洒布宽度。可大大提高工作效率和施工质量。

(3)雾封层专用材料的主要技术指标见表 3-15。

雾封层专用材料的主要技术指标　　表 3-15

试验项目		单位	技术要求
破乳速度		—	快裂或中裂
粒子电荷		—	阳离子
筛上剩余量(1.18mm)		%	≤0.1
标准黏度 C25,3		s	20～100
有效物含量		%	≥50
有效物性质	针入度(25℃,100g,5s)	0.1mm	40～100
	软化点(环球法)	℃	≥53
	延度(25℃)	cm	≥40
	黏韧性	N·m	≥3.0
	韧性	N·m	≥2.5
	弹性恢复	%	>50
	溶解度	%	>97.5
	5℃测力延度峰值比(f_2/f_1)	—	>0.3
备注:每 100t 批次检测一次			

(4)施工准备。

①施工前进行详细路况调查和相关的检测试验,并将所有病害处理到位。

②对用于施工的各类机械做全面的检查、调试,使之处于良好状态,重要的机械设备要有备用配件。

③雾封层施工应充分考虑气候因素,必须做到以下几点:

a. 气温达到 10℃且保持下降时不得施工,路面温度低于 5℃时不得施工。

b. 雨后路面积水未干或未清除之前,不可施工。

c. 施工养护期内可能降雨,则不可施工。

d. 养护期内气温应大于 10℃。

④洒布试验段,获取最佳的有关喷洒量、喷洒时间、工序衔接、机具性能和开放交通时间等施工技术指标。

⑤通常在以下三种情况下,要对机械的计量控制系统进行标定:第一,机械第一次使用前;第二,机器的每一年使用前;第三,原材料发生较大变化时。

2)施工方法和注意事项

(1)认真总结试验段施工经验,根据路面状况确定路面喷洒量。

(2)标线保护。采用胶带或盖板将标线覆盖,全部工序完成后,开放交通前,拆除覆盖物,恢复标线原貌。

(3)为减少交通影响,宜实行单车道临时性封闭施工(即超车道封闭行车道通行或行车道封闭超车道通行)。

(4)将原路面清理、吹扫干净,做到及时、有效,没有杂物。

(5)严格按照《公路沥青路面施工技术规范》(JTG F40—2004)标准进行施工,对于匝道等特殊地段,用特殊的方法施工。

(6)在雾封层施工中,要控制好横向接头衔接。横接头的衔接是影响雾封层总体外观的重要方面,因此横接缝的处理非常关键。要避免过多过密接缝的同时,还要提高接缝的施工水平。施工时应在起点处铺垫一层薄薄的塑料布,当洒布机前进后,立即取走塑料布,这样可以保证一个非常整齐的起点和良好的外观。

(7)雾封层施工中,要求施工车辆走线要顺直,使外观线条整齐美观。

(8)施工过程中,操作手应灵活掌握各种情况,及时调整,以确保工程的质量。

(9)控制好开放交通的时间。

(10)遵守雨天施工的有关规定。

3)质量检测

专用材料性能检测要求见表3-16,雾封层施工实测项目见表3-17。

专用材料性能检测要求 表3-16

序号	项目	要求或允许误差	检测频率		检验方法
			范围	点数	
1	专用材料	符合要求	批次/100t	1	相关试验规程

雾封层施工实测项目 表3-17

项次	检查项目		规定值或允许偏差(高速公路)	检查方法(每幅车道)
1	渗水系数		≤10mL/min	渗水仪
2	抗滑	摩擦系数	实测	摆式仪:每200m测1处
		构造深度	实测	铺砂法:每200m测1处

4. 质量保证措施和体系(略)

5. 安全保证体系及措施

1)领导组织

为了全面的控制施工期间安全防范措施的落实,不折不扣的实施各项安全标准,最大限度的避免安全生产事故的发生,有效的进行安全生产,特成立安全领导小组如下:

组长:负责全面安全工作。

副组长:负责施工现场的全面安全工作,重点是施工区段安全标牌的摆放;施工过程安全防范措施的督察和落实;突发安全事件的处理;现场与高速路政和交警大队就现场安全方面的及时沟通和纠正错误。

成员:负责施工后场的全面安全工作,重点是原材料的到位、装卸、试验和场地用电、防火和防盗安全措施的落实和督查,及时为前场施工提供必须的安全保障;负责车辆运行和使用安全;负责专用雾封层车的操作安全以及施工现场的全面安全工作。

2)保证措施

本工程在施工过程中要维护车辆的正常行驶,施工采取单幅分段、分车道、临时性封闭施工，严格按照《公路养护安全作业规程》(JTG H30—2004)的有关内容，做好现场交通维护工作，确保施工安全：

(1)施工区封闭期间，在现场常设一名专职安全人员。其工作任务是监督健康保护与个人安全防护、事故预防措施的落实情况，查看所有安全规则和措施的实施情况。

(2)在公路上进行养护施工作业的人员须穿着统一的橘红色或黄色套装，管理人员必须穿着带有反光标志的橘红色背心。

(3)施工区封闭期间，施工车辆在进出控制区时应特别注意前后车辆的行驶情况，并派专人维持交通，停放时应放在工作区路肩上。

(4)为确保施工和行车两不误，在本工程施工期间，在每个封闭施工点设不少于1~3名交通管理员，实行不间断值勤，确保施工安全。该管理员应具备交通管理知识，负责维护交通秩序和行车安全，确保正常施工作业和防止交通事故。

(5)养护作业人员不得在控制区外活动或将任何物体置于控制区以外；勤观察路面来往车辆，不得随意指挥车辆或做一些使过往车辆产生误解的肢体动作；不得在施工过程中开玩笑、嬉闹；不得向路面抛掷物品；不得点火焚烧垃圾物；不得损坏、污染高速公路及其附属设施。

(6)利用施工间歇时间，对所有员工就安全制度、条例、相关安全管理办法和国家部门颁发的安全法规进行教育和学习，时刻将“安全第一”的思想置于施工企业的第一位，教育员工爱护高速公路及其附属设施。

3)安全施工流程

(1)正常施工状态：按计划于每天早晨4点至5点，对施工路段进行行车道的封闭。首先由路障车(开启应急灯和车顶警报灯)将施工标志牌、锥形交通路标等安全标志按顺序摆放到相关路段，进行交通封闭。

具体摆放程序如下：首先在公路紧急停车带靠近防冲撞护栏的侧边缘处放置“前方1 600m施工”标志牌、在其后400m紧急停车带靠近防冲撞护栏的侧边缘处放置“限速60”标志牌、在其后400m紧急停车带靠近防冲撞护栏的侧边缘处放置“前方800m施工”标志牌、在其后400m紧急停车带靠近防冲撞护栏的侧边缘处放置“前方右侧车道变窄”标志牌、在其后400m紧急停车带靠近防冲撞护栏的侧边缘处开始放置锥形交通路标、在其后90m行车道靠近紧急停车侧边缘处放置“可变信息”标志牌、在其后50m处行车道内放置“附设施工警示灯的护栏”、利用锥形交通路标(间距10m)划定2~4km的施工区域、在施工封闭区末端后30m处放置“解除限速”标志牌。对于有上下道口经过的施工路段，在进入施工区的匝道处设置“限速40”标志牌，并在车辆穿越施工区的特殊部位单独使用锥形交通路标划定通行区域，并安排专职安全员单独看守，确保过往车辆和施工安全。在安全标牌摆放和施工区封闭完成以后，通知相关的施工车辆依次进入施工区，按计划进行路面养护施工作业。

具体撤离程序如下：施工结束后，施工车辆和非安全人员先行撤出施工区域，然后施工路障车(开启应急灯和车顶警报灯)按照从后到前的逆行方向，按顺序回收施工标牌和锥形交通路标，并安排旗手在车后对正常行驶的过往车辆进行动态提醒。

封闭施工的时间控制：上午7点开始道路封闭施工，下午5点后施工车辆和人员按顺序撤离施工现场，逐步放开通行。

(2)特殊施工状态：在夜间、雨、大雾天和视线不良时不进行施工，如在养生期内天气突然变化的情况下将适当延长养生时间。

对于不能放行的路段将进行夜间封闭行车道施工区段，具体的安全措施为：

①立即汇报高速路政和交警部门，做好相关的信息通报。

②夜间安排24小时的人员值班，负责施工路段标牌和锥形交通路标的检查，对由于外因而造成移位的安全标牌和锥形交通路标进行及时恢复。

对于在施工区段超车道发生抛锚的车辆，具体的安全措施为：

(1)轻微的抛锚车辆，由安全人员引导其开出施工区域，进行施救。

(2)严重的抛锚车辆，由施工车辆拖拽出施工路段后，进行施救。

(3)特别严重的抛锚车辆，由施工车辆拖拽进入施工区域，让出超车道或行车道后，进行施救。

课题19 沥青路面补强和加宽

一、沥青路面补强

公路沥青路面补强应符合下列要求：

(1)补强设计。在现有公路等级不变的情况下，沥青路面因损坏严重、路面结构强度指数(PSSI)不符合要求，应进行路面补强。补强也适用于提高公路等级而进行的改建工程。

①补强设计应综合考虑由补强厚度导致的纵坡与横坡的调整，以及与沿线结构物的联结等的相互协调，使纵坡线形符合《公路工程技术标准》(JTG B01—2014)的要求，否则应改建线形，使其符合标准后再进行补强设计。

②补强设计中应考虑补强结构层与原路面结构的联结问题。

(2)沥青路面补强层材料的类型及结构形式的选择：

①沥青路面补强层材料类型应按《公路沥青路面设计规范》(JTG D50—2006)的规定选取。

②路面补强结构形式应注意按如下情况进行选择：

a. 高速公路和一级、二级公路宜采用半刚性、热拌或冷拌沥青碎石混合料、沥青贯入式碎石基层加沥青混合料面层的补强结构形式。

b. 三级公路在不提高公路等级的情况下，可采用单层或多层补强结构。当需提高公路等级时，宜采用半刚性基层加沥青混合料面层的补强结构形式。

c. 四级公路可采用单层或多层的补强形式。

(3)补强前，应对原有公路的技术状况进行详细调查：

①调查原有公路路况，如路面破损及病害的情况和程度、路表排水(积水)状况、积雪(砂)状况，路肩采用的加固措施等。

②调查原有路面设计、施工、养护的技术资料，即从使用开始至改建的间隔时间、使用效果等。

③调查年平均双向日交通量、交通组成和交通量增长率等。

④调查路基和路面（行车道）的宽度、路线纵坡、路面横坡、平曲线半径等。

⑤原有公路的分段及弯沉调查按《公路沥青路面设计规范》（JTG D50—2006）的有关规定进行。

（4）补强前，应对原有公路进行适当处治：

①公路路拱不符合《公路工程技术标准》（JTG B01—2014）时，应结合补强设计对路拱进行调整，使其符合规定。

②对原路面的病害，应视其层位、严重程度和范围，按有关规定进行处治。

（5）当基层需补强时，其结构的选择应根据公路等级、交通量大小、材料种类、路基干湿类型、现有路况，以及施工季节、施工机械配备和工期要求等因素综合考虑后确定。

补强设计应符合现行有关设计规范的规定。

（6）路面的补强应注意与桥涵的良好衔接：

①路面补强路段内若有桥涵等构造物，在补强前应对其铺装层进行检查。若原有铺装层出现破损，应及时修复。

②为保证路面与桥涵顶面的纵坡顺适，应综合考虑和重新设计路线纵坡。

（7）补强设计中，补强层材料设计参数按新建路面材料设计参数的选择方法进行，并应符合《公路沥青路面设计规范》（JTG D50—2006）的有关规定。

二、沥青路面加宽

公路沥青路面加宽应符合下列要求：

（1）路面加宽前，应对原有路面做全面的调查。

（2）加宽方案应根据原有公路等级、线形及交通量等确定。当原有公路线形不需改善，且路基较宽，加宽后路肩宽度符合《公路工程技术标准》（JTG B01—2014）时，可在原公路的基础上直接加宽，否则应首先改善和加宽路基。如原有公路因线形较差而需改善，设计时应尽可能利用原有的沥青路面。

（3）路基、路面加宽的设计应按《公路路基设计规范》（JTG D30—2004）和《公路沥青路面设计规范》（JTG D50—2006）的规定进行。

（4）加宽时应处理好新路面与原有路面的纵横向衔接。由于路基宽度不足需对路基尤其是高路堤路基加宽时，还应对加宽部分路基进行加固，避免加宽路面出现不均匀沉降。

（5）当路基加宽宽度小于1m时，加宽的路面或基层压实质量不易控制，宜采用单侧加宽时应调整原有路面的路拱横坡。双侧加宽宜采用两侧相等的加宽方式。当不能采用两侧相等加宽的路面，如两侧加宽宽度差在1m以下时，不必调整横坡。当两侧加宽宽度差超过1m时，应调整路拱横坡。

（6）若加宽路面处于路线平曲线处，则应按《公路工程技术标准》（JTG B01—2014）的规定设置相应的超高和加宽。

（7）加宽路面的基层和面层材料应按规定进行试验和配合比设计。

（8）当路基路面同时加宽时，路基应加至应有宽度。为使路面边缘坚实，基层宜比面层宽出200~250mm，或埋设路缘石。

课题20 沥青路面翻修与再生利用

一、翻修与再生利用基本要求

公路沥青路面翻修与再生利用应符合下列要求:

(1)路面破损严重,采用罩面等措施不能使路面恢复良好的工作状态时,为保证必要的服务功能,应进行翻修并对旧沥青面层尽可能予以再生利用。

(2)翻修前,应对需要翻修路段的路面结构、路基土特性和交通量进行调查分析,并按路面补强设计要求或《公路沥青路面设计规范》(JTG D50—2006)的规定进行结构厚度设计。

(3)如因路基软弱导致路面损坏时,应对软弱路基采取有效措施处治,达到质量标准后再修筑基层、面层。

(4)热拌和冷拌再生沥青混合料一般运用于翻修养护工程,可用于高速公路和一级、二级、三级公路的中、下面层,以及四级公路的面层。对于一级、二级及三级的上面层,以及高速公路中、下面层,必须经试验、总结、评定合格后才能使用。

(5)再生沥青混合料的运输、施工和质量管理等技术要求应符合《公路沥青路面施工技术规范》(JTG F40—2004)的规定。

二、翻修

1. 面层翻修

翻修面层时可按下列步骤进行:

(1)根据调查分析资料或厚度设计需要翻修部分或全部沥青层时,宜采用铣刨机进行铣刨作业,按规定翻修厚度正确铣刨,应避免损坏完好的下面层或基层,如局部翻修的面积较小,可采用小型机械或人工翻挖。对铣刨后的旧料应避免泥土或其他杂质混入并及时收集,运送至沥青拌和厂用于再生沥青混合料。

(2)清扫碎屑灰尘后,下层表面浇洒0.3~0.8kg/m^2的黏层沥青,与不翻修路段接界的原路侧壁涂刷0.3kg/m^2左右的黏层沥青。

(3)采用与原沥青层相同或按设计要求的材料和厚度进行铺筑。

(4)用压路机进行碾压密实。如是采用热拌沥青混合料铺筑时,压实后对于不翻修路段的接缝采用热烙铁烫边封密。

(5)开放交通后应根据具体情况做好初期养护工作。

2. 面层基层同时翻修

面层基层同时翻修时应按下列步骤进行:

(1)可先将沥青面层铣刨后翻挖基层,也可采用合适的破碎机具将路面破碎,沥青路面的翻修范围应超出基层翻修范围的边缘线30cm,以使基层、面层接缝错开。

(2)将沥青旧料收集运送后,才可清除基层材料。应避免两种材料混杂,影响旧料的再生利用。

（3）避免雨天翻修，必要时在路肩处布置盲沟，防止路床积水。

（4）整平路基表面并经碾压后，采用与原路段相同或符合设计要求的基层材料进行铺筑，每层压实厚度不应大于20cm。当翻修面积小，压路机难以碾压时，可采用小型振动压路机或振动夯板压实，但每层压实厚度应不大于15cm。

（5）当基层稳定并达到要求强度后，浇洒0.7～1.1kg/m^{2}的透层沥青，与不翻修路段接界的原路侧壁涂刷0.3kg/m^{2}左右的黏层沥青。采用与原路段相同或符合设计要求的材料铺筑面层。

（6）开放交通后应根据具体情况做好初期养护工作。

（7）如路基软弱导致路面损坏时，应对软弱路基采取有效措施处理达到质量标准后再修筑基层、面层。

三、再生利用

1.一般规定

（1）再生沥青混合料的拌制一般分为热拌和冷拌两种。热拌再生沥青混合料是旧料、新矿料、再生剂与新沥青在热态下拌和而成，冷拌再生沥青混合料是旧料、新矿料、再生剂与乳化沥青在常温下拌和而成。热拌再生沥青混合料强度高，路用性能良好。冷拌再生沥青混合料成型期较长，强度相对较低。

（2）热拌再生沥青混合料一般用于翻修养护工程，可用于一、二、三级公路的中、下面层，以及四级公路的基层。对于一级、二级及三级公路的上面层，以及高速公路中、下面层，必须经试验、总结、评定合格后才能使用。冷拌再生沥青混合料一般适用于翻修养护的四级公路的路面。

（3）旧料是沥青路面翻修时所得的面层材料。翻挖路面时可采用机械、人工或两种方式联合进行作业。旧沥青路面铣刨下的沥青混合料见图3-24。

图3-24　旧沥青路面铣刨下的沥青混合料

旧料质量应符合下列要求：

①旧料必须洁净，不得混入有机垃圾。混入无沥青黏结的砂石料的比例不得大于10%，含泥量不得大于1%。

②块状旧料可采用机械轧碎或人工敲碎。

③破碎后的旧料最大粒径按用途确定。用于粗粒式再生沥青混合料时，最大粒径为26.5mm或31.3mm（方孔筛）；用于中粒式再生沥青混合料时，最大粒径为16mm或19mm（方孔筛）；用于细粒式再生沥青混合料时，最大粒径为9.5mm或13.2mm（方孔筛）。

④破碎后的旧料应按质量分类堆放在平整、坚实和排水良好的场地。堆放高度以不结块为度，一般小于1.5m。

（4）根据地区使用条件和公路等级与旧沥青性能可对旧料掺入使用的再生剂。使用的再生剂有机油、润滑油、抽出油和玉米油。再生剂的性能和储放应符合下列要求：

①应具有较强的渗透和软化能力，以降低旧沥青黏度，达到要求的针入度。

②能与旧沥青互溶，使之和新沥青均匀的混合成一体。

③能调节旧沥青的成分，达到道路用沥青的质量要求，有较好的抗老化性能。

④再生剂应储存在有盖的容器中，防止水和垃圾等杂质混入。储存和使用必须满足防火要求。

(5)用于再生沥青混合料的新沥青和乳化沥青的类型和标号可根据公路等级、用途和当地气候条件选定。

(6)用于再生沥青混合料的粗、细集料应具有足够的强度，与沥青黏附性良好，并无风化和杂质，颗粒形状接近立方体。

(7)热拌再生沥青混合料配合比应按下列步骤进行设计。

①旧料分析与新旧沥青掺配：

a.将破碎的旧料按《公路工程沥青及沥青混合料试验规程》(JTG E20—2011)规定的方法做抽提分析，计算旧沥青含量和旧矿料的颗粒组成。

b.对被抽提出来的旧沥青溶液按《公路工程沥青及沥青混合料试验规程》(JTG E20—2011)规定的方法回收旧沥青，测定旧沥青的针入度、延度和软化点。

c.当旧沥青老化严重、针入度较小时，须掺入再生剂，掺量以达到本地区要求的沥青稠度为准。

将含有再生剂的旧沥青掺入符合质量要求的新沥青，测定针入度、延度和软化点等质量指标。

d.确定新、旧沥青掺配比例。如经反复试验，调整新、旧沥青掺配比例还达不到质量要求时，该旧沥青不能用于再生沥青。

②根据确定的新、旧沥青掺配比例，选定新矿料与旧料的配合比，并根据新矿料的颗粒组成，计算新矿料的用量。

③对破碎的旧料先按确定的再生剂用量进行喷洒拌和后，按确定的再生沥青混合料级配并根据本地区经验初定混合料的沥青用量，扣除旧料的旧沥青含量后作为新沥青用量的中值，每次增减0.5%新沥青用量制备混合料试件进行马歇尔试验，根据试验结果和马歇尔试验技术标准确定再生沥青混凝土的最佳沥青用量。在路面铺筑过程中，如材料发生变化，抽检的马歇尔试验结果未达到技术标准时，应调整新旧料比例或新沥青用量。

(8)热拌再生沥青碎石的沥青用量可根据本地区经验或通过试验确定，冷拌再生沥青混合料的级配和乳化沥青用量可按乳化沥青路面实践经验确定。

(9)热拌再生沥青混合料可采用间歇式拌和机或连续式拌和机拌制，应按下列工艺进行拌和：

①当旧沥青混合料需要掺入再生剂时，应先将破碎后的旧料按用量喷洒，并拌和均匀，堆放时间以再生剂充分渗透到旧沥青为度，堆放高度不超过1.5m，避免结块。

②当采用间歇式拌和机拌制时，新集料加热温度应高于普通沥青混合料的集料加热温度，但不宜超过230℃。旧料不得进入烘干筒，按配合比设计用量经计量后直接进入拌缸，与新集料相混合，通过热交换使旧集料升温、旧沥青热融，干拌15s左右后，加入新沥青再拌和30~45s，拌和时间以新、旧料混合均匀，混合料颜色均匀、无花白为准。再生沥青混合料出厂温度为140~160℃。

③间歇式拌和机热拌再生沥青混合料的拌和宜按工艺流程进行拌制。

④当采用连续式拌和机拌和时，必须避免旧料被明火烧焦。宜在筒体中部进料口输入旧料，并设置挡板遮挡火焰。如旧料与新集料在筒体始端同一料口输入筒体时，可先对旧料喷洒适量水分，旧料总含水量宜不超过3%。拌和后的再生沥青混合料色泽应均匀一致，出厂温度为140～160℃。

(10)冷拌再生沥青混合料宜采用机械拌和。受条件限制时也可采用人工拌和。

(11)再生沥青混合料的运输、施工和质量管理等技术要求应符合《公路沥青路面施工技术规范》(JTG F40—2004)的规定。

2. 就地热再生施工技术

1)适用范围

就地热再生用于旧路面维修养护时，它是一种预防性养护措施。就地热再生的主要目的是修正非结构承载力不足而引起的表面破坏，例如松散、开裂、车辙、坑洞、推移和拥包。就地热再生适用于沥青路面表层以下各结构层稳定的任何表面破坏形式。就地热再生路段选择原则：

(1)非结构承载力不足引起的表面破坏路段。

(2)基层稳定的表面破坏路段。

(3)不会改变排水、路缘、下水结构、人行通道、路肩及其他结构物的路段。

(4)交通控制的要求相对较低、上跨结构物净空足够的路段。

以下路段不宜选择进行就地热再生：

(1)进行过微表处、热层罩面、喷洒过养护材料的路段。

(2)进行过多次铣刨维修的路段或交替铣刨维修路段。

(3)进行过多次热修补、表面补丁多的路段。

(4)裂缝深度超过40mm且多的路段、中面层以下已产生开裂与损坏的路段、有地下水冒出的路段。

就地热再生的选择见表3-18。

就地热再生的选择　　表3-18

路表损害类型		现场热再生	路表损害类型		现场热再生
路表缺陷	表面松散	√	与荷载无关的裂缝	块状裂缝	×
	泛油	√		抗滑性差	√
	纵向接缝裂纹	√		横向温缩龟裂	×
路面变形	波浪	√	软弱底层或路基		×
	浅车辙	√	养路修补缺陷	喷洒沥青	×
	深车辙	√		表皮修补	×
与荷载有关的裂缝	疲劳裂缝	×		孔洞修补	×
	轮迹处纵向裂缝	√		深洞热拌修补	×
	边缘裂缝	×	平整度缺陷	一般性不平整	√
	滑移裂缝	√		路面沉陷	√
反射裂缝		×		路面隆起	√

2)就地热再生适应的条件

由于就地热再生只对旧路面表层2~5cm的沥青混合料进行再生，所以适合就地热再生的沥青混凝土路面必须满足一定的条件。

(1)现场条件：就地热再生需使用大型的专用设备，为确保施工质量，高速公路沥青路面施工现场应满足以下条件：

①具有发挥就地热再生特长的足够的工程规模：每段单车道1.0km、总量在10km以上。

②要确保现场的施工条件，一组施工机械通过时间需要1~2h，加上再生混合料降温到可开放交通的时间，需要中断施工地点的交通。

(2)旧沥青路面需满足的条件。

①主要用于路面承载能力满足设计要求，路面破损深度小于5cm，消除路面的表面裂缝、车辙、推挤、拥包等表面病害。

②旧路面沥青的针入度应大于20(0.1mm)。

③原路面病害大部分路段应为表面破损，局部不适应就地热再生的病害在进行就地热再生施工前应对其进行修补。

3)原材料要求

就地热再生需要的材料主要是再生剂、沥青，必要时添加新的沥青混合料或集料。

4)混合料配合比设计

为确保就地热再生沥青混合料的质量，必须进行配合比设计，就地热再生沥青混合料配合比设计应通过试验室配合比设计、生产配合比设计及生产配合比设计验证三个阶段，确定就地热再生沥青混合料的原材料性能、配合比、矿料级配和最佳沥青用量。沥青混合料热再生设计主要内容：一是旧沥青混合料材料测试，二是再生混合料的配合比设计。具体配比设计须由有经验的试验室与试验工程师进行。

和新铺沥青混合料路面一样，就地热再生沥青混合料的室内试验得到的配合比只是试验配合比。对于就地热再生而言，无论是采用铣刨还是耙松，都可能引起原路面级配的变化，而且不同的机具对原沥青混合料的影响也不同，必须结合室内试验配合比，利用实际采用的就地热再生机械做试验路，确定施工配合比和配合比验证。

5)施工

(1)施工主要设备可参照表3-19。

就地热再生施工主要设备表 表3-19

序号	设备名称	规格	备注
1	沥青料加热机保温车	TM500	设备数量与施工工作面、进度有关，根据实际情况配备，振动小压路机振动力大于2.5t
2	综合养护车	TM640-MLTRK	
3	热再生复拌机组	—	
4	双钢轮震动压路机	DD-110 12T	
5	轮胎压路机	LRS2030 25T	
6	自卸汽车	≥12T	
7	铣刨机	KF1000	
8	工程服务车	≥4T	
9	振动小压路机	≥5.5HP	

旧沥青路面加热后铣刨。红外加热器加热路面见图3-25，耙松器见图3-26。

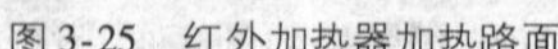
图3-25　红外加热器加热路面

图3-26　耙松器

(2)原路面处理。在进行就地热再生前，原路面的严重病害均应处理完毕，具体包括：

①车辙超过4cm的路段应先进行铣刨处理：用精铣工艺铣去辙槽两侧隆起部分，一方面使辙槽深度尽可能降低到4cm之内，另一方面使整个路面的平整度提高，使再生深度基本一致。

②深的坑槽处理。当坑槽深度（包括损伤部分的深度）超过再生深度4cm时，需要对坑槽进行单独处理。坑槽损伤到什么深度则修补到什么深度。

(3)裂缝的处理。

①当缝宽度大于1cm且深度超过5cm时，应沿裂缝中线开3.5cm宽、6cm深的槽，凿平槽的下表面，先用改性乳化沥青分次灌缝，直至乳化沥青灌满至槽底为止，待乳化沥青破乳水干燥后，用高温的改性沥青灌缝，然后在裂缝上贴抗裂贴，槽的底层涂刷改性乳化沥青黏层（用量为$1L/m^2$），最后用AC-13C热拌改性沥青混合料填平、压实。

②当裂缝宽度小于1cm时，用改性乳化沥青分2～3次灌缝处理，直至裂缝灌满为止，不宜用填缝胶灌缝。

③对于原来已用填缝胶处理的路段，在就地热再生施工前1～2d，应先把填缝胶钩出，再按上面①、②方法分开处理。

(4)旧路面补丁的处理。当旧路面补丁较多较大，原用修补材料级配不良、新的坑槽与裂缝较多时，应挖除4cm原修补材料。

(5)施工准备。

①封闭交通：在确保现有交通的情况下，根据设计文件与施工路段的中央分隔带开口间距，分路段封闭施工。

②设立施工交通标示牌：在施工路段应设置相应标示牌与警示牌，标示牌具体要求见《公路养护安全作业规程》(JTG H30—2004)。

③施工放样：根据设计文件，准确确定施工桩号与施工宽度，并经监理工程师验收合格。

④原路面处理。

⑤路面清扫：表面不得有任何尘土与杂物，必须用洒水车用高压水清洗，清扫干净后，且完全干透时才能施工。

(6)施工。

①气候条件。现场气温不得低于15℃，绝不可雨中施工。

②旧路段的加热。加热机组对旧路面加热，应遵循匀速、均衡的原则。原路面必须

充分加热：路表面最高温度不得超过230℃，路面内4cm处的温度不应低于100℃，翻松拌匀后的旧路面材料温度不应低于140℃，也不应高于170℃。原路面加热宽度比复拌机组耙松的宽度每侧应至少多出20cm，复拌机组耙松的深度要均匀，当耙松深度有变化时要缓慢渐变。

③再生混合料施工。再生混合料施工时，混合料温度、级配、油石比应均匀一致，不应存在离析现象。

就地热再生施工现场见图3-27。

a.采用复拌再生工艺。添加的再生剂与新的结合料首先应与旧路面材料混合均匀、新掺的混合料也应与旧路面翻松材料拌和均匀，使再生路面材料级配、油石比、温度、颜色均匀一致。摊铺后路面不应存在离析，路拱横坡符合路面整体要求。

图3-27　就地热再生施工现场

b.采用加铺再生工艺。添加的再生剂与新的结合料首先应与旧路面材料混合均匀，避免产生级配、油石比、温度离析，使旧的RAP材料能均匀地摊铺在耙松路面上。加铺用的新的混合料应均匀地在已摊铺的旧路面材料上形成一个厚度均匀的薄层，完整地覆盖在旧路面材料上。加铺的新的沥青混合料摊铺时的最低温度不应低于160℃，改性沥青混合料应随拌随用，储存时间不得超过6h，且结合料不得老化、滴漏及粗细料离析，否则应废弃。

c.再生剂的喷洒。再生剂喷洒装置应与再生机组行走速度联动并可自动控制，能准确地按设计剂量喷洒再生剂或再生剂与沥青的混合料液。再生剂应加热至不影响再生剂质量的最高温度，以提高再生剂的流动性和与旧沥青的融合性。再生剂应能均匀地喷洒到耙松的旧沥青混合料RAP中，且能准确计量控制，同时应根据铣刨深度的变化及时调整再生剂的用量。

d.拌和。复拌机组应保证旧沥青路面材料与再生剂、旧路面材料与新掺的混合料都能充分拌和均匀，不得产生级配、温度、新旧料的离析。

e.摊铺。复拌再生机组应以1.5~3m/min的速度均匀地进行施工，保证混合料摊铺均匀，摊铺完的表面不应有粗糙、拉毛、裂纹、离析现象。

根据再生厚度调整好摊铺熨平板的振捣功率，提高混合料的初始压实度，减少热量损失，再生混合料的摊铺温度宜控制在145~165℃之间。

f.碾压。再生混合料的压实应选用大吨位的振动双钢轮压路机、轮胎压路机等压实工具在高温下碾压，初压必须紧跟复拌机后进行，初压时不得产生推移。用双钢轮压路机进行碾压时宜少喷水，轮胎压路机不宜喷水。压路机碾压速度的选择应根据压路机本身的能力、压实厚度等确定。

采用振动压路机时，压路机的振动频率、振幅大小应与路面铺筑厚度相协调，宜采用高频低幅，终压时不得振动，压路机轮迹的重叠宽度不应小于20cm。在较低温条件下进行碾压施工时，应根据混合料和降温速度掌握好碾压的时间，应在混合料温度降低到115℃前结束碾压作业。

对于新摊铺混合料的初压，压路机每次均应从纵缝处起压：压路机应有2/3以上的碾压轮在未再生的路面上，在再生混合料上的轮宽在30cm以上即可，沿纵缝碾压2～3遍，然后再由两侧向中间碾压，每次碾压的轮迹应与上次碾压轮迹重复20cm以上，以保证碾压均匀、不漏压、不多压。再生剂洒布见图3-28，碾压施工见图3-29。

对于压路机无法压实的局部地方，应配置小型压实机具配合碾压到要求的密实度。

图3-28 再生剂洒布

图3-29 碾压施工

g. 接缝处理。混合料摊铺时，应尽量减少横向施工缝。

纵向接缝部位的施工：施工纵缝应平顺成直线。在施工前，应按设计再生宽度先在路面上放线，供加热机组控制加热行走路线，然后在放线外侧再立杆拉线供复拌机摊铺行走用。摊铺时，可将纵缝处新摊铺的热混合料回推，在缝边形成一个小的凸脊形。如果搭接材料过多，则应直接用平头铲沿缝边刮齐，刮掉的多余混合料应废弃，不得抛洒于尚未压实的热混合料上。

横向接缝部位的施工：再生沥青混合料路面铺筑期间，当需要暂停施工时，必须采用平接缝，宜在当天施工结束后清扫、成缝。连续摊铺前应先用3m直尺检查横向接缝处已压实的路面，如果不平整、厚度不符合要求时，应切除不平整段后再摊铺新的混合料或重新再加热、耙松、摊铺、碾压。横向接缝处接续施工前应涂刷黏层油并用加热机组加热1m左右的已碾压好的再生路面，但这1m加热路段不再进行再生，在新的再生路面碾压时，一起进行碾压，保证路面平整。横向接缝碾压时宜按垂直车道方向沿接缝碾压2～3遍，再沿路线方向碾压。

为保证纵、横向接缝的压实度与平整度符合规定要求，检测人员应随时检查摊铺厚度，用3m直尺检查平整度和水性。对以上检查逐一做好记录。

h. 路面高程与横坡。不管是复拌再生，还是加铺再生，因为有新料的加入，都将会导致路面高程有所增加，因此在摊铺时，一定要保证路拱横坡，确保排水畅通，可根据路面现场的排水设施、路面纵横坡度，来确定再生路面的纵横坡，两侧边线应做成一定的斜面，保证路面在横向平顺过渡。

i. 开放交通。就地热再生碾压完毕后，再生层表面温度低于50℃后方可开放小车交通，完全冷却至常温时方可开放重交通。

④新添加的混合料的拌和、运输按《公路沥青路面施工技术规范》(JTG F40—2004)的相关条款进行。

⑤摊铺厚度控制：摊铺厚度应控制在±2mm之间。

就地热再生施工前后路况对比见图3-30。

图3-30　就地热再生施工前后路况对比

6)质量检验与验收

(1)基本要求。

①沥青路面就地热再生施工过程中的材料质量检查,应符合《公路沥青路面施工技术规范》(JTG F40—2004)对热拌沥青混合料路面的有关规定。

②沥青路面就地热再生需要添加新沥青混合料时,新沥青混合料的质量应满足设计条款要求,再生混合料的质量控制,应符合《公路沥青路面施工技术规范》(JTG F40—2004)对热拌沥青混合料的有关规定。

③就地热再生施工过程质量检查应符合《公路沥青路面施工技术规范》(JTG F40—2004)的有关规定。工程质量的控制应满足表3-20的要求。

就地热再生混合料施工过程中的工程质量控制标准　　表3-20

检查项目	检查频度	质量要求或允许偏差	试验方法
再生剂量	随时	适时调整总量控制	每天计算
压实度均值	每天1~2次	≥最大理论密度的95%	T 0924
再生混合料摊铺温度	随时	≥140℃	插入式温度计

(2)实测项目,见表3-21。

就地热再生实测项目　　表3-21

检查项目	检查频度	质量要求或允许偏差	试验方法	权值
宽度(mm)	每1km测20个断面	大于设计宽度	T 0911	1
再生厚度(mm)	每1km测5个点	±4	T 0912	2
加铺厚度(mm)	每1km测5个点	±2	T 0912	2
平整度 h(mm)	每200m测2处×10尺	<3.0	3m直尺	1
压实度代表值	每台班1处	≥最大理论密度的95%	T 0924	2
横接缝高差(mm)	每台班5处	<3,必须压实	3m直尺	1
纵接缝高差(mm)	每台班5处	<3,必须压实	3m直尺	1

(3)外观鉴定。表面平整密实,无明显轮迹、裂痕、推挤、拥包、离析。

(4)资料要求。施工完工后必须具备有以下资料:

①所有原材料,混合料的质量检验结果或试验检验报告,包括材料的“三证”资料。

②沥青混合料配比,拌和加工控制检验和试验数据资料。

③就地热再生施工记录表和质量检验资料。

 复习思考题

1. 试述路面养护的一般规定。
2. 沥青路面养护要求有哪些？
3. 试述沥青路面裂缝灌缝作业流程和主要设备。
4. 试述沥青路面坑槽的维修方法。
5. 试述沥青路面坑槽维修施工要求。
6. 试述沥青路面沉陷的维修方法。
7. 试述沥青路面车辙的维修方法。
8. 试述沥青路面拥包的维修方法。
9. 试述沥青路面泛油的维修方法。
10. 罩面主要有哪几种类型？
11. 简述微表处的适用范围。
12. 简述同步碎石封层的定义和主要结构类型。
13. 简述雾封层技术的定义和适用范围。
14. 公路沥青路面补强应符合哪些要求？
15. 公路沥青路面加宽应符合哪些要求？
16. 简述公路沥青路面翻修与再生利用的基本要求。
17. 简述就地热再生施工技术的适用范围。
18. 就地热再生施工主要需要哪些设备？

单元4 水泥混凝土路面养护

课题21 水泥混凝土路面养护内容和日常养护

一、一般规定

(1)水泥混凝土路面养护应符合下列要求:

①做好预防性、经常性的保养和破损修补,保持路面处于良好的技术状况与服务水平。

②应保持路容整洁,定期进行清扫保洁。

(2)水泥混凝土路面的接缝应保持良好,表面平顺。

①填缝料凸出板面的高度,高速公路及一级公路不得超过3mm,其他等级公路不得超过5mm。

②填缝料局部脱落、缺损时,应及时灌缝填补;填缝料老化、接缝渗水严重时,应及时进行整条接缝的填缝料更换。填缝料更换前,应清除原接缝内的填缝料和杂物。新灌注填缝料时,应做到饱满、密实、黏结牢固。材料应符合相关规范的规定。

(3)水泥混凝土路面应加强日常巡查,并做好定期检查。

(4)日常巡查是对水泥混凝土路面外观状况进行的日常巡视检查。主要检查拱起、沉陷、错台等病害,以及路面油污、积水、结冰等诱发病害的因素和可能妨碍交通的路障。

①巡查频率应不小于1次/d。雨季、冰冻季节和遇台风暴雨等灾害性气候,应加强日常巡查工作。

②日常巡查可以车行为主,采用观察、目测、及人工计量,定性与定量观测相结合,重要情况应予摄影或摄像。

③发现妨碍交通的路障应及时清除,一时无法清除的,应采取相应的安全措施。

④日常巡查结果应及时做好记录。

(5)定期检查是按一定周期对水泥混凝土路面的基本技术状况进行全面检查。主要检查内容按《公路技术状况评定标准》(JTG H20—2007)执行。

(6)水泥混凝土路面的养护质量评定等级分优、良、中、次、差5个等级。评定方法按《公路技术状况评定标准》(JTG H20—2007)执行。

(7)水泥混凝土路面的养护应符合《公路技术状况评定标准》(JTG H20—2007)有关规定。

二、养护内容

(1)行车道与硬路肩上的泥土和杂物，应经常予以清扫。当设有中间带、变速车道、爬坡车道、应急停车带时，其上的泥土和杂物亦应清扫干净。

(2)水泥混凝土路面各种接缝的填缝料出现缺损或溢出，应及时填补或清除，并应防止泥土、砂石及其他杂物挤压进入接缝内，影响混凝土路面板的正常伸缩。

(3)路基路面(包括路肩、中央分隔带)排水设施，应经常检查和疏通，防止积水，以保护路面不受地面水和地下水的损害。

(4)路面各种标线、导向箭头及文字标记，应及时清洗和恢复，经常保持各种标线、标记完整无缺，清晰醒目。辅助和加强标线作用的突起路标，应无损坏、松动或缺失，并保持其反射性能。

(5)路肩外和中央分隔带内种植的乔木、绿篱和花草，应及时浇灌、剪修，以保持路容整齐、美观。如有空缺或老化，应适时补植或更新。对病虫害，应及时防治。对影响视距和路面稳定的绿化栽植，应予以处理。

(6)对路面、路肩和路缘石等的局部损坏，应查清原因，采取合适的材料和相应的措施进行修复，以保持路面具备各级公路所要求的使用状态和服务水平。

(7)对路面的较大损坏，应按规范对路面检查评定结果确定的养护对策，安排大、中修或专项工程，进行维修和整治。局部路段路面损坏严重的，应予以翻修，以达到设计标准；整个路段路面平整度、抗滑能力不足的，可采取罩面，铺筑加铺层，以恢复其表面功能；整个路段路面接缝填缝料失效的，应予以全面更换。

(8)对承载能力不足或不适应交通发展要求的路面，可根据不同情况进行加铺、加宽，以提高承载能力和通行能力。

三、水泥混凝土路面日常养护

1. 一般规定

水泥混凝土路面日常养护应做好预防性、经常性养护，通过经常的巡视检查，及早发现缺陷，查清原因，采取适当措施，清除障碍物，保持路面状况良好。

2. 清扫保洁

(1)水泥混凝土路面必须定期清扫泥土和污物，与其他不同类型路面平面连接处及平交道口应勤加清扫，路面上出现的小石块等坚硬物应予以清除，中央分隔带内的杂物应定期清除，保持路容整洁。

(2)路面清扫时，应尽量减少清扫作业产生灰尘，以免污染环境，危及行车安全。清扫作业宜避开交通量高峰时段进行。

(3)路面清扫后的垃圾应运至指定地点进行处理,不得随意倾倒。

(4)当路面被油类物质或化学药品污染时,应清洗干净,必要时用中和剂或其他材料处理后再用水冲洗。

(5)交通标志标牌、示警桩、轮廓标以及防撞栏等交通安全设施应定期擦拭,交通标志及标线受到污染后应及时清扫(洗),保持整洁、醒目。

(6)应保持交通标志标牌、标线、示警桩、轮廓标的完整,发生局部脱落、破损时应用原材料进行修复或更换。

3. 接缝保养

(1)应对接缝进行适时的保养,保持接缝完好,表面平顺。

(2)填缝料凸出板面,高速公路、一级公路超出3mm,其他等级公路超过5mm时应铲平。

(3)填缝料外溢流淌到接缝两侧面板,影响路面平整度和路容时应予清除。

(4)杂物嵌入接缝时应予清除,若杂物系小石块及其他坚硬物时,应及时剔除。

4. 填缝料更换

(1)应对填缝料进行周期性或日常性的更换。填缝料的更换周期一般为2～3年。

(2)填缝料局部脱落时应进行灌缝填补,填缝料脱落缺失大于1/3缝长或填缝料老化、接缝渗水严重时应立即进行整条接缝的填缝料更换。

(3)填缝料的更换应做到饱满、密实、黏接牢固。清缝、灌缝宜使用专用机具。

①更换填缝料前应将原填缝料及掉入缝槽内的砂石杂物清除干净,并保持缝槽干燥,清洁。

②填缝料灌注深度宜为3～4cm。当缝深过大时,缝的下部可填2.5～3cm高的多孔柔性垫底材料或泡沫塑料支撑条(图4-1)。

③填缝料的灌注高度夏天宜与面板平,冬天宜稍低于面板2mm。多余的或溅到面板上的填缝料应予以清除。

④填缝料更换宜选在春秋两季,或宜在当地年气温居中且较干燥的季节进行。

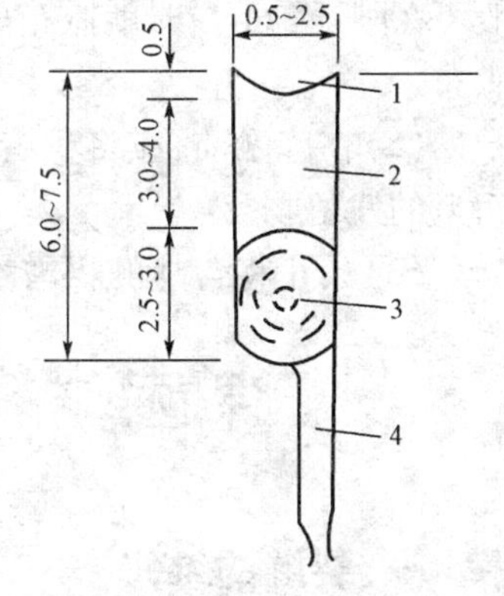

图4-1 填缝料的更换(尺寸单位:cm)
1-膨胀空间;2-填入接缝材料;3-支撑条;4-导裂缝

5. 排水设施养护

(1)必须对路面、路肩、中央分隔带、边沟、边坡、挡土墙以及所有排水构造物进行妥善的日常维护,保持系统的排水功能。当排水系统整体功能不能满足要求时,应通过改善或改建工程进行完善提高。

(2)对路面排水设施,应采取经常性的巡查并与重点检查相结合,发现损坏应及时安排修复,发现堵塞必须立即疏通,路段积水应及时排出。

(3)雨天应重点检查超高路段的中央分隔带纵向排水沟、横向排水管、雨水井、集水井等的排水状况,出现堵塞、积水应及时排出。

(4)排水构造物及路肩修复宜采用与原构造物相同的材料。

(5)保持路面横坡及路面平整度。当快车道是水泥混凝土路面,慢车道或非机动车道是沥青路面时,应保持沥青路面横坡大于水泥混凝土路面横坡。

(6)保持路肩横坡大于路面横坡,路肩横坡应顺适,并及时修复路肩缺口。

(7)封闭路面板裂缝。

(8)路面接缝、路肩接缝及路缘石与路面接缝出现接缝变宽渗水时应进行填缝处理。

(9)定期修整路肩植物、清除路肩杂物,疏通路肩排水设施和中央分隔带排水设施,常年保持路面排水顺畅。

6. 冬季养护

(1)冰雪地区路段水泥混凝土路面冬季养护的重点是除雪、除冰、防滑,作业的重点是桥面、坡道、弯道、垭口及其他严重危害行车安全的路段。

(2)除雪、除冰、防滑要根据气象资料、沿线条件、降雪量、积雪深度、危害交通范围等确定作业计划,并做好机驾人员培训、机械设备、作业工具、防冻防滑材料的准备。

(3)除雪作业以清除新雪为主。化雪时应及时清除雪水和薄冰。除冰困难的路段应以防滑措施为主,除冰为辅。除冰作业应防止破坏路面。

(4)路面防冻防滑的主要措施:

①使用盐或其他融雪剂降低路面上的结冰点。

②使用砂等防滑材料或与盐掺和使用,加大轮胎与路面间的摩擦系数。

③防冻、防滑料施撒时间,主要根据气象条件(降雪、风速、气温)、路面状况等来确定。一般可在刚开始下雪时就撒布融雪剂或与防滑料掺和撒布,或者估计在路面出现冻结前1~2h撒布。

(5)在冻融前,应将积雪及时清除路肩之外,以免雪水渗入路肩。冰雪消融后,应清除路面上的残留物。

(6)禁止将含盐的积雪堆积于绿化带。

课题22　水泥混凝土路面常见病害的维修

一、裂缝的维修

1. 一般规定

采用灌浆法和条带罩面法处治裂缝,应符合下列要求:

(1)灌浆法处治裂缝主要有压注灌浆、扩缝灌浆、直接灌浆等,应根据病害程度和施工条件等因素进行选择。

(2)灌浆材料应具有较好防水性能和足够的强度与湿度稳定性,并应通过试验确定。

(3)当采用条带罩面法时,裂缝两侧的切缝应平行于横缝(或纵缝),且距裂缝距离不小于15cm,凿除的混凝土深度以7cm为宜。

(4)修复后的路面平整度,包括接缝在内,用3m直尺检测,高速公路、一级公路应不大于3mm,其他等级公路应不大于5mm。

2. 方法与工艺

1)扩缝灌浆

对宽度小于3mm的轻微裂缝,可采取扩缝灌浆。扩缝灌浆施工工艺见图4-2~图4-5。

(1)顺着裂缝扩宽成1.5~2.0cm的沟槽,槽深可根据裂缝深度确定,最大深度不得超过2/3板厚。

(2)清除混凝土碎屑,吹净灰尘后,填入粒径0.3~0.6cm的清洁石屑。

(3)根据选用的灌缝材料,按规定进行配比,混合均匀后,灌入扩缝内。

(4)灌缝材料固化后,达到通车强度,即可开放交通。

图4-2 裂缝锯切缝

图4-3 刷缝机清理缝内外杂物

图4-4 气泵吹走细砂和灰尘

图4-5 灌缝机灌缝

2)条带罩面

对贯穿全厚的大于3mm小于15mm的中等裂缝,可采取条带罩面进行补缝,见图4-6。

(1)在裂缝两侧切缝时,应平行于缩缝,且距裂缝距离不小于15cm。

(2)凿除两横缝内混凝土的深度以7cm为宜。

(3)每间隔50cm打一对钯钉孔,钯钉孔的大小应大于钯钉直径2~4mm,并在两钯钉孔之间打一对与钯钉孔直径相一致的钯钉槽。

(4)钯钉宜采用ϕ16螺纹钢筋,使用前应予以除锈。钯钉长度不小于20cm,弯钩长度为7cm。

(5)钯钉孔必须填满砂浆,方可将钯钉插入孔内安装。

(6)切割的缝内壁应凿毛,并清除松动的混凝土碎块及表面尘土、裸石。

(7)浇筑混凝土应及时振捣密实、抹平,并喷洒养护剂。

(8)修补块面板两侧,应加深缩缝,并灌注填缝料。

3)全深度补块

对宽度大于15mm的严重裂缝可采用全深度补块。全深度补块分集料嵌锁法、刨挖法、

设置传力杆法。

（1）集料嵌锁法，见图4-7。

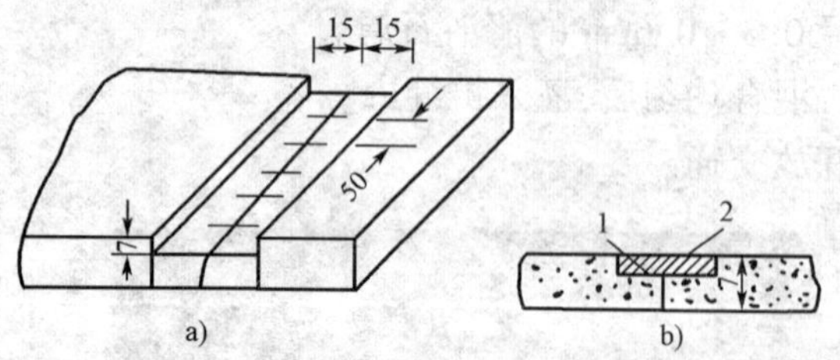

图4-6　条带补缝（尺寸单位：cm）

1-钯钉；2-新浇混凝土

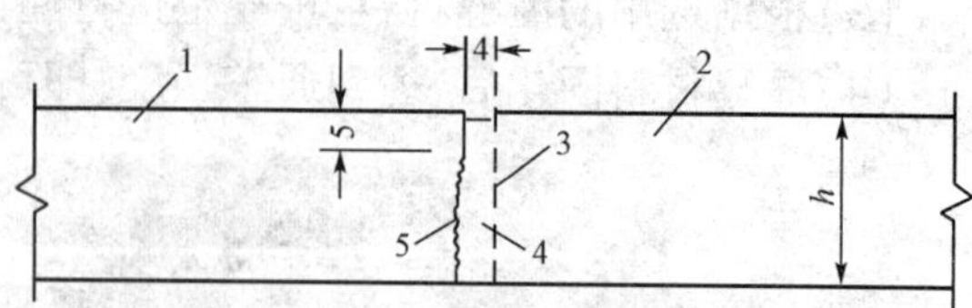

图4-7　集料嵌锁法（尺寸单位：cm）

1-保留板；2-全深度补块；3-全深度锯缝；4-凿除混凝土；5-缩缝交错接面

①在修补的混凝土路面位置上，平行于缩缝画线，沿画线位置进行全深度切割。在保留板块边部，沿内侧4cm位置，锯5cm深的缝。

②破碎、清除旧混凝土过程中不得伤及基层、相邻面板和路肩。若破除的旧混凝土面积当天完不成混凝土浇筑时，其补块位置应作临时补块。

③全深锯口和半深锯口之间的4cm宽条混凝土垂直面应凿成毛面。

④处理基层时，基层强度符合规范要求，应整平基层；基层强度低于规范要求，应予以补强，并严格整平；若基层全部损坏或松软，应按原设计基层材料重新作基层，其技术要求应符合《公路路面基层施工技术规范》（JTJ 034—2000）的规定。

⑤混凝土的配合比应根据设计弯拉强度、耐久性、耐磨性、和易性等要求，先用原材料进行配比设计，各种材料的物理性能及化学成分应符合《公路水泥混凝土路面设计规范》（JTG D40—2011）规定。

⑥用水量应控制在混合料运到工地最佳和易性所需的最小值，最大水灰比为0.4。

⑦混凝土摊铺应在混凝土拌和后30～40min内卸到补块区内，并振捣密实。

⑧浇筑的混凝土面层应与相邻路面的横断面吻合，其表面平整度应符合《公路工程质量检验评定标准第一册土建工程》（JTG F80/1—2004）规定，补块的表面纹理应与原路面吻合。

⑨补块养生宜采用养护剂，其用量根据养护材料性能确定。

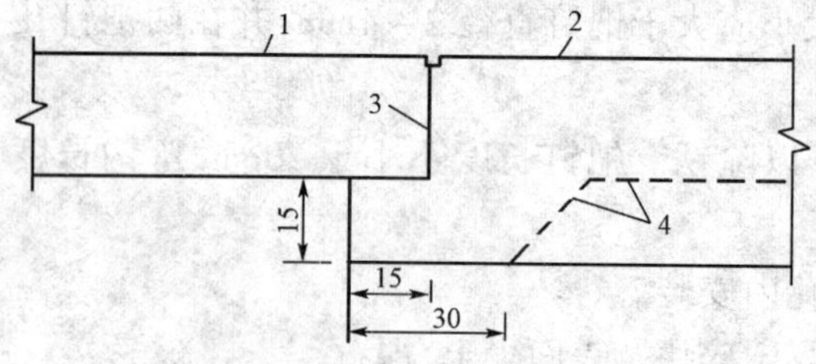

图4-8　刨挖法（尺寸单位：cm）

1-保留板；2-补块；3-全深度锯缝；4-垫层开挖线

⑩做接缝时，将板中间的各缩缝锯切到1/4板厚处，将接缝材料填入缩缝内。

混凝土达到通车强度后，即可开放交通。

（2）刨挖法亦称倒T形法，见图4-8。

①施工要求按相关规范执行。

②在相邻板块横边的下方暗挖15cm×15cm的一块面积用于荷载传递。

（3）设置传力杆法。

①设置传力杆方法，见图4-9。

②处理基层后，应修复、安设传力杆和拉杆。

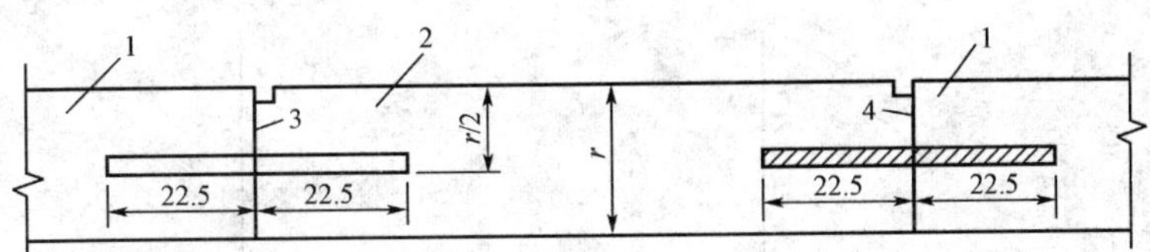

图4-9 设置传力杆法(尺寸单位:cm)

1-保留板;2-全深度补块;3-缩缝;4-施工缝

③原混凝土面板没有传力杆或拉杆折断时,应用与原规格相同的钢筋焊接或重新安设。安装时应在板厚1/2处钻出比传力杆直径大2~4mm的孔,孔中心距30cm,其误差不应超过3mm。

④横向施工缝传力杆直径为25mm,长度为45cm,嵌入相邻保留板内深22.5cm。

⑤拉杆孔直径宜比拉杆直径大2~4mm,并应沿相邻板块间的纵向接缝板厚1/2处钻孔,中心距80cm。拉杆采用ϕ16螺纹钢筋,长80cm,40cm嵌入相邻车道的板内。

⑥传力杆和拉杆宜用环氧砂浆牢牢地固定在规定位置,摊铺混凝土前,光圆传力杆的伸出端应涂少许润滑油。

⑦新补板块与沥青路肩相接时,应和现有路肩齐平。

⑧传力杆若安装倾斜或松动失效,应予以更换。

二、板角断裂、边角剥落的维修

1.一般规定

(1)当对水泥混凝土面板边轻度剥落进行修补时,应将剥落的表面清理干净,用沥青混合料或接缝材料修补平整。

(2)当板边严重剥落时,采用条带罩面法进行修补。

(3)当板边全深度破碎时,采用全深度补块法进行修补。

2.板角修补基本要求

(1)板角断裂应按破裂面的大小确定切割范围。

(2)切缝后,凿除破损部分时,应凿成规则的垂直面。对原有钢筋不应切断,如果钢筋难以全部保留,至少也要保留20~30cm长的钢筋头,且应长短交错。

(3)原有滑动传力杆,如果有缺陷应予以更换并在新老混凝土之间加设传力杆,传力杆间距控制在30cm。

(4)基层不良时,可采用C15混凝土浇筑基层。

(5)与原有路面板的接缝面,应涂刷沥青。如为胀缝,应设置接缝板。

(6)现浇混凝土,与老混凝土面板之间的接缝应切出宽3mm、深4mm的接缝槽,并灌入填缝材料。

(7)待混凝土达到强度后,方可开放交通。

板角修补法见图4-10。

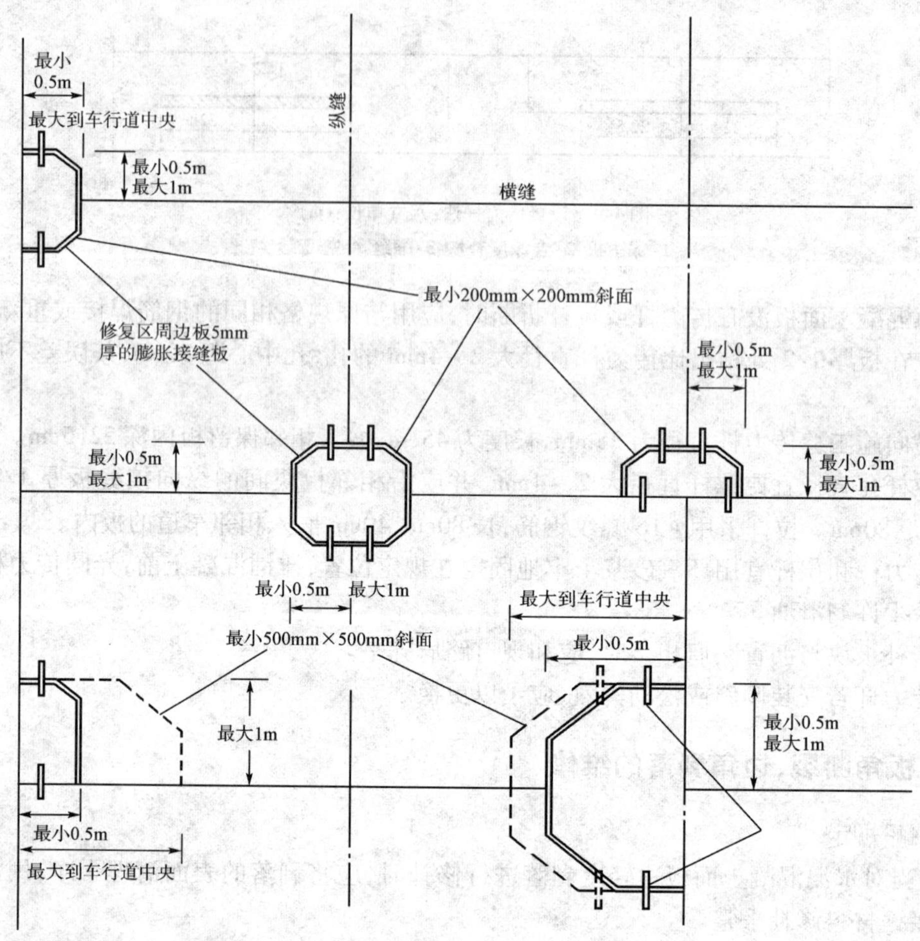

图4-10　板角修补法

注：修复纵向边不能位于车轮轨迹上。

三、板块脱空处治

1. 一般规定

采用注浆法处治板底脱空，应符合下列要求：

(1)根据检查结果，确定空隙部位，合理布置注浆孔。

(2)注浆材料应具有足够的强度和耐久性，采用沥青类材料时，灌浆压力控制在200~400kPa，水泥类材料控制在1.5~2.0MPa，待其抗压强度达到3MPa时，方能开放交通。

(3)注浆效果检查可采取钻孔取芯、超声波或雷达检测等方法。

(4)注浆结束后，应将注浆孔及检查孔用水泥砂浆封填密实。

2. 方法与工艺

(1)水泥混凝土面板脱空位置的确定可采用弯沉测定法。凡弯沉超过0.2mm的，应确定为面板脱空。

(2)灌浆孔布设基本要求(图4-11)。

①灌浆孔布设应根据路面板的尺寸、下沉量大小、裂缝状况以及灌浆机械确定。

②用凿岩机在路面上打孔,孔的大小应和灌注嘴的大小一致,一般为50mm左右。

③灌浆孔与面板边的距离不应小于0.5m。在一块板上,灌浆孔的数量一般为5个,也可根据情况确定。

(3)水泥混凝土路面板和基层之间由于出现空隙而导致路面沉陷的,可采用沥青灌注、水泥浆、水泥粉煤灰浆和水泥砂浆灌浆等方法进行板下封堵。

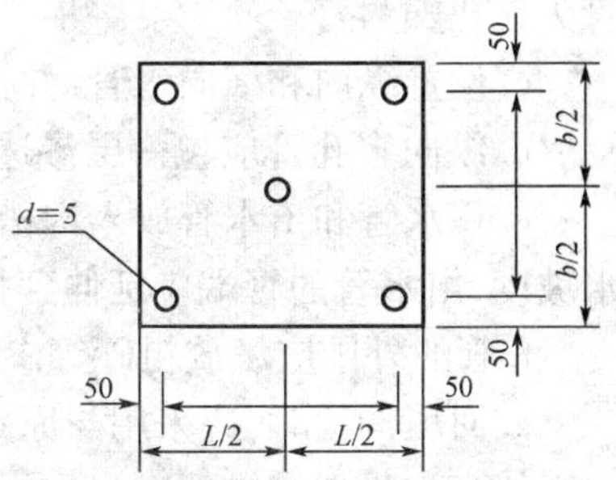

图4-11 灌浆孔布置(尺寸单位:cm)
d-灌浆孔孔直径;*L*-板长;*b*-板宽

①沥青灌注方法。

a.灌浆孔的布置参照图进行。

b.灌浆孔钻好后,应采用压缩空气将孔中的混凝土碎屑、杂物清除干净,并保持干燥。

c.宜采用建筑沥青,沥青加热熔化温度一般为180℃。

d.沥青洒布车或专用设备的压力为200~400kPa。灌注沥青压满后约0.5min,应拔出喷嘴,用木楔堵塞。

e.沥青温度下降后,应拔出木楔,填进水泥砂浆,即可开放交通。

②水泥灌浆法。

a.灌浆孔的布设与沥青灌注法相同。

b.灌注机械可用压力灌浆机或压力泵,灌注压力为1.5~2.0MPa。

c.灌浆作业应先从沉陷量大的地方的灌浆孔开始,逐步由大到小。当相邻孔或接缝中冒浆时,可停止泵送水泥浆,每灌完一孔应用木楔堵孔。

d.待砂浆抗压强度达到3MPa时,用水泥砂浆堵孔,即可开放交通。

四、唧泥处理

(1)水泥混凝土路面唧泥病害,应采取压浆处理。

(2)水泥混凝土面板进行压浆处理后,应对接缝及时灌缝。

(3)设置排水设施基本要求:

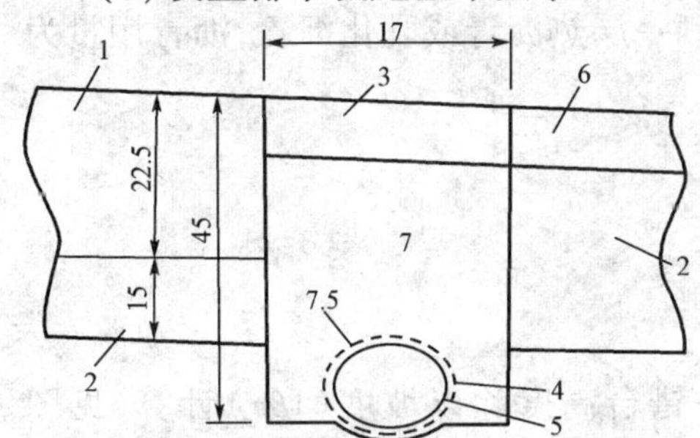

图4-12 边部排水管布置图(尺寸单位:cm)
1-水泥混凝土;2-集料基层;3-沥青混凝土;4-渗滤织物;5-多孔管;6-沥青混凝土路肩;7-细渗滤集料

①路面和路肩应保持设计横坡,宜铺设硬路肩。

②路面裂缝、接缝以及路面与硬路肩接缝应进行密封。

③设置纵向积水管和横向出水管。

a.在水泥路面的外侧边缘挖一条纵向沟,宽15~25cm,沟深挖至集料基层之下15cm,横沟与纵沟的交角应在45°~90°之间,横沟间的距离约30m,见图4-12。

b.积水管一般采用ϕ7.5cm多孔塑料管,出水管为无孔塑料管。

c. 设置纵向和横向水管，并按设计的距离将积水管和出水管连接起来。

d. 纵向多孔管应包一层渗透性较强的土工织物。

e. 积水管和出水管放入沟槽时，其底部应平顺，横向出水管的坡度应大于或等于纵向排水坡度，出水管的管端应延伸到排水沟内，并设端墙。

f. 管的外围应填放粗砂等渗滤集料，并振动压实。

g. 回填沟槽时，应采用与原路肩相同的材料恢复原状。

④盲沟设置基本要求。在沿水泥路面外侧挖纵向沟时，沟底应低于面板以下 10cm，在水泥混凝土路面接缝处挖横向沟，见图 4-13。

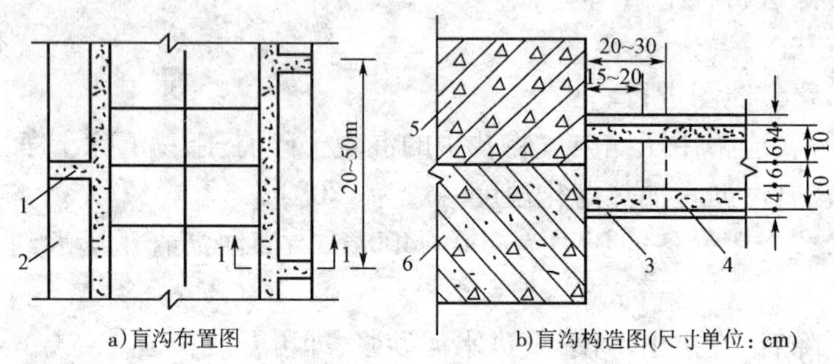

a）盲沟布置图　b）盲沟构造图(尺寸单位：cm)

图 4-13　盲沟设置

1-盲沟；2-路肩；3-油毡隔离层；4-石屑及中粗砂；5-面层；6-基层

五、错台处治

（1）错台的处治方法有磨平法和填补法两种，可按错台的轻重程度选定。

（2）高差小于等于 10mm 的错台，可采用磨平机磨平，或人工凿平。

①应从错台最高点开始向四周扩展，边磨边用 3m 直尺找平，直至相邻两块板齐平为止，见图 4-14。

②磨平后，接缝内应将杂物清除干净，并吹净灰尘，及时将嵌缝料填入。

（3）高差大于 10mm 的严重错台，可采取沥青砂或水泥混凝土进行处治。

①沥青砂填补基本要求：

a. 在沥青砂填补前应清除路面杂物和灰尘，并喷洒一层热沥青或乳化沥青，沥青用量为 $0.4 \sim 0.6\text{kg/m}^2$。

b. 修补面纵坡变化应控制在 1% 以内。

c. 沥青砂填补后，宜用轮胎压路机碾压。

d. 初期应控制车辆慢速通过。

②水泥混凝土修补基本要求：

a. 应将错台下沉板凿除 2 ~ 3cm 深，修补长度按错台高度除以坡度（1%）计算，见图 4-15。

b. 凿除面应清除杂物灰尘。

c. 浇筑聚合物细石混凝土。

d. 混凝土达到通车强度后，即可开放交通。

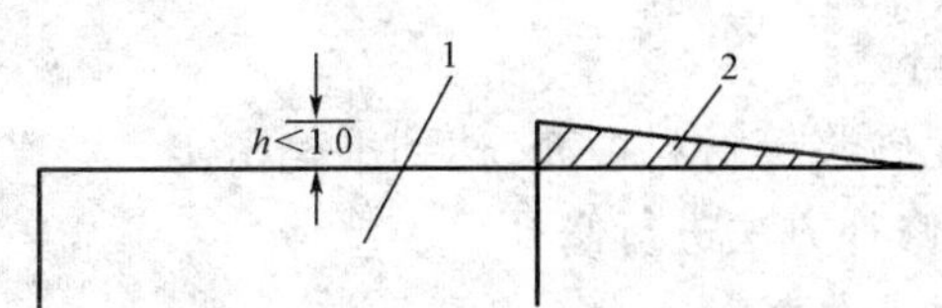

图4-14 错台磨平法示意图(尺寸单位:cm)

1-下沉板;2-磨平

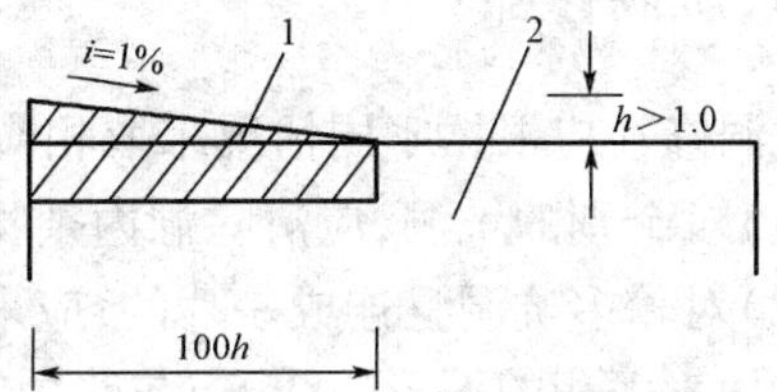

图4-15 错台填补法示意图(尺寸单位:cm)

1-凿除修补;2-下沉板

六、沉陷处理

(1)沉陷处理应根据发生的原因设置排水设施。

(2)面板顶升基本要求：

①面板在顶升前，应用水准仪测量下沉板的下沉量，测站距下沉处应大于50m，并绘出纵断面，求出升起值。

②在混凝土面板上钻孔，孔深应略大于板厚2cm。

③板块顶升宜采用起重设备或千斤顶。

④灌注材料可采用水泥砂浆。

⑤灌注材料压入后，每灌一孔应用木楔堵塞，压浆全部完毕，应拔出木楔，宜用高强水泥砂浆堵孔。

⑥压浆材料的抗压强度达到6MPa时，方可开放交通。

(3)当水泥混凝土整板沉陷并产生破碎时，应整板翻修。

七、拱起处理

拱起处理应根据具体情况，采取不同的方法进行处治。

(1)板端拱起但路面完好时，应根据板块拱起高低程度，计算要切除部分板块的长度。先将拱起板块两侧附近1~2条横缝切宽，待应力充分释放后切除拱起端，逐渐将板块恢复原位，在缝隙和其他接缝内应清缝，并灌接缝材料，见图4-16。

(2)拱起板端发生断裂或破损时，可采用全深度补块处理。

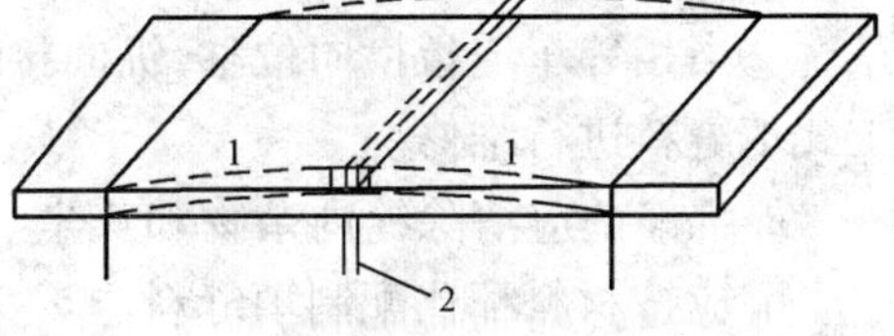

图4-16 板体拱起修复

1-拱起板;2-切除部分

(3)拱起板两端间因硬物夹入发生拱起，应将硬物清除干净，使板块恢复原位，应清理接缝内杂物和灰尘，灌填缝料。

(4)胀缝间因传力杆部分或全部在施工时设置不当，使板受热时不能自由伸长而发生拱起，应重新设置胀缝。按水泥混凝土路面有关施工规范执行，使面板恢复原状。

(5)混凝土路面板的胀起与拱起的处理方法一致。

八、坑洞修补

坑洞修补应根据不同情况采取相应措施进行。

(1)对个别的坑洞,应清除洞内杂物,用水泥砂浆等材料填充,达到平整密实。

(2)对较多坑洞且连成一片的,应采取薄层修补方法进行修补。

①切割面积的图形边线,应与路中心线平行或垂直。

②切割的深度,应在6cm以上,并将切割面内的光滑面凿毛。

③清除槽内的混凝土碎屑。

④混凝土拌和物填入槽内,振捣密实,并保持与原混凝土面板齐平。

⑤喷洒养护剂养生。待混凝土达到通车强度后,方可开放交通。

(3)低等级公路对面积较大,深度在3cm以内,成片的坑洞,可用沥青混凝土进行修补。

①用风镐凿除一个处治区,其图形边线应与路中心线平行或垂直。

②凿除深度以2~3cm为宜,并清除混凝土碎屑。

③将凿除的槽底面和槽壁洒黏层沥青,其用量为0.4~0.6kg/m^2。

④铺筑沥青混凝土并碾压密实平整。沥青混凝土冷却后,控制车速通车。

九、接缝维修

(1)接缝填缝料损坏维修,应符合下列规定:

①接缝中的旧填缝料和杂物,应予清除,并将缝内灰尘吹净。

②在胀缝修理时,应先将热沥青涂刷缝壁,再将接缝板压入缝内。对接缝板接头及接缝板与传力杆之间的间隙,必须用沥青或其他填缝料填实抹平。上部用嵌缝条的应及时嵌入嵌缝条。

③用加热式填缝料修补时,必须将填缝料加热至灌入温度。宜用嵌缝机填灌,填缝料应与缝壁黏结良好并填灌饱满。在气温较低季节施工时,应先用喷灯将接缝预热。

④用常温式填缝料修补时,除无须加热外其施工方法与加热式填缝料相同。

(2)纵向接缝张开维修,应符合下列规定。

①当相邻车道面板横向位移,纵向接缝张开宽度在10mm以下时,宜采取聚氯乙烯胶泥、焦油类填缝料和橡胶沥青等加热施工式填缝料。

②当相邻车道板横向位移,纵向接缝张口宽度在10mm以上时,宜采取聚氨酯类常温施工式填缝料进行维修。

a. 维修前应清除缝内杂物和灰尘。

b. 应按材料配比配制填缝料。

c. 宜采用挤压枪注入填缝料。

d. 填缝料固化后,方可开放交通。

③当纵向接缝张口宽度在15mm以上时,采用沥青砂填缝。

(3)接缝出现碎裂时,接缝维修应符合下列规定:

①在破碎部位外缘,应切割成规则图形,其周围切割面应垂直于面板,底面宜为平面。

②应清除混凝土碎块,吹净灰尘杂物,并保持干燥状态。

③宜用高模量补强材料,进行填充维修。

④修补材料达到通车强度后,方可开放交通。

十、露骨维修

根据公路等级和表面破损程度,采取不同的材料和施工方法进行,对局部板块的表面起皮应进行罩面。

(1)一般公路水泥混凝土板表面露骨,可采用稀浆封层加以处治。

(2)高速公路水泥混凝土板表面露骨,采用改性沥青稀浆封层或沥青混凝土加以处治。

(3)对于较大面积的水泥混凝土面板表面露骨,采取稀浆封层及沥青混凝土罩面措施。

十一、板下封堵预防性养护的施工机具和工艺

板下封堵主要用于对脱空的水泥混凝土面板底进行处治,从而保证水泥面板支撑均匀,同时防止路表水的渗入造成唧泥和断板。目前供应市场的板下封堵机具主要有水泥混凝土路面板灌浆机和流动灌浆站,其施工工艺如下:

(1)制浆。除袋装水泥外,所有压浆材料应事先称量,用袋装好,上水器的水量表应在施工前标定好,外加剂掺量应准确。压浆材料的投放顺序为:水→外加剂→水泥→砂(当采用水泥砂浆时)。砂浆搅拌时间要比普通砂浆延长 30 ~ 60s,即 180s 左右。

(2)布孔。经板底脱空开挖试验证明,板底脱空层面有在混凝土面板与二灰基层之间,也有在二灰基层与底基层之间,或二者兼而有之。因此,要求对混凝土面板与二灰层之间的空隙和级配碎石底基层,钻 80cm 深的孔,穿透二灰稳定碎石基层的范围进行灌浆处理。为保证进浆的充分和均匀,每块面板布孔为 5 个,以每块板梅花状布孔效果最佳。一般采用外径为 50mm 的孔,距板缝 80 ~ 100cm 左右,有裂缝的板在裂缝两侧各增加一个压浆孔,孔位距裂缝约 30cm 左右。

(3)钻孔。采用取芯钻孔,每块需处理的面板呈梅花状钻孔 5 个,孔深穿透基层,为 80cm。注浆孔开孔直径为 38mm,外孔距板边 1m,插管直径为 20mm,垂直度小于 1%。

(4)制浆。板底脱空灌浆采用的配合比应根据试验确定,制浆时,应严格按配合比配制浆液,浆液应随配随用,防止离析。

(5)注浆。用专用灌浆泵顺行车方向进行灌浆施工,先灌一序孔后灌二序孔,压浆压力不宜超过 1.5MPa,正常压浆压力不宜超过 0.8MPa,抬板压力不宜超过 2.0MPa。在施工过程中注意控制压力,防止因压力过大造成断板。每一压浆孔一次压浆量不宜超过 100 ~ 200kg 水泥的浆量,压浆板或相邻板被异常抬高时应停止压浆。拔出压浆管后,及时塞住压浆孔。在水泥初凝前(制浆约 2h)视情况回头补浆。补浆应使板周边接缝挤出浓浆为宜,但板不显著抬高。应采取有效措施封堵、保压,以免浆液在压力作用下跑失,造成进浆充分的假象。灌浆时还要求对每块板均分多序孔反复灌浆,使浆液交叉补充,确保板底进浆充分。

整个施工过程应注意观察,以免过度压浆或板被异常抬高,并详细记录整个施工过程,养护中也应观察记录使用效果情况。

(6)清洗。压浆施工过程中,准备一台专用水车,只要浆液从压浆嘴或板缝中溢出,应及

时将路面上的浆体冲洗干净,保持路面整洁。

(7)封孔。灌浆时,如冒浆范围较大或压力超过控制值,可结束单孔灌浆,并用木塞对该孔封堵保压,防止浆液反溢,造成填充不饱和。终孔后用高强度等级水泥浆封堵。压浆孔应在完成压浆后及时封孔,用压浆浆液掺加水泥和小石子做成快硬早强混凝土,封孔时注意捣实和抹平,表面不能泌水。

(8)灌缝。压浆处理的路面板接缝应及时清缝并用填缝料密封堵水。

(9)自检。灌浆过程中采用观测冒浆的情况(特别是板中央的后序孔),一般该孔冒浆的板块,板底进浆都会饱满并随机钻孔(孔深仅穿透面板)注水,如果渗水,须对该孔灌浆处理,如果不渗水视为自检合格。灌浆结束3d后采用钻芯取样的办法抽检,钻芯取样的频率不少于10%的板块,对自检不合格的进行补灌至合格。

(10)养生及交通管制。浆后残留在路面的灰浆要及时清扫并用水冲刷,避免灰浆流入路面缝隙,防止污染路面,灌浆后的2h内应避免车辆通过灌浆区,一般养生期为3d(以达到设计要求的强度为准)。

课题23 水泥混凝土路面加宽

一、基本要求

水泥混凝土路面的加宽,应符合下列要求:

(1)路基加宽应符合公路路基设计、施工规范的有关规定。

(2)基层加宽时,新加宽的基层强度不得低于原有水泥混凝土路面的基层强度,并宜采用台阶法搭接。

(3)两侧新加宽的水泥混凝土路面宽度差大于1m和单侧加宽时,应调整路拱。如条件许可,应尽可能采取双侧相等加宽方式。

(4)在平曲线处,应按《公路工程技术标准》(JTG B01—2014)规定设置超高、加宽,原来漏设的,应予补设。

(5)路面板加宽处的纵缝应设置拉杆。

(6)加宽水泥混凝土面板的强度、厚度、路拱、横缝均应与原设计相同。加宽水泥混凝土路面的施工,应符合相关施工规范规定。

二、土基拓宽

土基拓宽时应先将原边坡坡脚或边沟清淤。

(1)必须铲除边坡杂草、树根和浮土,并按《公路路面基层施工技术规范》(JTJ 034—2000)规定处理。

(2)应分层填筑压实土基。

(3)必须处理好新旧路基的衔接,在新老路基交界处,路基与基层界面上铺设一层土工格栅。

(4)在做路基加宽时,应同时做好路基排水系统。

三、路面基层拓宽

路面基层拓宽时,新加宽的基层强度不得低于原有水泥混凝土路面的基层强度,宜采用相错搭接法(图4-17)。

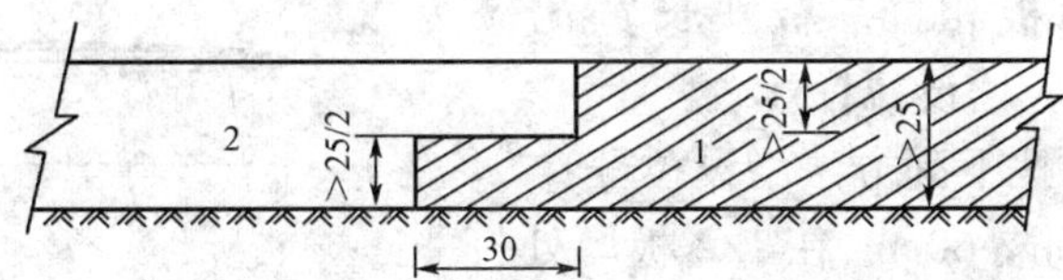

图4-17 相错搭接法(尺寸单位:cm)

1-原有基层;2-新铺加宽基层

四、混凝土路面加宽

混凝土路面加宽应符合下列要求:

(1)双侧加宽。如原路基较宽,路面加宽后路肩宽度大于75cm时,可以直接加宽;如路基较窄不具备加宽路面条件的路段,应先加宽路基。如果施工机械和操作方法能保证路基加宽部分达到规定密实度,即可加宽路面,否则应待路基压实稳定后,再加宽路面。宜采用两侧相等加宽的方式,见图4-18。$a-a'<1$m时不调整路拱,$a-a'>1$m时调整路拱,两侧不等宽的加宽方式,见图4-19和图4-20。

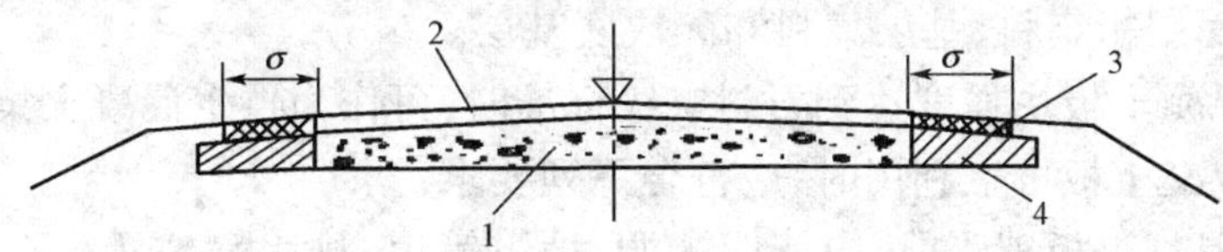

图4-18 两侧相等加宽路面

1-原基层;2-原路面;3-加宽路面;4-加宽基层

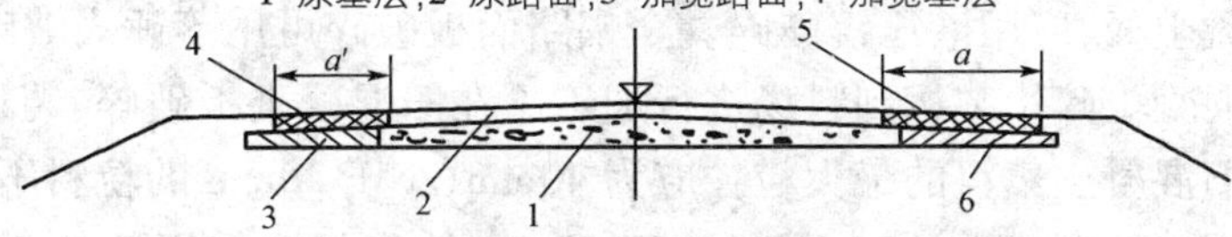

图4-19 两侧不相等加宽路面

$a-a'<1$m时不调拱

1-原基层;2-原路面;3-加宽基层较窄;4-加宽面层较窄;5-加宽面层较宽;6-加宽基层较宽

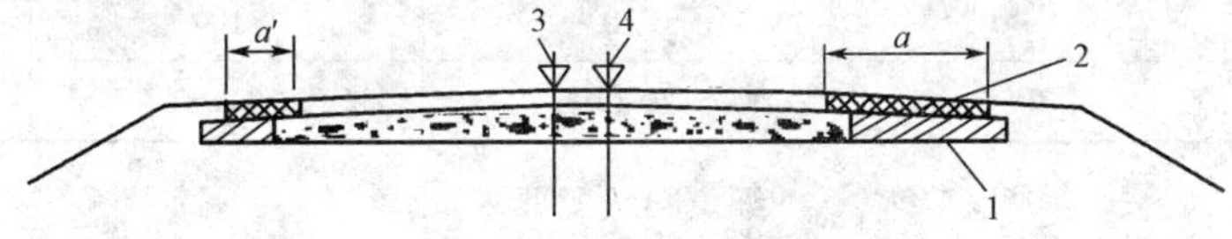

图4-20 两侧不相等加宽路面

$a-a'>1$m时必须调整拱

1-加宽基层;2-加宽面层;3-原路拱;4-新铺路拱

(2)单侧加宽。由于受线形和地形的限制必须采用单侧加宽时，可采用图4-21的加宽图示。

(3)在平曲线处，均应按规定设置超高、加宽，原来漏设的，也应结合加宽补设。

(4)加宽的混凝土面板的强度、厚度、路拱、横缝均宜与原混凝土面板相同。板块长宽比应为1.2~1.3，路面板加宽应增设拉杆。

(5)路面板加宽应按下列方法增设拉杆：

①在面板外侧每间隔60cm，在1/2板厚处打一深30cm，直径18mm的水平孔。

②清除孔内混凝土碎屑。

③向孔内压入高强砂浆。

④插入Φ14mm、长60cm的螺纹钢筋。

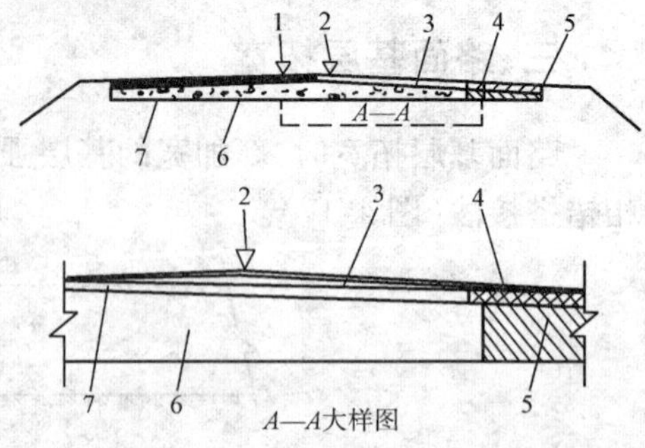

图4-21　单侧加宽

1-旧路拱中心；2-调拱后中心；3-调拱三角垫层；4-加宽面层；5-加宽基层；6-旧基层；7-旧面层

(6)水泥混凝土路面的施工，应符合公路水泥混凝土路面有关施工规范规定。

课题24　水泥混凝土路面再生利用

旧水泥混凝土再生利用时，应符合下列要求：

(1)对水泥混凝土板的大面积破坏，可对旧混凝土进行再生利用。混凝土再生利用主要用做水泥混凝土面层粗集料、基层集料和碎块底基层。

(2)旧水泥混凝土板块强度达到石料二级标准时，可作为再生混凝土集料使用。

(3)旧水泥混凝土板再生利用时，应符合下列要求：

①在旧水泥混凝土板破碎前，应标明涵洞、地下管道、排水管位置。在有沥青罩面层处应先用铣刨机清除沥青层。在地下构造物、涵洞、地下管道位置，以及破碎板与保留板连接处的第一块旧混凝土板，应用液压镐破碎。全幅路面板破碎可用落锤式破碎机进行施工。

②将旧水泥混凝土碎块装运到料场进行加工。在旧混凝土板破碎、装运、输送的过程中应将钢筋剔除。旧混凝土集料的最大粒径应为40mm，小于20mm的粒料不再作为集料。

③做水泥混凝土配合比设计时，粒径小于20mm的集料宜采用新的碎石。掺加减水剂和二级干粉煤灰。回收集料、新集料、水泥、粉煤灰最终级配要求应满足表4-1和表4-2的要求。

粗集料级配要求　　表4-1

筛孔尺寸(mm)	40	20	10	5
累计筛余(%)	0~5	30~65	70~90	95~100

细集料级配要求　　表4-2

筛孔尺寸(mm)	5	2.5	1.25	0.63	0.315	0.16
累计筛余(%)	0	0~20	15~50	40~75	70~90	90~100

(4)旧水泥混凝土板块强度达到三级标准可作为基层集料。

①宜采用石灰、粉煤灰结旧混凝土集料基层。

②混凝土基层集料含量宜为80%~85%。

③石灰、粉煤灰比例宜为1∶4。

(5)水泥混凝土路面破损状况属差级时,应将混凝土板破碎作为底基层使用。

①在水泥混凝土路面两侧挖纵横向排水沟,排除积水。

②旧水泥混凝土板破碎按相关规范执行。落锤落点间距为30cm,宜交错布置,混凝土板碎块最大尺寸不超过30cm。

③用灌浆设备将M5水泥砂浆灌入板块缝内。

④用25t振动压路机进行振碾,碾压速度为2.5km/h,往返碾压6次。要求基层稳定,灌浆饱满。

⑤对软弱松动碎块应予清除,并用C15贫混凝土填补。

水泥混凝土路面再生利用施工见图4-22和图4-23。

图4-22 水泥混凝土路面再生利用施工(1)

图4-23 水泥混凝土路面再生利用施工(2)

课题25 水泥混凝土加铺层

一、直接加铺

采用在旧水泥混凝土路面上直接加铺,应符合下列要求:

(1)旧水泥混凝土路面上直接加铺的路面种类主要有:素混凝土、钢筋混凝土、钢纤维混凝土、沥青混凝土等,应根据检查、检测结果,针对外部环境和交通量发展状况,按照经济、合理的原则,选择相应的路面加铺层类型。

(2)高速公路及一级公路的路面损坏状况指数和行驶质量指数应在良及良以上,二级及二级以下公路的路面损坏状况指数和行驶质量指数应在中及中以上。

(3)无论采用何种路面类型,均应对旧路面的病害进行修复处治。

(4)新旧路面之间应设隔离层,一般用沥青混凝土、土工布、油毡等。

(5)加铺层的路面厚度应通过计算确定,普通水泥混凝土不小于180mm,钢纤维混凝土不小于120mm,钢筋混凝土不小于140mm,沥青混凝土不小于70mm。

(6)路面加铺层的纵、横缝位置应与旧水泥混凝土面板一致。

(7)路面加铺层的设计与施工,按照相关路面的设计、施工规范规定执行。

二、分离加铺

在旧水泥混凝土路面上分离加铺，应符合下列要求：

(1)旧水泥混凝土路面的损坏状况指数和行驶质量指数在中或中以下。

(2)旧水泥混凝土板块应充分破碎，或压裂，并稳定无脱空，必要时可采用乳化沥青、水泥浆压注稳定。

(3)在旧水泥混凝土板破碎或压裂时，应做好涵洞、地下管道、电缆、排水管等设施的保护。

(4)基层的厚度应通过结构设计确定，且不小于最小结构厚度。

(5)加铺的基层与面层的设计与施工，按照相关设计、施工规范规定执行。

三、基本要求

(1)在旧水泥混凝土路面上加铺水泥混凝土面层之前应对旧混凝土路面进行处理。

①对旧混凝土路面进行调查，分板块逐一编号，绘制病害平面图。

②按设计要求对病害面板进行处理。

③板底脱空可采用板下封堵的方法进行压浆处理。

④板块破碎、角隅断裂，沉陷、掉边、缺角等病害板，必须用破碎机(液压镐)凿除。清除混凝土碎屑后，整平基层，并夯压密实，然后铺筑与旧板块等强度的水泥混凝土，其高程控制与旧板面齐平。

(2)在旧混凝土顶面宜铺筑一层隔离层。

①铺筑前应先清除旧面板表面杂物，冲刷尘污，使板面洁净无异物。

②用清缝机清除水泥混凝土面板接缝杂物，用灌缝机灌入接缝材料。

③在旧混凝土表面洒布黏层沥青。

a. 在封闭交通施工的路段，施工路段长度一般不宜大于1 000m；在半幅通车半幅施工路段，一般不宜大于300m。

b. 黏层沥青采用热沥青或乳化沥青。沥青用量为0.4kg/m^2，使用乳化沥青，宜采用快裂洒布型乳化沥青PC-3、PA-3，乳液中沥青含量不少于50%，乳化沥青用量为0.6kg/m^2。洒布过量处，应予刮除。

c. 严禁在已洒布或涂刷黏层沥青的面板上通行车辆和行人，并防止土石杂物等散落在沥青上面。

④沥青混凝土隔离层：

a. 沥青混凝土厚度以1.5~2.5cm为宜。

b. 摊铺宽度应超过加铺板边缘25cm，严禁出现空白区。

c. 碾压机械宜采用轮胎压路机，自路边向路中心碾压，边压边找平，至沥青混凝土隔离层平整无轮迹为止。

⑤土工布隔离层：

a. 在水泥混凝土路面上满铺土工布。

b. 土工布纵横向搭接宽度为20cm。

c. 在土工布搭接部分涂刷热沥青。

⑥沥青油毡隔离层：

a. 在水泥混凝土路面上满铺沥青油毡。

b. 沥青油毡纵横向搭接宽度为20cm。

c. 在沥青油毡搭接部分涂刷热沥青。

(3)水泥混凝土加铺层厚度应通过计算确定，且不小于18cm。

①水泥混凝土加铺层半幅施工时模板应采用钢模板，中模以角钢为宜，必须支立稳固，其平面位置与高度应符合设计要求。

②安装模板宜采取由边模固定中模的方法。边模由钢钎固定，中模每间隔1m用膨胀螺丝将模板外侧底部预先定位固定，中、边模之间采用横跨两模板的活动卡梁辅助固定。活动卡梁间距不大于2m，并随铺筑进度相应装拆推移。

③混凝土配合比设计，混合料搅拌、运输、摊铺、振捣、整平、接缝设置、表面修整、养护、锯缝、填缝等工艺应符合公路水泥混凝土路面有关施工规范规定。

④加铺层，新、旧混凝土面板应尽可能对缝，模板拆除时必须做好锯缝位置的标记。

(4)钢纤维混凝土加铺层适用于路面高程受到限制的路段。

①钢纤维混凝土路面板厚应通过结构设计确定，也可取普通混凝土路面板厚度的0.65倍，一般不小于12cm。

②集料的粒径不大于15mm。

③钢纤维体积率为1.2%、钢纤维混凝土拌和物的配合比，混合料搅拌、摊铺、振捣、整平、养护等，均应符合公路水泥混凝土路面有关施工规范的规定。

④纵、横缝应与旧混凝土面板一致，拆模时必须做好锯缝标记。

(5)连续配筋混凝土加铺层适用于高速公路。

①纵向、横向钢筋应采用螺纹钢筋。

②钢筋布置应符合下列要求：

a. 纵向钢筋间距不小于10cm，不大于25cm。

b. 横向钢筋间距不大于80cm。

c. 纵向钢筋焊接长度不小于50cm或钢筋直径的30倍，焊接位置相互错开，不应在一个断面上重叠。

d. 纵向钢筋应设在面板厚度的1/2处，横向钢筋位于纵向钢筋之下，横向钢筋下设梯形混凝土支撑垫块。

e. 边缘钢筋至板边的距离一般为10~15cm。

③端部处理。在与其他路面或桥梁、涵洞等构造物连接处，必须进行端部处理。可根据实际情况连续设置三道胀缝或三道矩形锚固梁。

④接缝设置。

a. 纵缝不另设拉杆，由一侧板的横向钢筋延伸，并穿过纵缝代替拉杆。

b. 施工缝可采用平缝，纵向钢筋应保持连续，穿过接缝。

(6)钢筋混凝土加铺层适用于一般路段。

①钢筋混凝土板厚按普通混凝土板规定进行设计。

②纵、横向钢筋宜采用相同的直径。钢筋的最大间距和最小直径按表 4-3 确定。

钢筋最小直径和最大间距 表 4-3

钢筋类型	光面钢筋	螺纹钢筋
最小直径(mm)	8	12
纵向最大间距(cm)	15	35
横向最大间距(cm)	30	75

③钢筋的搭接长度宜大于直径的 25 倍，钢筋应设在板面下 1/3～1/2 板厚范围内，外侧钢筋中心距接缝或自由边的距离为 10～15m，钢筋保护层的最小厚度不小于 5cm。

④横向缩缝间距宜为 10m，并应设传力杆。纵缝、胀缝和施工缝的设置与普通混凝土路面相同。

(7)直接式加铺层施工须清除旧面板表面积物，冲刷尘污，使板面洁净无异物。直接式加铺层厚度应通过计算确定且不小于 14cm。

①采用直接式加铺层的路段，其板面应基本完好、平整。旧混凝土面板局部裂缝处应采用钢筋网片补强，钢筋网片覆盖于裂缝之上，超过裂缝不小于 50cm，网片距板底面 5cm。

②水泥混凝土路面施工，按照公路水泥混凝土路面有关施工规范规定执行。

四、应用实例

结构形式：碎石化基层 + 水泥混凝土面层。

项目名称：广东省新丰县 G105 线改造工程。

路线名称或编号：G105； 技术等级：一级；

改造时间：2006 年； 破碎后代表弯沉：<70。

加铺结构形式：15cm 水泥稳定碎石 + 26cm 水泥混凝土。

施工图片见图 4-24～图 4-27。

图 4-24 碎石化中

图 4-25 碾压中

图 4-26 碎石化后

图 4-27 路面摊铺中

课题26 沥青混凝土加铺层

一、一般规定

(1)沥青混凝土加铺层要求旧混凝土路面稳定、清洁,对面板损坏部分必须维修,对旧水泥混凝土路面进行相应的处理。

(2)反射裂缝的防治可采用土工格栅、油毡、土工布、切缝填封橡胶沥青或做二灰碎石、水泥稳定粒料层。

①采用土工格栅施工,应符合下列规定:

a. 先在混凝土面板上洒黏层沥青,沥青用量为0.4~0.6kg/m²。

b. 用1~2cm沥青砂调平旧混凝土路面。

c. 宜采用玻璃纤维格栅压入沥青调平层。

d. 采用膨胀螺栓加垫片固定格栅端部。

e. 格栅纵、横向的搭接部分不小于20cm。

f. 格栅中部在混凝土面板纵、横缝位置及两外侧边缘用铁钉加垫片固定。

②采用聚酯改性沥青油毡施工,应符合下列规定:

a. 将油毡切割成50cm宽的长条带。

b. 用压缩空气清除表面杂物。

c. 将油毡铺放在接缝处,缝两侧各25cm。

d. 用汽油喷灯烘烤油毡。

e. 当油毡处于熔融状态后压实。

f. 用一层沥青砂覆盖油毡表面。

③采用土工布施工,应符合下列规定:

a. 凿平板块错台部位。

b. 喷洒黏层沥青,沥青用量为0.4~0.6kg/m²。

c. 一端固定土工布,然后拉紧、铺平粘贴土工布。

④在沥青路面上对应水泥混凝土横向接缝处切缝,灌接缝材料。

a. 按旧水泥混凝土路面平面图,确定水泥混凝土板的接缝位置。

b. 在沥青面层已定位的接缝上方,锯深1.5cm、宽0.5cm缝。

c. 用压缩空气将锯缝清理干净,并保持干燥。

d. 灌填橡胶沥青。

⑤做二灰碎石、水泥稳定碎石上基层,基层厚度不小于15cm。

(3)沥青混凝土面层结构厚度应满足沥青混凝土最小结构度,沥青路面厚度一般不低于7cm。

(4)沥青混凝土路面施工,应符合《公路沥青路面施工技术规范》(JTG F40—2004)有关规定。

二、施工技术

1. 旧水泥混凝土路面处理

沥青混凝土加铺层要求旧混凝土路面稳定、清洁，对面板损坏部分必须维修（更换破碎板，修补和填封裂缝，灌浆填封板底脱空，清除旧混凝土面层表面的松散碎屑、油迹或轮胎擦痕，剔除接缝中失效的填缝料和杂物，并重新封缝）。

（1）旧水泥混凝土路面的处理应符合下列规定：

①按设计要求对病害面板进行处理。

②板底脱空可采用板下封堵方法进行灌浆处理。

③板块破碎、板角断裂、裂缝等病害板必须用破碎机（液压镐）凿除。清除碎屑后整平基层，并夯压密实，后铺筑与旧板块等强度的水泥混凝土，其高程控制与旧板面齐平。

（2）根据破损调查和承载能力检测结果，旧水泥混凝土路面按表 4-4 进行处理。

①若路面结构承载能力不满足现有交通荷载要求，应采取补强措施。

旧水泥混凝土路面处理方法 表 4-4

原路面状况	评定等级	平均弯沉值（0.01mm）	修补方法
路面损坏状况	优、良	20～45	局部处理：采取更换破碎板、修补开裂板块、脱空板灌浆等措施，使路段代表弯沉值小于 0.20mm
	中及以下	>45	采取打裂或碎石化等技术将旧混凝土板打碎、压实
接缝传荷能力		$\Delta_D \geq 6$	灌浆填封，或增加传力杆，或采取打裂措施消除垂直、水平方向变形
板底脱空			灌浆或打裂、压实措施消除垂直、水平方向变形，使路面稳定

a. 旧混凝土板的接缝传荷能力应采用落锤式弯沉仪测试法调查评定。

b. 测定横向接缝两侧板边的弯沉时，宜用平均弯沉值评价水泥混凝土板的承载能力。

c. 板底脱空可根据面板角隅处的落锤式弯沉仪测定多级荷载弯沉测试结果，并综合考虑唧泥和错台发展程度以及接缝传荷能力进行判别。

②破碎板的补强设计。

a. 旧路面板接缝或裂缝处平均弯沉大于 0.45mm 时，宜采取打裂措施，消除旧水泥混凝土板脱空，使其与基层紧密结合、稳定后，再加铺结构层。

b. 旧路面板接缝或裂缝处平均弯沉大于 0.7mm 或水泥混凝土板较破碎时，可将板块碎石化，作为下基层或底基层用。采用落锤式弯沉仪或梁式弯沉仪测定其当量回弹模量，按《公路沥青路面设计规范》（JTG D50—2006）有关规定设计补强层和沥青层。

直接加铺沥青层的旧路面，加铺之前需对旧路面铣刨，铣刨厚度为 0.5～1.5cm。

（3）防裂层制作。接缝传荷能力评定等级为中时，应根据气温、荷载、旧混凝土路面承载能力、接缝处弯沉差等情况选用相应减缓反射裂缝的措施。反射裂缝的防治可采用玻璃纤维格栅、油毡、土工织物、切缝填封橡胶沥青、做水泥稳定碎石层或沥青碎石裂缝缓解层、设置(橡胶沥青)应力吸收层、增加沥青加铺层厚度。

(4)做水泥稳定碎石上基层。基层厚度不小于15cm,基层设计和施工按《公路沥青路面设计规范》(JTG D50—2006)、《公路路面基层施工技术规范》(JTJ 034—2000)有关规定执行。

(5)做沥青碎石层上基层。基层厚度不小于4cm,基层设计和施工按《公路沥青路面设计规范》(JTG D50—2006)、《公路沥青路面施工技术规范》(JTG F40—2004)执行,并应在路面边缘设置内部排水系统。

(6)应力吸收层。

①施工前必须洒布改性乳化沥青黏层,宜采用SBS或橡胶改性。改性乳化沥青不得稀释,且必须采用洒布车机械洒布,洒布量为2.6~3.0kg/m²。

②采用机械撒布规格为16~19mm的单粒径碎石,撒布量为8~10kg/m²,以满布70%左右为宜。采用轮胎压路机进行碾压2~3遍。

③如果采用应力吸收层,应经过技术论证后确定,材料及工艺应满足设计文件的要求。

(7)确定沥青加铺层厚度时应考虑减缓反射裂缝的要求而适当增加厚度,厚度最大取15cm,一般取10~15cm为宜,再考虑采用其他防裂措施配合综合防裂。

2. 沥青混凝土加铺层典型结构及设计

(1)沥青混凝土加铺层结构应充分考虑道路的等级、交通条件、旧路面的状况、当地的材料及环境特点等综合因素确定。

(2)沥青加铺层结构设计时,应通过采用较优的路面结构组合、设置合理的防裂层、采用高性能沥青混合料(HPAC)以及合理厚度来提高加铺层的长期性能。

(3)水泥混凝土路面损坏状况等级为优良,且混凝土板的弯沉差小于0.05mm时可直接加铺,可采用表4-5中路面加铺前路面破损状况等级为优良的路面结构,但应采取措施预防反射裂缝。

沥青加铺层推荐结构 表4-5

路面加铺前破损状况等级	交通荷载等级			
	中轻交通	重载交通		特重载交通
	结构AⅠ-1	结构AⅠ-2-1	结构AⅠ-2-2	结构AⅠ-3
优良	4cm HPAC 6cm HPAC 黏结层 10~20cm GA 旧路面(处治)	4cm HPAC 6cm HPAC 2~3cm 应力吸收层 黏结层 旧路面(处治)	4cm HPAC 6cm HPAC 6cm AM 黏结层 旧路面(处治)	4cm HPAC 6cm HPAC 6~8cm HPAC 2~3cm 应力吸收层 黏结层 旧路面(处治)

续上表

路面加铺前破损状况等级	交通荷载等级			
	中轻交通	重载交通		特重载交通
	结构 AⅡ -1	结构 AⅡ -2 -1	结构 AⅡ -2 -2	结构 AⅡ -3
中	4cm HPAC 6cm HPAC 黏结层 10 ~ 20cm GA 旧路面（处治）	4cm HPAC 5cm HPAC 6cm HPAC 黏结层 15 ~ 20cm CGA 或 CCS 10 ~ 20cm GA 旧路面（处治）	4cm HPAC 6cm HPAC 8cm AM20 或 AM25 黏结层 15 ~ 20cm GA 旧路面（处治）	4cm HPAC 6cm HPAC 8cm HPAC 黏结层 30 ~ 40cm CGA 或 CCS 10 ~ 20cm GA 旧路面（处治）

注：HPAC-高性能沥青混合料；CGA-水泥稳定级配碎石；GA-级配碎石；CCS-水泥稳定碎石；黏结层可选择乳化沥青黏结层 0.5 ~ 1.0kg/m^2；表面层 HPAC 可以选用改性 GAC13、SMA13；中面层 HPAC 可以选用改性 GAC20、SUP20、FAC20；下面层 HPAC 可以选用改性 GAC25、SUP25、FAC 25。

（4）水泥混凝土路面损坏状况等级为中时，对旧路面进行处治后铺设补强层，可采用表4-5中路面加铺前路面破损状况等级为中的路面结构。

（5）对旧路面损坏等级为中时，在对旧路面采用灌浆、换板等处治措施后也可选用表4-5中路面加铺前路面破损状况等级为优良的路面结构，但应进行技术经济论证。

（6）在加铺前应对水泥混凝土路面进行拉毛或铣刨处理，厚度为 0.5 ~ 1.5cm，确保新铺的沥青层与旧路面有效结合。

（7）水泥混凝土路面损坏状况等级为次差时，或原路面破损严重导致无法直接利用时，可将原路面打碎后作为路面的底基层或垫层使用，根据打碎后的当量回弹模量和交通等级选择路面结构，直接加铺沥青层；加铺沥青稳定碎石基层后再加铺沥青层；加铺无机结合料基层后再加铺沥青层。在具体的应用中针对不同的交通等级可采用表 4-6 的路面结构。

沥青加铺层推荐结构 表 4-6

路面加铺前破损状况等级		交通荷载等级		
		中轻交通	重载交通	特重载交通
碎石化后路面顶面当量回弹模量	>300MPa	结构 AⅢ -1 -1	结构 AⅢ -2 -1	结构 AⅢ -3 -1
		4cm HPAC 6cm HPAC 黏结层 15 ~ 20cm GA 黏结层 破碎稳定的旧路面	4cm HPAC 6cm HPAC 6 ~ 8cm AM20 黏结层 破碎稳定的旧路面	4cm HPAC 6cm HPAC 8cm AM 黏结层 18 ~ 20cm CGA 或 CCS 黏结层 破碎稳定的旧路面

续上表

路面加铺前破损状况等级		交通荷载等级		
		中轻交通	重载交通	特重载交通
碎石化后路面顶面当量回弹模量	150～300MPa	结构 AⅢ－1－2	结构 AⅢ－2－2	结构 AⅢ－3－2
		4cm HPAC 6cm HPAC 黏结层 18～20cm CGA 或 CCS 黏结层 破碎稳定的旧路面	5cm HPAC 7cm HPAC 12～15cm ATB25 或 30 黏结层 15～20cm GA 黏结层 破碎稳定的旧路面	5cm HPAC 7cm HPAC 12～15 cm ATB25/30 黏结层 15～20cm GA 15～20cm CGA 或 CCS 黏结层 破碎稳定的旧路面
	＜150MPa	结构 AⅢ－1－3	结构 AⅢ－2－3	结构 AⅢ－3－3
		5cm HPAC 7cm HPAC 黏结层 10～20cm GA 18～20cm CGA 或 CCS 黏结层 破碎稳定的旧路面	4cm HPAC 6cm HPAC 6cm HPAC 黏结层 30～40cm CGA 或 CCS 15～20cm CCS 黏结层 破碎稳定的旧路面	4cm HPAC 6cm HPAC 8cm HPAC 黏结层 30～40cm CGA 或 CCS 15～20cm GA 黏结层 破碎稳定的旧路面

注：HPAC-高性能沥青混合料；CGA-水泥稳定级配碎石；GA-级配碎石；CCS-水泥稳定碎石；水稳层与沥青层之间黏结层可选择乳化沥青黏结层0.5～1.0kg/m^2；碎石化后的旧路面表面的黏结层可选择乳化沥青黏结层2.5kg/m^2；表面层HPAC可以选用改性GAC13、SMA13；中面层HPAC可以选用改性GAC20、SUP20、FAC20；下面层HPAC可以选用改性GAC25、SUP25、FAC25。

(8)在沥青层下应设置下封层，具体应满足《公路沥青路面施工技术规范》(JTG F40—2004)的要求。

三、碎石化技术

目前水泥混凝土路面“白改黑”最常用方法有直接加铺、挖除换填和就地再生利用等方法，其中就地再生利用还包括多锤头碎石化技术、门板式打裂技术、共振破碎技术、冲击破碎技术等。

1.碎石化工艺简介

碎石化技术是指采用多锤头破碎机反复冲击打碎混凝土面板，将路面分层破碎成大小均匀的块径。这种技术破碎后的路面，可形成上面层较小，中面层稍粗，底层料径较大的嵌挤结构。此工艺采用就地破碎，一次成型，完成破碎后通过Z型压路机压稳，形成平整、稳固的基层结构。路面通过破碎和压实后既能满足基层强度要求，又可消除反射裂缝，为新铺面层提供了理想的基层结构。碎石化技术存在以下优点：

(1)碎石化技术是目前解决反射裂缝问题的最有效的方法之一。

(2)碎石化后混凝土路面形成粒径由小而大、嵌挤紧密、分布合理的结构基层。

（3）碎石化施工简便、效率高。

（4）碎石化技术充分再利用资源，环保无污染。

（5）施工干扰小，综合造价低。

2. 适用条件

（1）一般而言，水泥混凝土路面出现下列情况时，可以考虑进行碎石化改造。

①水泥混凝土路面有大量病害：错台、翻浆和角隅破坏等达到总接缝长度的20%以上。

②板块出现开裂、断板或下沉，需要修补的面积达到路面总面积的20%～70%。

③水泥混凝土路面基层及面层厚度超过33cm。

④20%的路面面板已被修补或需要被修补。

⑤混凝土路面断板率介于20%～45%之间。

⑥其他认为需要碎石化的路段，如水泥路“白改黑”为消除反射裂缝时。

（2）在下列情况下不建议使用碎石化技术：

①旧路改建中遇到的挡墙、桥梁和涵洞等的承载力不足以承受再生设备荷载需加固的路段。

②公路近旁有敏感建筑物或设备（安全距离小于5m），不能经受再生设备引起的地面振动路段。

（3）路面以上受净空限制，不容许加铺新路面的路段。

3. 碎石化改造路面结构

对于满足碎石化工艺应用条件，且路基未出现重大病害及非软弱地基路段，建议采用碎石化改造方案。碎石化后路面结构可根据道路交通量等级及碎石化后的回弹模量采用常规设计法进行计算。以下是两种典型路面结构：

1）结构一

22cm碎石化底基层＋20cm水泥稳定碎石基层＋5cm中粒式沥青混凝土下面层＋4cm细粒式沥青混凝上面层，如图4-28所示（透层、黏层略）。

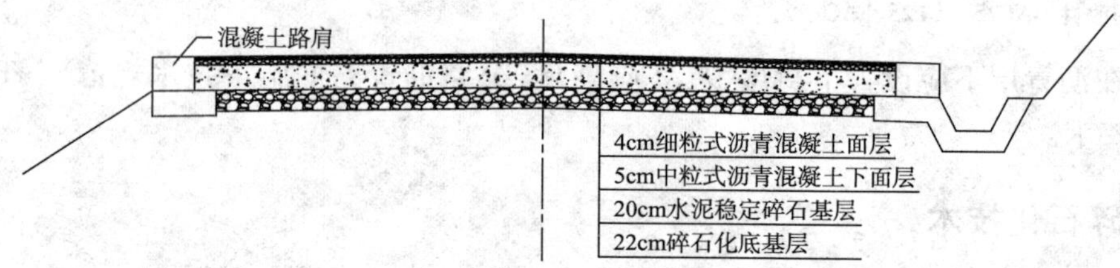

图4-28　碎石化改造路面结构一

2）结构二

22cm碎石化底基层＋8cm沥青稳定碎石基层＋5cm中粒式沥青混凝土下面层＋3cm细粒式沥青混凝土面层，如图4-29所示（透层、黏层略）。

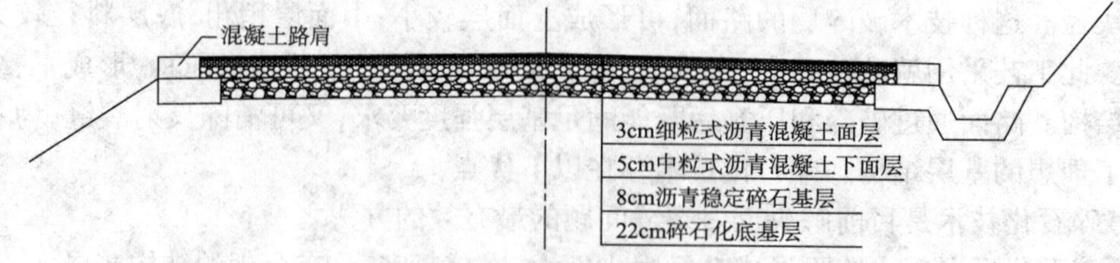

图4-29　碎石化改造路面结构二

根据原路面结构组成，碎石化层顶控制弯沉按100(0.01mm)考虑，在碎石化施工初期须选取1～2km具有代表性的路段作为试验路段，确定合理破碎工艺参数后，实测碎石化层顶面回弹弯沉，若与预计的控制弯沉差值较大，可对路面结构层加铺厚度进行适当调整。

以上两种路面结构，均在碎石化处理后的路面上加铺新的路面结构层，其中，结构一采用水泥稳定碎石基层，结构二采用沥青稳定碎石基层。采用沥青稳定碎石基层可缩短工期，但成本相对较高，路面结构相对较柔，长期使用易产生车辙；采用水泥稳定碎石基层成本相对较低，路面结构刚度相对较大，但施工工期较长，建成后的路面高程相对较高。

对软弱地基及路基病害较为严重的路段，可采用挖除换填的办法进行局部处理。挖除换填的目的主要是为了解决因碎石化不能解决的路基出现的病害，故该方法是作为碎石化方案的补充。挖除换填施工工艺及检测指标参照相关规范、标准执行。

4.碎石化施工工艺及控制要点

1)施工工艺流程

首先选择一段具代表性路段进行试破碎，多锤头破碎机分别采用不同的行走速度及锤头提升高度；对试破碎的路段现场刨坑，检查破碎粒径及路面板破碎率是否满足要求，并及时进行调整；根据试破碎确定工艺参数，即确定合理的锤头提升高度和设备行走速度；对破碎完成的路面采用Z型压路机压稳，一般情况下碾压2～3遍；碎石化完成后应立即进行下封层施工，封闭交通8～12h后可临时开放交通。碎石化工艺完成后，即可进行基层、面层摊铺。碎石化改造施工工艺流程见图4-30。

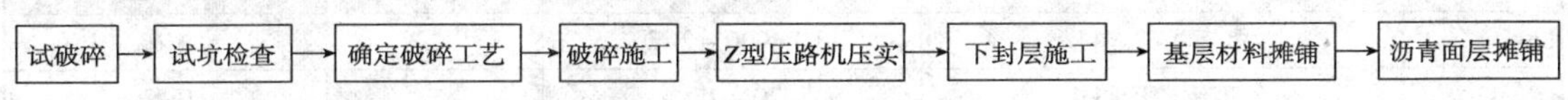

图4-30 碎石化改造施工工艺流程图

2)控制要点

(1)采用碎石化工艺施工应注意以下控制要点。碎石化施工过程中主要控制破碎率和破碎粒径。其中，破碎率应达到75%以上，破碎粒径：表面层最大尺寸小于7.5cm，中间层最大尺寸小于22.5cm，底层最大尺寸小于37.5cm。

(2)基层、面层等施工则按《公路沥青路面施工技术规范》(JTG F40—2004)进行控制。

3)注意事项

(1)破碎面若存在坑洼深度大于5cm的地方时，应用级配碎石找平。

(2)选用多锤头碎石化方案时，若部分路段线路两侧有敏感建筑或险要山体，且在震动影响范围以内(5m)，为保证安全，应对该路段改造方案进行单独设计，如采用镐式破碎后挖除换填。

5.机械设备配置要求

1)结构一

根据此方案工艺要求，需完成的主要工作有：路面破碎与压稳、水泥稳定碎石基层摊铺、透层、黏层洒布、沥青面层摊铺，据此，各项工作所需的机械设备型号、数量应按表4-7进行配置。

主要机械设备配置需求表一　　表 4-7

序　号	设 备 名 称	型　号	数　量	备　注
1	多锤头破碎机	HB4000－2 型	2	破碎
2	Z 型钢轮压路机	20～25t	1	压稳
3	沥青洒布车		1	透层、黏层
4	钢筒式压路机	6～8t	1	透层
5	沥青混凝土拌和站		1	基层、面层
6	摊铺机		2	基层、面层
7	双钢轮振动压路机	10～13t	4	基层、面层
8	轮胎压路机	25t 以上	2	基层、面层
9	装载机	50 型	2	
10	沥青混合料运输车	20t	10	面层
11	水泥稳定碎石拌和站		1	基层
12	运输车	20t	10	基层

2）结构二

根据此方案工艺要求，需完成的主要工作有：路面破碎与压稳、沥青稳定碎石基层摊铺、透层、黏层洒布、沥青面层摊铺，据此，各项工作所需的机械设备型号、数量应按表 4-8 进行配置。

主要机械设备配置需求表二　　表 4-8

序　号	设 备 名 称	型　号	数　量	备　注
1	多锤头破碎机	HB4000－2 型	2	破碎
2	Z 型钢轮压路机	20～25t	1	压稳
3	沥青洒布车		1	透层、黏层
4	钢筒式压路机	6～8t	1	透层
5	沥青混凝土拌和站		1	基层、面层
6	摊铺机		2	基层、面层
7	双钢轮振动压路机	10～13t	4	基层、面层
8	轮胎压路机	25t 以上	2	基层、面层
9	装载机	50 型	2	
10	沥青混合料运输车	20t	10	面层

6. 碎石化技术施工要点

（1）施工之前清除原有的沥青混凝土面层（如果有），在施工路段两端对路面进行全深度切割。

（2）在正式施工之前，应在试验区进行试破碎，以确定满足破碎尺寸要求的锤头高度和速度。试验区尺寸为车道全宽，长度为 75m。为确保路面被破碎成规定的尺寸，应同时在试验区内开挖至少 2 个试坑来检验实际破碎效果。

（3）破碎前，锯开所有缝，清除缝内填充物和杂质，然后用多锤头破碎机破碎原路面。

通过开挖试坑（面积为 1m×1m，深度达到基层）后卷尺结合目测的方式进行粒径检测，频率为单幅 2 个/km 。如不满足要求，需作小幅调整。

破碎率(满足破碎尺寸要求面积/总面积)超过施工路段总面积75%。

破碎后顶面回弹模量平均值控制在200~300MPa之间。频率为至少6个/km有效数据。

(4)在破碎施工和压实操作时如发现部分单独的软弱基层或底基层时,应按以下程序加以修复:

①清除原混凝土路面和基层。

②根据具体情况,开挖到具有足够强度的路基深度。

③从路基到破碎混凝土板底采用满足规范要求的级配粒料回填,剩余的部分应可采用贫混凝土、大粒径碎石或粗粒式沥青混合料回填。

(5)破碎完成后应进行压实。应避免过度压实和在路基含水率较大时进行压实操作,以避免损坏底基层。具体压实的次数应在试验区确定,一般为:Z型压路机,2~3遍;光轮压路机,1~2遍。

(6)破碎后的水泥混凝土路面不得开放交通。必须开放交通的应在摊铺沥青混凝土前对由于开放交通而导致松散或不稳定的路段进行重新压实。

(7)摊铺沥青混凝土前应在破碎并压实后的旧路表面上均匀洒布乳化沥青透层油,用量为2.5~3.0kg/m^2,然后在表面均匀撒布一薄层石屑,厚度为0.5~1.0cm。用光轮压路机碾压稳定。

(8)沥青混凝土面层结构厚度应满足设计厚度,并不小于最小结构厚度10cm(高速公路、一级公路)或7cm(其他等级公路)。

(9)沥青混凝土路面施工应符合《公路沥青路面施工技术规范》(JTG F40—2004)的有关规定。

四、碎石化改造技术应用实例

1. 实例一

结构形式:碎石化基层+基层补强层+沥青混凝土面层。

项目名称:河北省秦皇岛市G205线路面改造工程。

路线名称或编号:G205; 技术等级:二级;

改造时间:2007年; 破碎后代表弯沉值:<70。

碎石化后加铺结构形式:18cm水泥稳定碎石基层+7cm沥青混凝土面层。

施工图片见图4-31~图4-34。

图4-31 破碎施工

图4-32 碎石化后

图 4-33　碾压中

图 4-34　改造后路面

2. 实例二

结构形式：碎石化基层 + 沥青混凝土面层。

项目名称：成绵高速公路改造工程。

路线名称或编号：成绵高速公路；　技术等级：高速公路；

改造时间：2007 年；　破碎后代表弯沉值：≤60。

加铺结构形式：15cm 沥青混凝土（上面层 4cm + 中面层 5cm + 下面层 6cm）。

施工图片见图 4-35 ~ 图 4-38。

图 4-35　碎石化中

图 4-36　碎石化后(1)

图 4-37　碎石化后(2)

图 4-38　摊铺路面面层

复习思考题

1. 水泥混凝土路面养护应符合哪些要求？
2. 试述水泥混凝土路面养护的内容。
3. 采用灌浆法和条带罩面法处治裂缝，应符合哪些要求？
4. 简述裂缝扩缝灌浆法施工工艺。
5. 简述裂缝条带罩面法施工工艺。

6. 裂缝全深度补块法分为哪三种方法？简述集料嵌锁法施工工艺。

7. 简述板角修补的基本要求。

8. 采用注浆法处治板底脱空，应符合哪些要求？

9. 错台的处治方法有哪两种？简述沥青砂填补基本要求。

10. 沉陷处理，面板顶升的基本要求有哪些？

11. 接缝填缝料损坏维修，应符合哪些规定？

12. 水泥混凝土路面加宽的基本要求有哪些？

13. 试述路面板加宽增设拉杆的方法。

14. 旧水泥混凝土再生利用时，应符合哪些要求？

15. 沥青混凝土加铺层，采用在旧水泥混凝土路面上直接加铺，应符合哪些要求？

16. 沥青混凝土加铺层，采用在旧水泥混凝土路面上分离加铺，应符合哪些要求？

17. 沥青混凝土加铺层，反射裂缝的防治可采用土工格栅、油毡、土工布、切缝填封橡胶沥青或做二灰碎石、水泥稳定粒料层。试述采用这些方法施工，分别应符合哪些规定？

18. 沥青混凝土加铺层，旧水泥混凝土路面的处理应符合哪些规定？

19. 简述碎石化技术的优点。

20. 水泥混凝土路面出现哪些情况时，可以考虑进行碎石化改造？

单元5 桥梁、涵洞养护

课题27 一般规定

为了保证公路畅通无阻,尽量保持和延长现有桥涵构造物的技术状态和使用年限,对桥涵构造物进行经常性的养护维修是十分必要的。如果桥涵构造物不能满足实际承载能力及通行能力要求时,还需对其进行必要的加固、拓宽等技术改造。

桥涵构造物的养护维修主要是对危害桥涵正常运营的部分进行经常性的修缮工作,如保持桥面清洁,保证伸缩缝完好并能自由伸缩,疏通泄水孔,铺砌加固涵洞进出口等。

桥涵构造物的技术改造则是通过加强薄弱构件,增加辅助构件或改变结构体系等措施来恢复和提高其承载能力及通行能力。

一、养护要求和范围

公路桥涵养护工作应"预防为主,防治结合"的方针,以桥梁结构安全为中心,以承重部件为重点加强全面养护。桥涵日常巡查是桥涵日常工作的重要内容之一,应予以充分重视,发现隐患或病害应及时处治。

(1)公路桥涵养护应符合下列要求:

①桥涵外观整洁。

②桥面铺装坚实平整、横坡适度。

③桥头顺适。

④排水、伸缩缝、支座、护墙、栏杆、标线等设施齐全良好。

⑤结构无损坏。

⑥基础无冲刷、淘空。

⑦与路基不同宽度的小桥,应逐步改建成与路基同宽。

(2)桥涵养护与修理工作的范围包括以下内容:

①技术检查与检验。

②建立和健全完整的桥涵技术档案。

③桥涵构造物的安全防护。

④桥涵构造物的经常保养、维修与加固。

二、永久性控制检测点

为利于分析判断桥梁可能发生的病害原因,应在结构正常状况时设置永久性控制检测点。控制检测项目见表5-1。

(1)新建大、中桥和特大桥交付使用前,公路管理机构应事先要求在竣工测量时设置便于校验复测的永久性控制检测点。测点的编号、位置(表明距离、高程和地物特征)和竣工测量数据,均应在竣工图上标明,作为验收文件中必要的竣工资料予以归档。

(2)没有设置永久性控制检测点的有大、中桥和特大桥,应在定期检查时按规定补设。测点的布设和首次检测的时间及数据等,应按竣工资料的要求予以归档。

桥梁永久性控制检测项目　　表5-1

检测项目		检测点	检测方法
1	墩、台身、索塔锚碇的高程	墩、台身底部(距地面或常水位0.5~2m内),桥台侧墙尾部顶面和锚碇的上、下游两侧各1~2点	水准仪
2	墩、台身、索塔倾斜度	墩、台身底部(距地面或常水位0.5~2m内),桥台侧墙尾部顶面和锚碇的上、下游两侧各1~2点	垂线法或测斜仪
3	桥面高程	沿行车道两边(近缘石处),按每孔跨中、$L/4$,支点等不少于5个位置(10个点),测点应固着于桥面板上	水准仪
4	拱桥桥台、吊桥锚碇水平位移	在拱座、锚碇的上、下游两侧各1点	经纬仪
说明	①上下行分离式桥按两座桥分别设点; ②倾斜度测点应用于上下相距0.5~1m的两点标记检测; ③永久性测点宜用统一规格的圆头锚钉和在铝板上有钢印编号,或靠地固着于被测部件上; ④所有测点的位置和编号,以及检测数据必须在桥梁总体图和数据表中注明,并归档		

(3)桥梁主体结构维修、加固或改建工程竣工后,应保持原有的永久性控制检测点,并重新检测一次。

(4)桥梁的永久性控制检测点应牢固可靠,按永久性测量标志设定。当与国家大地测量网联网困难时可建立本桥相对独立的基准测量系统。

课题28　桥梁检查与评定

桥梁的检查是桥梁养护工作的重要环节,也是桥梁养护的基础性工作。通过对桥梁进行检查,可以了解桥梁的技术状况及缺陷和损伤的性质、部位、严重程度、发展趋势,弄清出现缺陷和损伤的主要原因,以便能分析和评价既存缺陷和损伤对桥梁质量和使用承载能力的影响,并为桥梁维修和加固设计提供可靠的技术数据和依据。因此,桥梁检查是进行桥梁养护、维修与加固的先导工作,是决定维修与加固方案可行和正确与否的可靠保证,它是桥梁评定、养护、维修与加固工作中必不可少的重要组成部分。桥梁检查分为经常检查、定期检查和特殊检查。

一、经常检查

桥梁的经常检查主要指对桥面设施、上部结构、下部结构及附属构造的技术状况进行日常巡视检查，及时发现缺损并进行小修保养工作。

桥梁的经常检查每季度不少于一次，汛期应加强不定期检查。经常检查以直接目测为主，配合简单工具量测，并填写“经常性检查记录表”，登记检查项目的缺损类型、估计缺损范围及养护工作量，提出相应的小修保养措施，为编制辖区内的桥梁养护（小修保养）计划提供依据。经常检查中发现桥梁重要部件存在明显缺损时，应及时向上级提交专项报告。经常检查应包括下列内容：

（1）外观是否整洁、有无杂草堆积、杂草蔓生。构件表面的涂装层是否完好，有无损坏、老化变色、开裂、起皮、剥落、锈迹。

（2）桥面铺装是否平整，有无裂缝、局部坑槽、积水、沉陷、波浪、碎边；混凝土桥面是否有剥离、渗漏，钢筋是否露筋、锈蚀，缝料是否老化、损坏，桥头有无跳车。

（3）排水设施是否良好、桥面泄水管是否堵塞和破损。

（4）伸缩缝是否堵塞卡死，连接部件有无松动、脱落、局部破损。

（5）人行道、缘石、栏杆、扶手、防撞护栏和引道护栏有无撞坏、断裂、松动、错位、断件、剥落、锈蚀等。

（6）观察桥梁结构有无异常变形，异常的竖向震动、横向摆动等情况，然后检查各部件的技术状况，查找异常原因。

（7）支座是否有明显缺陷，活动支座是否灵活，位移量是否正常。支座的经常检查一般可以每季度一次。

（8）桥位区段河床冲淤变化情况。

（9）基础是否受到冲刷破坏、外漏、悬空、下沉，墩台及基础是否受到生物腐蚀。

（10）墩台是否受到船只或漂浮物撞击而受损。

（11）翼墙有无开裂、倾斜、滑移、沉降、风化剥落和异常变形。

（12）锥坡、护坡、调治构造物有无塌陷、铺砌面有无缺损、勾缝脱落、灌木杂草丛生。

（13）交通信号、标志、标线、照明设施以及桥梁其他附属设施是否完好。

（14）其他显而易见的损坏或病害。

二、定期检查

桥梁的定期检查为评定桥梁使用功能、制订养护计划提供基本数据。通过对桥梁结构物进行全面、系统的检查，建立结构管理和养护档案，对结构的缺损状况作出评估，评定结构构件和整体结构的技术状况，确定改进工作和特别检查的需求，并及早发现桥梁的主体结构及其附属构造物的缺损状况。

1. 定期检查的时间

定期检查的时间应符合下列规定：

（1）定期检查周期视桥梁技术状况而定，最长不得超过 3 年。

(2)新建桥梁交付使用1年后,进行第一次全面检查。

(3)临时桥梁检查每年不少于1次。

(4)在经常检查中发现的重要部(构)件的缺损明显达到三、四、五类技术状况时,应立即安排一次检查。

2. 定期检查的工作内容

定期检查以目测为主,辅以必要的测量仪器、望远镜、照相机、探查工具和现场用器材等设备,必须接近或进入各部件仔细检查其功能及材料的缺损状况,并在现场完成以下工作:

(1)现场校核桥梁基本数据并填写《公路养护技术规范》(JTG H10—2009)要求的有关表格、卡片,记录各部件缺损状况并作出技术状况评分。

(2)实地判断缺损原因,估定维修范围及方式。

(3)对难以判断损坏原因和程度的部件,提出特殊检查(专门检验)的要求。

(4)对损坏严重、危及安全运行的危险桥梁,提出暂时限制交通的建议。

(5)根据桥梁的技术状况,确定下次检查时间。

3. 定期检查的文件

桥梁定期检查后应整理提出检查文件,并符合下列要求:

(1)桥梁定期检查数据表。每天检查的桥梁现场记录,应在次日整理填写好每座桥梁定期检查数据表。

(2)典型缺损和病害的照片及附录说明,主要说明缺损的部位、类型、性质、范围、数量和程度等。

(3)每座桥梁应有两张总体照片。一张为桥面正面照片,另一张为桥梁上游侧立面照片。桥梁改建后应重新照一次。如果桥梁拓宽改造后,上下游桥梁结构不一致,还要有下游侧立面照片。

(4)桥梁清单。

(5)桥梁基本状况卡片。定期检查完成后,应将本次检查的桥梁各部件技术状况评定结果登记在桥梁卡片内。

(6)提出定期检查报告,应包括下列内容:

①辖区内所有桥梁的保养小修情况。

②需要大、中修或改善的桥梁计划,说明修理的项目,拟用修理方案,估计费用和实施时间。

③需要特殊检查的桥梁的报告,说明检验的项目及理由。

④需限制交通的桥梁的建议报告。

三、特殊检查

桥梁特殊检查根据桥梁破损状况和性质,采用适当的仪器设备,以及现场勘探、试验等特殊手段和科学分析方法,查明桥梁病害原因、破损程度和承载能力,确定桥梁的技术状态,以便采取相应的加固、改善措施。

桥梁特殊检查分为应急检查和专门检查。

1. 应急检查

桥梁遭受洪水、流冰、漂流物、船舶撞击、滑坡、地震、风灾和超重车辆自行通过之后，应立即对结构作详细检查。查明破损状况，采取应急措施，尽快恢复交通。

应急检查通常由地（市）级公路管理机构的专职桥梁养护工程师主持。

2. 专门检查

以下几种情况下应作专门检查：

（1）定期检查中难以判明损坏原因及程度的桥梁。

（2）桥梁技术状况为四、五类者。

（3）拟通过加固手段提高荷载等级的桥梁。

（4）条件许可时，特殊重要的桥梁在正常使用期间可周期性进行荷载试验。

专门检查通常由省级公路管理机构的总工程师或授权的专职桥梁养护主管工程师主持，委托公路桥梁检测中心或具有这种能力的科研设计单位、工程咨询单位，签订特殊检查合同后实施。

实施特殊检查前，应充分收集资料，包括计算书、竣工图、材料试验报告、施工记录、历次桥梁定期检查和特殊检查报告，以及历次维修资料等。原资料不全或有疑问时，可现场测绘构造物尺寸，测试构件材料组成及性能，勘查水文地质情况等。

3. 桥梁鉴定

桥梁特殊检查应根据需要对以下三个方面问题作出鉴定：

（1）桥梁结构材料缺损状况。包括对材料物理、化学性能退化程度及原因的测试鉴定，结构或构件开裂状态的检测及评定。

（2）桥梁结构承载能力。包括对结构强度、稳定性和刚度的检算、试验和鉴定。

（3）桥梁防灾能力。包括桥梁抵抗洪水、流冰、风、地震及其他地质灾害等能力的检测鉴定。

4. 检查报告的内容

承担特殊检查的单位必须严格按规定的内容及时间完成任务，除必须提交完整的现场检查记录等资料外，还一定要提交完整的检查报告。检查报告应包括下列主要内容：

（1）概述检查的一般情况，包括桥梁基本情况，检查的组织、时间、背景和工作过程等。

（2）当前桥梁技术状况的描述，包括现场调查、试验与检测项目及方法、检测数据与分析结果和桥梁技术状况评价等。

（3）详细阐述检查部位的损坏原因及程度，并提出结构构件和总体的修理、加固或改造的建议方案。

四、技术状况评定方法

1. 评定指标

每类桥梁均分为桥面系、上部结构和下部结构三个部分。公路桥梁技术状况评定包括桥梁构件、部件、桥面系、上部结构、下部结构和全桥评定。

公路桥梁技术状况评定应采用分层综合评定与5类桥梁单项控制指标相结合的方法。首先需要依据《公路桥梁技术状况评定标准》（JTG/T H21—2011）中对各检测指标的技术状况评定表对桥梁各构件指标进行评定,确定各构件指标的类别(1~5类),然后对桥梁各部件进行评定,再对桥面系、上部结构和下部结构分别进行评定,最后进行桥梁总体技术状况的评定。桥梁技术状况评定指标如图5-1所示。

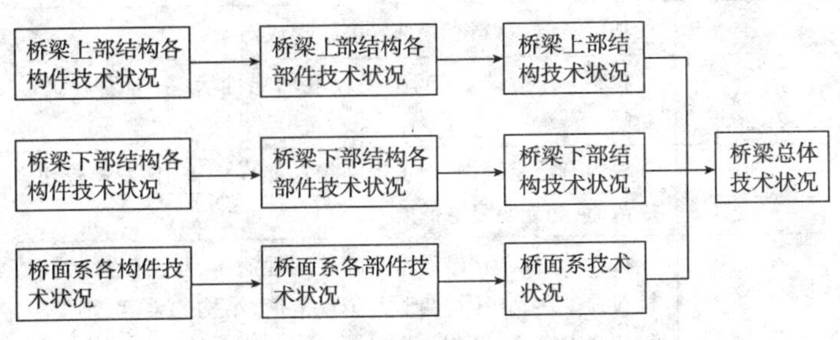

图5-1 桥梁技术状况评定指标

当单个桥梁存在不同的结构形式时,可根据结构形式的分布情况划分评定单元,分别对各评定单元进行桥梁技术状况的等级评定。

2. 桥梁技术状况等级分类

桥梁部件分为主要部件和次要部件。各结构类型桥梁主要部件见表5-2,其他部件为次要部件。

各结构类型桥梁主要部件 表5-2

序号	结构类型	主要部件
1	梁式桥	上部承重构件、桥墩、桥台、基础、支座
2	板拱桥(圬工、混凝土)、肋拱桥、箱型拱桥、双曲拱桥	主拱圈、拱上建筑、桥面板、桥墩、桥台、基础
3	钢架拱桥、桁架拱桥	刚架(桁架)拱片、横向联结系、桥面板、桥墩、桥台、基础
4	刚-混凝土组合拱桥	拱肋、横向连接、立柱、吊杆、系杆、行车道板(梁)、支座
5	悬索桥	主缆、吊索、加劲梁、索塔、锚碇、桥墩、桥台、基础、支座
6	斜拉桥	斜拉索(包括锚具)、主梁、索塔、桥墩、桥台、基础、支座

桥梁总体技术状况评定等级分为1类、2类、3类、4类、5类,见表5-3。

桥梁总体技术状况评定等级 表5-3

技术状况评定等级	桥梁技术状况描述
1类	全新状态,功能完好
2类	有轻微缺损,对桥梁使用功能无影响
3类	有中等缺损,尚能维持正常使用功能
4类	主要构件有较大缺损,严重影响桥梁使用功能,或影响承载能力,不能保证正常使用
5类	主要构件存在严重缺损,不能正常使用,危机桥梁安全,桥梁处于危险状态

桥梁主要部件技术状况评定标度分为1类、2类、3类、4类、5类,见表5-4。

桥梁主要部件技术状况评定标度　表 5-4

技术评定标度	桥梁技术状况描述
1 类	全新状态，功能完好
2 类	功能良好，材料有局部轻度缺损或污染
3 类	材料有中等缺损；或出现轻度功能性病害，但发展缓慢，尚能维持正常使用功能
4 类	材料有严重缺损，或出现中等功能性病害，且发展较快；结构变形小于或等于规范值，功能明显降低
5 类	材料严重缺损，出现严重的功能性病害，且有继续扩展迹象；关键部位的部分材料强度达到极限，变形大于规范值，结构的强度，刚度稳定性不能达到安全通行的要求

桥梁次要部件技术状况评定标度分为 1 类、2 类、3 类、4 类，见表 5-5。

桥梁次要部件技术状况评定标度　表 5-5

技术评定标度	桥梁技术状况描述
1 类	全新状态，功能完好；或功能良好，材料有轻度缺损、污染等
2 类	有中度缺损或污染
3 类	材料有严重缺损，出现功能降低，进一步恶化将不利于主要部件，影响正常交通
4 类	材料有严重缺损，失去应有功能，严重影响正常交通；或原无设置，而调查需要补设

3. 桥梁技术状况评定工作流程

桥梁技术状况评定流程如图 5-2 所示。

4. 桥梁技术状况评定计算

（1）桥梁构件的技术状况评分，按式（5-1）计算。

$$\mathrm{PMCI}_l(\mathrm{BMCI}_l \text{ 或 } \mathrm{DMCI}_l) = 100 - \sum_{x=1}^{k} U_x \tag{5-1}$$

当 $x = 1$ 时，$U_1 = \mathrm{DP}_{i1}$

当 $x \geqslant 2$ 时，$U_x = \dfrac{\mathrm{DP}_{ij}}{100 \times \sqrt{x}} \times (100 - \sum_{y=1}^{x-1} U_y)$　（其中 $j = x$）

当 $\mathrm{DP}_{i1} = 100$ 时，$\mathrm{PMCI}_l(\mathrm{BMCI}_l \text{ 或 } \mathrm{DMCI}_l) = 0$

式中：PMCI_l——上部结构第 i 类部件 l 构件的得分，值域为 0 ~ 100 分；

BMCI_l——下部结构第 i 类部件 l 构件的得分，值域为 0 ~ 100 分；

DMCI_l——桥面系第 i 类部件 l 构件的得分，值域为 0 ~ 100 分；

k——第 i 类部件 l 构件出现扣分的指标的种类数；

U、x、y——引入的变量；

i——部件类别，例如 i 表示上部承重构件、支座、桥墩等；

j——第 i 类部件 l 构件的第 j 类检测指标；

DP_{ij}——第 i 类部件 l 构件的第 j 类检测指标的扣分值；根据构件各种检测指标和分值进行计算，扣分值按表5-6规定取值。

构件各检测指标扣分值 表5-6

检测指标所能达到的最高等级类别	指标类别				
	1类	2类	3类	4类	5类
3类	0	20	35	—	—
4类	0	25	40	50	—
5类	0	35	45	60	100

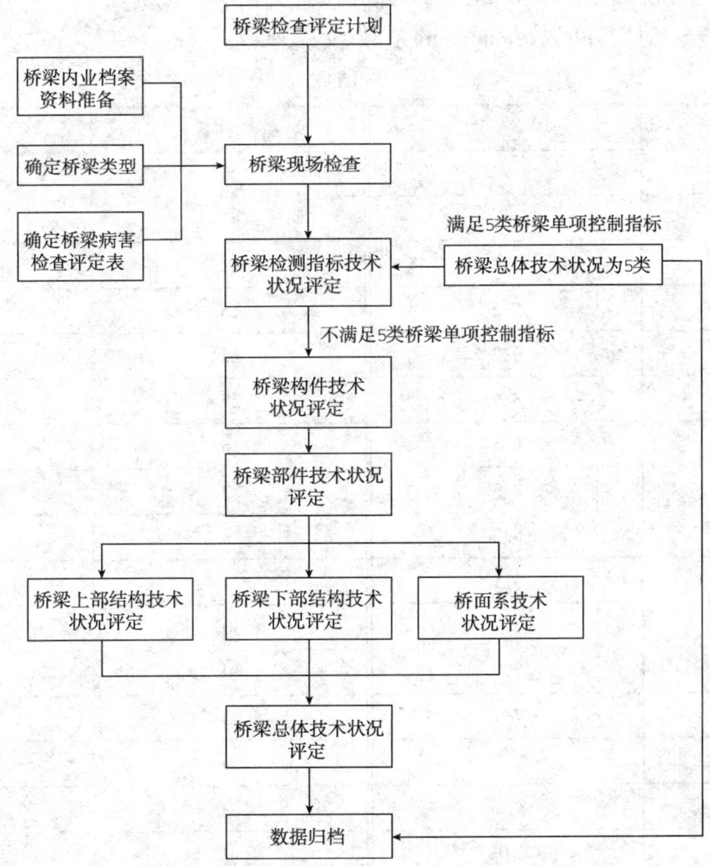

图5-2 桥梁技术状况评定工作流程图

（2）桥梁部件的技术状况评分，按式（5-2）计算。

$$PCCI_i = \overline{PMCI} - \frac{100 - PMCI_{min}}{t} \tag{5-2}$$

或

$$BCCI_i = \overline{BMCI} - \frac{100 - BMCI_{min}}{t}$$

或

$$DCCI_i = \overline{DMCI} - \frac{100 - DMCI_{min}}{t}$$

式中：$PCCI_i$——上部结构第 i 类部件的得分，值域为0～100分；当上部结构中的主要部

件某一构件评分值 $BMCI_i$ 在[0,60)区间时,其相应的部件评分值 $BCCI_i = BMCI_l$;

$\overline{BMCI}$——下部结构第 i 类部件各构件的得分平均值,值域为 0~100 分;

$DCCI_i$——桥面系第 i 类部件的得分,值域为 0~100 分;

$\overline{DMCI}$——桥面系第 i 类部件各构件的得分平均值,值域为 0~100 分;

$PMCI_{min}$——上部结构第 i 类部件中分值最低的构件得分值;

$BMCI_{min}$——下部结构第 i 类部件中分值最低的构件得分值;

$DMCI_{min}$——桥面系第 i 类部件分值最低的构件得分值;

t——随构件的数量而变的系数,见表 5-7。

i 值　　表 5-7

n(构件数)	t	n(构件数)	t
1	∞	20	6.6
2	10	21	6.43
3	9.7	22	6.35
4	9.5	23	6.24
5	9.2	24	6.12
6	8.9	25	6.00
7	8.7	26	5.88
8	8.5	27	5.75
9	8.3	28	5.64
10	8.1	29	5.52
11	7.9	30	5.4
12	7.7	40	4.9
13	7.5	50	4.4
14	7.3	60	4.0
15	7.2	70	3.6
16	7.08	80	3.2
17	6.96	90	2.8
18	6.84	100	2.5
19	6.72	>200	2.2

注:1. n 为第类部件的构件总数。

2. 表中未列出的值采用内插法计算。

(3)桥梁上部结构、下部结构、桥面系的技术状况评分,按式(5-3)计算。

$$SPCI(SBCI 或 BDCI) = \sum_{i=1}^{m} PCCI_i(BCCI_i 或 DCCI_i) \times W_i \tag{5-3}$$

式中:SPCI——桥梁上部结构技术状况评分,值域为 0~100 分;

SBCI——桥梁下部结构技术状况评分,值域为0~100分;

BDCI——桥面系技术状况评分,值域为0~100分;

m——上部结构(下部结构或桥面系)的部件种类数;

W_i——第i类部件的权重,按表5-9~表5-10取值;对于桥梁中未设置的部件,应根据此部件的隶属关系,将其权重值分配给各既有部件,分配原则按照各既有部件权重在全部既有部件权重中所占比例进行分配。

(4)桥梁总体的技术状况评分,按式(5-4)计算。

$$D_r = \text{BDCI} \times W_D + \text{SPCI} \times W_{SP} + \text{SBCI} \times W_{SB} \tag{5-4}$$

式中:D_r——桥梁总体技术状况评分,值域为0~100分,桥梁技术状况分类界限表见表5-8;

W_D——桥面系在全桥中的权重,按表5-11规定取值;

W_{SP}——上部结构在全桥中的权重,按表5-11规定取值;

W_{SB}——下部结构在全桥中的权重,按表5-11规定取值。

(5)当上部结构和下部结构技术状况等级为3类、桥面系技术状况等级为4类,且桥梁总体技术状况评分为$40 \leqslant D_r < 60$时,桥梁总体技术状况等级应评定为3类。

(6)全桥总体技术状况等级评定时,当主要部件评分达到4类或5类且影响桥梁安全时,可按照桥梁只要部件最差的缺描状况评定。

桥梁技术状况分类界限表 表5-8

技术状况评分	技术状况等级 D_r				
	1类	2类	3类	4类	5类
D_r (SPCI、SBCI、BDCI)	[95,100)	[80,95)	[60,80)	[40,60)	[0,40)

5. 各结构形式桥梁部件分类及权重值

(1)梁式桥各部件权重值宜按表5-9的规定取值。

梁式桥各部件权重值 表5-9

部 位	类别i	评 价 部 件	权 重
上部结构	1	上部承重构件(主梁、挂梁)	0.70
	2	上部一般构件(湿接缝、横隔板等)	0.18
	3	支座	0.12
下部结构	4	翼墙、耳墙	0.02
	5	锥坡、护坡	0.01
	6	桥墩	0.30
	7	桥台	0.30
	8	墩台基础	0.28
	9	河床	0.07
	10	调治构造物	0.02

续上表

部　位	类别 i	评价部件	权　重
桥面系	11	桥面铺装	0.40
	12	伸缩缝装置	0.25
	13	人行道	0.10
	14	栏杆、护栏	0.10
	15	排水系统	0.10
	16	照明、标志	0.05

（2）拱式桥各部件权重值宜按表5-10的规定取值。

板拱桥、肋拱桥、箱形拱桥、双曲拱桥各部件权重值　　表5-10

部　位	类别 i	评价部件	权　重
上部结构	1	主拱圈	0.70
	2	拱上结构	0.20
	3	桥面板	0.10
下部结构	4	翼墙、耳墙	0.02
	5	锥坡、护坡	0.01
	6	桥墩	0.30
	7	桥台	0.30
	8	墩台基础	0.28
	9	河床	0.07
	10	调治构造物	0.02
桥面系	11	桥面铺装	0.40
	12	伸缩缝装置	0.25
	13	人行道	0.10
	14	栏杆、护栏	0.10
	15	排水系统	0.10
	16	照明、标志	0.05

（3）桥梁结构组成权重值按表5-11的规定取值。

桥梁结构组成权重值　　表5-11

桥梁部位	权　重	桥梁部位	权　重
上部结构	0.40	桥面系	0.20
下部结构	0.40		

6.5类桥梁技术状况单项控制指标

在桥梁技术状况评价中，有下列情况之一时，整座桥应评为5类桥：

（1）上部结构有落梁，或有梁、板断裂现象。

（2）梁式桥上部承重构件控制截面出现全截面开裂，或组合结构上部承重构件结合面开裂贯通,造成截面组合作用严重降低。

(3)梁式桥上部承重构件有严重的异常位移,存在失稳现象。

(4)结构出现明显的永久变形,变形大于规范值。

(5)关键部位混凝土出现压碎或杆件失稳倾向,或桥面板出现严重塌陷。

(6)拱式桥拱脚严重错台、位移,造成拱顶挠度大于限值,或拱圈严重变形。

(7)圬工拱桥拱圈大范围砌体断裂,脱落现象严重。

(8)腹拱、侧墙、立墙或立柱产生破坏造成桥面板严重塌落。

(9)系杆或吊杆出现严重锈蚀或断裂现象。

(10)悬索桥主缆或多根吊索出现严重锈蚀、断丝。

(11)斜拉桥拉索钢丝出现严重锈蚀、断丝,主梁出现严重变形。

(12)扩大基础冲刷深度大于设计值,冲空面积达20%以上。

(13)桥墩(桥台或基础)不稳定,出现严重滑动、下沉、位移、倾斜等现象。

(14)悬索桥、斜拉桥索塔基础出现严重沉降或位移,或悬索桥锚碇有水平位移或沉降。

课题29 桥梁养护

桥梁是为道路跨越天然或人工障碍物而修建的建筑物。桥梁由四个基本部分组成,即上部结构、下部结构、支座和附属设施。通常人们习惯称桥跨结构为桥梁的上部结构,称桥墩和桥台(包基础)为下部结构。

一、桥梁上部结构的养护与维修

桥梁上部结构是在线路中断时跨越障碍的主要承重结构,是桥梁支座以上(无铰拱起拱线或刚架主梁底线以上)跨越桥孔的总称。当跨越幅度越大时,上部结构的构造也就越复杂,施工难度也相应增加。

1.养护要求

1)钢筋混凝土及预应力混凝土桥

钢筋混凝土及预应力混凝土桥包括简支梁(板)桥、连续梁桥等,还包括钢管混凝土拱、刚架拱、桁架拱、双曲拱等钢筋混凝土拱桥。

(1)及时清除表面污垢,混凝土孔洞、破损、剥落、表面风化以及裂缝应及时修补。

(2)钢筋混凝土及预应力混凝土梁桥梁(板)端头、梁体底面、隔板表面应适时清扫,保持清洁,排除积土。

(3)箱形截面结构应保持箱内通风,减少因箱内外温差可能引起的裂缝。

(4)构件裂缝宽度值在允许范围内时应进行封闭处理。

(5)当裂缝宽度大于限值时,应采用压力灌浆法灌注环氧树脂胶。裂缝宽度限值见表5-12。

裂缝宽度限值 表5-12

<table>
<tr><th>结构类型</th><th colspan="3">裂缝种类</th><th>允许最大缝宽(mm)</th><th>其他要求</th></tr>
<tr><td rowspan="5">钢筋混凝土梁</td><td colspan="3">主筋附近竖向裂缝</td><td>0.25</td><td rowspan="5">不允许贯通结合面</td></tr>
<tr><td colspan="3">腹板斜向裂缝</td><td>0.30</td></tr>
<tr><td colspan="3">组合梁结合面</td><td>0.50</td></tr>
<tr><td colspan="3">横隔板与梁体端部</td><td>0.30</td></tr>
<tr><td colspan="3">支座垫石</td><td>0.50</td></tr>
<tr><td rowspan="2">预应力混凝土梁</td><td colspan="3">梁体竖向裂缝</td><td>不允许</td><td></td></tr>
<tr><td colspan="3">梁体纵向裂缝</td><td>0.20</td><td></td></tr>
<tr><td rowspan="3">砖、石、混凝土拱</td><td colspan="3">拱圈横向</td><td>0.30</td><td>裂缝高度小于截面高度一半</td></tr>
<tr><td colspan="3">拱圈纵向</td><td>0.50</td><td>裂缝长度小于跨径的1/8</td></tr>
<tr><td colspan="3">拱波与拱肋结合处</td><td>0.20</td><td></td></tr>
<tr><td rowspan="7">墩台</td><td colspan="3">墩台帽</td><td>0.30</td><td rowspan="7">不允许贯通墩身截面一半</td></tr>
<tr><td rowspan="5">墩台身</td><td rowspan="2">经常受侵蚀性水影响</td><td>有筋</td><td>0.20</td></tr>
<tr><td>无筋</td><td>0.30</td></tr>
<tr><td rowspan="2">常年有水，但无侵蚀性水影响</td><td>有筋</td><td>0.25</td></tr>
<tr><td>无筋</td><td>0.35</td></tr>
<tr><td colspan="2">干沟或季节性有水河流</td><td>0.40</td></tr>
<tr><td colspan="3">有冻结作用部分</td><td>0.20</td></tr>
</table>

注：表中所列除特指外适用于一般条件。对于潮湿环境和空气中含有较强腐蚀性气体条件下的缝宽限制，应比表列更严格。预应力混凝土梁指全预应力或部分预应力A类构件。

(6)当裂缝发展严重时，应查明原因，采取加固措施。

(7)对梁(板)体混凝土的空洞、蜂窝、麻面、表面风化、剥落等应进行修补，并切实防止钢筋因混凝土碳化引起锈蚀。构件缺损严重时，应及时进行修复和加固。

(8)当钢筋混凝土、预应力混凝土梁式桥主梁或拱桥的挠度超过规定的允许值(表5-13)并有严重发展趋势时，应查明原因，经设计计算进行加固或更换构件。

桥梁允许挠度值表 表5-13

<table>
<tr><th colspan="2">桥梁结构类型</th><th>最大允许挠度值</th></tr>
<tr><td rowspan="3">钢筋混凝土桥及预应力混凝土桥</td><td>梁式桥，梁跨中</td><td>$1/600L$</td></tr>
<tr><td>梁式桥，梁悬臂端</td><td>$1/300L_1$</td></tr>
<tr><td>拱、桁架桥</td><td>$1/800L$</td></tr>
<tr><td colspan="2">混凝土、砖、石拱桥和双曲拱桥</td><td>$1/1\,000L$</td></tr>
</table>

注：L为桥跨的计算跨径；L_1为梁桥悬臂端长度。

2)圬工拱桥

圬工拱桥的养护应符合下列要求：

(1)及时清除表面污垢及圬工砌体因渗水而在表面附着的游离物。

(2)及时疏通泄水管孔，保持桥面及实腹拱拱腔排水畅通。如发现拱桥桥面漏水，应及时修补。主拱圈(肋)若发现渗水,应修补防水层,修理排水管道,堵塞渗水裂缝。

(3)主拱及拱式腹拱的拱铰及变形缝应保持正常工作状态。若有损坏应及时修复。

(4)当主拱圈(拱肋)或桁架拱、刚架拱、双曲拱构件由于各种原因引起开裂、劈裂、压碎、变形甚至失效时,应分别针对各种情况采取加大截面、粘贴钢板或复合纤维板、变更拱上建筑、更换填料等措施进行加固修复。

2. 桥梁上部结构的维修与加固

1)梁桥常见病害及处理措施

(1)对梁体混凝土的空洞、蜂窝、麻面、表面风化、剥落等病害,应先将松散部分清除,再用高强度等级混凝土、水泥砂浆或其他材料进行修补。新补的混凝土要密实,与原结构结合牢固、表面平整,并对其进行养生。

(2)钢筋混凝土梁桥,发现露筋、剥落等现象时,应先将松动的保护层凿去,并清除钢筋的锈迹,然后修复保护层。如损坏面积不大,可用环氧砂浆修补,如损坏面积过大,则可喷射高强度等级水泥砂浆。

(3)梁(板)体的横、纵向链接件开裂、断裂、开焊,可采取更换、补焊、帮焊等措施修补。

(4)钢筋混凝土梁桥的裂缝处理。裂缝是钢筋混凝土桥梁中最普遍、最常见的病害之一。裂缝的存在往往会引起其他病害的发生与发展,如钢筋锈蚀、冻融破坏等,这些病害与裂缝形成互相影响的恶性循环,对桥梁的承载能力产生很大的危害。

①钢筋混凝土裂缝的检查评定标准。裂缝的检查主要观测其发生的部位、走向、宽度、长度、分布状况以及裂缝的变化发展情况。根据裂缝的不同形态和受力将裂缝分为网状裂缝、横向裂缝、竖向裂缝、纵向裂缝、斜裂缝和水平裂缝。表5-14和表5-15分别对简支梁(板)桥、刚架桥裂缝和连续梁桥、连续刚构桥、悬臂梁桥和T形刚构桥裂缝进行了分类描述。

简支梁(板)桥、刚架桥裂缝 表5-14

标度	评定标准	
	定性描述	定量描述
1	完好	—
2	局部出现网状裂缝,或主梁出现少量轻微裂缝,缝宽未超限	网状裂缝累计面积≤构件面积的20%,单处面积≤1.0 m^2,或主梁裂缝缝长≤截面尺寸的1/3
3	出现大面积网状裂缝,或主梁出现较多横向裂缝(钢筋混凝土梁、板),或顺主筋方向出现纵向裂缝,或出现斜裂缝、水平裂缝、竖向裂缝等,缝宽未超限	网状裂缝累计面积>构件面积的20%,单处面积>1.0 m^2,或主梁裂缝缝长>截面尺寸的1/3且≤截面尺寸的2/3
4	主梁控制截面出现较多横向裂缝(钢筋混凝土梁、板),或顺主筋方向出现严重纵向裂缝并伴有钢筋锈蚀,或出现斜裂缝、水平裂缝、竖向裂缝等,裂缝缝宽超限	主梁裂缝缝长>截面尺寸的2/3,间距<20cm
5	主梁控制截面出现大量结构性裂缝,裂缝大多贯通,且缝宽超限,主梁出现变形	主梁裂缝缝宽>1.0mm,间距≤10cm

连续梁桥、连续刚构桥、悬臂梁桥和T形刚构桥裂缝　　表5-15

标度	评定标准	
	定性描述	定量描述
1	无裂缝	—
2	局部出现网状裂缝，或主梁出现少量轻微裂缝，缝宽未超限	网状裂缝累计面积≤构件面积的20%，单处面积≤1.0m²，或主梁裂缝缝长≤截面尺寸的1/3
3	出现大面积网状裂缝，或主梁出现较多横向裂缝（钢筋混凝土梁、板），或顺主筋方向出现纵向裂缝，或出现斜裂缝、水平裂缝、竖向裂缝等，缝宽未超限	网状裂缝累计面积＞构件面积的20%，单处面积＞1.0 m²，或主梁裂缝缝长＞截面尺寸的1/3且≤截面尺寸的1/2
4	主梁控制截面出现较多横向裂缝（钢筋混凝土梁、板），或顺主筋方向出现严重纵向裂缝并伴有钢筋锈蚀，或出现斜裂缝、水平裂缝、竖向裂缝等，裂缝缝宽超限	主梁裂缝缝长＞截面尺寸的1/2，间距＜30cm
5	主梁控制截面出现大量结构性裂缝，裂缝大多贯通，且缝宽超限，主梁出现变形	主梁裂缝缝宽＞1.0mm，间距≤20cm

②钢筋混凝土梁桥的裂缝修补方法。裂缝修补的目的在于恢复结构物的防水性和耐久性，以及起到修饰美观的作用。结构有较严重的病害时，需要在加固前或在实施加固技术的过程中进行裂缝的修补。施工前应详细检查裂缝的走向、分布、缝宽及深度，数量，并进行分类、标记和记录，根据《公路桥涵养护规范》（JTG H11—2004）的要求和实际情况，对于裂缝宽度在限值范围内的浅而细的表面裂缝，可用涂刷水玻璃或环氧树脂浆液进行表面封闭；对于裂缝宽度大于限值规定时，应采用压力灌浆法灌注环氧树脂胶或其他灌缝材料（图5-3～图5-9）；当裂缝发展严重时，应加强观测，查明原因，采取加固或更换构件的办法。

裂缝修补的主要技术有：

a. 表面处理法。表面处理法适用于处理宽度在最大限值范围内的裂缝（裂缝最大限值见表5-12），是一种在微裂缝的表面涂抹填料及防水材料，以提高其防水性和耐久性为目的的方法。这种方法的缺点是修补工作无法深入到裂缝内部，以及对延伸性裂缝难于追踪其变化。因此，对于宽度发生变化的裂缝，要设法使用有伸缩性的材料。表面处理方法所用材料视修补目的及其结构物所处环境不同而异，通常使用弹性涂膜防水材料（如玻璃布）、聚合物水泥膏及水泥填料等。当裂缝宽度大于限值规定时，应采用注浆法、充填法等其他方法。

b. 注浆法。该方法是在裂缝中注入树脂或水泥类材料，以提高其防水性及耐久性。注浆法的主要注浆材料是环氧树脂，以往均采用手动或脚踏式输液泵注入浆液，但无法控制注入量。对于不贯通的裂缝难于将浆液注入内部，注入压力太大有可能出现使裂缝宽度扩大等问题。所以，现在多采用低压低速注入法。此法具有易于控制注入量且可注入裂缝深部的优点。当灌浆材料采用环氧树脂时，应该注意到，由于环氧树脂的黏度不同，有时浆液无法充分注入裂缝，但增加溶剂量又会降低黏性而达不到预期的目的；对于延伸性裂缝，环氧树脂的变形跟踪性较差（环氧树脂的变形量约为2%），所以，对这类裂缝，应该使用可挠性环氧树脂。另外，环氧树脂与钢抓钉并用可使得裂缝部位加固后更具有整体性，是一种防止裂缝继续发展的好办法。

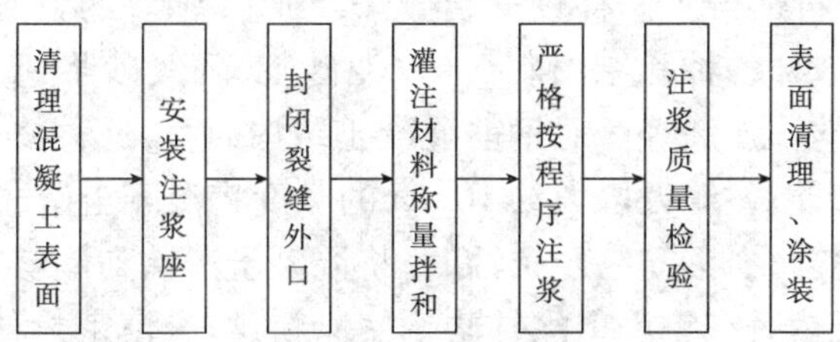

图5-3 自动低压灌注法(壁可法)施工工艺流程

图5-4 清理混凝土表面

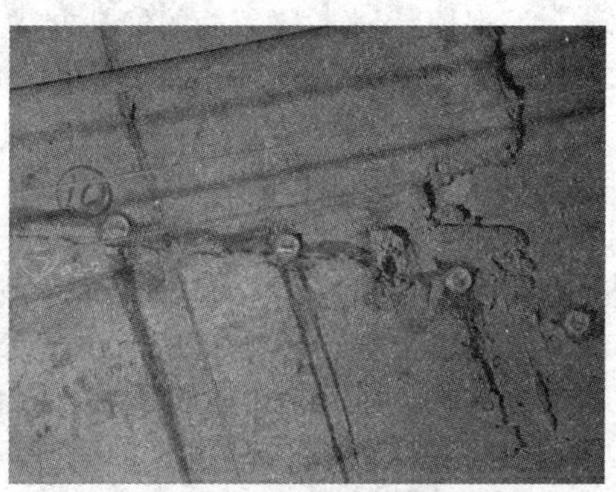

图5-5 安装注浆座

图5-6 封闭裂缝外口

图5-7 注浆

图5-8 注浆质量检验

图5-9 表面清理、涂装

c. 充填法。这是一种适合于修补较宽裂缝(0.5mm 以上)的方法,具体做法是沿裂缝凿一条深槽,然后在槽内嵌补各种黏结材料,如水泥砂浆、环氧砂浆、膨胀水泥砂浆、环氧树脂混凝土、沥青及各种化学补强剂等。对钢筋混凝土结构而言,这种修补方法视钢筋是否锈蚀而异。当钢筋未锈蚀时,沿裂缝处以大约 10mm 的宽度将混凝土凿成 U 形或 V 形,在开槽处充填密封材料以修补裂缝;当钢筋已经锈蚀时,将混凝土凿除到能够充分处置已经生锈的钢筋部分,先对钢筋除锈,然后在钢筋上涂抹防锈底涂料,再充填密封材料。

d. 表面喷涂法。喷浆修补是一种在经凿毛处理的裂缝表面,喷射一层密实而且黏度高的水泥砂浆保护层,来封闭裂缝的修补方法。喷浆前,需要把结构表面的剥离部分除去,再用水冲洗清洁,并在开始喷浆之前把基层湿润,然后再开始喷浆。

e. 黏结钢板封闭法。当钢筋混凝土构件产生主拉应力裂缝时,可对裂缝先进行处理之后,用环氧树脂类黏结剂,在裂缝处黏结钢板,钢板黏结方向应和裂缝方向垂直,并用膨胀螺栓对钢板加压,将钢板(或槽钢)黏结锚固在混凝土结构的受拉缘或薄弱部位,使其与结构形成整体,以钢板代替钢筋作用,提高梁的承载能力。

f. 结构加固增强技术。当裂缝发展严重时,应加强观测,查明原因,采取加固或更换构件的办法来解决。梁式桥上部加固可以采用各种不同的方式,主要视桥梁的实际情况,承载能力的减弱程度以及今后的使用要求而异,一般来说,主要采取的方式有:扩大原结构构件截面,以提高结构的强度和刚度;以新的结构代替旧的抗力不足的结构;改变原结构的受力体系,使控制截面弯矩的峰值减小;对原结构施加预应力,改变原结构的受力图式,以达到提高桥梁刚度和强度的目的。梁式桥上部结构加固增强技术主要有加大截面加固法、外部粘贴加固法、外部预应力加固法、改变结构体系加固法、增设纵梁加固法等方法。

2)梁桥主梁加固的主要方法及特点

(1)加厚桥面板加固法。在桥面板上加铺一层钢筋混凝土面层,使其与原有主梁结合成整体,加厚主梁高度和增大梁的抗压截面,以改善桥梁荷载横向分布能力,从而达到提到桥梁的承载能力的目的,见图 5-10 和图 5-11。

特点:施工简单、承载力提高不显著;需设置连接钢筋和钢筋网;适宜于在抗压截面较小的场合使用;浇筑后混凝土需养护,故须对交通加以限制。

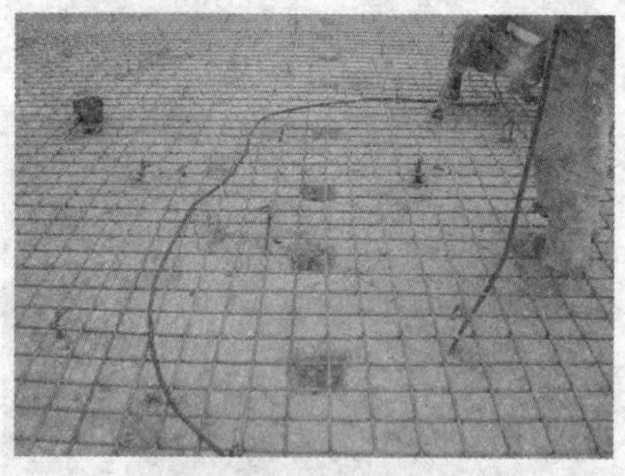

图 5-10　桥铺钢筋网

图 5-11　混凝土的摊铺

(2)增加梁截面和配筋加固法。在梁底面或侧面,加大混凝土截面(增强主筋),使梁抗弯截面加大,提高梁的承载能力(图 5-12)。根据荷载大小和净空条件不同,可分为以加大截面面积为主和以加配钢筋为主两种加固方案。

特点：凿除工作量大，常需搭设脚手架；加固效果显著，适用于梁及拱肋的强度、刚度、稳定性和抗裂性能不足的桥梁加固。

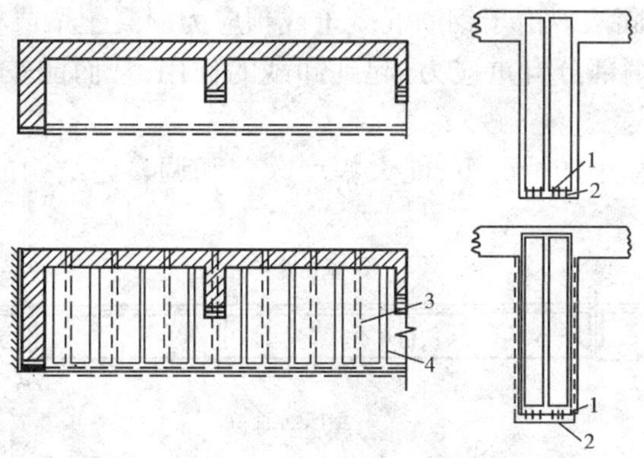

图5-12 梁底增加钢筋加固

1-原有钢筋；2-加固钢筋；3-原有钢筋箍；4-加固钢筋箍

（3）粘贴钢板（筋）加固法。用环氧树脂类黏结剂，将钢板（或槽钢）黏结锚固在混凝土结构的受拉缘或薄弱部位，使其与结构形成整体，以钢板代替钢筋作用，提高梁的承载能力图5-13～图5-15。

特点：不需破坏被加固的原结构的尺寸；施工工艺简单，工期短，适用于主梁承载力不足或纵向主筋出现严重腐蚀时的情况。

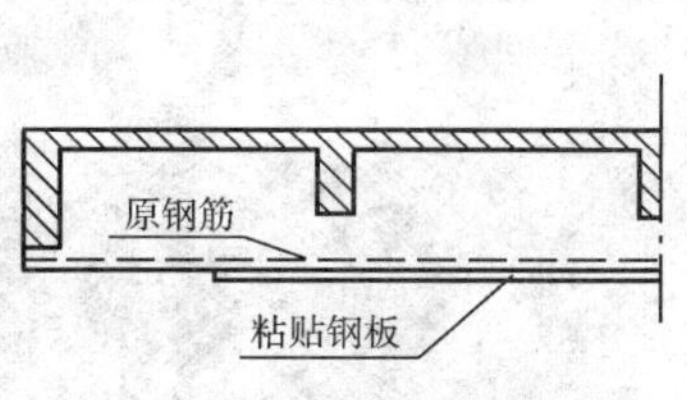

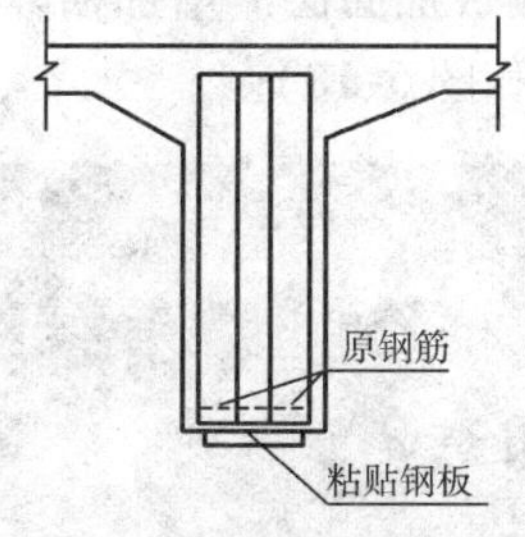

图5-13 梁底粘贴钢板加固

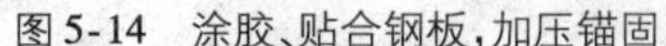

图5-14 涂胶、贴合钢板，加压锚固

图5-15 箱梁底板粘贴钢板条

（4）粘贴碳纤维布加固法。用浸渍树脂类胶将高强碳纤维布有序地缠绕黏结于混凝土构件表面，实现对构件变形的约束并因此提高构件的极限强度和承载能力。

特点：自重轻，不增加永久作用及断面尺寸；可适应不同构件形状；高强度、高弹性、耐腐蚀、施工方便，对原结构不产生新的损伤。

（5）体外预应力加固法。由于钢筋混凝土或预应力混凝土梁或板，采用对受拉区施以体外预应力加固，可以抵消部分自重应力，起到卸载的作用，从而能较大幅度地提高梁的承载能力，见图5-16。

特点：在自重变化很小的情况下，能大幅度改善和调整原结构的受力情况；对墩台及基础受力状况影响很小。

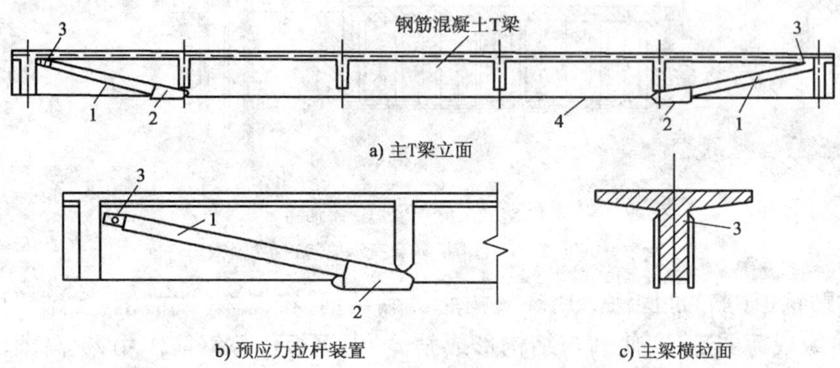

图5-16　T梁体外预应力杆加固

1-小槽钢；2-紧固件；3-固定点；4-预应力拉杆

（6）增设横隔板加固法。增加横隔板加固可以明显改善T形梁桥铰缝开裂病害，防止病害扩展（图5-17和图5-18）。

图5-17　钻孔、植筋、绑扎主筋和箍筋

图5-18　吊模、灌注混凝土及养生

特点：不影响桥下净空，对原桥景观基本无改变，适用于因横向联系较差而降低承载力的桥梁上部结构。增加横隔板加固只是将相对集中的荷载进行了分散，对桥梁整体承载能力并无实质性的提高，需配合其他方法同时进行。

此外，还有改变梁体截面形式加固法、由简支变连续加固法、在梁底加八字撑等加固方法。

3）拱桥的日常养护与维修

(1)经常清除表面污垢及圬工砌体因渗水而在表面附着的游离物。

(2)经常疏通泄水管孔,保持桥面及实腹拱拱腔排水畅通。如发现拱桥桥面漏水应及时修补,空腹拱的主拱圈(肋)若发现渗水,应对拱背进行清理,清除可能积水的残渣、堆积物等,并用砂浆等材料抹平或堵塞裂缝。实腹拱若发现主拱圈渗水,应检查拱腔排水系统,必要时可挖开拱上填料,修补防水层,修理排水管道。

(3)主拱及拱式腹拱的拱绞及变形缝应保持正常工作状态。清除弧面铰及变形缝内嵌入的杂物,保持能自由转动、变形。填缝材料如油毛毡、浸渍沥青的木板等,如有损坏应及时更换。

(4)构件表面缺陷及局部损坏的修补,主要有以下几类:

①圬工砌体的边角压碎、砌块断裂,主砌石拱桥砌缝张口等,可用水泥砂浆修补。若个别块体压碎或脱落,应用新的块体填塞更换,更换时应保证嵌挤或填塞紧密。砌缝砂浆若发生脱离,应凿除后重新用干硬性砂浆或微膨胀砂浆填筑,表面重新勾缝。

②钢筋混凝土拱构件表面缺损与裂缝修补请参见前述钢筋混凝土梁桥部分。

③实腹拱的侧墙若发生较大变形、开裂,应查明原因并作相应处理。若是填料不实,或拱腔积水,应挖开拱上填料,修补防排水系统,拆除鼓凸部分侧端后重新砌筑,重新回填拱上填料及重做路面,也可酌情换用轻质填料或加入侧墙尺寸。

④若发现侧墙与拱圈之间脱开,或侧墙上有斜向(若是砌体通常沿砌缝成锯齿状)开裂,应检查墩台与主拱的变形。开裂轻微且不再发展的,可作一般修补裂缝处理。若开裂严重或裂缝在发展中,应考虑加固、改造方案。

(5)冬季月平均气温低于-20℃的地区,对淹没于结冰水位的拱圈,应在枯水期从结冰水位以上50cm开始至拱脚涂抹一层防冻环氧砂浆,砂浆表面再涂刷沥青进行保护。

4)拱桥的主要病害与加固方法

(1)拱桥的主要病害。

①主拱圈抗弯强度不够引起拱圈开裂。裂缝主要发生在拱顶区段的拱圈下缘与侧面,拱脚处的拱圈上缘与侧面。

②主拱圈抗剪强度不够引起拱圈开裂。裂缝主要发生在拱脚、空腹拱的立柱柱脚。

③拱圈材料抗压强度不够,引起开裂或压碎。

④两拱脚墩台不均匀沉降引起拱圈开裂,一般出现在拱顶区段,横桥向贯穿于拱圈,裂缝宽度上下变化不大,且两侧有错动。墩、台基础上、下游不均匀沉降引起拱圈及墩台出现顺桥向裂缝。

⑤肋间横向联结如横系梁、斜撑强度不够引起开裂。

⑥桥面板开裂。引起开裂的原因主要有局部承受车辆荷载强度不够,参与主拱受力后强度不够,肋片发生较大位移,板与肋连接破坏,或在施工中以开裂而未予彻底处理等。

⑦拱上排架、梁、柱开裂,短柱的两端开裂,侧墙斜、竖方向开裂,侧墙与拱圈连接处开裂。开裂的主要原因分别为构造不合理、强度不够、施工质量不好,以及由于拱圈变形、墩台变位对拱上结构造成不利影响所致。

⑧预制拼装拱桥或分环砌筑的圬工拱桥,沿连接部位或砌缝发生环向裂缝。双曲拱桥的拱肋与拱波连接处开裂,拱肋接头混凝土局部压碎。

⑨双曲拱桥的拱波顶纵向开裂。多为肋间横向连接偏弱，采用平板式填平层使拱横截面刚度分配不均匀，墩台横向不均匀沉降等引起。

(2)拱桥常用加固方法。针对不同的原因引起的病害，采取不同的方法对旧桥加固。通常，拱桥常用的加固方法有以下几种。

①增厚拱板加固法。

a. 适用范围。圬工拱桥拱圈顶部产生裂缝，或沿砌缝发生的环向裂缝，这种情况下，可以采取增厚拱板的加固方法。

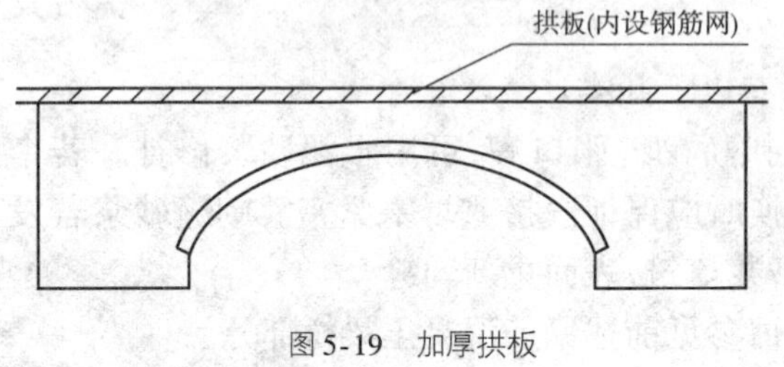

图5-19 加厚拱板

加厚时先将拱上填料拆除，再沿全桥宽浇筑混凝土拱板，内设钢筋网，加厚拱板的截面形式见图5-19，如果是与旧混凝土结为整体，施工时需要将原混凝土表面凿毛冲洗后再浇筑新混凝土，其主要工序就是拆除旧拱背填料，重新浇筑钢筋混凝土的过程。浇筑的混凝土板长于桥头3～4m，并处理好桥头排水问题，禁止水流冲刷主拱圈。

b. 施工工艺流程。

将原混凝土凿毛、清洗表面→绑扎钢筋网→现浇混凝土→设置桥头排水盲沟，与纵向排水相连接→按照公路桥涵施工规范要求养生。

②锚喷混凝土加固法。锚喷混凝土加固是将锚杆锚入拟补强部位结构内，挂设补强钢筋网，然后再喷射一定厚度混凝土，形成与原结构共同承受外载作用的组合结构。

a. 锚喷混凝土的特点。混凝土的运输、浇灌和捣固结合为一道工序，大大简化了施工工序；设备占地面积小，机动灵活；节省劳动力，具有广泛的适应性；施工快捷简便，不中断交通等。

喷射混凝土能射入宽度2mm以上的裂缝，与被加固的结构紧密结合，形成一个整体。锚喷混凝土施工时可在混合料中加入外加剂或外掺料，大大改善喷射混凝土的性能。比如加入速凝剂，则喷射混凝土具有凝结快、早期强度高等特点。

b. 施工工艺要点。根据喷射混凝土的搅拌和运输方式，喷射混凝土一般有干式和湿式两种。而目前我国广泛采用湿式喷射技术。其施工工艺要点为：凿毛并加固拱圈的表面；按设计要求在构件表面安设锚固钢筋；绑扎钢筋网与锚固钢筋焊接，钢筋周围应有足够的间隙，以便混凝土能完全包裹钢筋；按照试验配合比将混合料送进湿喷机；表面修整，喷射面应自然整平；混凝土养生，养生时间不小于7d。

③勾缝注浆加固法。

a. 特点与运用范围。勾缝注浆加固，就是将产生的裂缝用高强度等级砂浆勾缝，再打孔注浆的加固方法，主要适用于拱圈裂缝较小的情况，该方法具有较小程度影响旧桥原貌，设备占地面积小、机动灵活，经济型合理，施工方便快捷，具有广泛适应性等特点。

b. 施工工艺要点。水泥砂浆勾缝后应注意养生，待砂浆到达强度后，方可进行下一步工序；如果有不同的砌石出现断裂或鼓凸，应注意只能处理一块，待强度形成后再处理下一块，禁止同时处理几块砌石；砌石接缝处打孔注浆。

④钢筋混凝土套箍封闭主拱圈法。该方法适用于双曲拱桥，即沿主拱圈外环现浇增设一层钢筋混凝土套箍层，其工序如下：主拱圈表面凿毛→安设主拱圈砂浆锚杆→主拱圈纵横钢筋就位→现浇钢筋混凝土套箍层→混凝土养生。

⑤更换拱上建筑，减轻自重，更换实腹拱的拱上填料为轻质填料。

⑥用更换桥面板，增加桥面铺装的钢筋网，加厚桥面铺装，换用钢纤维混凝土等方法维修加固桥面。

⑦因墩、台变位引起拱圈开裂时，应先维修加固墩台，然后修补拱圈。

⑧加固拱桥时，应注意恒载变化对拱压力线的影响及引起的推力变化，对各施工工序应进行检算，并做出详细的施工组织设计，严格按照设计的工序施工。

二、桥梁下部结构的养护、维修与加固

桥梁的下部结构包括桥墩、桥台和基础。桥墩和桥台是支撑上部结构并将其传来的恒载和车辆等活载再传至基础的结构物。通常设置在桥两端的称为桥台，设置在桥中间部分的称为桥墩。桥台除了上述作用外，还与路堤相衔接，并抵御路堤土压力，防止路堤填土的坍落。单孔桥只有两端的桥台，而没有中间桥墩。桥墩和桥台底部的奠基部分，称为基础，基础承担了从桥墩和桥台传来的全部荷载。

1. 墩台基础的维修与加固

1）日常养护与维修

（1）应采取措施保持桥梁墩台基础附近河床的稳定。桥梁上、下游各200m的范围内（当桥长的1.5倍超过200m时，范围应适当扩大）应做到：

①应适时地进行河床疏浚。每次洪水过后，应及时清理河床上的漂浮物，使水流顺利宣泄。

②在桥下树立警告示牌，禁止任何人或单位在上述范围内挖砂、取土、采石、倾倒废弃物，禁止进行爆破作业及其他危及公路桥梁安全的活动。

③不得任意修建对桥梁有害的建筑物，因抢险、防汛需要修筑堤坝、压缩或拓宽河床时，应事先报经交通主管部门或公路管理机构同意，并采取有效的防护措施。发现任何可能破坏桥梁安全的行为，应及时制止。

（2）基础冲刷过深或基底局部掏空，应立即抛填块石、片石、铅丝石笼等进行维护。

（3）桥下河床铺砌出现局部损坏时应及时维修。若砌块损坏，可补砌或采用混凝土修补。

（4）对设置的防撞、导航、警示等附属设施应经常检查、维护，保持良好状态。

（5）当重力式基础或桩基础的承载能力不足，出现超过允许值的沉降，以及基础局部被冲空、墩台周围河床被严重冲刷或因基础病害致使墩台滑移、倾斜时，应对基础进行加固。

2）墩台基础的允许沉降

简支梁桥的墩台基础沉降和位移，超过下列允许限值通过观察继续发展时，应采取相应措施予以加固。

（1）墩台均匀总沉降值（不包括施工中的沉降）：$20\sqrt{L}$（mm）。

（2）相邻墩台总沉降差值（不包括施工中的沉降）：$10\sqrt{L}$（mm）。

（3）墩台顶面水平位移值为：$0.5\sqrt{L}$（m）。

其中，L 为相邻墩台间最小跨径长度，以米计，跨径小于25m仍以25m计算。桩、柱式柔性墩台的沉降，以及基桩承台上的墩台顶面水平位移值，可视具体情况确定，以保证正常使用为原则。

3）墩台基础的加固方法及适用范围

（1）地基加固。当地基承载力不足时，可采用下列措施进行加固：

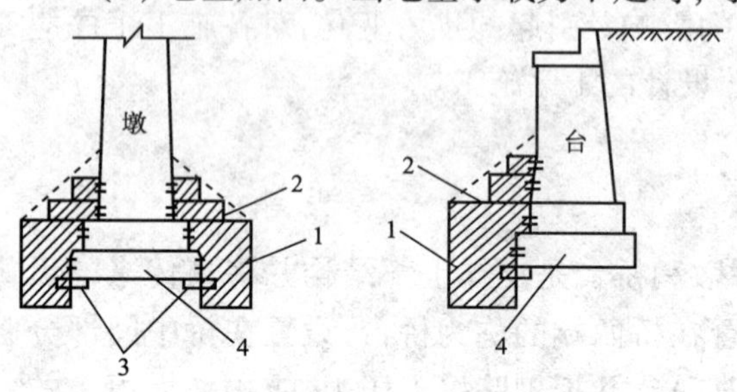

图5-20　刚性基础加固

1-扩大基础；2-新旧基础结合；3-丁石；4-原基础

重力式基础的加固。当地基承载力不足引起墩台基础沉降，可采取下列措施：

①在刚性实体式基础周围加石砌圬工或混凝土，以扩大基础的承压面。新旧基础要注意牢固结合，见图5-20。

②用钻孔桩或打入桩增设基桩，并扩大原承台，见图5-21。

对单排架桩式桥墩采用加桩加固时，如原有桩距较大（4～5倍桩径），可在桩间插桩。如原有桩距较小，但通航净空有富余时，应在原排架两侧增加新桩，变为三排式墩桩。

对钻孔灌注桩桩身损坏，露筋、缩颈等病害，可采用灌（爪）浆或扩大桩径的方法进行维修加固。

③对墩台基础以下的地层，采用注浆、旋喷注浆或深层搅拌等方法，将各种浆液及加同剂注入或搅拌于地层中，通过浆液凝固使原来松散的土固结，成为有足够强度和防渗性能的整体。所采用的材料应通过试验确定。加固地基土见图5-22。

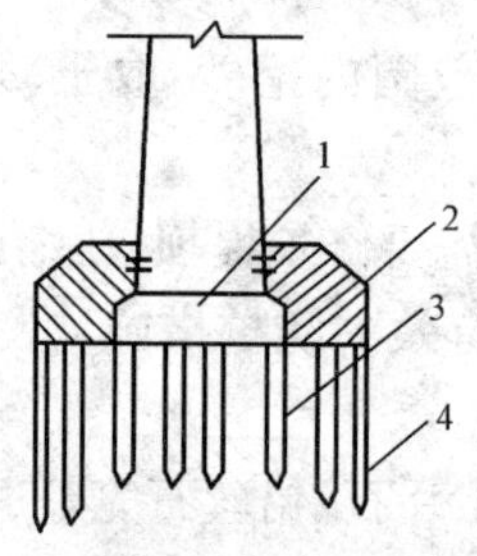

图5-21　增补桩基

1-原承台；2-新承台；3-原桩基；4-新桩基

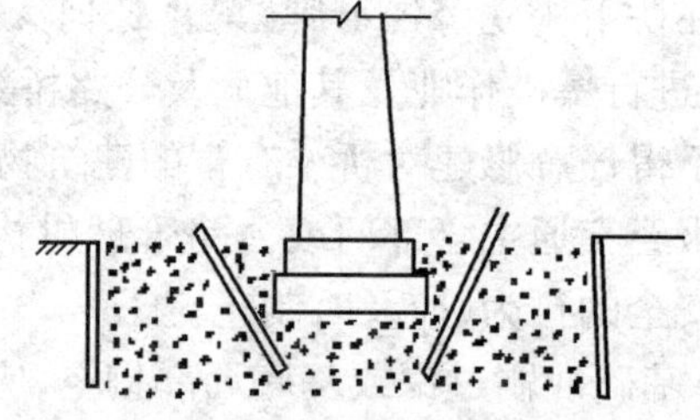

图5-22　加固地基土

（2）墩台基础防护加固。当墩台基础局部被冲空时，可分情况采取下列加固措施：

①水深3m以下，可筑围堰将水抽干，以砌石或混凝土填补冲空部分。桥台基础采用上述方法加固时，还应修整或加筑护坡。

②水深3m以上，可在基础四周打板桩或做其他围堰，并灌注水下混凝土。也可用编织袋装干硬性混凝土，并将袋装混凝土分层填塞冲空部分，其填塞范围应比基础边缘宽0.4m以上。

③当基础置于风化岩层上，基底外缘已被冲空时，应先清除岩层严重风化的部分，再用

混凝土填补。对基础周围的风化岩层还应用水泥砂浆进行封闭。

④当河床不稳定、基础埋置较浅且冲刷范围较大时，也可采用平面防护加固，即打梅花桩、片(块)石防护、铁丝笼防护或用水泥混凝土预制块等方法防护。

⑤墩台周围河床冲刷严重，危及基础的，除修补被冲空的基础外必须在洪水期过后，采取必要的防护措施，或对河床采取防冲刷处理，以防再次被冲坏。

⑥严寒地区，冬季冰层厚度变化，容易发生浅桩冻拔，深桩环状冻裂。可采取下列防护方法：

a. 冰冻开始时，在距墩台周围约0.2~0.4m处凿冰沟(宽0.5~1.0m)，沟内填充雪或干草、麦秆等材料保温材料。

b. 桩基周围冰层很厚。可打入套管或板桩，中间填以保温材料。

c. 将周围之土挖至冰冻线，将基础和桩的表面涂以沥青，填以重油拌和的粗砂和砾石，上面盖黏土，或用矿渣置换冰冻线以上的土，最后宜做水泥混凝土封层以防渗水再次冻胀。

d. 小桥可用培草、培土、填平冲刷坑和临时抬高水位等措施。

(3)墩台基础沉降的加固。若桥梁墩台发生比较明显的沉降、位移，除按本节前述的方法加固外，还可采用下述方法使上部结构复位：

①梁式桥上部结构状况基本完好，桥面没有损坏，下部地基较好时，可对上部结构整体或单孔顶升，然后加设垫块、调整支座。

②梁式桥上部结构状况基本完好，但桥面损坏严重时，可凿除桥面及主梁之间的连接，将主梁逐一移位，加厚盖梁，重新安装生梁，并重新铺装桥面。

③拱桥桥台发生位移，使拱轴线变形较大，承载能力不足时，应采用顶推方法调整拱轴线，恢复其承载能力。

2. 墩台的维修与加固

1)日常养护与维修

(1)保持墩台表面整洁，及时清除墩台表面的青苔、杂草、灌木和污垢。

(2)对发生灰缝脱落的圬工砌体，应清除缝内的杂物，并重新用水泥砂浆勾缝。

(3)圬工砌体墩台如表面风化剥落，深度在3cm以内的，可用水泥砂浆抹面修补；如损坏面积较大，深度超过3cm的须采用挂网喷浆或浇筑混凝土层予以裹覆，见图5-23。

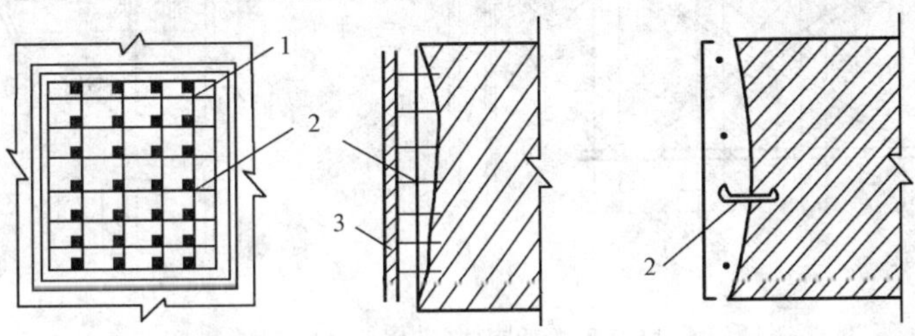

图5-23 混凝土缺损修补

1-钢筋网 ϕ8~12mm；2-牵钉间距≤50cm；3-模板

(4)圬工砌体镶面部分严重风化和损坏时，应用石料或混凝土预制块补砌、更换，其新老部分应结合牢固，色泽质地应与原砌体基本一致。

(5)墩台身圬工砌体的砌块如出现裂缝，应拆除后重新砌筑。

(6)当墩台表面发生侵蚀剥落、蜂窝、麻面、裂缝、露筋等病害时,应采用水泥砂浆、环氧树脂或其他聚合物混凝土进行修补。

2)加固方法与适用范围

(1)由于支座失效造成的墩台拉裂,应修复或更换支座,并修补裂缝。

(2)若墩台身纵向裂缝,可采用钢筋混凝土围带、粘贴钢板箍或加大墩台截面的方法进行加固,见图5-24。

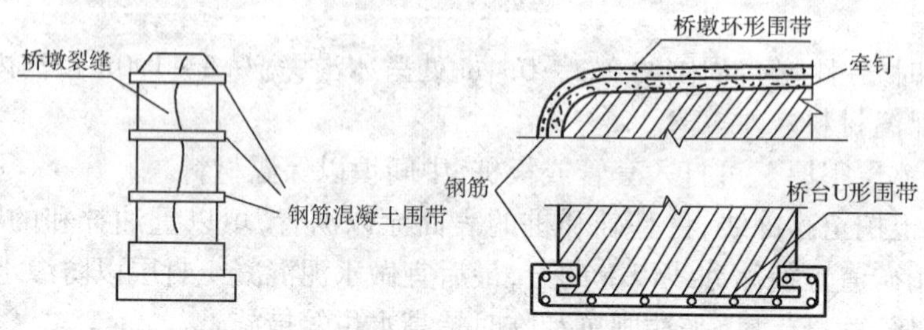

图5-24　围带加固

(3)因基础不均匀下沉引起墩台自下而上的裂缝时,应先加固基础,再采用灌缝或加箍的方法进行加固。

(4)U形桥台的翼墙外倾时,可在横向钻孔加设钢拉杆进行加固。

(5)若墩台出现大面积开裂、破损、风化、剥落时,可采用钢筋混凝土“箍套”加固。

(6)桩式墩台,如结构强度不足或桩柱有被碰撞折断等损坏,在基桩承载力许可条件下,可采用下列方法修理加固:

①桩柱式墩台结构的整体稳定性不足时,可采用加固整个桩柱式墩台的方法,即在桩或柱间用槽钢或角钢作横、斜撑联结,以增强整体性和稳定性。钢板箍和横夹板(用槽钢或角钢)用螺栓拧紧。斜夹板可用电焊接合,见图5-25。盖梁如强度不足时,也可在盖梁下加横向夹梁,用螺栓拧紧,予以加强。

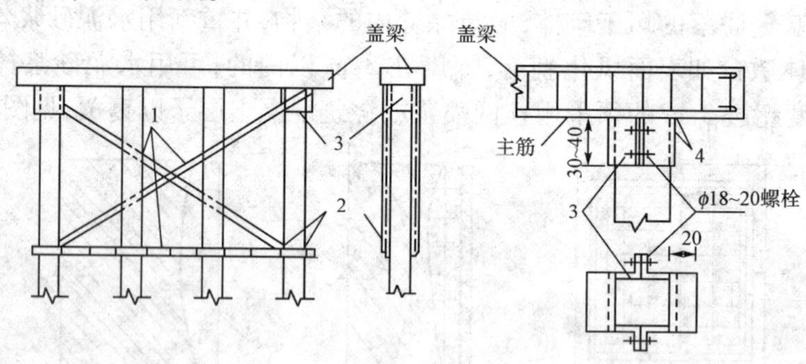

图5-25　桩柱式墩加固(尺寸单位:cm;直径:mm)

1-槽钢或角钢;2-螺栓;3-钢板箍厚6~8cm;4-联结模板

②迎水侧桩。往被船只或流冰等碰撞损伤,以至折断,可视情况采用下列修理方法:

a.将损伤或折断的桩柱,凿除松动部分混凝土、添加必要的钢筋,立模浇筑混凝土按原式修复。施工时可在伤柱两侧加设临时支撑。

b.在桩柱损伤处,将原混凝土凿毛,外面加设钢筋混凝土围带,使损伤部位得以加强。

(7)梁式桥台背土压力大,造成桥台向桥孔方向位移,可采取下列方法加固:

①挖除台背填土,改用轻质材料回填,减轻台后土压力,以使桥台稳定。

②挖去台背填土,加厚桥台胸墙,更换内摩阻角大的填料,减小土压力。加厚胸墙见图5-26。

③对于单跨的小跨径简支架桥,可在台间加设钢筋混凝土支撑梁或浆砌片石支撑板,支撑顶面应不高于河床,见图5-27。埋置式桥台可采用挡墙、支撑杆或挡块等进行加固。

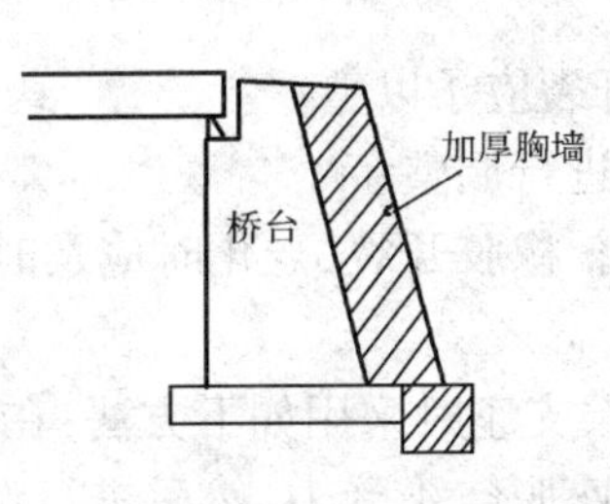

图5-26 加厚胸墙

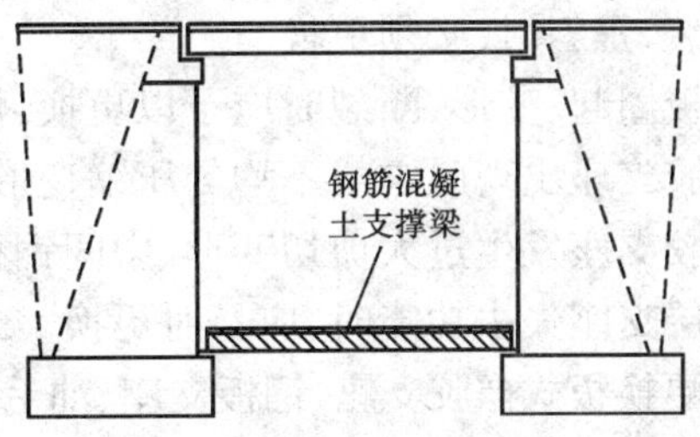

图5-27 台间设支撑梁

(8)拱桥桥台产生向台后方向位移,可根据不同情况采用下列加固方法:

①在U形桥台两侧加厚翼墙。翼墙与原桥台应牢固结合,增大桥台断面和自重,借以抵抗水平位移。若为一字型桥台,可增设翼墙变为U形桥台。

②当桥台的位移尚未稳定时,可在台后增设小跨引桥和摩擦板,以制止桥台继续位移。

③当桥下净空许可时,可在墩台之间设置拉杆以承受推力,限制水平位移。对于多孔拱桥,要注意各孔之间的推力平衡。

三、桥梁支座的养护与维修

桥梁支座是桥梁上下部结构的结合点,一有损坏,将严重影响桥梁的承载能力和使用寿命,必须注意经常养护,保证其处于正常的传递功能状态。常见的支座形式有油毛毡支座、板式橡胶支座和盆式橡胶支座。

1. 桥梁支座的病害特征

(1)油毛毡支座经常发生破裂和滑动面不平整的现象。

(2)板式橡胶支座的主要病害是脱空、老化开裂和剪切变形。

(3)盆式橡胶支座主要病害是支座螺栓生锈、上螺栓卡死,支座无法活动。

支座的病害可能使上部结构失去活动能力,从而产生附加内力,对桥梁的承载能力和工作状态产生不利影响。引起支座病害的主要原因是支座的设计存在缺陷、安装误差、日常养护不周和荷载的反复作用。

2. 日常养护

桥梁支座的主要养护工作应符合下列要求:

(1)支座各部分应保持完整、清洁,每半年至少清扫一次。清除支座周围的油污、垃圾,防止积水、积雪,保证支座正常工作。

(2)滚动支座的滚动面应定期涂润滑油(一般每年一次)。在涂油前,应把滚动面擦拭干净。

(3)对钢支座要进行除锈防腐。除铰轴和滚动面外,其余部分均应涂刷防锈油漆。

(4)及时拧紧铜支座各部接合螺栓,使支撑垫板平整、牢固。

(5)应防止橡胶支座各部接触油污引起老化、变质。

(6)支座、盆式橡胶支座的防尘罩,应维护完好,防止尘埃落入或雨、雪渗入支座内。

3. 桥梁支座的维修与更换

(1)支座如有缺陷或产生故障不能正常工作时,应及时予以整修或更换。

①支座的固定锚销剪断,滚动面不平整,轴承有裂纹或切口,辊轴大小不合适,混凝土摆柱出现严重开裂、歪斜时,必须更换。

②支座座板翘起、变形、断裂时应予以更换,焊缝开裂应予以整修。

③板式橡胶支座出现脱空或不均匀压缩变形时应进行调整。

④板式橡胶支座发生过大剪切变形、中间钢板外露、橡胶开裂、老化时应及时更换。

⑤油毡垫层支座失去功能时,应及时更换。

(2)调整、更换板式橡胶支座、钢板支座、油毛毡垫层支座时采用如下方法:在支座旁边的梁底或端横隔处设置千斤顶,将梁(板)适当顶起,使支座脱空不受力,然后进行调整或更换。调整完毕或新支座就位正确后,落梁(板)到使用位置,具体工艺流程如图5-28～图5-34所示。

(3)需要抬高支座时,可根据抬高量的大小选用下列几种方法:

①垫入钢板(50mm以内)或铸钢板(50～100mm)。

②更换为板式橡胶支座。

③就地浇筑钢筋混凝土支座垫石,垫石高度按需要设置,一般应大于100mm。

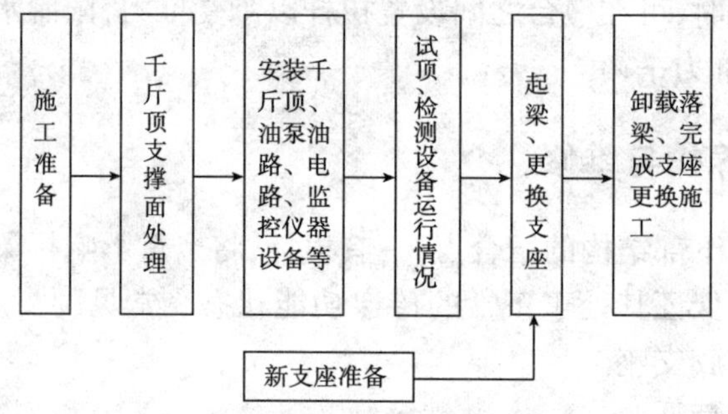

图5-28 整体顶升法更换支座施工工艺流程

图5-29 钢管柱支撑平台

图5-30 墩柱外包钢构件支撑平台

图5-31　安装千斤顶、油泵油路、电路

图5-32　试顶,检查设备运行情况

图5-33　起梁、更换支座

图5-34　卸载落梁、完成支座更换施工

四、桥面系的养护与维修

桥面系指的是桥梁上部结构中,直接承受车辆、人群等荷载并将其传递至主要承重构件的桥面构造系统,包括桥面铺装、伸缩装置、防排水系统、行车道和人行道、栏杆、灯柱等附属设施。

1. 桥面铺装层的养护

桥面铺装层是车辆荷载直接作用的部分。既是保护层,又是受力层。其功能是保护行车道板或主要承重结构不直接承受轮胎的磨耗以及雨雪和大自然的侵蚀,并具有一定的均匀分布车轮集中荷载的作用,因此其必须具有足够的强度、良好的整体性以及抗冲击和耐疲劳特性,同时还应具有防水性以及对温度变化的适应性。桥面铺装的类型一般根据所采用的材料类型分为沥青表面处治、沥青混凝土、水泥混凝土等。沥青表面处治桥面铺装耐久性差,仅在中级或低级公路桥梁上使用。沥青混凝土和水泥混凝土桥面铺装可以满足各项要求,水泥混凝土桥面铺装的耐磨性能好,适合重载交通,养护期长,但以后修补较麻烦。沥青混凝土维修养护方便,但易老化变形。

1)病害特征

在公路桥梁工程中,桥面铺装常出现不规则的网状裂缝,较规则的纵向、横向裂缝及较严重的碎裂等病害。产生病害的原因是多方面的,主要是设计阶段对桥面铺装参与结构受力考虑偏低(亦即没有按主受力截面要求配筋设计),而超载车辆又频繁作用。另外配筋材料的选择和施工质量也是影响桥面铺装质量的重要因素。

2）养护措施

桥面应经常清扫，保持桥面清洁完整和有一定的路拱。在雨后应随时将桥面积水扫到泄水管口以排除，冬天结冰或在下雪后，应及时消除桥面上的冰块或积雪。严禁在桥面上堆置杂物或占为晒场等，以保证车辆过桥时行驶的安全。

沥青混合料桥面出现泛油、鼓包、裂缝、波浪、坑槽、车辙等病害时，应及时处治；若损害面积较小时，可局部修补；若损害面积较大时，可将整跨铺装层凿除，重铺新的铺装层。一般不应在原桥上直接加铺，以免增加桥梁荷载。

水泥混凝土桥面出现断缝、拱胀、错台、起皮、露骨等病害时，应及时处理。若损坏面积较大时，应将原铺装层整块或整跨凿除，重铺新的铺装层。

桥面铺装出现表面碎裂或脱皮现象，应将破损部分凿除，沿铺装层内钢筋方向凿成方形或矩形，及时修复。损坏面较大者，在桥梁承载能力允许的前提下，可加铺一层2～3cm厚的沥青混凝土，或者整孔铺装层凿除，重铺新的铺装层。桥面防水层如有损坏，应同时修复。

2.桥面排水系统的养护

1）病害特征

桥面排水设施出现缺陷如泄水孔堵塞会导致桥面积水，给行车带来不利影响，降雨时引起车辆滑移，容易引发交通事故，严重的还会损坏桥梁结构本身的安全。当雨水由伸缩缝直接进入支座时，将会使支座锈蚀，造成支座的功能恶化。

2）养护措施

（1）桥面的泄水管、排水槽如有堵塞，应及时疏通，保持畅通。

（2）桥面横坡应大于1.5%，以利排水。

（3）桥面上设置的封闭式排水系统，应保持各排水管道畅通，若有堵塞应及时疏通，若有损坏应及时更换。

3.桥面伸缩缝的养护

桥梁伸缩装置，又称伸缩缝，是指在桥梁温度变化、混凝土收缩、徐变以及荷载作用等产生梁端变位的情况下，为了使车辆能够顺利地在桥面上行驶，同时能够满足桥面变形的要求，而在梁端与桥台背墙之间、两相邻梁端之间设置的装置。伸缩缝是桥梁结构的重要组成部分。伸缩装置应能满足梁体的自由伸缩，并要求具有较好的耐久性、行驶的舒适性、良好的防水性及施工的方便性，且维修简便、价格合理。在桥梁结构中，伸缩装置要适应温度的变化、混凝土的徐变及收缩、梁端的旋转、梁的挠度等因素引起的伸缩变化等。

1）病害特征

伸缩缝破坏特征为由于设计不当，材料老化和施工的因素造成接缝处不平、跳车、渗漏的现象。产生伸缩缝破损的主要原因有：

（1）设计不周。

（2）施工质量问题。

（3）养护不当。

（4）交通流量大、重车多。

（5）伸缩缝本身的品质有问题。

(6)伸缩缝锚固系统不合理,锚固混凝土太薄,强度难以达到设计要求,极易损坏。

2)养护措施

伸缩缝是桥梁的一个重要组成部分,由于诸多原因,伸缩缝装置的损坏是难免的。要从设计施工养护等环节重视它,并加强日常维修养护,清除缝内沉积物,如有损坏,应及时修理或更换,保证其处于正常的工作状态,确保桥梁安全。当伸缩装置出现下列病害时,应及时进行更换:

(1)橡胶伸缩缝的橡胶条老化、脱落,或固定角钢松动、变形。

(2)U形锌铁皮伸缩装置的锌铁皮老化、开裂、断裂。

(3)钢板伸缩装置的钢板变形、螺栓脱落等。

(4)板式橡胶伸缩装置的橡胶老化开裂、螺栓松脱等。

伸缩缝更换流程如图5-35~图5-38所示。

图5-35 拆除原有伸缩装置

图5-36 清理槽口

图5-37 安装新的伸缩缝

图5-38 更换伸缩缝完成

4. 桥梁栏杆的养护

1)病害特征

栏杆存在缺陷或已损坏时,虽不妨碍交通,但却影响桥容,使行车缺少安全感,降低交通安全的适应水平。因此,对损坏的栏杆要及时修理,并加强平时的养护工作。

2)养护措施

桥梁栏杆应经常进行养护,保持完好状态。栏杆柱要竖立正直,水平构件能自由伸缩。及时安装撞坏的栏杆;如有缺损,要及时补齐;钢筋混凝土栏杆如有裂缝或剥落,轻者可用环氧树脂黏结材料灌缝修补,严重者要凿除损坏部分,重新修补完整;钢质栏杆要进行一年一

次的定期油漆，如发现油漆有麻点、起皮，应用钢刷处理后重新进行油漆；桥头两端的栏杆柱，涂以20cm宽红白相间的油漆，顶部20cm为红色，油漆要鲜明。

5.标志、标线和安全设施的养护

（1）桥上的交通标志应齐全、醒目、牢固，标志板应保持整洁、无裂纹和残缺。如有损坏应及时整修。

（2）交通标线应经常保持完好、清晰并定期涂刷。

（3）桥上的安全措施应齐全、整洁、牢固，如有损坏应及时修理。

（4）桥上的防护隔离设施应完整、牢固，如有损坏应及时修理。

课题30　涵洞养护

单孔跨径小于5m的排水构造物统称为涵洞，但圆管涵和箱涵不论管径或跨径大小、孔数多少，均称为涵洞。

正常使用中的涵洞不但要保证车辆安全通过，同时还要使水流在任何情况下都能顺畅地通过洞孔，排泄到适当地点。以保持涵洞结构及填土完好。保证涵洞表面清洁、不漏水。涵洞开挖和维修时，应维持好交通，并设立安全标志及护栏。

涵洞养护工作内容包括经常检查和定期检查、日常养护、维修、加固与改建。

涵洞养护的要求是确保涵洞行车安全、排水顺畅和排放适当，保持涵洞结构及填土完好，维护涵洞表面清洁、不漏水，保证涵洞的正常使用。

一、涵洞检查的内容和方法

（1）涵洞检查的方法。涵洞的检查方法有经常检查和定期检查。

（2）经常检查。

①经常检查每月至少进行2次，在洪水和冰雪前后及行洪期间应加强检查。

②经常检查的内容包括进水口是否堵塞，沉砂井有无淤积，洞内有无淤塞及排水不畅，洞口周围是否有杂物堆积，涵洞是否清洁、漏水，周围路基填土是否稳定和完整，涵洞结构是否有损坏。

③经常检查中发现有排水堵塞或有较大损坏需要维修的，应做好记录并及时报告。

（3）定期检查。定期检查每年至少进行1次。定期检查的内容包括：

①检查涵洞的过水能力，包括涵洞的位置是否适当，孔径是否足够，涵底纵坡是否合适。若过水能力明显不足，经常造成内涝及路基损毁的，应考虑改造。

②进水口铺砌、翼墙、护坡、挡水墙、沉砂井等是否完整，洞口连接是否平整顺适。

③出水口铺砌、挡水墙、翼端、护坡等是否完整，排水是够顺畅。

④涵体侧墙是否渗漏水、开裂、变形或倾斜，墙身砌体砂浆是否脱落、石块是否松动，基础是够冲刷淘空。

⑤涵身顶部盖板或拱顶是否开裂、漏水、变形下挠，拱顶砌块是否松动脱落。

⑥涵底是否淤塞阻水，涵底铺砌是否完整。

⑦洞口附近填土是否有渗水、冲刷、空洞，填土是否稳定。

⑧涵洞顶路面是否开裂、下沉,行车是否安全。

定期检查中,检查人员应当场填写涵洞定期检查表,对涵洞的技术状况综合做出好、较好、较差、差、危险5个级别的评定,并提出日常养护、维修、加固、改建等建议。

二、涵洞的日常养护

(1)涵洞的洞口应保持清洁,发现杂物堆积应及时清除。涵洞内应保持排水畅通,发现淤塞应及时疏通。

(2)洞口和涵洞内如有积雪应尽快清除,被清除的积雪应堆放在路基边沟以外。经常积雪或积雪较深的涵洞,入冬前可在洞口外加设栅栏,或用柴草捆封洞口,融雪时及时拆除。

(3)涵底铺砌、洞口上下游路基护坡、引水沟、汇水槽、沉砂井发生变形时,均应及时修理。

(4)涵底铺砌出现冲刷损坏、下沉、缺口应及时修复。路基填土出现渗水、缺口应及时封塞填平。

(5)涵底和墙身出现渗漏水,应查明原因,分别采取下列方法处理:

①疏通水道,使洞口铺砌与上下游水槽坡道平齐顺适。

②保持洞内底面平顺,并有适当纵坡。

③用水泥砂浆对涵底和墙身重新勾缝。

(6)涵洞出水口的跌水构造应与洞口结合成整体,若有裂缝应及时填塞。

(7)浆砌石拱涵的砌体表面风化、开裂、灰缝剥落,局部石块松动、脱落,可分别按下列方法处理:

①用水泥砂浆重新勾缝,或局部拆除后重砌。

②表面抹浆或喷浆。

③在砌体背后压注水泥砂浆或化学浆液。

④加设涵内衬砌。

⑤挖开填土,对砌体进行维修处治,并加设防水层。

(8)混凝土管涵的接头处和有铰接缝处发生填缝料脱落,引起路基渗水时,应及时封堵处理。可用干燥麻絮浸透沥青后填实,或用其他黏弹性材料封堵,不宜用灰浆抹缝,以免再次脱落。

(9)压力式涵洞进水口周围路堤发现渗流、空洞、缺口或冲刷现象时,应及时进行修补处理。洞口周围路基可用不透水性土封堵,洞前做铺砌或修挡水墙。

(10)压力式涵洞或倒虹吸管的涵顶路面出现浸渍,应及时处理。可采用对涵内顶部表面抹浆、喷浆或衬砌的方法处理。

三、涵洞的维修与改建

1. 涵洞的维修

(1)涵洞圬工砌体表面发生局部风化、裂缝及灰缝剥落等,可分别采取勾缝、局部拆除重砌、表面抹浆或喷浆、加设涵内衬砌等措施进行加固。

(2)水泥混凝土管涵的接头处或有铰缝处发生填缝料脱落，引起路基渗水时，可用干燥麻絮浸透沥青填实，或用其他弹性材料封堵，不宜用灰浆抹缝，以免再次脱落。

(3)如涵洞进出水口处严重冲刷时可采取下列维修方法。

①位于陡坡上的涵洞或直接受水流冲刷的涵洞，其入水口处应采取适当的防护措施。

②用浆砌块石铺底，并用水泥砂浆勾缝，铺砌长度视土质和流速而定，铺砌的末段应设置混凝土或浆砌块石抑水墙。

③对流速特别大的涵洞，应在出水口加设消力槛等，消力槛的末端应设置混凝土或浆砌块石抑水墙，或设置三级挑槛。

(4)涵洞经常发生泥砂淤积时，可在进水口设沉砂井，以沉淀泥砂、杂物。

(5)管涵的管节因基础沉陷而严重错裂时，应先处理地基，再重建基础，也可直接对地基及基础进行压浆处理。

(6)波纹管涵发生涵管沉陷、变形，应挖开填土进行修理。管底应按土质情况做好垫层，管上加铺一层防水层，并注意对回填土分层夯实。

(7)若涵洞的侧墙或翼墙发生倾斜变形时，应查明原因分情况采取处理措施。如是由填土未夯实或填土中水分过多、土压力增大等引起，则应更换透水性好的填土并夯实。如属基础变形引起，则需修理或加固基础。

(8)因加宽或加高路基导致涵洞长度不足时，应将涵洞接长。一般可将原涵洞洞身接长，两端新建洞口端墙和路基护坡。当涵洞接长较短时，可采用只加高两端洞口端墙或加高加长洞口翼墙。

(9)若涵底、涵墙出现渗漏时，应采取措施进行维修。可疏通水道，使洞口铺砌与上下游水槽平顺衔接。保持洞底平顺并有适当纵坡，并用水泥砂浆对涵底、涵墙重新勾缝。

2. 涵洞的改建

涵洞改建的主要原因有：一是涵洞偏小；二是破损严重的危险涵洞。改建施工宜分段进行，并做好接缝的防水处理。

(1)对于泄水面积不足的偏小洞应考虑新建。

(2)对于破损严重的危险涵洞，必须查清原因，一般有以下4种。

①原涵洞荷载标准过低，不适应交通量的增大和重型车的增多所致。

②涵洞基底的土质不良，原设计和施工未做处理，因此发生不均匀沉陷而造成的严重破损。

③施工质量差。

④遭受特大自然灾害，如地震等。

涵洞的改建主要有接长及提高承载力两种情况。

(1)因加宽或加高路基而导致涵洞长度不足时，应进行接长处理。

①一般可将原涵洞洞身接长，在两端新建洞口端墙和路基护坡。当路基加高、加宽不多时，也可采用只加高两端洞口端墙或加高加长洞口翼墙的方法。

②接长涵洞一般用于原涵洞相同的结构形式。接长时可采取措施，尽量减少新、旧涵洞间的不均匀沉降。

(2)承载力不足的涵洞应进行加固扩建。提高承载力一般采用加大结构尺寸及用新结构更换的做法。

①挖开填土，用混凝土或钢筋混凝土加大原涵洞断面。

②涵内用混凝土或钢筋混凝土预制衬砌加固或现浇衬砌加固。

在涵内加大结构截面时，应注意减少过水断面造成的影响，不致引起过大壅水或造成其他病害。

③挖开填土，用新构件分段进行更换改建。

(3)当涵洞位置不当，过水能力不足时应进行改建。改建施工宜分段进行，并做好接缝的防水处理。

更换新结构或改设、增设涵洞，一般均采用分段施工的方法维持交通，应注意施工、行车安全，设置相应的标志、护栏等，必要时应有值守人员指挥交通，维护安全。

复习思考题

1. 试述桥涵养护和修理工作范围。
2. 试述桥梁经常检查的检查方法和内容。
3. 桥梁定期检查后应提出哪些文件？
4. 在哪些情况下桥梁应作特殊检查？
5. 试述桥梁总体技术状况评定等级的划分方法。
6. 简述桥梁技术状况评定工作流程。
7. 试述钢筋混凝土梁裂缝产生的原因。
8. 简述钢筋混凝土梁裂缝的维修及加固技术。
9. 简述钢筋混凝土桥主梁加固的方法。
10. 墩台基础养护的主要工作内容有哪些？
11. 拱桥桥台产生位移和转动，可选择哪些加固方案？
12. 桥梁基础局部冲空可采用哪些加固措施？
13. 采取哪些措施能处治地基承载力不足引起的墩台基础沉降？
14. 试述更换一般常用橡胶板伸缩缝的程序。
15. 桥梁支座的主要养护工作有哪些？
16. 试述涵洞日常养护的要求。
17. 涵洞定期检查的主要内容有哪些？

单元6 隧道养护

课题31 一般规定

一、隧道养护要求

(1)公路隧道养护应符合下列要求:

①保持隧道外观整洁、隧道内路面平整、衬砌完整无明显开裂和剥落。

②标志标线清晰醒目,排水系统良好。

③对结构物及其附属设施(照明、通风、监控等)进行预防性维护和修复,保持良好的技术状况。

(2)公路隧道养护工作的内容包括隧道结构、防排水设施、附属设施的检查和保养、维修、加固以及隧道安全管理等。

(3)加强隧道的日常巡查。隧道日常巡查是隧道日常养护工作的重要内容之一,应予以充分重视,发现隐患及病害应及时处治。

二、隧道养护工作的内容

隧道养护的范围包括土建结构、机电设施以及其他有关设施。

土建结构主要是指隧道的各类土木建筑工程结构物,如洞门、衬砌、路面、防排水设施、斜(竖)井、检修道及风道等结构物。

机电设施主要是指供配电设施、照明设施、通风设施、消防及救援设施、监控设施等。

其他有关设施包括环保设施、房屋设施等。

课题32 隧道检查

一、隧道检查

(1)隧道检查分为经常性检查、定期检查和特殊检查三类。隧道检查见图6-1,隧道衬砌地质雷达检测见图6-2。

(2)经常性检查是对隧道及其附属设施的外观状况进行的一般性检查。经常性检查宜采用简单的检查工具进行,及时填写经常性检查记录表,并保留必要的照片资料。经常性检查以定性判定为主。

定期检查是按规定周期对隧道的基本技术状况进行全面检查。定期检查宜配备必要的检查工具或设备,进行目测或量测检查,及时填写定期检查记录表,并保留必要的照片资料。定期检查时,应依次检查各个结构部位,注意发现异常情况和已有异常情况的发展变化。对于有异常情况的结构,应在其适当位置做出标记绘入“隧道病害展示图”,并作出判定。

特殊检查是根据定期检查的结果,或者当隧道内发生重大交通事故、起火爆炸、遭受自然灾害,或发生其他非常事件后,对隧道结构进行详细检查和检测。通过特殊检查,应完整掌握受损情况或病害的详细资料,为采取对策措施提供依据。

(3)高速公路和一级公路隧道的经常性检查频率宜不少于1次/周,其他公路隧道宜不少于1次/月。在雨季或冰冻季节,应加强经常性检查。平时应加强对隧道的巡查,发现隐患,及时排除。

隧道定期检查频率应不少于1次/年。隧道的特殊检查可根据实际需要安排。

(4)当经常性检查中发现隧道存在异常情况但结论不明确时,应进行定期检查。当定期检查中发现隧道存在异常情况且较严重,但无法判定时,应进行特殊检查。

(5)当经常性检查中发现隧道存在A种异常情况,危及行人、行车安全时,应及时采取处治措施。

图6-1 隧道检查

图6-2 隧道衬砌地质雷达检测

二、土建结构的检查

土建结构的检查工作分为日常检查、定期检查、特别检查和专项检查四类,见表6-1和表6-2。

日常、定期和特别检查结果的判定 表6-1

判定分类	检查结论
S	情况正常(无异常情况,或虽有异常情况但很轻微)
B	存在异常情况,但不明确,应作进一步检查或观测以确定对策
A	异常情况显著,危及行人、行车安全,应采取处治措施或特别对策

专项检查结果的判定 表6-2

判定分类	检查结论
B	结构存在轻微破损,现阶段对行人、行车不会有影响,但应进行监视或观测
1A	结构存在破坏,可能会危及行人、行车安全,应准备采取对策措施
2A	结构存在较严重破坏,将会危及行人、行车安全,应尽早采取对策措施
3A	结构存在严重破坏,已危及行人、行车安全,必须立即采取紧急对策措施

当日常检查的判定结果为B时,应进行监视、观测或做特别检查。当特别检查或定期检查的判定结果为B时,应做专项检查。

1. 日常检查

日常检查是对土建结构的外观状况进行的日常巡视检查。通过日常检查,应及时发现早期破损、显著病害或其他异常情况,并确定对策措施。

检查的频度应不少于1次/月,高速公路隧道应不少于1次/周。在雨季或冰冻季节,应加强日常检查工作。

检查宜采用目测方法,配合以简单的检查工具进行。检查以定性判断为主。

2. 定期检查

定期检查是按规定周期对土建结构的基本技术状况进行全面检查。通过定期检查,应系统掌握结构基本技术状况,评定结构物功能状态,为制订养护工作计划提供依据。

检查的周期宜1次/年,高速公路隧道应不少于1次/年。检查宜安排在春季或秋季进行。新建隧道应在交付使用1年时进行首次定期检查。

检查宜采用步行方式,配备必要的检查工具或设备,进行目测或量测检查。检查时,应尽量靠近结构,依次检查各个结构部位,注意发现异常情况和原有异常情况的发展变化。

对于有异常情况的结构,应在其适当位置作出标记。检查结果宜尽可能量化。

定期检查完成后,应提出土建结构定期检查报告,内容应包括:

(1)对土建结构的技术状况和功能状态的评价。

(2)对土建结构的养护维修状况的评价及建议。

(3)需要实施专项检查的建议。

(4)需要采取处治措施的建议。

此外,检查报告还应附上检查记录表、隧道展示图以及其他有关检测记录资料。

3. 特别检查

特别检查是在隧道遭遇自然灾害、发生交通事故或出现其他异常事件后,对遭受影响的结构立即进行的详细检查。通过特别检查,应及时掌握结构受损情况,为采取对策措施提供依据。

特别检查应按定期检查的标准判定,当难以判明破损的原因、程度等情况时 ,应作专项检查。

4. 专项检查

专项检查是根据定期检查和特别检查的结果,或者通过其他途径,判断需要进一步查明某些破损或病害的详细情况而进行的更深入的专门检测。通过专项检查,应完整掌握破损或病害的详细资料，为其是否实施处治以及采取何种处治措施提供技术依据。

(1)专项检查宜委托具有相应检测资质的专业机构实施。

(2)检查的项目、内容及其要求，应根据定期检查或特别检查的结果有针对性地确定。检查人员应对有关的技术资料、档案进行调查，并对隧道周围的地质及地表环境等展开实地调查，以充分掌握相关的技术信息，寻找土建结构发展变化的原因，探索其规律，确保专项检查结果的准确性。

(3)检查的结果可按外荷载作用、材料劣化和渗漏水三种主要情况分别考虑，进行判定分类。

课题33　隧道养护

一、一般规定

(1)隧道日常养护主要包括经常性和预防性养护及对破损的维修等，保持和恢复隧道良好的技术状况，保持隧道外观整洁，隧道内路面平整，衬砌无损坏，标志标线清晰醒目，洞口、洞身无松动岩石和危石，人行和车行横洞清洁畅通，隧道内外排水设施保持良好，人行道或检修道畅通，斜(竖)井和风道保持良好。

(2)在养护过程中，对有衬砌隧道和无衬砌隧道应有不同的侧重面。

当隧道衬砌(洞壁)或洞内路面结构发生病害时，应视病害类型、危害程度，采取注浆、挂网、喷混凝土、增设锚杆、增设仰拱、灌浆、修补或更换衬砌和路面等措施进行处治。修补或更换衬砌(洞壁)、路面时，不得侵占隧道的建筑限界。

(3)隧道的交通标志标线应保持完整、清晰、醒目、交通信息无误。

(4)水下隧道的巡查和检查工作除应符合《公路隧道养护技术规范》(JTG H12—2015)规定外，根据水下隧道的特点，还应对下列各部位作重点检查：伸缩缝、施工缝和裂缝的渗、漏水状况，洞口及洞内铁件有无锈蚀，各种排水设备的运行状况。

(5)水下隧道必须定期进行渗漏水检查。一般应每季度检查一次，并做好检查记录。

当隧道内的渗漏水明显时，应定期测量渗漏水的数量(m^3/d)，一般每月测量一次，做好记录，并采取相应措施。

(6)水下隧道内部金属构件设施应定期进行除锈、防腐工作。

(7)隧道病害处治应根据检查结果，针对病害产生的原因，按照安全、经济、合理的原则确定方案。

(8)明洞与半山洞的养护应符合下列要求：

①当明洞上边坡出现危石或有崩塌可能时，应及时清除或加固，也可进行保护性开挖或采取打抗滑桩等抗滑措施。

②明洞顶的填土厚度和地表线，应保持原设计状态。当遇边坡塌方形成局部堆积，或遇暴雨、洪水原填土大量流失时，应及时采取措施调整到原有状态，以免产生严重偏压导致明洞结构变形、损坏。

③明洞的防水层失效或损坏时，应及时修复。

④半山洞因部分外露，对飘落的雨雪、泥草杂物以及洞顶坠落的矿石块，应及时清除，并保持边沟畅通。

⑤半山洞应及时修复、添补缺损的护栏、护墙。

⑥适时检查半山洞周围山体、洞顶围岩及外侧挡墙、边坡的稳定性。

⑦半山洞围岩破碎和危石等病害，应本着“少清除、多稳固”的原则进行处治。

隧道明洞见图 6-3 和图 6-4。

图 6-3　隧道明洞(1)

图 6-4　隧道明洞(2)

二、土建结构的保养维修

土建结构的保养维修工作主要包括经常性或预防性的保养和轻微破损部分的维修等内容，以恢复和保持结构的良好使用状态。

当日常检查的判定结果为 A 时，应及时对土建结构进行保养和维修。

(1)洞口。及时清除洞口边仰坡上的危石、浮土，冬季应清除积雪和挂冰，保持洞口边沟和边仰坡上截(排)水沟的完好、畅通，修复洞口挡土墙、护坡、排水设施和减光设施等结构物的轻微损坏，维护洞口花草树木的完好。

(2)洞身。无衬砌隧道出现的碎裂、松动岩石和危石，应本着少清除多稳固的原则，加以处理；围岩的渗漏水，应开设泄水孔接引水管，将水导入边沟排出；冬季应及时清除洞顶挂冰。

有衬砌隧道出现的衬砌起层或剥离，应及时加以清除或加固；对衬砌的渗漏水，可将水流引入边沟排出；冬季应及时清除洞顶挂冰等。

(3)路面。及时清除隧道内外路面上的塌(散)落物，及时修复、更换损坏的窨井盖或其他设施的盖板；当路面出现渗漏水时，应及时处理，将水引入边沟排出，防止路面积水或结冰；冬季应及时清除洞口处积雪。

(4)人行和车行横洞。横隧道内严禁存放任何非救援用物品，及时清除散落杂物，修复轻微破损结构，定期保养横洞门，确保横洞清洁、畅通。

(5)斜(竖)井。及时清除井内可能损伤通风设施或影响通风效果的异物；维护井内排水设施的完好，保持水沟(管)的畅通；对井内的检查通道或设施进行保养，防止其锈蚀或损坏。

(6)风道。清理送(排)风口的网罩，清除堵塞网眼的杂物；定期保养风道板吊杆，防止其锈蚀或损坏;及时修复风口或风道的破损,更换损坏的风道板。

(7)排水设施。维护隧道内外排水设施的完好,发现破损及时修复;排水管堵塞时,可用高压水或压缩空气疏通。

(8)吊顶和内装。吊顶和内装应保持完好和整洁美观,如有破损、缺失应及时修补恢复,不能修复的应及时更新。

(9)人行道或检修道。维护人行道或检修道的完好和畅通,道板如有破损或缺失,应及时进行修复和补充;定期保养人行道或检修道护栏,防止其锈蚀、损坏。

(10)寒冷地区隧道的防冻保温设施应做好保养维护,如有损坏及时维修,确保其正常使用功能。

(11)洞口设有防雪设施的隧道,应做好防雪设施的保养维护,并在大雪降临前完成设施的维修加固。

(12)隧道的交通标志应保持外观完整、清晰、醒目,保持位置、高度和角度适当,确保交通信息传递无误。

(13)及时清洗标志牌面的脏污,清除遮挡标志的障碍。

(14)及时修补变形、破损的标牌,修复弯曲、倾斜的支柱,紧固松动的连接构件。

(15)对锈蚀损坏、老化失效的标志,应及时更换,缺失的应及时补充。

三、病害处治方法及要求

病害处治应根据结构检查结果,针对病害产生原因,按照安全、经济、合理的原则确定方案。处治方案可由一种或多种处治方法组成。

(1)采用衬砌背面注浆方法处治病害,应符合下列要求:

①应根据专项检查结果,确定空隙部位,合理布置注浆孔。

②注浆压力应小于0.5MPa,在注浆过程中应加强监测。当发生衬砌变形或排水系统堵塞等异常情况时,可降低注浆压力或采用间歇注浆,直到停止注浆。

③注浆效果检查可采取钻孔取芯、超声波或雷达检测等方法。

(2)采用防护网方法处治病害,应符合下列要求:

①防护网必须选用耐火的材料。

②施工前应凿除衬砌剥离劣化部分。

③防护网可用锚栓固定在衬砌表面上,应固定牢固。

(3)采用喷射混凝土方法处治病害,应符合下列要求:

①喷射混凝土的种类主要有:素混凝土、钢筋网喷射水泥砂浆、钢筋网喷射混凝土和钢纤维喷射混凝土等,应根据病害程度和施工条件等因素进行选择。

②喷射混凝土必须有足够的强度和附着率,其配合比应通过实验确定,喷射机的工作风压,应满足喷头处的压力在0.1MPa左右。

③当采用钢筋网喷射混凝土时,钢筋网必须有恰当的保护层厚度。

④喷射混凝土终凝2h后应喷水养护,养护时间应不少于7d。当隧道内相对湿度大于85%时,可采用自然养护,寒冷地区的养护应按相关规范进行。

⑤当喷射混凝土作业完成后,应对喷射混凝土层进行检测,强度指标应达到设计要求。

(4)采用排水、止水方法处治病害，应符合下列要求：当隧道局部出现涌水病害时，宜采用外置排水管和开槽埋管的排水法处治。

其施工应注意以下事项：

①水管的位置、间距应根据涌水量的大小和位置等情况确定。

②水管不得堵塞，管道材料应具有抗老化性和足够强度。

③当采用开槽埋管法时，衬砌表面可用氯丁橡胶等材料覆盖。

④当采用外置排水管时，可用固定装置将U形排水管固定在衬砌表面，将水引入管内排出。

⑤外置排水管的设置不得侵入建筑限界，并严禁在设置机电设施的地方开凿排水沟槽。

⑥设置外置排水管应尽量减少对隧道外观的破坏。

当地下水沿衬砌裂纹、施工缝以滴水形式漏出时，宜采用向衬砌内注浆的止水法。其施工应注意以下规定：

①衬砌内注浆宜采用水泥浆液、超细水泥浆液、自流平水泥浆液、化学浆液。

②注浆时采用低压低速注浆，化学注浆压力宜为0.2～0.4MPa、水泥浆注浆压力宜为0.4～0.8MPa。

③注浆后待缝内浆液初凝而不外流时，方可拆下注浆嘴并进行封口抹平。

④衬砌裂缝的注浆施工质量检验可采用渗漏水量测，必要时采用钻孔取芯、压水（或空气）等方法检查。

当漏水量小且呈表面渗透状时，可设置防水板进行处治。施工时应注意以下要求：

①防水板材料应具有耐热和耐油性，一般有聚乙烯（PE）、乙烯醋酸共聚体（EVA）、橡塑、橡胶板等。

②防水板不得侵入建筑限界。

③施工前应清除粉尘并保护好电缆等设施。

④防水板的搭接处理应牢固，不漏水。

⑤有裂纹需要检查的部位，可在防水板上设置检查观察窗。

当地下水特别发育并有稳定来源时，可采取在隧道内设置排水孔、水平钻孔、加深排水沟和深井降水等措施。施工时应注意以下规定：

①应采用过滤性良好的材料，防止排水孔堵塞。

②应根据地下水位，确定排水沟加深的深度。

③排水孔和排水沟之间应有管道联系。

④排水钻孔的位置，必须根据围岩的地质条件和地下水的状况决定。

(5)采用套拱加固方法处治病害，应符合下列要求：

①套拱设计不得侵入建筑限界。

②为确保衬砌与套拱结合牢固，施工前应凿除衬砌劣化部分，衬砌内面应涂抹界面剂，并设置联系钢筋。

③当套拱厚度较大时，可在套拱与衬砌之间设置防水层。

④当隧道净空无富余时，可在衬砌的裂纹处贴碳素纤维，提高衬砌承载能力。

(6)采用设置绝热层方法处治病害,应符合下列要求:

①应选用导热系数小和耐高温的绝热材料。

②绝热层的厚度和延长幅度应根据气象数据、岩体和绝热材料的性质确定。

(7)采用滑坡整治方法处治病害,应符合下列要求:

①洞口段边仰坡出现裂缝,可用黏土等填实,必要时可采用锚杆加固。

②滑动面以上地层厚度不大时,可在滑动面下端设置抗滑锚固桩。

③对洞顶山体进行保护性开挖,减轻下滑力。

④在滑动面下方修筑挡土墙,进行保护性填土,土方应夯实不积水。

(8)采用围岩注浆方法处治病害,应符合下列要求:

①围岩注浆压力应比静水压力大0.5~1.5MPa。

②注浆材料宜采用水泥浆液、超细水泥浆液、自流平水泥浆液等。

③围岩注浆可采取钻孔取芯法对注浆效果进行检查,必要时进行压(抽)水试验,进行补充注浆。

④注浆结束后,应将注浆孔及检查孔封填密实。

(9)采用增设仰拱方法处治病害,应符合下列要求:

①仰拱的厚度可根据围岩情况确定。

②应使用拱架模板浇筑仰拱混凝土。

(10)采用更换衬砌方法处治病害,应符合下列要求:

①衬砌的内轮廓线必须与原衬砌内轮廓线一致。

②施工前应收集衬砌背面空洞和围岩垮塌资料,必要时可用超声波进行检测。

③拆除衬砌时,应根据围岩的地质情况及时进行支撑。

④施工时,在不影响通行的情况下,可采用简易施工台车。

四、衬砌裂损及整治措施

1.衬砌裂损的描述

将衬砌划分为左右拱圈、左右边墙及仰拱五个部分,再将每个部分依其内缘周长划分四个等分,即把衬砌断面分为二十个部位。衬砌结构见图6-5。

1)裂损的分布特点

(1)纵向节段分布。

①洞口与洞口段,特别是斜交洞门有偏压或边、仰坡不稳固的洞口段。

②设有大型洞室的节段或各种洞室的接头处。

③洞身穿过断层、构造破碎带、接触变质带、滑坡带等山体压力大且岩体不稳定的节段。

④洞身穿过软弱围岩的节段。

⑤偏压隧道没有采用加强衬砌或偏压衬砌的节段。

⑥寒冷地区围岩有冻胀现象的节段。

⑦衬砌实际厚度不足或圬工强度过低的节段。

⑧施工中超挖过大,没有回填或回填不密实及施工中发生大塌方的节段。

⑨施工中已经发生裂损的节段。

(2)横断面分布。

①洞口附近及傍山隧道靠山侧裂损多,靠河侧少。靠山侧以拱腰、墙腰内缘张裂多,靠河侧以墙顶压劈或墙脚张裂较多。

②衬砌断面对称,实际荷载分布不对称的变形、移动和裂损的部位也不对称。

③衬砌的变形、移动和裂损多沿施工期间出现过的裂缝和施工缝发展。

④衬砌背后存在没有回填或回填不密实处,该部位易出现较大的移动和外鼓。

⑤衬砌背后临时支撑未能全部拆除的,在支撑部位会出现较大的集中荷载,此处衬砌内缘易出现张裂和错台。

⑥由于各种原因(如坍方、拱架下沉、施工困难等)造成衬砌厚度不足时,则此处衬砌容易发生变形和裂损。

2)裂缝宽度 δ

δ 值是在缝口处沿垂直裂面方向量取的。按裂缝宽度的大小可分为四个等级,即:$\delta \leq 0.3$mm为毛裂缝;$0.3\text{mm} < \delta \leq 2$mm 为小裂缝;$2\text{mm} < \delta \leq 20$mm 为中裂缝;$\delta > 20$mm 为大裂缝。

3)裂缝错距

当衬砌出现错牙状裂缝时用裂缝错距表示。沿裂缝垂直方向量取的 ε 值称垂直错距,沿裂缝水平方向量取的 c 值称水平错距。裂缝宽度和裂缝错距见图 6-6。

4)裂缝间距

走向大致相同的两条相邻裂缝之间的距离称为裂缝间距。它被用来描述衬砌的破损程度。一般采取每一节段或每一节段中的某一部位(如左半拱、右边墙、仰拱等)为单位来分析。

5)裂缝密度

裂缝密度即裂缝总面积(各裂缝长度与裂缝宽度乘积的综合)与所分析的节段或节段某一部分衬砌表面积的比值。用此比值的百分数来表示衬砌裂损的程度。

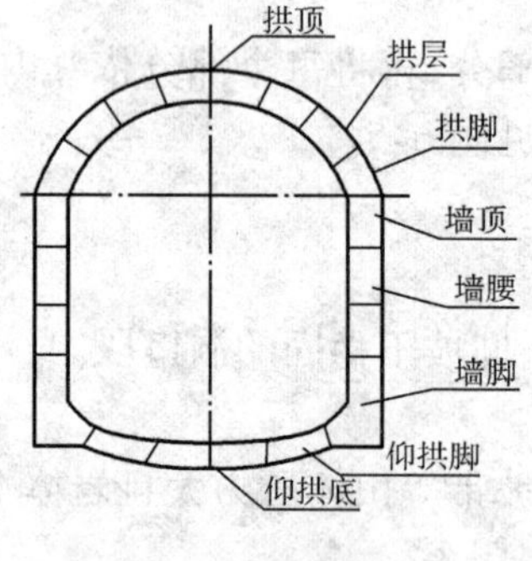

图 6-5　衬砌结构

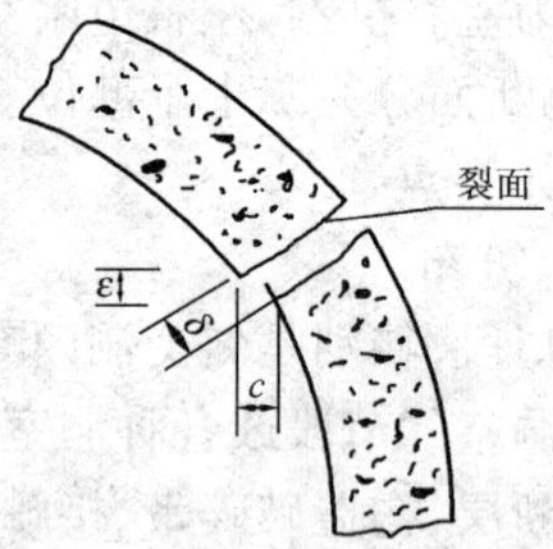

图 6-6　裂缝宽度和裂缝错距

2. 衬砌裂损的类型

1)衬砌变形

衬砌变形有横向变形和纵向变形两种,其中横向变形是主要变形。衬砌横向变形是指衬砌由于受力原因而引起拱轴形状的改变。

2)衬砌移动

衬砌移动是指衬砌整体或其中一部分出现转动(倾斜)、平移和下沉(或上抬)等变化,也有纵向与横向移动之分,其基本形态如表6-3和表6-4所示。

隧道衬砌纵向移动的基本形态 表6-3

移动种类	移动形态示意	移动特征
节段转动	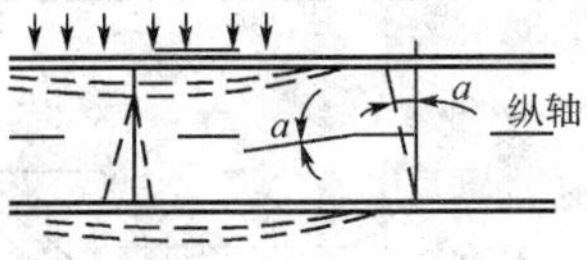 a 纵轴 a	1. 隧道纵轴发生 a 角; 2. 节段竖接出现∨形或∧形(上、下宽度不等)
节段平移	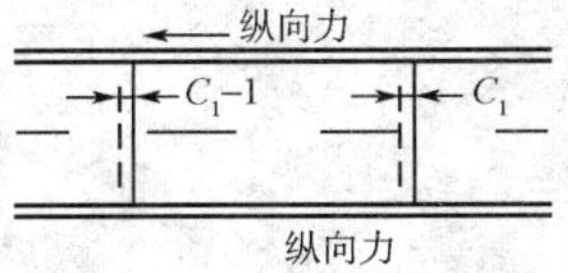 纵向力 C_t-1 C_t 纵向力	1. 隧道纵轴不发生转动; 2. 节段竖接缝变宽,但上下变化量相等; 3. C_t 与 C_t-1 可能不等
节段下沉 (或节段上抬)	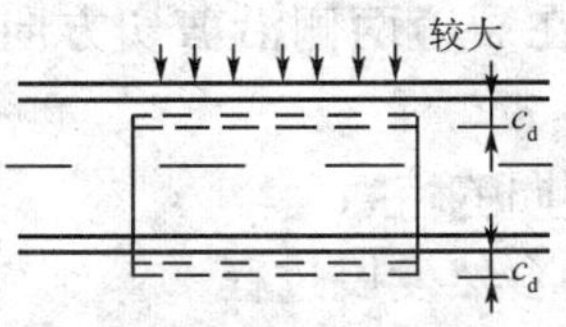 较大 c_d c_d	1. 隧道纵轴不发生转动; 2. 节段竖接缝未必改变; 3. $\varepsilon_u \neq \varepsilon_d$ 时,说明隧道有变形

隧道衬砌横向移动的基本形态 表6-4

移动种类	移动形态示意	移动特征
节段转动	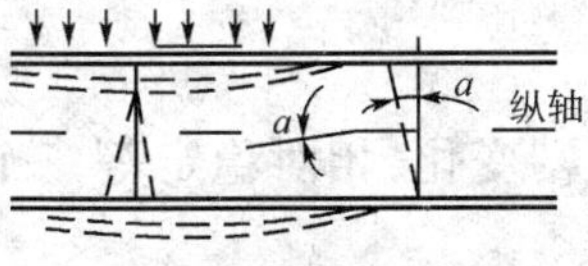 a 纵轴 a	1. 隧道纵轴发生 a 角; 2. 节段竖接缝出现∨形或∧形(上、下宽度不等)
节段平移	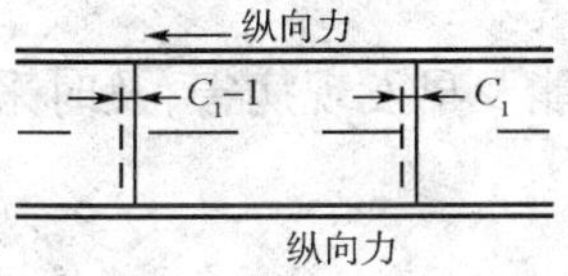 纵向力 C_t-1 C_t 纵向力	1. 隧道纵轴不发生转动; 2. 节段竖接缝变宽,但上下变化量相等; 3. C_t 与 C_t-1 可能不等
节段下沉 (或节段上抬)	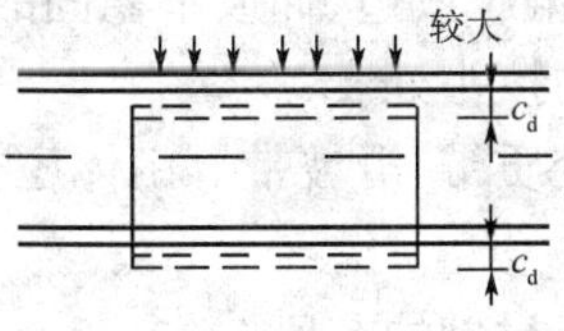 较大 c_d c_d	1. 隧道纵轴不发生转动; 2. 节段竖接缝未必改变; 3. $\varepsilon_u \neq \varepsilon_d$ 时,说明隧道有变形

3)衬砌开裂

衬砌开裂是指衬砌表面出现裂纹(或龟裂)和裂缝(宽度较大)或贯通衬砌全部厚度的裂纹的总称,是衬砌变形的结果。衬砌开裂包括张裂、压溃和错台三种。

(1)张裂。弯曲受拉和偏心受拉引起的裂损，其特征是裂纹、裂面与应力方向正交，缝宽由表及里逐渐变窄。衬砌张裂如图6-7所示。

(2)压溃。弯曲或偏心受压引起的衬砌裂损。裂纹边缘呈压碎状，严重时受压区表面产生鱼鳞状碎片（中间厚，四周薄）剥落掉块等现象，如图6-8所示。

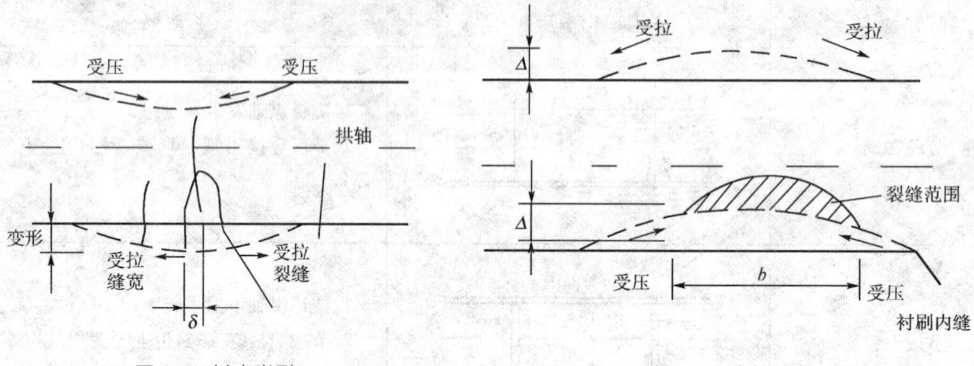

图6-7　衬砌张裂

图6-8　衬砌压溃

(3)错台。由剪切力引起的裂缝，裂缝宽度在表面至深处大致相同，衬砌在裂缝两侧沿剪切方向有错动，即形成错台，如图6-9所示。

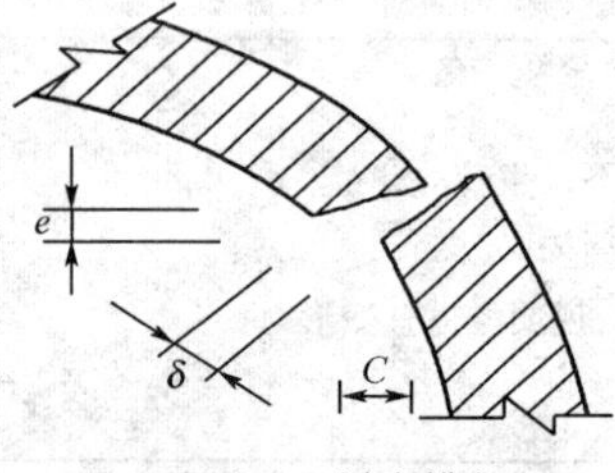

图6-9　衬砌错台

3.衬砌裂损的特点

1)裂损的自然发展过程

衬砌结构受力（轻微变形、移动）→局部出现少量裂纹（变形范围，变形量增大；移动部位，移动量增大）→裂纹宽度、密度增大，隧道净空变小（严重变形，移动显著增大）→隧道净空严重缩小、衬砌破碎、失去承载能力→局部掉块、失稳、甚至拱坍墙倒。

2)裂损发展的主要规律

衬砌的裂损发展一般有缓慢变化，急剧变化，相对稳定等三个不同的阶段，往往是交替呈周期性地出现。

3)裂损的分布特点

了解和掌握衬砌裂损的分布特点，就能及早发现病害，及时采取对策。衬砌裂损的分布一般有以下特点。

(1)按纵向节段分布：

①洞口与洞口段，特别是斜交洞门有偏压或边、仰坡不稳固的洞口段。

②设有大型洞室的节段或各种洞室的接头处。

③洞身穿过断层、构造破碎带、接触变质带、滑坡带等山体压力大且岩体不稳定的节段。

④洞身穿过软弱围岩的节段。

⑤偏压隧道没有采用加强衬砌或偏压衬砌的节段。

⑥寒冷地区围岩有冻胀现象的节段。

⑦衬砌实际厚度不足或圬工强度过低的节段。

⑧施工中超挖过大没有回填或回填不密实及施工中发生大塌方的节段。

⑨施工中已经发生裂损的节段。

(2)按横断面分布:

①洞口附近及傍山隧道靠山侧裂损多,靠河侧少。靠山侧以拱腰、墙腰内缘张裂多,靠河侧墙顶压劈或墙脚张裂较多。

②衬砌断面对称,实际荷载分布不对称的变形、移动和裂损的部位也不对称。

③衬砌的变形、移动和裂损多沿施工期间出现过的裂缝和施工缝发展。

④衬砌背后存在没有回填或回填不密实处则该部位易出现较大的移动和外鼓。

⑤衬砌背后临时支撑未能全部拆除的,在支撑部位会出现较大的集中荷载,此处衬砌内缘易出现张裂和错台。

⑥采用三心圆尖拱衬砌的隧道,易在拱腰墙腰产生内鼓开裂拱顶内缘压碎。

⑦由于各种原因(如塌方、拱架下沉、施工困难等)造成衬砌厚度不足,则此处衬砌容易发生变形和裂损。

4.衬砌裂损的整治措施

1)衬砌裂损的整治原则

整治衬砌裂损病害首先要消灭已有的衬砌裂损带来的对结构及运营的一切危害,并防止再加大裂损。其次是采取以稳固围岩为主,稳固围岩与加固衬砌相结合的综合治理措施。

2)稳固岩体的工程措施

(1)治水稳固岩体。地下水的浸泡与活动对各种围岩的稳定性削弱最大。通过疏干围岩含水,坚决地采取治水措施是稳固岩体的根本措施之一。

(2)锚杆加固岩体。对较好的岩体(小于Ⅴ级),自衬砌内侧向围岩内打入一定数量和深度(3~5m)的金属锚杆、砂浆锚杆,可以把不稳定的岩块固定在稳定的岩体上,提高破碎围岩的黏结力。

(3)注浆加固岩体。通过向破碎松动的岩体压入水泥浆液和其他化学浆液(如铬木素、聚氨酯等),加固围岩。

(4)支挡加固岩体。对靠山、沿河偏压隧道或滑坡地带,除治水稳固山体外,尚可采用支挡措施,包括设支挡墙、锚固沉井、锚固钻(挖)孔桩等来预防山体失稳与滑坡,这种工程措施只能用于洞外整治。

(5)回填与换填。如果衬砌外周围存在着各种大小空隙(如超挖而没有回填等),要采取回填措施,用砂浆或混凝土将围岩空隙回填密实。如果隧底存在厚度不大的软弱不稳定的岩体或有不稳定的充填物,可以采取换填办法处理。

3)衬砌更换与加固

(1)压浆加固。圬工体内压浆加固:衬砌裂损发展非常缓慢或者已呈稳定,可以进行圬工体内压浆,一般以压环氧树脂浆为主,并选择无水季节施工。

衬砌背后压浆加固是针对衬砌的外鼓和整体侧移。在拱后压浆增加拱的约束可以起到提高衬砌刚度和稳定性的作用,所以一般可以局部应用,主要在发生外鼓变形的部位。

(2)嵌补加固。对已呈稳定暂不发展的裂缝,如果不能采取压浆加固者则采用嵌补加固。嵌补加固见图6-10。

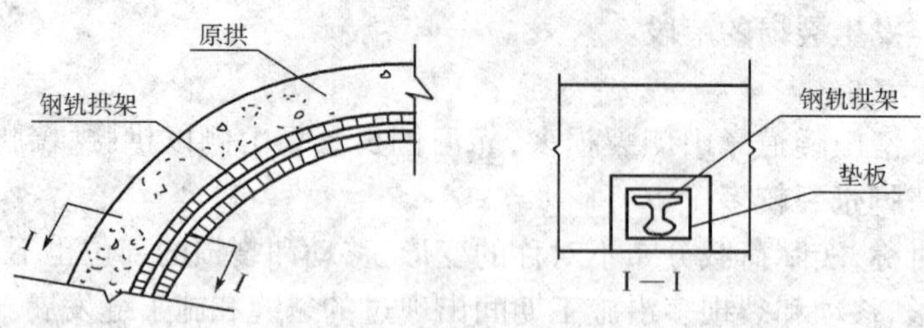

图 6-10 嵌补加固

(3)喷锚加固。裂损衬砌的所有内鼓变形和向内移动的裂损部位，采用(预应力)锚杆加固岩体，可将衬砌与岩体嵌固在一起，形成一个均匀压缩带，以增强围岩的稳定性。锚喷加固见图 6-11。

(4)套拱加固。如果混凝土质量差，厚度不够，或受机车煤烟侵蚀，掉块剥落严重，并且拱顶净空有富余时，可对衬砌拱部加筑套拱(图 6-12)或全断面加筑套拱(图 6-13)。

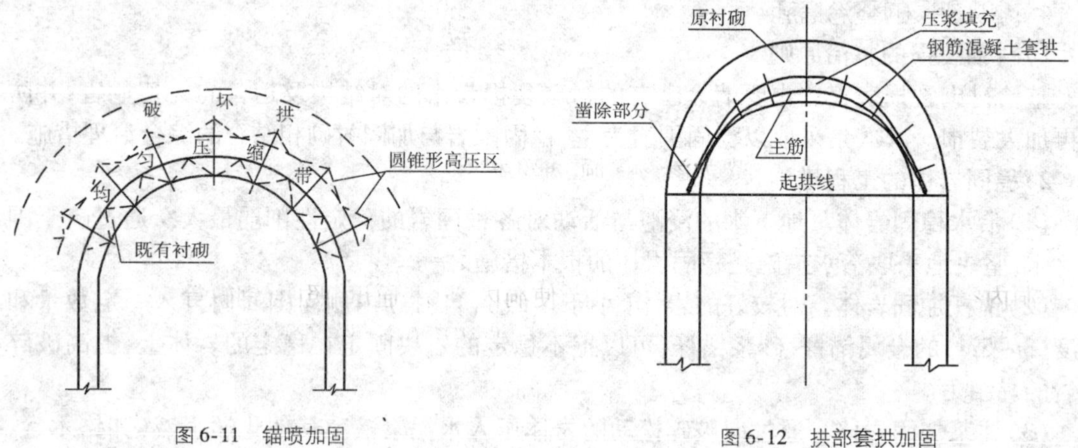

图 6-11 锚喷加固

图 6-12 拱部套拱加固

(5)更换衬砌。拱部衬砌破坏严重，已丧失承载能力，用其他整治补强手段难以保证结构稳定，或者衬砌严重侵入限界，采用其他整治措施有困难时，采用全拱更换，彻底根除病害。

(6)其他加固手段。当仅有墙脚内移而不下沉和隧底岩土隆起时，可在墙基处增设混凝土支撑以扩大基础，如图 6-14 所示。隧底围岩软弱下沉或隧底填充上鼓时，可加设仰拱，如图 6-15 所示。

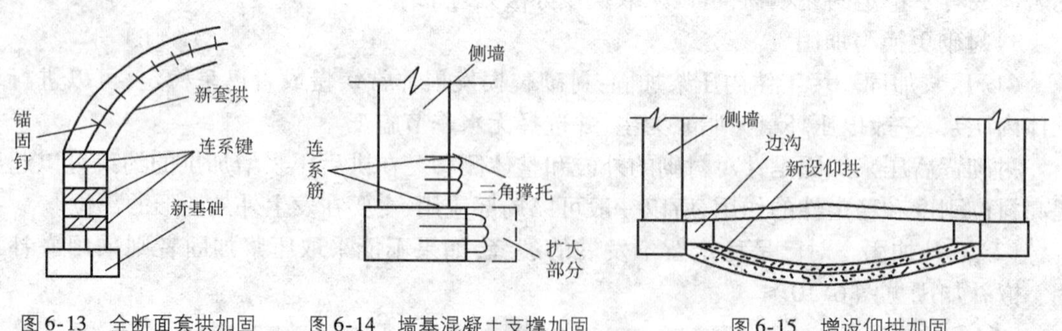

图 6-13 全断面套拱加固

图 6-14 墙基混凝土支撑加固

图 6-15 增设仰拱加固

五、隧道水害及整治措施

隧道水害是指在隧道的修建或运营过程中遇到水的干扰和危害。边墙溶洞出水见图6-16,潜流冲刷见图6-17。

图6-16 边墙溶洞出水

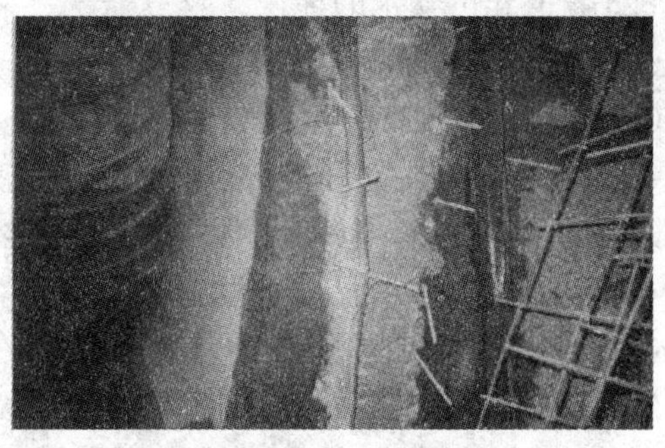

图6-17 潜流冲刷

1. 水害的种类及其危害

1)隧道漏水

隧道衬砌的漏水现象一般表现为渗、滴、淌、涌几种。以上四种漏水现象,其出露部位与水量的不同,对隧道产生不同的危害:

(1)对电力牵引区段和电力配线,使电绝缘失效,发生短路、跳闸等事故,危及行车安全。

(2)洞内空气潮湿,影响养护人员身体健康,使洞内设备(通讯、照明、钢轨等)锈蚀。

(3)混凝土衬砌风化、腐蚀、剥落,造成衬砌结构破坏。

(4)涌水病害造成衬砌破坏,隧底积水造成道床基底被软化或掏空,使道床翻浆冒泥或下沉开裂,中断行车。

(5)有冻害地段的隧道漏水会造成衬砌挂冰侵限和冻融破坏。

2)衬砌周围积水

主要是指运营隧道中地表水或地下水向隧道周围渗流汇集。如果不能迅速排走而引起的病害有:

(1)水压较大时会导致衬砌破裂。

(2)使原完好的围岩及围岩的结构面软弱夹层因浸水而软化或泥化,失去承载力,对衬砌压力增大而导致衬砌破裂。

(3)使膨胀性围岩体积膨胀,导致衬砌破坏。

(4)在寒冷地区发生冰胀和围岩冻胀,快速导致衬砌破坏。

3)潜流冲刷

主要是指由于地下水渗流和流动而产生的冲刷和溶蚀作用。其危害有:

(1)衬砌基础下沉,边墙开裂或者仰拱、整体道床下沉开裂。

(2)围岩滑移错动导致衬砌变形开裂。

(3)对超挖回填不密实或未全部回填者,引起围岩坍塌,导致衬砌破坏。

(4)侵蚀性水对衬砌的侵蚀。

2. 水害产生的原因

(1)勘测与设计。在防水设计之前，设计人员对工程地质和水文地质情况就了解得不够仔细，对衬砌周围地下水源、水量、流向及水质情况掌握不准等因素导致了隧道的防排水设计很难在隧道的使用期内完全满足防排水的要求。

(2)隧道穿过含水的地层。

①砂类土和漂卵石类土含水地层。

②节理、裂隙发育，含裂隙水的岩层。

③石灰岩、白云岩等可溶性地层，当有充水的溶槽、溶洞或暗河等与隧道相连通时。

④浅埋隧道地段，地表水可沿覆盖层的裂隙、孔洞渗透到隧道内。

(3)隧道衬砌防水及排水设施不完善。

①原建隧道衬砌防水、排水设施不全。

②混凝土衬砌施工质量差，蜂窝、孔隙、裂缝多，自身防水能力差。

③防水层(内贴式、外贴式或中间夹层)施工质量不良或材质耐久性差，经使用数年后失效。

④混凝土的工作缝、伸缩缝、沉降缝等未做好防水处理。

⑤衬砌变形后，产生的裂缝渗透水。

⑥既有排水设施，如衬砌背后的暗沟、盲沟，无衬砌的辅助坑道、排水孔、暗槽等，年久失修阻塞。

(4)施工。施工不当也可产生水害，施工单位一味追求施工速度，忽视二次衬砌质量，对排水设施不按施工规范要求操作等，使地下水丰富地区的隧道造成严重的渗漏水。

(5)材料。如果所选用的防水材料达不到国家质量标准，会导致隧道的渗漏水病害。

(6)匹配。防水技术的匹配就是指防水设计、防水材料和防水施工工艺与防水工程相适应的问题。

3. 水害的防治

(1)因势利导，给地下水以排走的出路，将水迅速地排到洞外。

(2)将流向隧道的水源截断，或尽可能使其水量减少。

(3)堵塞衬砌背后的渗流水，集中引导排出。

(4)水害整治的关键：分析病害成因，对症整治；合理选择防水材料；严格控制施工工艺。

六、隧道冻害及整治措施

1. 基本要求

隧道冻害的防治应符合下列要求：

(1)高寒地区隧道应注意洞口构造物的防冻保温。防冻层损坏时，可用同样的轻质膨胀珍珠岩混凝土或浮石混凝土修补，必要时应进行改造。无防冻层的，应设法加筑。

(2)高寒地区隧道的防冻保温设施应做好保养措施，如有损坏及时维修，保持其使用功能。洞口设有防雪设施的隧道，应做好防雪设施的保养维护，并在大雪降临前完成设施的维修加固；冬季应及时清除洞口处积雪。防冻保温设施的维修保养应不少于1次/年。在北方寒冷地区，应在每次大雪后，对防冻保温设施进行一次检查，发现损坏及时维修。

(3)路面出现渗漏水时,应及时处治,将水引入边沟排出,防止结冰。对局部易冻结路段的路面,应适时撒布防冻材料。

2. 冻害的种类及其危害

1)冰柱、冰溜子

渗漏的地下水通过混凝土裂缝逐渐渗出,在渗出点出口处受低温影响积成冰柱,尤其在施工接缝处渗水点多,结晶明显,累积十至几十厘米厚的冰溜子(又称为挂冰)。如不清理,冰溜子越积越大,侵入限界,危及行车安全。

拱部渗漏逐渐形成冰柱子(冰葫芦),一般地区仅仅是影响限界。

隧道排水沟槽设施,保温不良引起冰冻称冰塞子。水沟地下排水困难,因结冰堵塞,使水沟(管或槽)冻裂破损,地下水不易排走,衬砌周边因水结冰而冻胀,致使隧道内各种冻害接踵而来。

2)衬砌发生冰楔

隧道砌筑在围岩良好地段,一旦衬砌壁后有空隙,渗透岩层的地下水,在排水不通畅时水就积在衬砌与壁后围岩间,结冰冻胀产生冰冻压力,传递给衬砌。

3)围岩冻胀破坏

(1)隧道拱部衬砌发生变形与开裂。

(2)隧道边墙变形严重。

(3)隧道内线路冻害。

(4)衬砌材料冻融破坏。

(5)隧底冻胀和融沉。

3. 冻害的成因

(1)寒冷气温的作用。隧道冻害与所在的地区气温(低于0℃或正负交替)有直接关系。

(2)季节冻结圈的形成。沿衬砌周围各最大冻结深度连成一个圈叫做季节冻结圈。隧道的排水设备如埋在冻结圈内,冬季易发生冰塞。在冻结圈范围内的岩土,由于受强烈频繁的冻融破坏,风化破碎程度与日俱增,也是冻害成因之一。

4. 冻害的整治措施

(1)综合治水。

(2)更换土壤。

(3)保温防冻。

①在隧道内加筑保温层。

②降低水的冰点。

③供热防冻。

(4)防止融塌。

(5)结构加强。

①加大侧向拱度,使拱轴线能更好地抵抗侧向冻胀。

②拱部衬砌厚度增加,一般加厚10cm左右。

③提高衬砌混凝土强度等级或采用钢筋混凝土。

④隧底增设混凝土支撑。

课题34　隧道防护与排水

一、一般规定

(1)加强和完善隧道的防护设施。如遇山体滑动可能引起隧道破坏和洞口处的边、仰坡坡率与石(土)质不相适应导致坍塌时,应采取相应的工程技术措施,并定期检查其工作状态,发现病害及早处治。隧道处山坡岩石如节理发育、风化严重或有坑穴、溶洞、裂缝时,应对地表采取防护性封闭措施。

(2)必要时增设和加固隧道内外的排水设施,保持隧道内外排水畅通。

(3)隧道内渗漏水的处治应贯彻"预防为主,防、排、截、堵相结合"的综合治理原则。对防水层,纵、横、竖向渗沟,明暗边沟、截水沟、排水横坡、泄水孔等应及时维修,保持排水畅通。

二、防护

隧道养护中,不但要及时处治主体结构所发生的病害,还应注意隧道所处的山体及其附近的保护,缺陷修理,以防止因山体及附近出现问题而引起隧道较大破坏,防患于未然。山体滑坡危及隧道见图6-18和图6-19。

图6-18　山体滑坡堵塞洞口

图6-19　山体滑坡危及隧道

(1)如遇山体滑动可能引起隧道破坏时,可采取下列防护措施:

①修建挡土墙进行保护性填土,使山体受力平衡。

②保护性开挖洞顶部分山体,减轻下滑重力。

③在滑动面以上的土体不厚的情况下,可在滑动面下端设置锚固桩抗滑。

采用以上防护措施,均应定期检查其工作状态,发现问题及早处理。

(2)隧道处山坡岩石如节理发育、风化严重或有坑穴、溶洞、裂缝现象时,应对地表做下列防护性封闭:

①用浆砌片石、石灰土、黏土等填补洞穴,封闭裂缝,整修地表,稳固山坡。

②地表岩石松散破碎时,可喷水泥砂浆固结。

三、排水

1. 洞外排水

有坡度的隧道,其上洞口路基边沟及两侧沉砂井应经常清除泥沙杂物,疏导畅通。路面纵坡方向相反,即向洞外方向倾斜,并在适当地点横向排出路基,使上洞口路基排水不流向隧道,以避免引起隧道内边沟淤塞。隧道上洞口的路堑,如出现路面地表水来不及流入侧沟而流入洞内时,可在洞门外1m左右处设横向截水设施,并将沟水妥善引出。

沿河隧道在洪水季节可能进水时,可临时封闭两洞口,以保隧道安全。洪水过后,立即拆除封闭物。

隧道顶山坡上的地表水,应使其迅速排走,尽可能不使水渗入洞身。

2. 洞内排水

(1)隧道内渗漏水,可采取下列措施处治:

①增设衬砌背面排水系统。

②对裂缝集中处的漏水,可采用封闭裂缝埋管排漏的方法。

③衬砌工作缝处漏水,可加设工作缝环形暗槽,将漏水通过暗槽内的半圆管排入纵向边沟。

④对少量渗水,可抹防水砂浆封闭,也可在衬砌表面铺一层防水层。

⑤在围岩与衬砌间压注防水水泥砂浆或水泥浆,可掺入早强速凝剂,形成密闭层以防渗漏。

⑥设表层导流管。

(2)对地下涌水,可采取下列方法处治:

①设横向盲沟并加深纵向排水沟。当涌水量大,必要时还可加修路中心排水沟。

②修建水泥混凝土路面,并在路面下设隔水层,以阻断地下涌水。

③在路面与围岩之间压注防水水泥砂浆或水泥浆。

课题35　隧道附属设施

一、隧道通风

(1)隧道应保持良好的通风,保持CO、烟雾浓度小于规定的容许值。

(2)通风设施主要包括轴流风机、离心风机、射流风机及其配套设施。通风设施的设备完好率不应低于98%。在养护中应注意:

①通风设施应按各种设备的相关操作规程和养护要求进行操作和养护,并使其主要性能指标,如风速、风力、功率、噪声及防护等级等符合产品说明书的要求。

②选用的风机,在环境温度为250℃情况下其可靠运转时间应不低于60min。

③通风设施养护应配备专用电工工具和机修工具,必要时配备风压计、风速计、声级计等。

④进行通风设施养护维修时,应根据隧道交通流量和通风能力,对交通进行必要的管制。

(3)通风设施的日常检查主要是通过观察设备运转有无异常,确定设备是否存在隐患,并及时排除故障。高速公路隧道日常检查不少于1次/d,其他公路可按1次/(1~3)d进行。必要时应进行应急检查。

(4)通风设施的经常性检修、定期检修、分解性检修可按《公路养护技术规范》(JTG H10—2009)附录的要求进行。

(5)单向交通排烟风速应按 2~3m/s 进行控制,双向交通排烟风速应按 1.5m/s 进行控制。

二、隧道照明

(1)隧道内照明亮度应满足设计要求。

(2)照明灯具的防护等级应不低于 IP65。

(3)加设照明设施时,可根据以下原则确定:

①长度大于 100m 的高速公路、一级公路隧道应设置照明设施。

②二、三、四级公路的长、特长隧道应设置照明设施,中隧道可根据需要进行设置,交通量较小的短隧道可不设照明设施。

③未设照明设施的隧道,应在隧道洞门外设置限速标志及减速设施。

(4)照明设施养护工具除必备的电工工具、高空作业车、清洁卫生用具外,还应配备照度仪等相关设备。

(5)高速公路隧道照明设施的完好率应不低于 95%,其他公路隧道应不低于 90%。当照明光源达到其额定寿命的 90% 时,应进行成批更换,并选用节能光源。

(6)照明设施日常检查主要是对设施的使用及损坏情况进行巡检登记。当中间段连续损坏 2 盏以上灯、洞口加强段连续损坏 3 盏以上灯时,应及时进行更换或维修。

(7)照明设施的经常性检修、定期检修可按《公路养护技术规范》(JTG H10—2009)附录的要求进行。

三、监控和消防

(1)应加强对隧道内监控设施的日常检查,对隧道内各种监控传感器、信息板及信号标识、监控室的各种监视设备进行外观巡检,发现异常及时处治。对监控设施进行经常性检修、定期检修。

(2)监控设施养护主要指标应按相应设备的产品说明要求进行,高速公路隧道监控设施设备完好率应不低于 98%,其他各级公路隧道应不低于 95%。

(3)高速公路、一级公路的长隧道和特长隧道,其他公路的特长隧道监控系统的软件维护每年应不少于两次,公路隧道监控系统的软件系统维护每年应不少于 1 次。维护时应注意软件的修改完善,保障联运运行功能的实现和软件可靠性各项技术措施的落实,严格按操作规程或使用说明进行。

(4)高速公路、一级公路的长隧道和特长隧道,应根据需要设置紧急电话、报警装置、排烟设备、消防给水管网及消防器材库等消防与救援设施。高速公路、一级公路的中、长隧道和特长隧道应单独设置存放专用消防器材的洞室,并设置明显标志,对存放的消防器材应定期进行补充、更换。其他公路的长隧道和特长隧道可视具体情况,简化设置,但应在适当位置设置消防器材库。各种消防与救援设施的标志应保持完好、醒目。

(5)对消防设备、报警设备和消防设施应加强日常巡视检查,及时处治设施异常情况。对消防与救援设施要经常性检修、定期检修。在检修期间应有相应的防灾措施。

(6)各类消防与救援设备必须保持完好状态。消防设施的设备完好率应达到 100%,救援设施的设备完好率应不低于98%。

(7)隧道内不准存放汽油、柴油等易燃易爆物品。严禁明火作业与取暖。隧道内的紧急停车带、行车(人)横洞、避车洞或错车道不准堆放杂物。

(8)高速公路、一级公路的长隧道和特长隧道，其他公路的特长隧道应针对隧道内可能出现的火灾及交通事故，制订周密的救援计划，并按计划进行不少于1次/年的针对性的实地救援及防灾演习,其他各种设施应与消防救援设施紧密配合。

四、消音设施

隧道消音设施设置与养护应符合下列要求：

(1)高速公路、一级公路的长隧道和特长隧道，其他公路的特长隧道原未设置消音设施的,随着交通量增长引起噪声增大,影响正常通告管理时,可根据实测的噪声值,增设消音设施。增设的消音设施,不得侵入隧道建筑限界。

(2)消音设施应每月清洁一次,如有损坏应及时修复或更换。

课题36 隧道安全管理

隧道安全管理应符合下列规定：

(1)隧道安全管理应包括正常营运及养护作业时和发生事故时的交通组织和安全防护。

(2)隧道洞口周围200m范围内,不得挖沙、采石、取土、倾倒废弃物,不得进行爆破作业及其他危及公路隧道安全的活动。

(3)养护作业的安全防护应包括养护作业机械、养护人员的安全防护。养护作业宜选择在交通量较小的时段进行。隧道内的养护作业,应按相关规定进行,养护维修作业控制区经设定后不得随意变更,作业人员不得在作业控制区外活动或将任何施工机具、材料置于养护维修作业控制区以外。

(4)隧道内发生火灾及重大交通事故或坍塌等突发事件时，必须立即报警并按消防等预案进行救助,并配合有关部门到现场处理事故。事后,应尽快清理现场,排除路障,保障隧道正常通行,并登记相关损失。应认真分析事故原因,恢复或改善隧道的防灾能力。

复习思考题

1. 简述隧道养护要求和养护工作的内容。
2. 隧道检查分为哪几类？土建结构的检查分为哪几类？
3. 采用喷射混凝土方法处治病害,应符合哪些要求？
4. 采用排水、止水方法处治病害,应符合哪些要求？
5. 衬砌裂损稳固岩体的工程措施主要有哪些？
6. 衬砌更换与加固的方法主要有哪些？
7. 试分析隧道水害产生的原因。
8. 简述隧道冻害的整治措施。

单元7 路线交叉养护

课题37 路线交叉养护

一、一般规定

(1)路线交叉范围内，应保持设施良好、排水畅通、通视良好，保障车辆正常通行。

(2)路线交叉范围内属于公路的桥涵等构造物、路基、路面和防撞设施、隔离设施等，应加强检查，发现病害及时维修与加固。

(3)路线交叉处的各种警告、禁令、指示标志和轮廓标、示警标柱、立面标记、标线以及各种安全保障工程设施，应齐全、良好、清晰、醒目。

二、立体交叉

(1)公路立体交叉含分离式立体交叉和互通式立体交叉。分离式立体交叉见图7-1，互通式立体交叉见图7-2。

(2)公路立交的跨线桥，其桥下净空应保持《公路工程技术标准》(JTG B01—2014)规定的净空限界，不得有任何部件侵入。

(3)公路立交的跨线桥桥墩处于路面范围内时，桥墩前后一定范围内(一般为20～30m)应设置柔性防撞设施。

(4)公路下穿式立交采取自然排水的，对其排水沟渠，特别是进水口的窨井和出水口，应加强养护清理，保持排水良好。

(5)公路下穿式立交因地形限制设置机械排水设施的，设备设置应选择在地势较高的位置，防止受淹。排水泵阀和动力设备、排水管道应保持运转正常，并进行定期检修。

备用的动力设备也应定期维修保养，并至少每月发动一次并检查其功能。其他配套设施如窨井、沉淀池应及时清淤，排除杂物，以防堵塞管道。

(6)公路下穿式立交积水过深影响车辆安全通行时，应封闭桥下交通，提示、引导车辆绕行，保障安全。

(7)公路上跨式立交的防撞护栏、安全带、栏杆应保持完整。

(8)公路上跨式立交的桥梁,应保持桥面及排水设施(管道)的排水畅通,防止桥面水向下行道任意溢流、渗漏。

(9)立交桥的桥头,设有踏级、阶梯以及人行天桥或地道的,应保持其良好状态。

(10)立交的照明设施、反光标志、防落设施,应经常检查,及时维修和更换,保持其正常良好状态。

(11)当公路与通信线、电力线、电缆、管道、渠道等相交或接近时,各种管线均不得侵入公路建筑限界,并不得妨碍公路交通,不得损坏公路的构造物和设施,也不得妨碍养护作业。并应符合公路路线设计的相关规定。

(12)立体交叉范围内的排水,应与相交公路的排水协调统一,构成完整的排水系统。

图7-1 分离式立体交叉

图7-2 互通式立体交叉

三、平面交叉

(1)平面交叉间距应满足交织长度、视距、转变车道长度等的最小距离要求。当平面交叉间距不能满足要求时,应进行适当调整和归并。

(2)除Y形交叉外,平面交叉两相交公路斜交角度小于70°时,可对公路在交叉前后一定范围内作局部改线,使交叉的交角不小于70°。

(3)平面交叉路口应保持通视良好,交叉点前后,各交叉公路的停车视距长度所构成的三角形范围内,应保证通视。

(4)平面交叉应根据交叉公路等级和交通量设置必要的预告、指路或警告、支线减速让行或停车让行等标志、反光突起路标和配套完善的交通安全设施。

(5)交通量较大的平面交叉路口应加宽路口增加车道或利用标线、导流岛等设施渠化交通。

(6)一级公路与其他等级公路相交的平交路口应设置通行权、优先权明确的标志标线。

(7)环形交叉中心环岛周围的排水设施应保持良好状态,使排水通畅。中心环岛和导流岛的砌体如有损坏应及时修复。中心环岛应进行绿化美化。

(8)铺有水泥混凝土或沥青混合料路面的公路与无铺装路面的道路交叉处,后者不小于30m的路面应进行铺装。与公路平面交叉的其他道路,包括不属于等级公路之列,用于机动车、非机动车及行人通行的道路,应对其公路路面以外5~10m范围进行硬化处理,并及时维护。

(9)公路与铁路相交时,应保持与铁路接茬平顺,以减轻跨越铁路时的跳车。

(10)路线交叉处的长下坡,宜根据实际情况,设置必要的减速设施。

复习思考题

1. 简述路线交叉养护的一般规定。
2. 简述立体交叉养护要求。
3. 简述平面交叉养护要求。

单元8 公路防灾与突发事件处置

课题38 一般规定

(1)为维护公路的正常交通,应坚持“预防为主、防治结合”的方针,对洪水和流冰侵袭公路造成公路设施的损坏、路面积雪和积沙影响行车安全或阻碍交通,以及各类突发事件损坏公路设施和影响公路使用功能的情况,采取行之有效的措施,予以预防和处治。

(2)应根据当地的水文气候条件、季节特点、公路状况,加强公路防灾(防洪、防冰、防雪和防沙)能力,定期检查和观察,分析掌握路段、桥隧的抗灾害能力,采取必要的预防措施。

(3)重要工程和水毁、雪阻、沙阻多发路段,宜事先储备必要的材料和机械设备,一旦发生毁阻,应按先抢通后修复的原则,及时组织抢修。

(4)应建立公路防灾和重大突发事件处置的预案,对可能发生灾害路段,应加强检查、检测,建立各类检查、检测档案,提倡灾害预警体系建设。

课题39 公路防洪与水毁抢修

一、公路防洪检查

公路防洪检查应符合下列要求:

(1)汛前检查。在每年汛期到来之前,应落实专人对公路及其沿线设施进行防汛抗汛的全面检查,建立健全检查档案,对检查中发现的病害及时处治。汛前检查的重点是:

①公路防排水系统。

②公路上、下边坡和路基的稳定性。

③各类结构物的稳定性和桥涵的泄洪能力。

(2)洪水观测。在汛期进行必要的水文观测,对照水文资料和实地观察情况判断洪水对公路的危害性,作为今后制订公路改善和加固措施的依据。洪水观测的主要内容是:水位观测、流速观测、河床横断面和冲刷深度观测,以及流向观测等。一般情况下主要进行水位观测。

特大桥、大桥和河床处于不良状态的中桥,洪水观测的主要内容是:桥位处及桥下洪水水位变化、流速、流向、浪高、漂流物等，及河床断面变化的观测。一般情况下桥梁只观测和记录当年的最高水位。

沿河公路受洪水顶冲部位和平曲线凹岸洪水观测的主要内容是：洪水水位、顶冲角（或洪水流向）、流速的观测，并测记洪水前后路基的变化情况。一般情况下主要进行水位观测。

导流堤、丁坝和护岸等调治构造物应观测洪水时的工作情况，重要地段的调治构造物应观测最高洪水位及洪水前后基础附近河床的冲刷深度。一般情况下不进行专门的水位观测。

二、公路水毁及其防治

(1)公路塌方、滑坡的防治。对可能发生塌方、滑坡的路段，应采取下列措施进行防治：

①在坍、滑体上方，按其汇水面积及降雨情况，结合地形设置截水、排水沟，防止地表水，地下水流入坍、滑体。

②设置挡土墙或抗滑桩等，维持土体平衡。

③种植草皮、表面喷混凝土(水泥砂浆)、砌筑护坡或进行刷坡减轻土体，稳定边坡。

(2)泥石流的防治应遵循下列原则：

①发生频率高的黏性泥石流及规模较大的稀性泥石流路段，经技术经济比较宜改线绕避，无法绕避时应避重就轻选择线路。

②布设调治构造物，应根据路段和桥梁所在位置，结合地形、沟槽宽度、发生泥石流性质、流势及其发展变化规律，综合考虑确定，宜导不宜挑。

③对于危害性大、涉及面广的泥石流，且当地人类活动、经济建设有可能促使泥石流发育时，宜与有关部门协商，进行工程和生物水土保持相结合的综合治理。

④在泥石流易形成区，平整山坡、堵塞勾缝、修建阶梯和土埂等控制水土流失和滑坍发展。

⑤泥石流流通区，在地形、地质及储淤条件较好处，可修建拦挡或停淤场。

(3)沿河路基水毁的防治可采取设置丁坝、浸水挡土墙、抛石等防治措施。

(4)桥梁水毁防治。

①稳定、次稳定河段上桥梁水毁防治措施，可根据调整桥下滩流、河床冲淤分布的实际需要以及水流流向等分情况选择修建调治构造物。

②在不稳定河段上，桥梁水毁防治可根据河岸条件、河床地貌以及桥孔位置等分情况修建调治构造物。

③根据跨径大小、墩台基础埋置深度、桥位河段稳定情况，增建基础防护构造物。河床稳定，冲刷范围较小时，宜采用立面防护措施；河床稳定，冲刷范围较大时，宜采用平面防护措施。

三、公路、桥涵抗洪能力的评定

(1)每隔3~6年应对公路、桥涵进行一次抗洪能力评定。如遇设计洪水及超设计洪水年，宜结合水毁调查于当年进行一次抗洪能力评定。路段抗洪能力评定标准见表8-1，桥涵抗洪能力评定标准见表8-2。

(2)当路段、桥涵抗洪能力评定为“强”时,进行正常养护;当路段、桥涵抗洪能力评定为“可”时,除正常养护外,应加强汛期病害观测,采取技术措施,防止病害扩大;当路段、桥涵抗洪能力评定为“弱”或“差”时,路段应针对病害情况分别采取修理、加固或改建等技术措施。

路段抗洪能力评定标准 表8-1

等级	评定标准
强	1. 路基坚实、稳定,高度达到设计计算高程;路面为半刚性基层、水泥混凝土或沥青混凝土等铺装路面; 2. 边坡稳定、平顺无冲沟;坡度符合规定的高限值(缓);边坡有良好的防护加固; 3. 边沟、截水沟、排水沟完善,纵坡适度,无淤塞,水流畅通;进出口良好; 4. 支挡结构物布设合理、齐全,完整无损坏,泄水孔无堵塞; 5. 防冲结构物布设合理、齐全,无赖无损坏,冲刷符合设计
可	1. 路基坚实、稳定,高度不低于设计计算高程0.5m;路面为半刚性基层、沥青碎石、沥青贯入式或沥青表面处治等简易铺装路面; 2. 边坡稳定、平顺无冲沟;坡度不低于规定的低限值(陡);边坡有必要的防护加固; 3. 边沟、截水沟、排水沟完善,纵坡适度,有淤塞但易于清除;进出口良好; 4. 支挡结构物布设合理,有缺损但易于修理,泄水孔基本畅通; 5. 防冲结构物重点布设合理,基础冲空面积不超过10%,结构物无断裂、沉陷、倾斜等变形
弱	1. 路基高度低于设计计算高程达到或超过0.5m,高于次一技术等级的设计洪水高程,无明显沉降;路面为柔性基层、简易铺装路面; 2. 边坡有冲沟或少量坍塌,坡度接近规定的低限值; 3. 边沟、截水沟、排水沟有短缺,或淤塞量较大,或进出口有缺损,影响正常排水; 4. 支挡结构物短缺,或损坏严重,但无倾斜、沉陷等变形; 5. 防冲结构物短缺,或基础冲空面积达10%~20%,或结构物局部断裂、沉陷,但无倾斜等变形
差	1. 路基有明显沉陷,高度低于次一技术等级的设计高程;路面为柔性路面、砂石(无铺装)路面; 2. 边坡沟洼连片,局部坍塌,坡度陡于规定的低限值; 3. 边沟、截水沟、排水沟应设而未设; 4. 支挡结构物应设而未设,或结构物断裂、倾斜;局部坍塌; 5. 防冲结构物应设而未设,或基础冲空面积在20%以上,或结构物折裂、倾斜、局部坍塌

桥涵抗洪能力评定标准 表8-2

等级	评定标准
强	1. 孔径大小:桥下实际过水面积满足设计排水面积,桥下净空高度、最小净跨符合规定; 2. 孔、涵位置合适,调治构造物设置合理、齐全; 3. 墩、台基础埋深足够,深基础的冲刷尝试线在设计冲刷线以上;浅基础已做防护,防护周边的基础深度线在设计冲刷线以上; 4. 墩、台无明显冲蚀、剥落

续上表

等级	评定标准
可	1.孔径大小：桥下实际过水面积满足设计排水面积，上部结构底高程与计算水位相同，或净跨偏小但不超过规定值的10%； 2.孔、涵位置略有偏置，设置了调治构造物，其基础冲刷深度线在基底最小埋深安全值的30%以内，或调治构造物有局部缺损，河床无大的不利变形； 3.深基础冲刷线在规定的基底最小埋深安全值的30%以内；浅基础防护周边冲刷深度线在规定的基底最小埋深安全值的30%以内，防护有局部缺损； 4.墩、台有冲蚀剥落，面积小于10%，深度小于20mm
弱	1.孔径大小：桥下实际过水面积小于设计排水面积20%以内，上部结构底高程与计算水位相同，或净跨小于规定的10%～20%； 2.孔、涵位置偏置，调治构造物短缺，或调治构造物有局部缺损，河床发生严重的不利变形； 3.深基础冲刷线在规定的基底最小埋深安全值的30%～60%内；浅基础防护周边冲刷深度线在规定的基底最小埋深安全值的30%～60%内，或防护体损坏明显； 4.墩、台有冲蚀剥落露筋，面积超过10%，钢筋严重锈蚀
差	1.孔径大小：桥下实际过水面积小于设计排水面积20%以上，上部结构底高程低于计算水位，或净跨小于规定20%以上； 2.孔、涵位置偏置，无必要的调治构造物； 3.深基础冲刷线在规定的基底最小埋深安全值的60%以上；浅基础未做防护，冲空面积在20%以上； 4.墩、台有冲蚀剥落严重，桩有缩颈，砌体松动脱落或变形

课题40　公路防冰与防雪

一、一般规定

（1）公路防冰、防雪应根据当地的气候条件、公路状况因地制宜实施，分析并掌握公路的抗灾能力，制订必要的预防措施和应急抢修技术方案。重要工程和冰害、雪害多发路段，应制订应急抢修预案，保障公路正常通行。

（2）公路冰害防治应根据灾害牲和以往治理经验，制订经济适用的预防和抢修措施，提高治理效果，降低工程造价，并对预防和治理措施进行全面记录。

①采取有效措施防止路面积冰，对发生河水漫路造成路面积冰的路段应加强冬季养护，重点防范。路面一旦出现积冰应采取除冰或防滑措施。

②当路面或结构物表面发生涎流冰覆盖时，应采取措施清除，并查找水源，进行疏导、拦截、排放，避免形成新的涎流冰。

③当由于气温突变河流解冻产生大量流冰，可能对桥涵墩、桩柱、台和导流坝产生冲击时，应采取措施进行防治。

（3）公路防雪工作应做到：制订防雪工作预案，备好防雪材料和设备，保持防雪设施的良好状态；及时了解现有防雪设施的防护功能，增添必要的防雪减灾设施，切实防治风雪流和雪崩。

(4)风雪流的防治应符合下列要求：

①公路路基应有利于风雪越过，避免积聚。

②根据需要增设防风雪设施。

③公路受风雪流影响形成雪阻时，应及时清除，恢复交通，

④在冬季风雪流频繁发生的平原和微丘荒野地区，可选择沿公路另建辅道。

(5)在雪季前后，应对防雪崩工程如水平台阶、稳雪栅栏、导雪堤、导雪槽等及时进行检查、维修。

(6)雪崩的防治应符合下列要求：

①路线(特别是盘山公路)多次通过同一雪崩地带时可选择改线。

②保护公路上山坡坡面树木，以阻止雪体滑移而形成雪崩。

③采取铺撒除雪材料、机械(炮轰)等措施破坏雪体，降低形成雪崩的可能性。

二、公路防冰

1. 预防与抢修措施

公路冰害的防治，也是公路养护的重要组成部分。在冰冻前要制定好预防与抢修措施：

(1)路面防滑。冻前备好砂砾、石屑及其他防滑材料，对急弯、陡坡、桥头引道和村屯路段进行重点防护，积极防治涎流冰。

(2)桥涵等构造物在河流解冻时有流冰冲击、冰阻、水坝等威胁应采取相应措施防护。

(3)对冻土地区路基防护，在冻前疏通边沟、排水沟，积极将地表积水引向路基外排除，保护冻土层稳定，在路基上侧开挖与路线平行的深沟，截断活动层水流。

2. 养护维修方法

(1)冰坎。寒冷地区，路外水流随流随冻，冰层不断增厚，延伸至公路上，形成坎状冰。

其防治方法是，在冰冻前挖沟排水，在临水一侧路外筑堤埂，在公路外侧修筑储冰坑池等，避免溢流上路。

(2)涎流冰。在寒冷气候条件下，地下水或地面水，漫溢到公路及构造物上，从下而上逐层冻结，随流随冻的现象称涎流冰。

涎流冰损害公路，严重影响交通安全。对路面上的涎流冰应及时清除，撒布防滑料，并设置明显标志。其防治方法与冰坎相同。

(3)冰池。河床纵坡不大的河流，入冬初，在桥下游筑土坝，使桥上下游各约50m范围形成水池，水面结冰坚实后，即成为冰池。在冰池上游开挖人字形冰沟，以利集中水源，同时开挖下游河床最深处的土坝，放尽池内存水，使河水从冰层下流动。

(4)冰坝。解冻前，在流速降低的河湾、浅滩处，流冰可能互相挤压，重新聚结，形成巨型冰块乃至冰坝，造成水位抬高，威胁桥梁安全。

应组织专业人员进行处理，必要时用炸药爆破清除。

(5)流冰期。冰封之前或解冻之初，河面上冰块随水漂浮流动的时期为流冰期。

流冰对桥梁墩台、桩、破冰体和导流坝等会产生不同程度的冲击，应采取相应的防护措施。

三、公路防雪

公路上的雪害有积雪和雪崩二类。对公路的危害，轻者影响交通安全，重者阻断交通。必须根据雪害发生、发展规律做好雪害防治，要保持防雪设施完好，增添必要的新设施和机具设备，以减少雪崩和积雪对公路及交通的危害。在雪崩发生后，应用人工或机械及时清除路面积雪，尽快恢复交通。

1. 风雪流与导风板

风雪流是穿过雪原的气流达到一定的速度后带动大量雪粒随风运行的现象。防风雪流设施的导风板有：

（1）下导风板。设在公路上风侧路基边缘，先埋设立柱，在立柱上部钉以木板或涂以沥青的铁丝网，阻挡风雪流，以加大路基附近的贴地风速，使风雪流通过路基时不沉积，并吹走路上疏松的积雪。

（2）屋檐式导风板。在山区背风山坡路段设置，板面与山坡自然坡度一致，并有足够长度，使风雪流沿“屋檐”流通。

2. 防雪栅

防雪栅是一种防风雪流的设施。用木料或其他材料做成的，由立柱、栅栏板条和加固板条等组成，用以阻挡雪流移动的栅栏。按设置形式分为固定式和移动式，按构造分为透雪栅和不透雪栅。防雪栅见图 8-1。

图 8-1　防雪栅

3. 防雪墙、堤、网

防雪墙、堤、网是防风雪流的设施。防雪墙见图 8-2。

防雪墙：设在公路上风侧的阻雪设施，可用木、石、土、树枝或雪块等筑成。其高度不小于 1.6m，与路基边缘的距离为其高度的 10 倍左右。使风雪流通过路基时无大量雪沉积。

防雪堤：设在雪阻路段迎风口一侧，距离路基 15 ~ 20m，高度不低于 1.6m，边坡为 1 : 1，长度与雪阻路段同长。

防雪网中的孔隙为菱形结构，孔隙度为 30% ~ 60%，防雪网高度为 1.25m，在高度方向网孔数从 15 ~ 20 孔间的防雪网结构形式见图 8-3。

图 8-2　防雪墙

图 8-3　防雪网

4. 防雪林

防雪林带是防治风雪流的重要措施。防雪林带应栽植在雪季主导风向的上风侧，与同侧路基边缘距离应为防雪林高度的10倍左右。防雪林带宜选用不同树种组成具有一定宽度、高低错落的林带，以更好地起到阻雪防雪的作用。防雪林见图8-4。

5. 防雪走廊

对雪崩（山地大量积雪，由于自重和自然因素的影响而发生突然崩落的现象）运动区和堆积区，可在公路上修建形式与隧道明洞相似的构造物，能使雪崩的雪从其顶上越过，也可防止风雪堆积。

6. 导雪槽、堤

导雪槽：在公路上修筑的构造物，内侧与山坡联结，外侧以柱支撑，可使雪崩的雪从其顶上越过的工程设施，适用于防治靠近公路一侧上方的小雪崩。

导雪堤：为改变雪崩运动方向，使雪崩堆积到指定地点的防雪崩设施。导雪堤有土堤、浆砌石堤、铅丝笼石堤等结构形式。导雪堤见图8-5。

图8-4 防雪林

图8-5 导雪堤

7. 人工雪崩

在大的雪崩发生前，制造一些小规模的“人工雪崩”化整为零。可用炮轰或人工爆破以损坏雪檐、雪层的稳定性，也可在雪崩体坡面从两端用拉紧的绳索将下部的积雪刮去，使其上部失去支撑，造成小规模的“人工雪崩”以减轻雪崩对公路的危害。

8. 雪楔

雪楔是在雪崩运动区下部和堆积区上部设置的楔状构造物群，其主要作用是分割、阻挡、滞留雪崩体。雪楔，多采用三角形。有浆砌片石、轻轨木桩、装配式混凝土构件等形式。其高度应大于雪崩体峰面高度，成梅花形布置。

课题41 公路防沙

一、一般规定

(1)公路防沙治沙的原则是：预防为主、防治结合；固、阻、输、导结合；坚持日常维护，及时处治沙害。

(2)公路风沙防治工程措施应符合下列要求：

①工程防护措施有固、阻、输、导等方法，可单独使用，也可几种方法配合使用。

②“固”是增加地表粗糙度，应采用各种材料作覆盖物，或设置各种沙障，将贴地层风速控制在起风沙之下或用不易被风吹的物质把沙粒与风隔离。

③“阻”是阻滞风沙流，拦截过境流沙，切断沙源。应利用各种材料，在迎风路侧设置人工障碍物，减少和抑制沙丘前移，减轻或防止流沙对公路的危害。

④“输”是通过改变建筑物的几何形态，采取措施增大通过建筑物的风动沙运移强度，使原饱和风沙流在通过建筑物时处于非饱和状态，从而不产生沙的停留。

⑤“导”是通过导风工程设施改变气流方向，采取各种措施引导风沙流所挟的沙改变沉积部位，从而使建筑物本身免遭风沙危害。

(3)植物固沙措施(生物防沙)应符合下列要求：

植物固沙措施是利用植物的生态特点防止沙移并且达到沙漠稳固的一种措施，包括固结活动沙丘、阻沙、稳定边坡以及设置沙地林带。

①应采用耐风蚀和沙埋、耐旱、耐盐的防沙植物。

②对于大范围的固沙，应以种植低矮的灌木或半灌木为主，其种植范围在路基的上风侧应不小于500m，下风侧不小于200m。

③对于大面积防沙，可设置防风沙林带。林带可由草、灌木、乔木合理结合种植。林带至公路的最短距离，迎风面应不小于100m，背风面不小于50m。

④防沙植物的选择根据沙层情况及地下水位的深浅，合理选择适合生长的物种。

(4)沙漠地区公路养护与维修应符合下列要求：

①加强全面养护。在养护好公路本身的同时，应加强公路防沙治沙设施的养护与维修。

②及时消除可能导致公路沙害的因素，加强对沙害隐患的防治。

③掌握养护路段的气候规律，加强风期的养护，公路发生沙害应及时排除。

④对重大沙害路段的养护应集中力量，尽快排除因沙害引起的阻车现象。

⑤公路遭沙埋后，应及时清除干净，并将沙子搬运到公路下风侧的洼地或20~30m外地形开阔处摊平撒开，严禁堆弃在迎风面或路肩上。

⑥加强对沿线机械沙障、阻沙堤和下导风栅板等防沙设施的检查。发现损坏，应及时维修、扶正及抽拔提高，或适当调整位置及必要时加设。

⑦对路基两侧栽植的草木应加强培育管理，对风蚀严重、根系裸露的应及时扶正，重新埋好，并做好浇水、补苗、除虫、整枝或间伐工作。

二、公路防沙方法

1.固沙

路基固沙的主要措施：

(1)路基表面的固沙。一般采用柴草类、土类、砾卵石类，无机结合料(水泥、石灰、水玻璃加固土)，有机结合料(石油沥青土、煤沥青土等)等材料作为覆盖物，将沙质表土与风的作用隔开，以抵抗风蚀。公路旁固沙带见图8-6，沙漠公路两旁固沙带见图8-7。

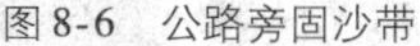
图8-6　公路旁固沙带

图8-7　沙漠公路两旁固沙带

(2)沙障固沙。利用柴草(扎成草方格)、黏土(堆砌小土埂)、树枝(做成篱笆状)等材料设置成沙障,以降低地表风速,减小风沙流活动。

(3)生物固沙。生物固沙是防治沙害的根本措施,在路基边坡及两侧沙地种草育林,种植防沙林带、草、灌木、乔木应合理结合,将沙固定,并将风沙流的流沙拦截下来。草方格固沙见图8-8,植物固沙见图8-9和图8-10。

图8-8　草方格固沙

图8-9　植物固沙(1)

图8-10　植物固沙(2)

2.阻沙

在适当位置设置若干沙障,以降低近地面风速,减弱风沙流的作用,使沙粒沉积在一定的区域内,常用的措施有:

(1)直立式防沙栅栏。用灌木枝条或玉米秆、高梁秆、芦苇等成行埋入沙内30~50cm,外露1m以上。

(2)挡沙墙(堤)。利用就地沙土或砂砾修筑,一般高度为2~2.5m,用沙修筑需用土或砂砾封固,堤两侧边坡坡度为1∶1.5~1∶2。

阻砂设施也可采用栅栏和墙(堤)结合的形式。

3.输(导)沙

用人工构造物或人为改变地形,以加大地面风速,使公路两侧成为非堆积搬运带,达到防沙目的。其土要措施有:

(1)修筑路旁平整带,用固砂材料固封。

(2)设下导风板(又称为聚风板)。

(3)设有浅槽与风力堤的输沙法。

(4)将路堤做成输沙断面,加大边坡。

(5)路线与沙垄延长线锐角相交时,在上风侧设与路线大体平行尾部外摆的沙障或导沙堤,将风沙流导出路外。

4. 浅槽与风力堤

在沙源较丰富的流动沙丘地区，在路基迎风侧设置浅槽与风力堤，借助浅槽特有的气流升力和与风力堤的综合作用，加大风速，达到公路的输沙目的。

课题 42　突发事件处置

(1)公路突发事件的处置应做到快速反应，准备充分，组织有力，处置得当，最大限度降低灾害损失。

(2)对各类公路突发事件应建立应急预案。

(3)应急预案的主要内容应包括：组织领导体系；应急抢险队伍；人、材、物及资金的保障；信息报告制度；临时交通组织方案；抢险工程措施等。

(4)应对公路重要设施建立灾害预警体系，以切实掌握公路设施在运行过程中的使用状态，尽可能减少突发事件的发生，达到公路设施隐患“治早、治小、治了”的目标。

(5)当公路及其沿线设施发生因自然或人为因素造成严重损坏影响交通或造成人身伤害的重特大突发事件时，应积极采取应急措施，避免灾害扩大，做好灾后工程修复工作。

复习思考题

1. 简述公路防灾与突发事件处置的一般规定。
2. 公路防洪检查汛前检查的重点有哪些？
3. 公路防雪措施主要有哪些？
4. 试述公路防冰、防雪的一般规定。
5. 公路防沙方法主要有哪些？
6. 简述公路突发事件处置的要求。

单元9 交通工程及沿线设施养护

课题43 一般规定

一、一般规定

(1)交通工程及沿线设施包括:交通安全设施、公路机电系统(监控系统、收费系统、通信系统、供配电系统)、服务设施及养护房屋等。

(2)交通工程及沿线设施应遵循“保障安全、提供服务、利于管理”的原则,保持完整、齐全和良好的工作状态。

(3)各种设施应加强养护,及时维修和更换损坏部件。设施不全或设施设置不合理的,应根据公路性质、技术等级和使用要求,有计划、有步骤地补充和完善。

二、沿线设施的配置

1. 交通安全设施配置

(1)A级应配置系统、完善的标志、标线、视线诱导标、隔离栅、防护网;中间带必须连续设置中央分隔带护栏和必需的防眩设施;桥梁与高路堤路段必须设置路侧护栏;互通式立体交叉及其周边地区路网应连续设置预告、指路标志;车道边缘线、分合流路段宜连续设置反光突起路标;出口分流三角端应设置防撞设施。

(2)B级应配置完善的标志、标线、视线诱导标及必需的隔离栅、防护网;一级公路中间带必须连续设置中央分隔带护栏和必需的防眩设施;桥梁与高路堤地段必须设置路侧护栏;互通式立体交叉及其周边地区路网应连续设置预告、指路标志;平面交叉必须设置完善的预告、指路或警告、支线减速让行或停车让行等标志,反光突起路标和配套完善的交通安全设施,并保持视距。

(3)C级应配置较完善的标志、标线及必需视线诱导标、隔离设施;一级公路中间带必须设置隔离设施;桥梁与高路堤地段应设置路侧护栏;平面交叉应设置预告、指路或警告、支线减速让行或停车让行等标志和配套完善的交通安全设施,并保持视距。

(4)D级应设置标志;视距不良、急弯、陡坡等路段应设置路面标线及必需视线诱导标;

深谷、深沟、江河湖泊等路段应设置路侧护栏；平面交叉应设置标志和必需的交通安全设施。

2. 服务设施配置

(1)A 级应设置服务区、停车区及公共汽车停靠站，建设规模依设计交通量、交通组成等计算决定。

(2)B 级宜设置服务区、停车区及公共汽车停靠站。

(3)C 级、D 级可根据需要设置加油站、公共厕所等设施。

3. 管理设施配置

(1)A 级应设置监控、收费、通信、配电、照明和管理养护等设施，实时收集交通流信息并及时发布，迅速采取措施，保障交通安全。

(2)B 级宜设置基本信息采集、交通监视、简易信息处理及发布等监控设施，平面交叉应视交通量配置警示灯或信号灯设施，管理所和养护工区视需求设置。

(3)C 级平面交叉视交通量配置警示灯或信号灯设施，道班房和养护工区视需求设置。

(4)D 级视需求设置道班房等养护措施。

三、公路沿线设施养护的分类

(1)小修保养：标志物的整洁及部分添置更换等。

(2)中修工程：全线新设及更换标志物。

(3)大修工程：主要防护设施的更新及增设。

(4)改建工程：全线增设防护设施和监控设施。

课题 44　交通安全设施养护

一、基本要求

(1)交通安全设施的养护内容包括：检查、保养维护和更新改造。检查包括经常性检查、定期检查、特殊检查和专项检查。平时应加强日常巡查。

(2)经常性检查的频率不少于 1 次/月；定期检查的频率不少于 1 次/年；遭遇自然灾害、发生交通事故或出现其他异常情况时，应及时进行附加的特殊检查；设施更新改造之后，应进行全面的专项检查。

(3)应结合设施特点，加强对交通安全设施的养护维修和更新改造。

(4)交通安全设施的养护应满足设施完整和外观质量、安装质量、技术性能等各项质量的要求。

(5)因交通事故、自然灾害或其他原因造成的设施损伤应及时进行修复。

(6)采用常青绿篱和绿色植物进行隔离和防眩时，参照规范绿化的相关规定进行养护。

(7)对于事故多发路段和一些特殊路段，应结合公路安全保障工程的技术内容，及时改造完善各种交通安全设施。

(8)交通安全设施的养护质量参照《公路技术状况评定标准》(JTG H20—2007)进行评定。

二、交通标志养护

1. 交通标志的类型

公路交通标志是用图形符号和文字传递特定信息，用以管理交通。保证公路交通安全，协助车辆顺利通行的安全设施。公路交通标志包括：警示标志、禁令标志、指路标志等主动标志和为表示时间、车辆种类、区域或距离、警告、禁令理由等辅助说明作用的辅助标志及其他标志。公路交通标志形状、颜色、尺寸、图案种类和设置地点均按《道路交通标志和标线第2部分：道路交通标志》(GB 5768.2—2009)的规定执行。

1)主标志

(1)警告标志。警告车辆、行人注意危险地点的标志。其颜色为黄底、黑边、黑图案，形状为顶角朝上的等边三角形。常有平面交叉路口标志、连续弯道标志、陡坡标志等。警告标志见图9-1～图9-3。

图9-1 警告标志(1)

图9-2 警告标志(2)

图9-3 警告标志(3)

(2)禁令标志。禁止或限制车辆、行人交通行为的标志。其颜色(除个别标志外)为白底红圈、红杆、黑图案，形状为圆形、顶角向下的等边三角形。常见的有禁止驶入标志、限制质量标志、限制高度标志等。禁令标志见图9-4和图9-5。

图9-4 禁令标志(1)

图9-5 禁令标志(2)

(3)指示标志。指示车辆、行人行进的标志。其颜色为蓝底、白图案，形状为圆形、长方形和正方形。常见的有直行标志、向右行驶标志、准许掉头标志等。指示标志见图9-6。

(4)指路标志。传递道路方向、地点、距离信息的标志。其颜色(除里程碑、百米桩、公路界碑外)高速公路为绿底白图案、其他公路为蓝底白图案，形状(除地点识别标志外)为长方形和正方形。常见的有里程碑、分界碑、指路牌等。指路标志见图9-7。

向右转弯

图9-6　指示标志

图9-7　指路标志

2）辅助标志

附设在主标志下，主要起表示时间、车辆种类、区域或距离、警告、禁令理由等辅助说明作用。其颜色为白底黑字、黑边框，形状为长方形。辅助标志见图9-8和图9-9。

图9-8　辅助标志（1）

图9-9　辅助标志（2）

2. 交通标志的检查和养护

1）公路交通标志的检查

除日常巡回检查交通标志是否受到树木等物体的遮挡，以及标志牌、支柱是否受到损坏外，一般还应进行定期检查。遇到有风暴等异常气候及洪水、地震等自然灾害或交通事故时，应进行临时检查。检查内容包括下列内容：

（1）标志牌、支柱的变形、损坏、污秽及腐蚀情况。

（2）油漆及反光材料的褪色、剥落情况。

（3）标志牌设置的角度及安装情况。

（4）照明设施情况。

（5）基础或底座情况。

（6）反光标识的反射性能。

（7）缺失情况。

2）公路交通标志的养护

（1）交通标志有污秽时，应进行清洗。

（2）有树木等遮蔽物时，必须清除阻碍视线的物体或在规定范围内变更标志的设置位置。

（3）定期刷新。

3）公路交通标志的修理

（1）标志变形，支柱弯曲、倾斜应尽量修复。

（2）标志牌、支柱损伤及生锈引起油漆剥落，其范围不大时，可对剥落部分重新油漆。油漆严重剥落或褪色时,应重新油漆。

(3)标志牌或支柱松动,应及时紧固。

4)更换及设置位置的变更

(1)由于腐蚀(生锈)、破损而造成辨认性能下降或夜间反光、反射能力降低的标志,应予更换。

(2)缺失的应及时补充。

(3)设置的标志有类似、重复、影响交通的情况,或设置位置和指示内容不符合时,应进行必要的变更。

除上述固定位置交通标志之外,在公路养护管理、交通事故处置等作业过程中,为保证车辆、行人安全和施工正常进行,应按国家标准规定设置路栏、锥形交通标志、导向标志等告示性和警告性标志。

5)应经常检查是否按照规定设置了标志,并应保持标志的良好状态。这些标志主要包括:

(1)在施工作业、落石、塌方等危险路段或周围设施设置路栏。

(2)在指引车辆绕过的施工、维修作业区或其他障碍物路段应设置锥形交通标志。

(3)在路线方面发现明显变化处,应设置指示性导向标,在施工和维修作业区两端应设置警告性导向标。

路栏、锥形交通路标和导向标,有移动性临时设置设施,也有固定的永久性设施。应分别采用不同养护和修理方法。

(4)为预估前方公路阻断情况,指示车辆改变行车路线或提醒驾驶人提高警惕的路段两端,应设置临时性的情报告示牌。

当前方公路因路面翻浆、路基塌陷、桥梁破坏、隧道冒顶或水毁等原因发生阻断需要指示车辆改变行驶路线时,宜采用“前方××,注意瞭望”,“×××,车辆慢行”等标示的告示牌,设置位置在需要告示地点前100~200m处的右侧路肩外。

情报指示牌应保持牌面清洁,字体工整醒目。公路一旦修复、恢复正常行车后,应立即将情报告示牌撤除。

在公路上进行开挖沟槽等作业以及禁止车辆驶入的施工区,除按规定设置醒目的施工标志外,夜间应设置施工标志灯。施工标志灯可因地制宜选用,但必须具备夜间有足够的照明时间、亮度和不易被熄灭的功能。

(5)在高速公路和一级公路上,宜设置因交通、气候等状况变化可改变显示内容的可变信息标志。

3. 公路交通标志的养护应符合下列要求:

(1)应保持交通标志设置合理、结构安全,版面内容整洁、清晰。

(2)标志板、支柱、连接件、基础等标志部件应完整、无缺损且功能正常。

(3)标志应无明显歪斜、变形,钢构件无明显剥落、锈蚀。

(4)标志面应平整,无明显褪色、污损、起泡、起皱、裂纹、剥落等病害。

(5)标志的图案、字体、颜色等应符合相关标准要求。

(6)反光交通标志应保持良好的夜间视认性。

三、路面标线养护

1. 交通标线的类型及设置

公路交通标线是管制和引导交通安全的安全设施。公路交通标线包括:路面上的各种线条、箭头、文字、立面标记、突起路标和轮廓标等所构成的交通安全设施。它可以与标志配合使用,也可以单独使用。公路交通标线的形状、颜色、尺寸和设置地点均按照《道路交通标志和标线第3部分:道路交通标线》(GB 5768.3—2009)的规定执行。各种路面标线见图9-10～图9-13。

公路交通标线设置后,应按管理责任分工认真保养,经常保持完整、安全鲜明。

高速公路、一级公路、二级公路均应设置路面标线。其他道路可根据需要按标准设置标线。路面标线应采用耐磨耗、耐腐蚀、与路面黏着力强、具有较好的辨认性、便于施工、对人畜无害的路标漆、塑胶标带、陶瓷和彩色水泥等材料制作。

图9-10　路面标线

图9-11　彩色立体标线

图9-12　突起振动标线

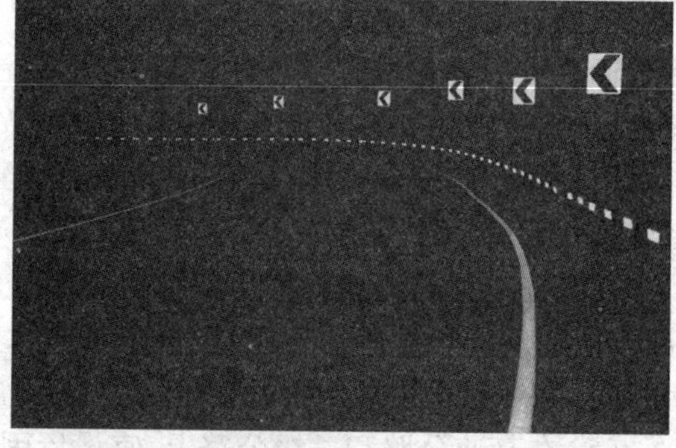

图9-13　(全天候)雨夜标线

2. 公路交通标线的养护与修理

(1)路面标线污秽,影响辨认性能时,应及时进行清扫或冲洗。

(2)路面标线磨损严重或脱落,影响辨认性能时,应重新喷刷或修复,并注意避免与原标线错位。

(3)进行路面局部修理使路面标线局部缺损或被覆盖时,应在路面修理完工后予以修补或喷刷。

(4)养护和修理的主要内容是清除表面污秽,如已褪色或油漆剥落,应及时重新涂漆。

各种标线问题见图9-14和图9-15。

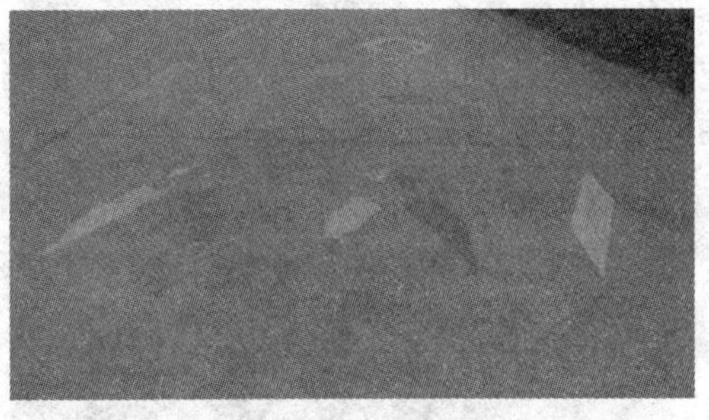

图9-14 标线剥落

图9-15 标线夜间光度性能衰减或丧失

3. 路面标线的养护应符合的要求

(1)具有良好的可视性,边缘整齐、线形流畅,无大面积脱落。

(2)颜色、线形等应符合相关标准要求。

(3)反光标线应保持良好的夜间视认性。

(4)重新画设的标线应与旧标线基本重合。

四、突起路标养护

1. 突起路标

突起路标,又称为道钉。是固定于路面上起标线作用的突起标记块,可在高速公路或其他道路上用来标记中心线、车道分界线、边缘线,也可用来标记弯道、进出口匝道、导流标线、道路变窄、路面障碍物等危险路段。

一般配合路面标线使用,或以模拟路面标线的形式使用。

从材料上划分有:塑料道钉、铸铝道钉及有源道钉。

从发光方式分类有:镶嵌反光晶格片或者粘贴反光膜,利用反光晶格片或反光膜反光的称为被动发光型道钉;利用控制器,发光管通电使用的称之为主动发光型道钉。

2. 突起路标的养护应符合的要求

(1)突起路标应无严重的缺损。

(2)破损的突起路标应不对车辆、人员等造成伤害。

(3)突起路标应无明显的褪色。

(4)突起路标的光度性能应保持其在夜间具有良好的视认性。

突起路标见图9-16。

图9-16 突起路标

五、轮廓标养护

1. 轮廓标

轮廓标是设置于道路边缘,用于诱导视线的一种设施。轮廓标上具有逆反射体或逆反射材料,在夜间车灯的照射下,显示出道路边缘的轮廓,对行车进行安全引导。汽车专用公路和实施 GBM 工程的公路或路段,应设置路边轮廓标,其他公路可视实际需要设置。轮廓标见图 9-17 和图 9-18。

凡设置示警桩和护栏路段,以及路肩上已种植整齐的行列式乔木路段,可不再设置路边轮廓标。路边轮廓标与百米桩结合设置时,应在桩下部标明百米桩号。

图 9-17　轮廓标(1)

图 9-18　轮廓标(2)

2. 轮廓标养护与修理内容

(1)反光矩形色块剥落的,应及时补贴。

(2)清除表面污秽和遮蔽轮廓标的杂草、树木物体。

(3)油漆剥落的,应重新漆涂。

(4)标柱倾斜或松动的,应予扶正固定。如已变形、损坏,应尽量修复或变更。

(5)丢失的应及时补充。

3. 轮廓标的养护要求

(1)轮廓标应进行表面清洗。

(2)轮廓标应无缺损。

(3)轮廓标应无明显的褪色。

(4)轮廓标的光度性能应保持其在夜间具有良好的视认性。

六、护栏养护

护栏是诱导驾驶员视线,增加驾驶员和乘客的安全感,防止失控车辆驶出公路外或进入对向车道,减轻对车辆、人员和财产的损害程度,控制行人随意穿越公路,保障行人安全的设施。

护栏的养护应符合下列要求:

1. 波形梁钢护栏

(1)保持波形梁钢护栏的结构合理、安全可靠。

(2)护栏板、立柱、柱帽、防阻块(托架)、坚固件等部件应完整、无缺损。

(3)护栏质量符合相关标准要求。

(4)护栏的防腐层应无明显脱落,护栏无锈蚀。

(5)护栏板搭接方向正确,螺栓坚固。

(6)护栏安装线形顺畅,无明显变形、扭转、倾斜。

波形梁钢护栏见图 9-19。

图9-19 波形梁钢护栏

2. 水泥混凝土护栏

(1)保持水泥混凝土护栏线形顺畅、结构合理。

(2)水泥混凝土护栏应无明显裂缝、掉角、破损等缺陷。

(3)水泥混凝土护栏使用的水泥、砂、石、水、外加剂、钢筋等材料质量应符合相关标准、规范及设计要求。

(4)水泥混凝土护栏的几何尺寸、地基强度、埋置深度,以及各块件之间、护栏与基础之间的连接应符合设计要求。

水泥混凝土护栏见图9-20。

3. 缆索护栏

(1)缆索护栏各组成部件应无缺损。

(2)缆索护栏各组成部件应无明显变形、倾斜、松动、锈蚀等现象。

(3)缆索护栏使用的缆索、立柱、锚具等材料质量应符合相关标准、规范及设计要求。

缆索护栏见图9-21。

图9-20 水泥混凝土护栏

图9-21 缆索护栏

七、隔离栅养护

隔离栅的养护应符合下列要求:

(1)应保持隔离栅的完整无缺,功能正常。

(2)隔离栅金属网片、立柱、斜撑、连接件、基础等部件无缺损。

(3)隔离栅质量应符合相关标准要求。

(4)隔离栅应无明显倾斜、变形,各部件稳固连接。

(5)隔离栅防腐涂层应无明显脱落、锈蚀现象。

隔离栅和防护网见图 9-22 和图 9-23。

图 9-22　隔离栅和防护网(1)

图 9-23　隔离栅和防护网(2)

八、防眩设施养护

1. 防眩板

防眩板是为使夜间行车的驾驶员免受对向来车前灯眩光干扰而设置在中央分隔带上的一种交通安全产品。从材质上分类有塑料防眩板、玻璃钢防眩板、钢防眩板。从外观上分类，常见的有直板、反 S 形、树叶形、芭蕉叶形、人字形等。

2. 防眩板的养护与修理

(1)损坏部分应及时修复，歪斜的应扶正。

(2)定期重新涂漆，锈蚀和变形严重的应予更换。

3. 防眩设施的养护应符合的要求

(1)防眩板、防眩网等防眩设施应完整、清洁，具有良好的防眩效果。

(2)防眩设施应安装牢固，无缺损。

(3)防眩设施应无明显变形、褪色或锈蚀。

(4)防眩设施的质量应符合相关标准要求。

防眩板见图 9-24 和图 9-25。

图 9-24　防眩板(1)

图 9-25　防眩板(2)

九、其他交通安全设施养护

(1)应保持里程碑、百米桩、道口标柱、公路界碑、防落网、锥形交通路标、公路防撞桶、减速垫、安全岛、平曲线反光镜、声屏障、示警标柱等交通安全设施的清洁完整和功能正常。

(2)应选择恰当和可行的方法对里程碑、百米桩、道口标柱、公路界碑、防落网、锥形交通路标、公路防撞桶、减速垫、安全岛、平曲线反光镜、声屏障、示警标柱等交通安全设施进行养护。

课题45 公路机电系统、服务设施、养护房屋的养护

一、公路机电系统

(1)公路机电系统包括监控系统、收费系统、通信系统、供配电系统等,其维护质量标准参照《公路工程质量检验评定标准 第二分册 机电工程》(JTG F80/2—2004)执行。

(2)定期对监控系统的地图屏、投影显示屏、计算机系统、区域控制器、匝道控制器、车辆检测器、可变信息标志、闭路电视、气象检测仪,交通调查数据采集设备,照明、风机、消防喷淋等设备的控制系统的工作环境、状态和性能进行检查、检测和维护。

(3)应定期对收费系统的车道控制器、闭路电视、对讲系统、显示器、键盘、IC(磁)卡发卡机、IC(磁)卡读写器、票据打印机等收费车道亭内设备,和电动栏杆机、费额显示器、摄像机、手动栏杆、电源线、雨棚信号灯、车道通信灯、雾灯、车辆检测器、不停车收费系统的路侧读写单元和天线控制器等设备进行检查、检测和维护。

(4)应定期对通信系统的光电缆传输线路、数字传输系统(包括准同步系列 PDH、同步数字系列 SDH)、数字程控交换机、IP 网络设备、紧急电话系统和无线通信系统进行检查、检测和维护。

(5)应定期对公路专用的供配电系统(包括高压配电装置、电力变压器、低压配电装置、配电线路和照明设备等)进行检查、检测和维护。

(6)应认真做好公路机电系统的检查、检测和维护工作记录。

二、服务设施

(1)服务设施包括服务区、停车区和收费站、加油站等的土建及附属设施,以及公共汽车停靠站等设施。

(2)服务设施的配置应符合相关要求。

(3)服务设施的养护应符合下列要求。

①及时清扫场地,清除场内杂物,清理疏通排水设施。保持服务区内环境的整洁卫生。

②定期检查消防设备的数量及完好情况。灭火器药剂必须定期更换。

③服务区内的道路、房屋、立体交叉、交通标志和标线、绿化、通信等设施的养护与维修,参照《公路养护技术规范》(JTG H10—2009)有关章节的规定执行。

三、养护房屋

(1)养护房屋的设置应满足公路养护生产和管理需要。养护房屋内应配备通信设备等

各种必要的生产、生活、消防设施。

(2)养护房屋及周围环境应布局合理，整洁美观，设施适用、方便，并保持排水畅通。

(3)养护房屋应定期检查、维护，及时修复损坏部分。

复习思考题

1. 试述交通工程及沿线设施养护的一般规定。
2. 试述交通安全设施配置原则。
3. 试述交通安全设施养护的基本要求。
4. 交通标志的主标志有哪几类？
5. 公路交通标志的检查内容主要有哪些？
6. 公路交通标志的养护应符合哪些要求？
7. 路面标线的养护应符合哪些要求？
8. 波形梁钢护栏的养护应符合哪些要求？
9. 隔离栅的养护应符合哪些要求？

单元10 公路绿化与环境保护

课题46 公路绿化

一、公路绿化的要求

1.一般规定

(1)公路绿化应贯彻“因地制宜、因路制宜、适地适树”的方针,科学规划,合理选择绿化植物品种。

公路绿化规划,应根据公路等级、沿线地形、土质、气候环境和绿化植物的生物学特性,以及对绿化的功能要求,结合地方绿化规划进行编制。

(2)新、改建公路的绿化工程应与公路主体工程设计、施工、验收同步进行,由公路养护部门一并接养。

(3)公路绿化栽植成活率、保存率指标,不同类型区应分别符合下列要求:

①平原区:成活率达90%为合格,95%(含)以上为优良;保存率达85%为合格,90%(含)以上为优良。

②山区:成活率达85%为合格,90%(含)以上为优良;保存率达80%为合格,85%(含)以上为优良。

③寒冷草原区及沙、碱、干旱区:成活率达75%为合格,80%(含)以上为优良;保存率达70%为合格,75%(含)以上为优良。

(4)公路绿化植物应定期进行修剪、整形,加强病虫害防治。

(5)公路环境保护应贯彻“预防为主、防治结合、综合治理”的方针,保护、改善和提高公路环境质量。

公路绿化见图10-1~图10-4。

2.栽植与管护

(1)不同等级和不同路段公路绿化,应分别符合下列要求:

①高速公路、一级公路的中央分隔带宜种植灌木、花卉或草皮。服务区应结合当地环境、景观要求,另行设计,单独实施。

图 10-1　沿河边坡绿化

图 10-2　余宽绿化

图 10-3　锥坡绿化

图 10-4　桥下绿化

②二级及二级以下公路，宜采用乔木与灌木相结合的方式，并充分体现当地特色。

③平面交叉在设计视距影响范围以内，不得种植乔木。在不影响视线的前提下，可栽植常绿灌木、绿篱和花草。

④小半径平曲线内侧不得栽植影响视线的乔木或灌木，其外侧可栽植成行的乔木，以诱导汽车行驶，增加安全感。

⑤立体交叉分割形成的环岛，可选择栽植小乔木或灌木，实现丛林化。互通式立体交叉的匝道转变处构成的三角区内，应满足通视要求。

⑥隧道进出口两侧 30～50m 范围内，宜栽植高大乔木，尽可能形成隧道内外光线的过渡段，以利车辆安全行驶。

⑦桥头或涵洞两头 5～10m 范围内，不宜栽植乔木，以免根系破坏桥（涵）台。

（2）不同类型地区的公路绿化，应分别符合下列要求：

①山区：应实施具有防护功能的绿化工程，如防护林带、灌木、草皮护坡等。

②平原区：应栽植单行或多行的防护林带。

③草原区：应在线路两侧栽植以防风、防雪为主的防护林带。

④风沙危害地区：以营造公路防风、固沙林带为主，栽植耐干旱、根系发达、固沙能力强的植物品种。

⑤盐碱区：应选择抗盐、耐水湿的乔木、灌木品种，配栽成多行绿化带。

⑥旅游区：通往名胜古迹、风景区、疗养休闲区、湖泊等地的公路，应注重美化，营造风景

林带,可栽植有观赏价值的常绿乔木、灌木、花卉以及珍贵树种和果树类。

(3)公路绿化植物的栽植应符合《公路工程技术标准》(JTG B01—2014)关于公路建筑限界的规定,乔木和灌木的株行距可根据不同的树种、冠幅大小选择。

(4)绿化植物成活后到郁闭前,应加强抚育管理,及时检查、补植、浇水、除草、松土、施肥、整形等。绿化植物郁闭后,应及时修剪抚育。

(5)加强公路绿化巡查,根据各类绿化植物病虫害发生、发展和传播蔓延的规律,及时采取相应防治措施,保障绿化植物正常生长。每年春季或秋季,宜在乔木树干上距地面 1 ~ 1.5m 高度范围内刷涂白剂。

防治绿化植物病虫害应以预防为主,开展生物、化学防治与营林措施相结合的综合防治,贯彻"治早、治小、治了"的防治方针。严格苗木检疫制度,消灭越冬虫卵、蛹,烧毁落叶虫婴、虫茧,及时消除衰弱、病害植株。

(6)绿化公路的乔木、灌木、花草及防护林、风景林等,不宜在较长路段内采用同一绿化植物品种,应分段轮换栽植不同品种,以减少病虫害的传播和蔓延。

(7)严格遵守《中华人民共和国森林法》,任何单位和个人不得擅自砍伐、破坏公路绿化。公路绿化符合下列情况之一者,方可履行报批手续经批准后采伐或更新:

①公路路树过密且不宜移植,需进行抚育采伐的。

②经有关部门鉴定,树木确已进入衰老期或品种严重退化的。

③公路改建或加宽需采伐原有公路绿化的。

④公路树木发生大规模病虫害,经有关部门鉴定确需采伐或更新的。

⑤生长势弱,效果差,影响路容路貌的。

(8)公路绿化采伐证须按有关规定程序办理。经批准采伐公路绿化,必须按采伐证规定的树种、数量、路线长度,在规定的时间内采伐,不得超量或超期采伐。公路改建需采伐的树木,如有移植价值,应尽可能移植利用。路树经采伐形成的空白路段应在其后的第一个绿化季节及时补植,并加强管护。

严禁无证采伐。但在非常时期,如遇战备、救灾、水毁抢修等特殊情况,为保障公路通行,可先行砍伐,后补办有关手续。

二、坡面绿化技术

常用的坡面土保持生物措施有人工播种、铺草皮、植生带护坡、土工格室植草、藤本植物护坡、液压喷播、客土喷播等。

1. 三维植被网植草

三维植被网植草是将带有突出网包的多层聚合物网固定在边坡上,在网包中敷土植草对边坡进行绿化的技术。根据抗拉能力和固土能力不同,网包可设计为 2 ~ 5 层,一般薄层应用于填方边坡,厚层应用于挖方边坡,可以起到固土防冲刷并改善植草质量的良好效果。三维网植草见图 10-5,三维网见图 10-6。

三维网植草采用湿法喷播、客土喷播或人工撒播的方法进行植草。

图 10-5　三维网植草

图 10-6　三维网

2. 植生带护坡

植生带是把草种、肥料、保水剂等按一定密度定植在可自然降解的无纺布或其他材料上，并经过机器的滚压和针刺复合定位工序，形成的具有一定规格的产品。植生带见图 10-7。

图 10-7　植生带

植生带护坡的特点是：

(1) 置草种、肥料于一体，播种施肥均匀，数量精确，草种、肥料不易移动。

(2) 植生带具有保水和避免水流冲失草种的性质。

(3) 草种出苗率高、出苗整齐、建植成坪较快。

(4) 用可自然降解的纸或无纺布等作为底布，与地表吸附作用强，腐烂后可转化为肥料。

(5) 植生带体积小、重量轻、便于储藏，可根据需要常年生产，生产速度快，产品成卷入库，储存容易，运输、搬运轻便灵活。

(6) 施工省时、省工，操作简便，并可根据需要任意裁剪。

3. 土工格室植草

土工格室植草技术是将土工格室铺装固定于无土壤的石质边坡，通过向内填入种植土壤，营建植物生长的基础，再进行机械或人工播种，从而建立边坡人工植被。土工格室植草见图 10-8。

与客土喷播相比，由于其格室内的土壤可全部由人工填入，故不需机械设备，且所填土壤的土质条件要求不严，一般公路施工场地的细土添加有机肥料予以改良即可利用。

4. 工程边坡灌木化

边坡灌木化就是在边坡上建立以灌木为主体、灌乔草相结合的复合植被的过程，是一个生物多样性丰富的复合群落建成的过程，而并非单一灌木群落。边坡灌木化技术可应用于除青藏高原外的广大地区，边坡类型包括各类软质岩边坡、土石混合边坡及瘠薄土质边坡。两侧边坡实现灌木化见图 10-9。

边坡灌木化技术包括植物选择、种子处理、播量控制、土壤基材及肥料、施工、养护等各个环节，是一项系统工程。从准备工作到植物选择与设计、建植及养护管理等各个环节都应目标明确的指向灌木化的实现。理想的建植模式应是多种技术的综合集成。

在灌木化实施的各种工艺措施中，宜加强各种措施的综合应用，包括液压喷播、客土喷播、栽植技术、人工播种等相结合，以促进木本植物群落的建成。

图10-8　土工格室植草

图10-9　两侧边坡实现灌木化

5. 坡面客土喷播

客土喷播是在岩石边坡等场地整备后，将土壤和种子等材料的混合物喷植于场地表面的生态恢复工程，适用于不同风化程度的岩石边坡或其他难以采用常规种植技术施工的场地。多种材料的混合物包括团粒剂使客土形成团粒化结构，加筋纤维在其中起到类似植物根茎的网络加筋作用，从而造就有一定厚度的具有耐雨水、风侵蚀，牢固透气，与自然表土相类似或更优的多孔稳定土壤结构。喷播客土见图10-10和图10-11。

图10-10　喷播客土(1)

图10-11　喷播客土(2)

三、公路景观绿化设计

关于公路绿化技术规定及要求，可参阅《公路环境保护设计规范》(JTG B04—2010)。值得注意的是，公路沿线绿化的树木及灌草一定要因地制宜，尽量采用本地物种，本地物种管护简便，经济性好。

公路景观绿化工程的各部分有关设计原则简述如下：

1. 服务区、停车区、管养工区等公路附属设施景观绿化工程

1）功能

以美化为主，创造优美、舒适的工作和生活空间，以及适宜的浏览、休闲环境。

2）设计要求

绿化用地较充足，除周边的大块绿地需要与周围环境背景互相协调外，其建筑、广场、花坛、绿地主要采用庭院园林式绿化手法，加强美化效果，使整体环境舒适宜人，轻松活泼，起到良好的休闲目的。同时，服务区亦可根据各自所处的地域特征，通过绿化加以表达和突出地方文化氛围。

2. 互通立交绿化美化工程

1）功能

诱导视线，减少水土流失，绿化美化环境，丰富公路景观。

2）设计要求

互通立交区绿化以地被植草为主，适量配置灌木、乔木，以既不影响视线又对视线有诱导作用为原则。图案的设计简洁明快，以形成大色块。

依据互通所处的地理位置、服务城镇性质、社会发展，结合当地历史典故、人文景观、民俗风情等决定表现形式和植物配置，可将沿线互通分为三类：

（1）城郊型。地处城市近郊，或本身就是城市的组成部分。在吸纳当地人文历史等背景资料前提下，可设计抽象或规则图案，表现此地区的综合文化内涵，同时注意城市建筑和公路绿化景观的统一与协调。图案设计体量宜大，简洁流畅，色彩艳丽丰富。

（2）田园型。地处农村郊野，距城镇较远。绿化形式以自然式为主，强调表现本地区的自然风光，突出绿化的层次感及立体感，使互通景观充分融入周围原野中。

（3）中间型。距离大城镇较远，而又靠近小的乡镇，地处农田原野，是城郊和田园型的中间类型。绿化应兼顾双重性，强调体现个性，给游客以深刻印象。

3. 边坡、土路肩、护坡道、隔离栅及内侧地带等的防护及绿化工程

1）功能

保护路基边坡，稳定路基，减少水土流失，丰富公路景观，隔离外界干扰。

2）设计要求

（1）土质边坡栽植多年生耐旱、耐瘠薄的草本植物与当地适应性强的低矮灌木相结合来固土护坡。

（2）挖方路堑路段的石质边坡采用垂直绿化材料加以覆盖，增加美观。可选用阳性、抗性强的攀崖植物。

（3）护坡道绿化应以防护、美化环境为目的，栽植适应性强，管理粗放的低矮灌木。

（4）边沟外侧绿地的绿化以生态防护为主要目的，兼顾美化环境，可栽植浅根性的花灌木，种植间距可适当加大。

（5）隔离栅绿化以隔离保护、丰富路域景观为目的。选择当地适应性强的藤本植物对公路隔离栅进行垂直绿化。

4. 中央分隔带绿化美化

1）功能

防眩为主，丰富公路景观。

2）设计要求

中央分隔带防眩遮光角控制在80°～150°之间，常见中央分隔带绿化形式主要有三种。

（1）常绿灌木为主的栽植。

（2）以花灌木为主的栽植。

（3）常绿灌木与花灌木相结合的栽植方式。

5. 特殊路段的绿化防护带

1）功能

减少公路营运期所造成的噪声及汽车排放的气体污染物超标造成的环境污染，保护生态及生活环境。

2）设计要求

特殊路段的绿化防护带设计应以环境保护及防护为主，明确防护带的位置、长度、宽度等事宜。在植物选择时应注意以下原则：

（1）以规则式栽植为主。

（2）以乔、灌木栽植为主，结合植草，进行多层次防护。

（3）所选树种及草种应能对污染物有较强的抗性并有适应不良环境条件的能力。

6. 公路取、弃土场绿化美化

1）功能

减少水土流失，恢复自然景观。

2）设计要求

取、弃土场绿化设计应以防护为主，尽量降低工程造价。在植物选择时应注意以下原则：

（1）以自然式栽植为主。

（2）以植草为主，结合植乔、灌木。

（3）草种及树种的选择遵循“适地适树”的原则。

课题47　公路环境保护

一、一般规定

（1）公路及沿线设施周围环境的保护应符合下列要求：

①公路环境保护应与公路建设和养护相结合，开发和利用环境。

②公路环境保护应体现经济效益、社会效益，各种环境保护设施应因地制宜，做到技术可行、经济合理。

③公路养护工程应以维护生态、降低污染、保护沿线环境为目标，对施工与营运期产生的污染应采取相应的处治措施。

④位于自然保护区、水源保护地、森林、草原、湿地和野生生物及其栖息地的公路，养护作业时应妥善处理施工废料、废水。废方弃置应注意保护自然水流形态，避免阻塞河道水流或造成水土流失。废水不得直接排入饮用水体和养殖水体。

⑤增强生态保护和水土保持意识，保护生态资源，少占土（耕）地，做好公路用地范围内的水土保持工作。对边坡、荒地的水土流失，应做好治理工作。

（2）公路养护应注意防治下列生活环境污染：

①养护施工作业噪声对声环境的污染。

②搅拌站（场）的烟尘、施工扬尘、路面清扫扬尘对环境空气的污染。

③公路服务区等的生活污水、路面径流、施工废水和废渣等对水环境的污染。

④养护施工中的废弃物对环境的污染。

(3)公路养护环境污染防治应采取下列有效措施：

①积极实验和采用无污染或少污染环境的新工艺、新技术、新产品。在路面养护施工中，应积极推广再生、快速修补等环保工艺，减少工程废料。

②环境空气污染防治应结合景观绿化，选择有吸附或净化能力，适合当地气候、土壤条件的花草、灌木和乔木。在用地许可时，宜种植多层次的绿化林带。

③沥青混合料一般应集中场站搅拌，其设备污染物排放应符合《大气污染物综合排放标准》(GB 16297—1996)的有关规定。

④石灰、粉煤灰等路用粉状材料运输和堆放应有遮盖，有条件时其混合料应集中拌和，减轻对空气、农田的污染。

⑤养护作业应考虑对施工路段及便道适时洒水，减轻扬尘污染。

⑥公路服务区、停车区等产生的废水排放应符合《污水综合排放标准》(GB 8978—1996)的有关规定。

(4)公路养护作业应采取有效措施，减少对生态环境、水环境、声环境、环境空气、社会环境的影响，并注意保护公路沿线文物古迹。

二、公路环境主要问题

公路施工期和营运期对环境的影响因素有很大差别。

1. 施工期

1)生态环境影响

公路施工期的环境问题，主要表现为非污染型生态环境影响。与公路施工有关的生态环境影响一般为：植被破坏、局部地貌破坏(如高填、深挖、大切坡等)、土壤侵蚀、自然资源(土地、水、草地、森林、野生生物等)影响、景观影响及生态敏感区(著名历史遗产、自然保护区、风景名胜区和水源保护区等)影响。每条公路所涉及的具体生态问题各不相同，主要取决于所经区域的自然环境、生态环境及地貌状况等。对环境的影响程度取决于公路的等级，因高速公路及一级公路的工程技术标准较高，它们对生态环境的影响最大，普通公路的影响则较小。

2)占用大量土地

土地，尤其是耕地是极其宝贵的自然资源。目前，我国各种开发区的建设，城市的不断扩大，交通运输网的建设等，使耕地面积不断减少。土地问题已成为我国经济发展的严重制约因素。据统计，四车道高速公路及一级公路建设，每公里占用土地约80亩，其中一般耕地约70%~90%，六车道高速公路则占地更多。因此，在公路设计、施工及养护等各个环节，必须珍惜每寸土地，合理利用每寸土地。

2. 营运期

公路营运期的环境问题，主要是对沿线地区居民的生活环境造成影响，如噪声污染、汽车尾气污染、水污染等，其中噪声影响最为突出。

三、交通环保工程

交通行业环境保护工程，按工程内容可分为以下五大类：生态破坏治理、恢复与优化工程,噪声控制工程,水污染和环境风险控制工程,固体废物污染控制工程,环境空气污染控制工程。同时应强调对主体工程和临时工程等两部分予以同样的重视。

(1)生态环境治理、恢复与优化工程。陆域范围主要包括控制生态环境破坏的拦渣工程和治理工程、临时迹地恢复工程、绿化和景观美化工程、特殊坡面绿化工程等。水域范围主要包括海洋生物人工放流增殖工程,人工鱼礁建设,海岸带湿地的生物恢复工程等。

(2)交通噪声控制工程。主要包括各类声屏障工程、隔声窗工程等。

(3)水污染和环境风险控制工程。主要包括各类污水处理工程,路面和桥面径流的危险化学品环境风险控制工程等。

(4)环境空气污染控制工程。主要包括工地扬尘控制,烟尘排放净化设施,煤、矿石和其他杂货码头港口防尘控制工程等。

(5)固体废物污染控制工程。主要包括固体垃圾和废物收集工程,垃圾处置工程等。

四、公路生态环境影响与保护

公路是长距离带状人工构造物,它改变了所经区域的生态环境特征。公路建设与运营过程中会在沿线一定范围内引发山体崩塌、滑坡、泥石流等地质灾害,造成坡面土壤侵蚀、水土流失、地表动植物生态平衡被破坏等环境问题。

1. 公路建设对生态环境的影响

公路建设与营运过程中,对沿线一定范围内的生态环境会产生不同程度的影响。

(1)路基开挖或填埋,会改变局部地貌。在地质构造脆弱地带易引起崩塌、滑坡等地质灾害,在石灰岩地区易引起岩溶塌陷,在高寒地区易引起雪崩等灾害。

(2)开挖路基有时会影响河流的稳定性。例如,大量弃土倾倒入河谷、河道,使河床变窄,易引发山洪、泥石流等灾害。

(3)公路建设占用大量的土地,尤其是高速公路,工程量大、施工期长,其施工场地、运输通道、生活设施等用地面积很大,因而对生物多样性影响明显。路面对植被长期破坏,路基两侧对植被也造成一定影响,在生态系统脆弱地区,这种植被破坏会加剧荒漠化或水土流失。对森林、草地的破坏,会影响野生动物的正常活动。另外,公路建设有时还会对自然保护区、风景名胜区、森林公园等产生不利影响。

(4)对城镇、乡村、农田及各种建筑设施产生一定影响。有时,还会对历史文物产生不利影响。

(5)对沿线环境带来一定程度的污染。

通常,山区公路建设难度大,对自然环境的影响远比平原地区大。而平原地区公路建设对人工生态系统影响明显。选线不当及施工中引起局部自然生态失调,会对沿线生态环境产生不良影响。公路建设营运后,沿线经济带开发引起人类活动的增加,也将成为局部地区生态环境失调的新的诱发因素。

2. 保护生物多样性的主要措施

1)实行环境影响评价

《中华人民共和国野生动物保护法》指出,“建设项目对国家或地方重点保护的野生动物的生存环境产生不利影响的,建设单位应当提交环境影响报告书”。《中华人民共和国野生植物保护条例》规定，“建设项目对国家或地方重点保护的野生植物的生存环境产生不利影响的，建设单位应当提交的环境影响报告书中必须对此作出评价”。在环境影响报告书中，应明确保护措施，并经主管部门审批。

2）保护自然保护区

《中华人民共和国自然保护区条例》明确规定，“禁止在自然保护区内进行砍伐、放牧、狩猎、捕捞、采药、开垦、烧荒、开矿、采石、挖沙等活动，但是，法律、行政法规另有规定的除外”。

3）合理选线

公路选线，通常应避开珍稀濒危野生动植物及古树名木集中分布区、重点自然遗迹分布区、具有旅游价值的自然景观区、自然保护区、风景名胜区和森林公园等地区。

4）采取保护措施

如果公路必须经过上述特殊区域时，应建有效的保护设施，如保护网拦、兽类通道及桥涵等。严格管理措施，如限制车辆运行速度，限制噪声、减少汽车尾气污染等。必要时，可对某些受直接影响的珍稀濒危植物进行迁地保护。

3. 陆生生态环境保护、恢复与优化措施

进行生态保护、恢复与优化的设计和工程实施时，应贯彻以下原则：

(1)“工程措施与生物措施并重”的原则。在保证主体工程发挥社会和经济效益的同时，充分发挥生物措施的环保、生态和景观效益。

(2)“因地制宜”的原则。应根据项目周边环境状况，“适地适树，宜林则林、宜草则草、宜荒则荒”。在水热条件优越的地区，宜尽多采用生物措施，使工程占地内的生态环境得到恢复与优化。在干旱高寒的西北地区，则可采用砾石压盖等措施，以恢复原地形地貌为主，尊重自然规律，少数因强求绿化或景观效果，而增加不适当的灌溉等工程措施和经费的实例，也被证明是不科学和不可持续的。

(3)“临时占地应不低于原生态功能”的原则。依照此原则，临时用地占用的临时便道、临时营地、拌和站等施工场地，以及大量的取弃土场，应进行专项的土地复垦工程，原为耕地或林草地的，应恢复为耕地或林草地，不得荒芜。

(4)“乡土和归化植物优先、外来物种慎用”的原则。乡土和多年引种已经适应环境的归化植物可被优先采用，而外来物种引种时，则应经过专业论证和小规模试验，避免造成难以控制的生态扩散，进而造成持久的生态危害。

(5)“建设和养护并重”的原则。

五、公路声环境影响与保护

交通运输给道路途经区域带来一定的噪声污染，随着车速的加快，车流量的增大，其噪声对公路周边的医院、学校、居民区造成的污染更加严重。

1. 车辆噪声的构成

(1)动力噪声。车辆动力噪声（又称驱动噪声）主要指动力系统辐射的噪声。发动机系统是主要噪声源。

(2)轮胎噪声。轮胎噪声是指轮胎与路面的接触噪声，又称轮胎—路面噪声。它由轮胎直接辐射的噪声和由轮胎激振车体振动产生的噪声构成。轮胎噪声的大小与轮胎花纹构造、路面特性(材料构造、路面纹理)及车速有关,且主要取决于车速,其强度随着车速的增大而增大。

2. 车辆行驶噪声强度的影响因素

(1)载重量。根据测量和资料介绍,载重量对汽油车的噪声有一定影响,使中型车的噪声级稍有增加,大型卡车载重时的噪声比空车时增加约3dB。

(2)路面材料。有关测试结果表明,小型车在刚性路面上的噪声级比相同车速下在柔性路面上大约增加3dB,其中主要增加的是轮胎噪声。

(3)路面粗糙度。路面粗糙度对噪声有一定影响。

(4)路面平整度。有关测试结果表明,路面平整度对车辆行驶噪声强度基本无影响。但严重破损的路面或砂石路面,会因车体振动而使噪声强度增加。

(5)路面纵坡。路面纵坡对小型车的行驶噪声无明显影响。载重卡车因上坡时发动机转速的增加,增大了动力噪声,其行驶噪声明显增加。

3. 公路噪声污染控制

1)控制路线距环境敏感点的距离

噪声随传播距离的衰减和在传播途中的吸收衰减是声波的基本性质,利用该基本性质控制路线距敏感点的距离,是交通噪声防治的根本途径。

2)合理利用障碍物对噪声传播的附加衰减

噪声传播途中遇到障碍物,会对声波反射、绕射而产生附加衰减。

(1)利用土丘、山冈降低噪声。路线布设时,尽可能利用地貌地物作为隔声屏障。

(2)利用路堑边坡降低噪声。对环境敏感路段,采用路堑形式能起到噪声防治的效果。

(3)利用建筑物降低噪声。沿路的商务建筑、仓库、围墙、土墙等不怕噪声干扰的建筑物能起到很好的降噪作用。

(4)声屏障工程。声屏障是使声波在传播中受到阻挡,从而达到某特定位置上的降噪作用的装置。各种声屏障见图10-12~图10-17。

图10-12 保护鸟类栖息环境的深圳红树林声屏障工程(泡沫陶瓷)

图10-13 保护居民楼的透明声屏障

3)采用低噪声路面

从20世纪80年代起,欧洲的比利时、荷兰、法国等国家,开始研究并采用低噪声路面。由于低噪声路面与其他降噪措施相比,具有经济合理,保持环境原有风貌,降噪效果好和行

车安全等优点，目前国际上发达国家已广泛展开应用研究。

图 10-14　土堤式声屏障

图 10-15　顶部加装了消音筒的声屏障

图 10-16　生态声屏障

图 10-17　桥面径流集中处理系统

低噪声路面也分为沥青混凝土和水泥混凝土两类。目前对沥青混凝土低噪声路面的研究较多。

(1)多孔隙沥青路面。

①单层多孔隙沥青混合料面层路面。该路面的构造是在普通密级配的沥青混凝土路面上，再铺筑一层开级配多孔隙沥青混合料面层。由测定及资料介绍，面层的厚度以 4 ~ 5cm，孔隙率 20% 左右为宜。该路面铺筑较简单，也较经济。

②超厚多层多孔隙沥青混合料面层路面。该路面的多孔隙沥青混合料层厚度为 40 ~ 50cm，一般设四层排水沥青混合料和 4cm 厚的多孔隙沥青混凝土面层，每层的材料级配不同，目的是增加降噪效果。

(2)水泥混凝土低噪声路面。水泥混凝土面层的降噪方式主要有：

①路面应具有良好的平整度。

②以纵向条纹代替横向条纹。

③表面用纺织物处理或用水刷洗。

④加气混凝土面层。

⑤粗糙面层。

六、公路空气环境影响与保护

1. 公路交通大气污染源

公路交通大气污染源主要由两部分组成，一是公路施工期间产生的扬尘，沥青烟等大气污染物,二是公路营运期间机动车辆排放的尾气及在道路上产生的扬尘。

汽车排放的污染物主要有一氧化碳(CO)、碳氢化合物(HC)、氮氧化合物(NO_x)、二氧化硫(SO_2)、颗粒物质(铅化合物、碳烟、油雾)及恶臭物质。这些物质大部分是有毒有害物质,有些还带有强烈刺激性,甚至有致癌作用,对人体健康造成直接危害。这些污染物还会与其他大气污染物一起造成温室效应,形成光化学烟雾、酸雨等影响人类的生存环境。

2. 沥青烟的危害与防治

1)沥青烟的危害

在公路建设中散发沥青烟的主要有两道工序。一是沥青施工现场,沥青混合料倾倒、摊铺和碾压过程中都有沥青烟散发。二是沥青混合料拌和场在熬油、搅拌、装车等工序中产生和散发沥青烟。

沥青烟是由一百多种有机化合物组成的混合气体,其中大部分为多环芳烃,尤以苯并[a]芘对动植物及人体的危害最大。沥青烟降落在植物叶片上,会堵塞叶片呼吸孔,使叶片变色、萎缩、卷曲、甚至落叶。动物实验证明,沥青烟可使动物致癌。长期处于沥青烟污染的环境中可引起人体的急、慢性伤害。沥青烟还会引起人体头晕、乏力、咳嗽、流泪等中毒症状,严重的可发生皮肤癌、呼吸道系统的癌症等。因此,必须重视对沥青烟的防治。

2)沥青烟的防治

对于沥青混合料生产场(站)的沥青烟散发可用下列方法防治:

(1)吸附法。吸附法的关键是选择合适的吸附剂,常见的吸附剂有焦炭、氧化铝、白云石粉、滑石粉等。吸附法是防治沥青烟的一种很好的方法。

(2)洗涤法。洗涤法是利用液体洗涤原理,在洗涤塔中采用液相洗涤剂吸收沥青烟的技术。工艺流程通常是使沥青烟先进入捕雾器捕雾,而后进入洗涤塔洗涤。洗涤液可用清水、甲基萘、溶剂油等。

(3)静电捕集器。静电捕集器是由放电极和捕集极组成的捕集装置。其基本原理是,当沥青烟进入电场后,由放电极放电使沥青烟中微粒带电驱向捕集器,达到清除沥青烟微粒的目的。

(4)焚烧法。由于沥青烟是由一百多种有机物组成的混合气体,在一定温度和供氧条件下可以燃烧。因此,可以用焚烧法处理沥青烟。沥青烟的浓度越高越便于燃烧,为了在较低的温度下使沥青烟能完全燃烧,可用催化燃烧方法。

目前,公路施工中已普遍采用沥青拌和设备,设备上具备了相关的沥青烟消除装置,能较好地防治沥青烟对周围环境空气的影响。

七、公路水环境保护技术

高速公路的水环境保护主要集中在路面径流收集和污水处理两个方面。目前对于路面径流污染的防治,仅仅是在公路设计过程中加强排水设施设计。一般的路面排水设施包括路肩排水和中央分隔带排水两类。高速公路水环境保护的重点就在于附属设施污水处理方面,按处理程度划分,可分为一级、二级和三级处理(三级处理程度最高)。

1. 路面、桥面径流集中处理系统

1)要求

(1)公路建设应在水环境敏感路段设置径流水收集系统和沉淀池。桥面径流集中处理系统见图10-17。

(2)公路建设应特别重视对饮用水水源地的保护,路线设计时,应尽量绕避饮用水水源保护区。

(3)为防范危险化学品运输带来的环境风险,对跨越饮用水水源二级保护区、准保护区和二类以上水体的桥梁,在确保安全和技术可行的前提下,应在桥梁上设置桥面径流水收集系统,并在桥梁两侧设置沉淀池,对发生污染事故后的桥面径流进行处理,确保饮用水安全。

2)径流集中处理系统的目的和适用范围

(1)全封闭收集系统。将路桥面径流全部汇集,排出路桥面和敏感区范围。适用于跨越饮用水水源二级保护区、准保护区和二类以上水体且实施全封闭收集系统安全和技术可行的桥梁和路段。

(2)部分封闭收集系统。汇集一定时间段的初期雨水径流,并足够汇集冲洗路桥面上发生事故时洒落的危化品的水量,而在一定时间段后相对干净的雨水径流,可外溢直接进入周围水体。适用于跨越三类水体,或饮用水水源二级保护区、准保护区和二类以上水体但实施全封闭收集系统不安全、技术不可行的桥梁和路段。

(3)择时封闭收集系统。平时排水孔不封闭,径流直接排入桥下等水体。但当长期无雨、路桥面较脏,特别是危化品事故洒落时,马上封闭排水孔,初期雨水径流或冲洗危化品的水量顺路桥面纵坡排出敏感区。适用于其他一般敏感水体,或实施全封闭收集系统不安全、技术不可行的桥梁和路段。

径流集中处理系统集成包括径流汇集系统、汇集后集中处理系统,有时还包括必要的应急车辆等设备、酸碱中和或吸油处理材料等。

2. 污水处理的方法和技术

污水处理的方法一般有物理法、化学法和生化法等。物理法主要是利用物理或机械的分离过程来达到物质沉淀、过滤等作用,常用于污水一级处理。化学法是指通过加入化学物质与污水中有害物质发生化学反应的转化过程,但是其会导致药耗大、产生污泥量大,因此同物理处理法一样,主要作为辅助方法使用。生化法是利用微生物在污水中对有机物进行氧化、分解的新陈代谢过程,也是目前高速公路运用最多的一种方法,它包括生物接触氧化法、活性污泥法、膜生物反应器法和人工湿地技术等。

生态浮岛技术:生态浮岛是一种针对富营养化的水质,利用生态工学原理,降解水中的COD、氮、磷的含量的人工浮岛。

人工湿地技术净化污水是20世纪70年代末期逐渐发展起来的一种独具特色的新型污水处理技术。湿地是人为地在有一定长宽比和底面坡度的洼地上用土壤和填料(如砾石等)混合组成填料床,使污水在床体的填料缝隙中流动或在床体表面流动,并在床体表面种植具有性能好,成活率高,抗水性强,生长周期长,美观及具有经济价值的水生植物(如芦苇,蒲草等),形成一个独特的动植物生态体系。

桥面径流及污水处理技术见图10-18~图10-22。

图 10-18 桥面径流处理:污水土壤处理(1)

图 10-19 桥面径流处理:污水土壤处理(2)

图 10-20 桥面径流处理:人工湿地

图 10-21 生态浮岛技术

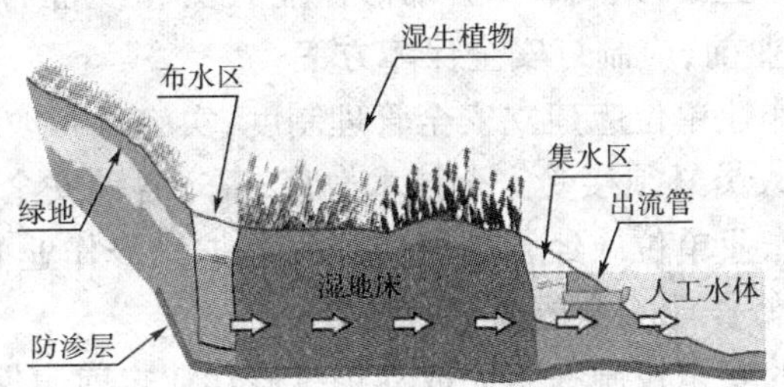

图 10-22 水平潜流式人工湿地系统

 复习思考题

1. 简述公路绿化的要求。
2. 坡面绿化技术主要有哪些?
3. 简述公路环境保护的一般规定。
4. 公路施工期的主要环境影响有哪些?
5. 交通行业环境保护工程,按工程内容可分为哪五大类?
6. 简述公路噪声污染控制的主要方法。
7. 沥青烟的防治主要有哪些方法?

单元11 公路养护作业安全

课题48 公路养护作业安全

一、一般规定

(1)公路养护维修作业必须保障养护维修作业人员和设备的安全,以及车辆的安全运行。在进行养护维修作业前,应制订安全保障方案。

(2)公路养护维修作业单位应建立安全管理制度,实施对养护维修作业人员的安全培训和教育。养护维修作业人员必须接受安全技术教育,遵守各项安全技术操作规程。

(3)公路养护维修作业单位或经营单位应加强养护维修作业安全的管理。各级公路管理机构应加强对养护维修作业安全的监督和检查。

(4)养护维修作业的安全设施在未完成养护维修作业之前应保持完好,任何人不得随意撤除或改变安全设施的位置,扩大或缩小控制区范围,以保证养护维修作业控制区的安全。

二、术语与符号

1. 术语

1)养护维修作业控制区(Traffic Control Zone for Maintenance Work)

为公路养护维修作业所设置的交通管理区域,分为警告、上游过渡、缓冲、工作、下游过渡和终止等六个区域。

2)警告区(Warning Area)

从作业控制区起点设置施工标志到上游过渡区之间的路段,用以警告车辆驾驶员已经进入养护维修作业路段,按交通调整行车状态。

3)警告区最小长度(Minimum Length of Warning Area)

保证驶入警告区的车辆减速至工作区规定的限速所需要的警告区路段的最短长度。

4)上游过渡区(Upstream Transition Area)

保证车辆平稳地从封闭车道的上游横向过渡到缓冲区旁边非封闭车道的路段。

5)缓冲区(Buffer Space)

上游过渡区和工作区之间的路段。

6)工作区(Activity Area)

养护维修作业的施工操作区域。

7)下游过渡区(Downstream Transition Area)

保证车辆平稳地从工作区旁边的车道横向过渡到正常车道的路段。

8)终止区(Termination Area)

设置于工作区下游调整车辆行车状态的路段。

9)养护安全设施(Maintenance Safety Devices)

警告、提醒和引导车辆和行人通过养护维修作业控制区域,保护养护维修作业人员和设备安全的设施。

10)渠化装置(Channelizing Devices)

警告、提醒和引导车辆和行人通过养护维修作业控制区域,隔离车流、人流与工作区的设施。

11)临时性交通标志(Temporary Traffic Signs)

为了满足养护维修作业安全需要而临时设置的交通标志。

12)临时性路面标线(Temporary Signs)

为满足养护维修作业安全需要而临时施画的交通标线。

2. 符号

S——警告区长度;

L_S——车道封闭上游过渡区长度;

L_J——路肩封闭上游过渡区长度;

H——缓冲区长度;

G——工作区长度;

L_X——下游过渡区长度;

Z——终止区长度;

v——车辆行驶车速;

W——封闭车道宽度。

三、养护作业安全基本要求

(1)凡在公路上进行养护维修作业和管理的人员必须穿着带有反光标志的橘红色工作服装。

(2)公路路面养护维修作业应按作业控制区交通控制标准设置相关的渠化装置和标志,必要时应指派专人负责维持交通。在可能发生山体滑坡、塌方、泥石流及高路堤、陡边坡等路段养护维修作业,必要时应设专人观察险情,严防安全事故发生。

(3)养护维修作业人员应在控制区内作业和活动,养护机械或材料不得堆放于控制区外。

(4)公路桥梁、涵洞、隧道养护现场,应专门设置养护维修作业的交通标志。在桥梁栏杆外侧和桥梁墩台进行养护维修作业时,必须设置有效的安全防护设施,作业人员必须系安全带。

(5)在隧道内进行养护作业时,还应遵守以下规定:

①养护施工路段内的照明应满足要求,并设置必要的安全设施。

②注意观察和控制隧道内的有害气体浓度,做好通风工作。

③隧道内禁止存放易燃易爆物品,严禁烟火。

④电子设施等对维护安全有特别要求的,应按相关安全规程执行。

(6)特殊条件下的养护维修作业应符合下列要求:

①高温季节实施养护作业,应按劳动保护规定,采取防暑降温措施,并适当调整作息时间,尽量避开高温时段。

②冬季养护维修作业时应采取保温防冻等安全防护措施,作业时应加强交通管制,并对作业人员、作业机械加强防滑措施。

③雨季养护作业应做好防洪排涝工作,加强防水、防漏电、防滑、防坍塌等措施。

④大雾天不宜进行养护维修作业,当必须进行抢修作业时,应采取封闭交通,并在安全设施上设置黄色施工警告灯号等安全设施。

⑤夜间养护维修作业,现场必须设置符合操作要求的照明设备。

(7)山区养护维修作业时,应遵守下列规定:

①在视距条件较差或坡度较大的路段进行养护维修作业,必要时应设专人指挥交通,作业控制区应增加有关交通安全设施。

②控制区的施工标志应与急弯标志、反向标志或连续弯标志等并列设置。

③在同一弯道不得同时设置两个或两个以上养护维修作业控制区。

④养护维修作业人员在作业时应戴安全帽。

(8)清扫、绿化养护及道路检测作业,应遵守下列规定:

①严禁在能见度差(如夜间无照明设施、大雾天)的条件下进行人工清扫。

②高速公路和一级公路路面清扫应以路面清扫车进行机械清扫路面为主,二级及二级以下公路路面清扫可以机械清扫和人工清扫相结合;当进行人工清扫路面时,应采取安全防护措施。

③凡需占用车道进行绿化作业时,必须按作业控制区布置要求设置有关标志。

④高速公路、一级公路中央分隔带、边坡绿化浇水作业时,浇水车辆尾部应安装发光可变标志或按移动养护维修作业控制区布置。

⑤道路检测车、路面清扫车、护栏清洗车等在高速公路、一级公路进行道路性能检测和作业时,凡行进速度低于50km/h时,应按临时定点或移动养护维修作业控制区布置,或在设备尾部安装发光可变标志。

(9)加强养护维修机具的操作安全防范和维修保养。养护机械的操作、维修和保养按有关规定执行。

(10)养护维修作业控制区由警告区、上游过渡区、缓冲区、工作区、下游过渡区和终止区组成。各项养护维修作业控制区的布置和长度应保证公路养护维修作业人员、设备和过往车辆的安全。

(11)养护维修作业安全设施的设置与撤除应遵守以下程序:当进行养护维修作业时,应顺着交通流方向设置安全设施;当作业完成后,应逆着交通流方向撤除为养护维修作业而设置的有关安全设施,恢复正常交通。

四、养护维修作业控制区

(1)养护维修作业控制区应由警告区、上游过渡区、缓冲区、工作区、下游过渡区及终止区组成。

(2)警告区的最小长度按表选取。警告区的最小长度 S 见表11-1。

警告区的最小长度 S 表11-1

位置	公路等级	设计速度(km/h)	警告区最小长度(m)
路段	高速公路、一级公路	120、100	1 600
	二、三级公路	80、60	1 000
		80	1 000
		60	800
		40	600
		30	400
各类平面交叉口			200

(3)当需要封闭车道或路肩(紧急停车带)时,必须设置过渡区。过渡区的设置应使车流的变化平缓。

①车道封闭上游过渡区的最小长度应按表11-2选取,当在隧道内时,车道封闭上游过渡区的最小长度按该表数值的1.5倍选取。

②路肩封闭上游过渡区的最小长度应按表11-3选取。

③下游过渡区的最小长度宜取30m。

车道封闭上游过渡区的最小长度 L_S 表11-2

车道封闭上游过渡区的最小长度(m) / 封闭车道宽度(m) / 限制车速(km/h)	3.0	3.5	3.75
60	70	90	90
40	30	40	40
20	10		

路肩封闭上游过渡区的最小长度 L_J 表11-3

车道封闭上游过渡区的最小长度(m) / 封闭车道宽度(m) / 限制车速(km/h)	3.0	3.5	3.75
60	70	90	90
40	30	40	40
20	10		

(4)缓冲区的最小长度宜取50m。

(5)工作区长度应根据养护维修作业的需要确定。

(6)终止区最小长度宜取30m。

五、养护安全设施

(1)用于养护的标志标线属于临时性安全设施,交通标志与标线应组合使用。

(2)在养护维修作业中,可用作渠化交通的安全设施有锥形交通路标、安全带、路栏、施工隔离墩和防撞桶(墙)等。

①锥形交通路标(图11-1)宜由橡胶等柔性材料制成,底部应有一定的摩阻性能。形状为圆锥形,其颜色、尺寸和形状应符合《道路交通标志和标线第2部分:道路交通标志》(GB 5768.2—2009)规定。布设间距宜为10~20m。用于夜间作业时应有反光功能,并配施工警告灯号。

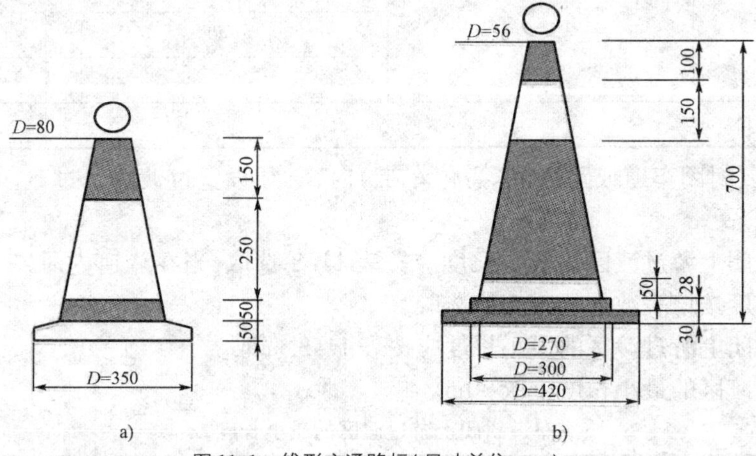

图11-1　锥形交通路标(尺寸单位:mm)

②安全带宜由布质等柔性材料制成,宽度为10~20cm,带上有红白相间色,用于夜间作业时应有反光功能,宜与其他设施一起组合使用。

③路栏应由刚性材料制成,用于夜间作业时应有反光功能,其颜色、尺寸和形成应符合《道路交通标志和标线第2部分:道路交通标志》(GB 5768.2—2009)的规定。

④施工隔离墩宜为由线性低密度聚乙烯等高强合成材料制成的空心半刚性装置。其上有黄、黑色和反光器,使用时内部应放置水袋或灌水,并由连杆相连接。施工隔离墩见图11-2,施工隔离墩连接见图11-3。

⑤防撞桶(墙)应为半刚性装置,由线性低密度聚乙烯等高强合成材料制成的空心装置,其上有黄色相间色,顶部可安装黄色施工警告灯号,使用时内部应放置水袋或灌水。防撞墙还应两个为一组组合在一起使用。防撞桶见图11-4,防撞墙见图11-5。

(3)移动式标志车。带有动力装置或可移动装置(拖车)的安全防护设施,颜色应为醒目黄色,装有黄色施工警告灯号,其后部有醒目的标志牌,图案和显示形式可按实际需要改变,使用时其尾部应面向交通流方向,设置于上游过渡区内或缓冲区内。移动式标志车见图11-6。

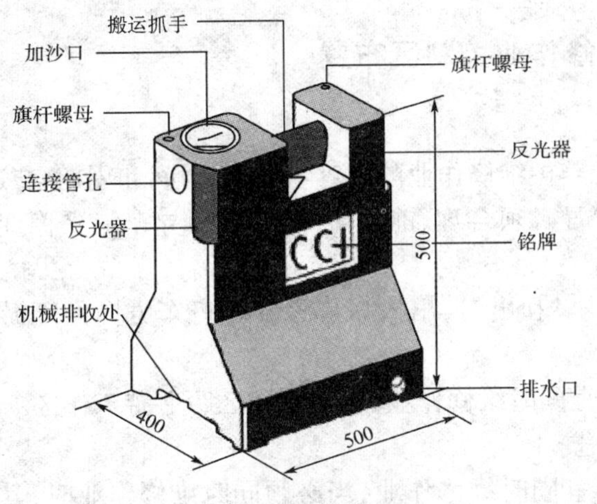

图 11-2 施工隔离墩(尺寸单位:mm)

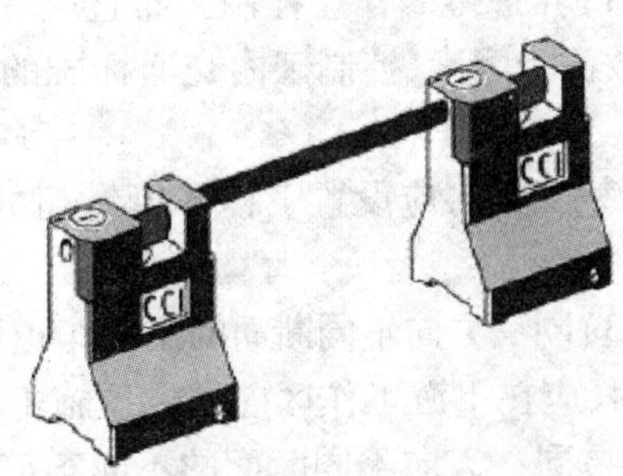

图 11-3 施工隔离墩的连接

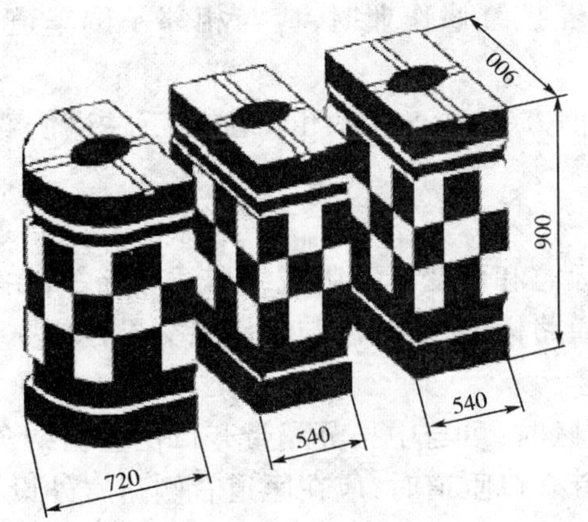

图 11-4 防撞桶(尺寸单位:mm)

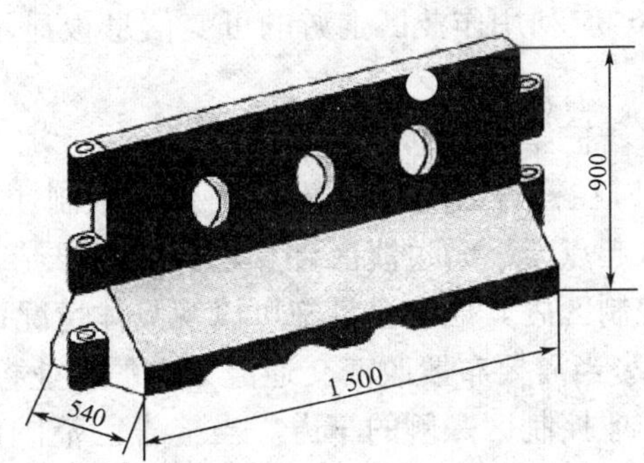

图 11-5 防撞墙(尺寸单位:mm)

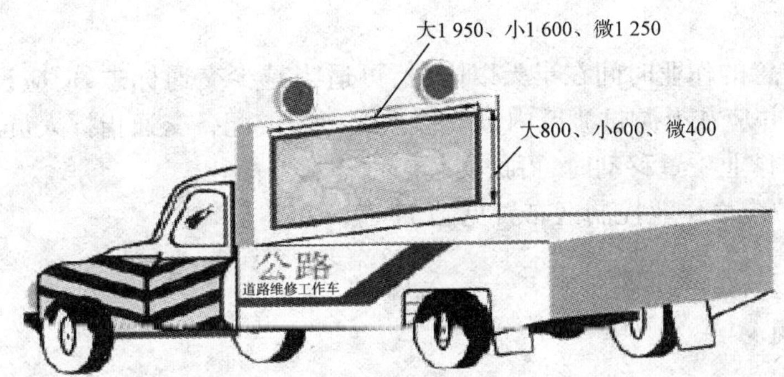

图 11-6 移动式标志车(尺寸单位:mm)

(4)施工警告灯号。应符合《道路交通标志和标线第 2 部分:道路交通标志》(GB 5768.2—2009)的规定。施工警告灯号宜与其他安全设施一起使用。

(5)夜间照明设施。当夜间进行养护维修作业时,应设置照明设施。照明必须满足作业要求,并覆盖整个工作区域。

六、高速公路及一级公路养护维修作业控制区布置

1. 基本要求

(1)养护维修作业控制区布置应考虑养护维修作业的内容与要求、时间和周期、交通量、经济效益等因素，控制区内交通标志的设置必须合理、前后协调，起到引导车流平稳变化的作用。

(2)工作区应设置工程车辆专门的进口和出口，出入口应设在顺行车方向的下游过渡区内。

(3)同一方向不同断面的不同车道不宜同时维修作业，下游工作区距上游工作区 1 000m 以上时，应在下游工作区前端设置施工标志。

(4)同一方向不同断面的不同车道不宜同时维修作业，当必须同时维修作业时，其控制区布设间距，高速公路应不小于 1 000m，一级公路应不小于 500m。

(5)当单向三车道及以上公路的中间车道养护维修作业时，应与相邻一侧车道同时封闭。

(6)应利用作业区上游的可变信息板显示“前方 × ×公里封闭车道施工，请谨慎驾驶”的信息。

2. 养护维修作业控制区布置

(1)在警告区内应设置施工标志、限制速度标志和可变标志牌或线形诱导标等，在上游过渡区起点至下游过渡区终点之间放置锥形交通路标，在缓冲区与工作区交界处应布设路栏。控制区内其他安全设施可以视具体情况而定。

(2)当需要布置改变交通流方向的作业控制区时，可与中央分隔带开口位置相结合，利用非作业控制区一侧的车道。当警告区范围内有入口匝道时，应在匝道右侧路肩外设置施工标志。

(3)立交区进出口匝道养护维修作业控制区的布置，应根据工作区在匝道上的具体位置和匝道的长度而定。

(4)在同一位置的作业时间在半天以内时，可适当减少交通标志，但应设置施工标志以及锥形交通路标，并应在上游过渡区内设置移动式标志或配备交通指挥人员。

(5)养护维修作业位置移动时，可按实际条件作适当简化。

整个路面养护维修作业控制区布置见图 11-7。

复习思考题

1. 试述公路养护作业安全的一般规定。

2. 试述养护作业安全基本要求。

3. 养护维修作业控制区由哪几部分组成？

4. 养护安全设施主要有哪些？

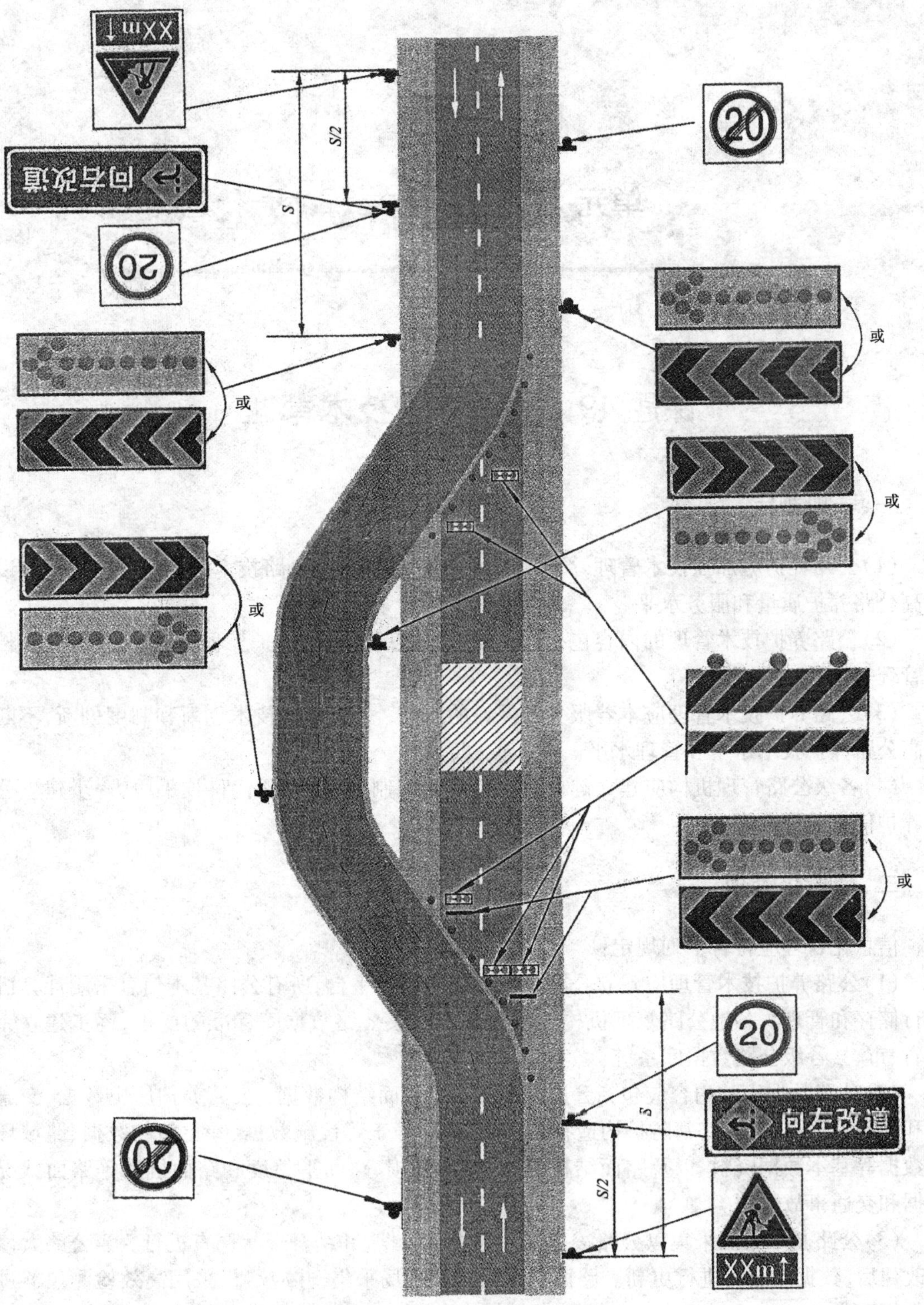

图11-7 整个路面养护维修作业控制区布置

单元12 公路养护技术管理

课题49　公路养护技术管理

一、一般规定

(1)公路养护应加强技术管理,严格遵守和贯彻执行有关公路技术标准、规范和规程,以提高公路养护质量和服务水平。

(2)公路养护技术管理的内容包括:公路养护信息化管理、养护工程管理、公路检查和档案管理等。

(3)公路养护技术管理应本着服务及保畅的原则,大力推行技术创新和制度创新,不断提高公路养护技术水平和管理水平。

(4)各级公路管理机构应建立健全公路养护管理制度,依靠现代科技手段,逐步建立公路养护信息化管理平台。

二、信息化管理

信息化管理应符合下列规定:

(1)公路养护技术管理应建立公路数据库作为基础平台,所有公路基本信息采用计算机进行储存和管理。各地公路管理机构应根据现行有关公路数据库标准的要求,逐步建立完善省、市、县各级公路数据库系统。

(2)公路数据库的内容应包括公路几何数据、路面结构数据、公路养护历史数据、交通量和轴载数据、桥涵及路基防护构造物数据、安全保障工程设施数据、绿化植物数据、路域环境数据等基本数据资料,以及路面结构强度、路面破损、路面平整度和路面抗滑等路面状况数据和交通事故数据。

(3)公路基本数据采集以公路竣工文件为主要依据,并结合现状调查进行。当公路大修或改建后,数据应及时进行更新。路面状况数据应现场采集,并应尽量采用高效检测仪器进行数据采集。

(4)公路数据信息包括文字信息、数字信息和图片信息,数据的采集和整理以路段(一般为 1km）为单位。路域环境信息除文字和数字信息外，宜每百米拍摄一张全景式数码照片作为图片信息存入数据库。路域环境图片信息也可用前方图像系统采集的连续录像信息代替。

(5)各地应创造条件在公路数据库的基础平台上，根据需要建立起地理信息系统（GIS）以及路面管理系统、桥梁管理系统、隧道管理系统、公共信息服务系统等应用系统。

三、养护工程管理

养护工程管理应符合下列规定：

(1)各级公路管理机构应定期组织对公路路况进行调查，正确评价和掌握公路技术状况，并通过动态分析各种病害产生的原因、机理和变化规律，科学预测路况发展趋势，为养护工程决策提供科学依据。

(2)养护工程应引入竞争机制，推行招投标制度、工程监理制度和合同管理制度。

对于大中修工程，应由具有相应资质的单位进行施工和监理。对于改建工程，应按照工程建设管理的规定，对设计、施工和监理实行招投标制度。

(3)各级公路管理机构应严格养护工程管理程序，完善重大工程项目的报批和审查制度；对技术难度较大的工程项目，应组织专家进行技术论证。

(4)公路大修或改建工程项目，应由具有相应资质的设计单位进行勘测设计。

(5)各级公路管理机构应加强对养护工程的中间检查。

(6)养护工程完工后，必须符合以下条件才能接养：

①经竣工验收为合格工程。

②公路编号、命名以及相应的交通工程及沿线设施系统设置规范、完善。

③各项竣工文件、档案资料齐全。

四、公路检查

公路检查应符合下列规定：

(1)各级公路管理机构应坚持和完善公路检查制度，定期对公路进行检查，及时准确掌握公路路况质量和使用品质，评价和考核公路的运营性能以及公路养护生产和管理工作成效。

(2)公路检查的内容包括：公路技术状况、日常养护情况、养护工程实施情况、养护计划和管理制度的执行情况等。

(3)公路检查应做到科学、合理，考核评定应客观、公正，检测手段应先进、准确。应对公路主要技术指标进行全面检测或抽检，客观地评价公路路况和养护水平。公路检查的评价标准按《公路技术状况评定标准》（JTG H20—2007）执行。

(4)公路因遭受洪水、台风、积雪等自然灾害毁坏或人为破坏，造成交通中断时，沿线养护道班（工区、站）应调查了解情况，并迅速向县级公路管理机构报告；受损线路为国省干线时，应立即上报到省级公路管理机构，国道应上报交通运输部。

(5)应加强对收费公路，特别是经营性收费公路的监督检查，以保障收费公路的服务

水平。

(6)多雨地区或公路水毁多发地区的公路管理机构，应加强雨季公路检查。

五、档案管理

(1)公路养护档案管理应符合下列规定：

①公路养护档案工作应遵循“统一管理、分级负责”的原则。

②公路养护应严格执行工程档案管理有关规定，公路工程所形成的档案应及时归档，并由档案管理部门实行集中统一管理，不得由承办部门和个人分散保存。

③应建立档案管理制度，由专人负责管理。

④公路养护工程的计划，统计、审计、机械设备、设计文件，竣工档案等信息资料，应按相应的管理规定进行管理。

⑤建设单位应对养护工程原工程档案组织设计，施工单位据实修改、补充和完善。

对改变的部位，应当重新编制工程档案，并在工程验收后3个月内向相应的档案管理部门移交。

⑥应积极采用先进技术，逐步实现档案管理现代化。

⑦公路养护档案应对小修保养、中修工程、大修工程和改建工程分别立卷归档。

(2)档案的整理应符合下列要求：

①公路养护技术档案应每年按照档案要求分类整理，装订成册，编好目录，分类归档。

②立卷应遵循工程文件的自然形成规律，保持卷内文件的有机联系，便于档案的保管和利用。

③档案资料应进行科学组卷，每单位工程为一卷，如文件材料多时可分为若干册。

④卷内文件排列顺序一般为封面、目录、文件材料部分。

⑤文件应字迹清楚，图样清晰，图表整洁，签字盖章手续完备。

(3)档案的保存与使用应符合下列要求：

①加强档案的保存与管理，遵循“统一管理、分级负责”的原则。

②档案保管分别按永久、长期和短期三种期限进行系统排列。

③安放档案的档案室管理应贯彻“预防为主，防治结合”的方针，认真做好防盗、防火、防光、防潮、防尘、防污染、防有害生物等“七防”工作。

④坚持库房检查制度和库房温湿度记录制度，注意调节和控制库房的温湿度，确保档案的安全。

⑤档案管理部门应建立定期检查库存档案和设备制度，并做好检查记录。对破损和字迹模糊或变质的档案，应及时修补或复制。对库存档案发现可疑情况或者发生意外事故，应及时进行检查。

⑥档案的使用应遵循“严守国家机密、禁止涂改抽拆、切勿私自携出，不得转借散失、妥善保护案卷、用毕及时归还”的原则。

(4)电子档案。

①设计图纸应数字化保存。

②应建立动态公路设施基础数据库，做好路面管理系统、桥梁管理系统、隧道管理系统、

基础数据库的软件备份及数据更新和备份。

③应做好文字、数据、影像记录等电子文件的保存和维护,逐步实现技术档案电子化。

④应保证电子文件信息安全。

⑤逐步建立档案信息化检索体系。

复习思考题

1. 试述公路养护技术管理的一般规定。
2. 公路信息化管理应符合哪些规定?
3. 养护工程管理应符合哪些规定?
4. 公路养护档案管理应符合哪些规定?

单元13 灌浆技术

课题50 概　　述

随着国民经济的快速发展,我国原有的公路状况与交通运输已不能满足日益增长的国民经济发展的需求,因此我国这几年大力开发和发展公路资源和交通运输。目前,仅高速公路在数量上就有很大的改观,但是随着公路投入运营,路基和路面病害问题也日益突出。目前国内外大量采用灌浆技术治理公路病害。

灌浆,即是将具有胶凝性的浆液或化学溶液,按照规定的配比或浓度,借用机械(或浆体自重),通过钻孔或其他设施注入岩土孔隙或建筑物的裂隙中使其物理力学性能改善的一种方法,水利系统亦称注浆。

为改善注浆工程的注浆效果,除研制、选用合适的注浆材料以外,注浆方法的重要性也逐渐被人们所认识。最初采用比较经济、简便的填压式注浆法,后来又出现了循环式注浆法、双管注浆法、花管套壳料注浆法及电渗注浆法等许多工艺技术,大幅度改善了注浆效果。从脉状注浆、渗透注浆发展到应用多种材料的复合注浆法。从无向压注发展到通电、抽水、压气和喷射等多种诱导注浆法。通过预处理以及孔内爆破等方法,大大提高了浆液的可注性。应用定向钻进、多孔同时注浆以及增大段长等方法,缩短了注浆工期。近年来,在地基处理方面还采用了高压旋喷、定喷和摆喷,深层搅拌等新的注浆法,使浆液与土颗粒强制混合,不仅克服了渗透注浆扩散能力弱的不足,而且可进行一定程度的定向注浆,进一步提高了固结体的强度,降低了土体的透水性,改善了注浆效果。

课题51　公路工程灌浆机制

一、渗透灌浆

渗透灌浆是使浆液渗透扩散到土粒间的孔隙中,凝固后达到土体加固和止水的目的。土颗粒孔隙是随着土颗粒的形状,大小及颗粒级配而变化的,因此浆材渗透到孔隙里的产状也有所不同。

1. 大孔隙(孔隙直径 $D>1\text{mm}$)

对大孔隙进行渗透注浆与充填注浆类似。注浆材料可以用水泥浆、水泥黏土浆、水泥水玻璃浆等,其结石体强度较高。

2. 较大孔隙(孔隙直径 $D>10\text{mm}$)

可采用水泥浆等悬浮液。为减少微粒堵塞效应,注浆前可压缩空气或高压水清洗孔隙。为取得较好的注浆效果,须用较大的注浆压力。但由于地基的非均质性,且不能承受较大的注浆压力,因而加固效果往往不甚理想。若采用化学浆液,则易受地下水稀释的影响,且成本较高。注浆时应选好浆液的凝胶时间及合适的注浆方法。

3. 中等孔隙(渗透系数 $K=5\times10^{-2}\text{cm/s}$ 的中砂)

中等程度渗透性的地基适于化学注浆。浆液主要是根据地基的渗透性及凝胶体的稳定性来选择,应选择被水稀释后仍能保持凝胶性能的浆液。

二、压密灌浆

压密灌浆(挤密灌浆)是指通过钻孔向土层中压入浓浆,随着土体的压密和浆液的挤入,将在压浆点周围形成灯泡形空间,并因浆液的挤压作用而产生辐射状上抬力,从而引起地层局部隆起,高速公路路基处理,如桥头跳车,高坡回填沉降,正是利用这一原理纠正路面不均匀沉降。

当浆泡的直径较小时,灌浆压力基本沿钻孔的径向扩展。随着浆泡的逐渐增大,便产生较大的上抬力而使地面翻动。

经研究表明,向外扩张的浆泡将在土体中引起复杂的径向和切向应力体系。紧靠浆泡处的土体将遭受严重破坏和剪切,并形成塑性变形区,在此区内土体的密度可能因扰动而减小,离浆泡较远的土基本上发生弹性变形,因而土的密度有明显的增加。

浆泡的形状一般为球形或圆柱形。在均匀土中浆泡形状相当规则,而在非均匀质土中则很不规则。浆泡的最后尺寸取决于很多因素,如土的密度、湿度、力学性质、地表约束条件、灌浆压力和灌浆速率等。

压密灌浆常用于中砂地基,黏土地基中若有适宜的排水条件也可采用。如遇排水困难而可能在土体中引起高孔隙水压力时,这就必须采用很低的灌浆速率。压密灌浆可用于非饱和的土体,以调整不均匀沉降进行托换技术,以及在大开挖或隧道开挖时对邻近土进行加固。

三、劈裂灌浆

在灌浆压力作用下,浆液克服地层的初始应力和抗拉强度,引起岩石或土体结构的破坏和扰动,使地层中原有的孔隙或裂隙扩张,或形成新的裂缝或孔隙,从而使低透水性地层的可灌性和浆液扩散距离增大。

四、电动化学灌浆

当地基土的渗透系数 $K<10^{-1}\text{cm/s}$ 时,只靠一般静压力难于使浆液注入土的孔隙,此时

需用电掺的作用使浆液进入土中。

电动化学灌浆是指在施工时将带孔的灌浆管作为阳极，用滤水管作为阴极，将溶液由阳极压入土中，并通过直流电（两电极间电压梯度一般0.3～1.0V/m），在电渗作用下，孔隙水由阳极流向阴极，促使通电区域中土的含水量降低，并形成渗浆通路，化学浆液也随之流入土的孔隙中，并在土中硬结。因而，电动化学灌浆是在电渗排水和灌浆法的基础上发展起来的一种加固方法。但由于电渗排水作用，可能会引起邻近既有建筑物基础的附加下沉，这一情况应予慎重注意。

课题52　公路工程灌浆技术的特点与作用

一、公路工程灌浆技术的特点

（1）隐蔽性，灌入的浆液充填情况无法直观评定，施工质量也难于直观判断。

（2）未知因素较多，难于用数学方法或数学公式准确地计算。

（3）动荷载对浆液固结的影响，公路灌浆施工一般情况下是开放式施工的，即在不封闭交通的情况下进行施工作业，因此对浆液的性能要做充分的考虑。

二、公路工程灌浆技术的作用

防渗：降低岩土的渗透性，消除或减少地下水的渗流量，降低工程扬压力或孔隙水压力，提高岩土的抵抗渗透变形能力。

堵水：截断水流，改善工程施工、运行条件。如井壁等地下工程漏水的封堵。

固结：改善岩土或结构的力学性能，恢复其整体性。

防止滑坡：提高边坡岩土体的抗滑能力。

降低地表下沉：降低或均匀化岩土的压缩性，提高其变形模量，改善其不均匀性。

提高地基承载力：提高岩土的力学强度。

回填：充填岩土体或结构的孔洞、缝隙，防止塌陷，改善结构的力学条件。

加固：恢复结构的整体性和力学性能。

此外，减小挡土墙上土压力，防止岩土的冲刷，消除砂土液化，纠正建筑物偏斜等都可采用注浆法。工程实践中，注浆的目的并不是单一的，在达到某种目的的同时，往往收到其他几个方面的效果。

课题53　灌浆浆材

注浆工程中所用的材料由主剂（原材料）、溶剂（水或其他溶剂）及外加剂混合而成。通常所说的注浆材料是指浆液中的主剂。注浆材料必须是能固化的材料。

原材料：习惯上把灌浆原材料分为粒状材料和化学材料两个系统。

浆液：浆液是由主剂、固化剂，以及溶剂、助剂经混合后所配成的液体，分为溶液型和悬浊液型两大类,见图13-1。

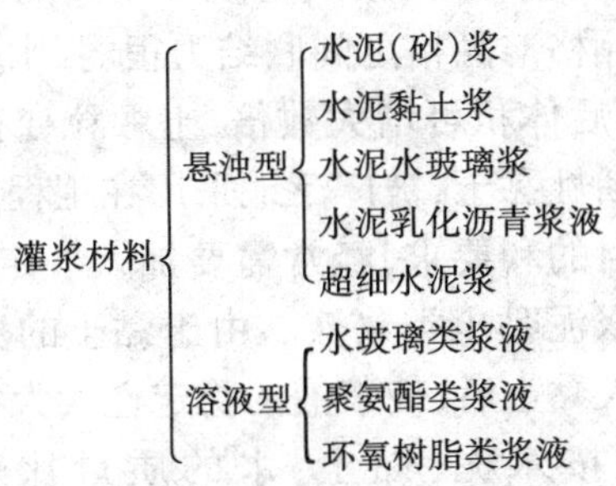

图13-1 灌浆浆材分类图

粒状浆材配成的浆液是悬浊液型。由于固体颗粒悬浮在液体中,所以这种浆液容易离析和沉淀,沉降稳定性差,结石率低。另外,浆液中含固体颗粒尤其是较大颗粒,使浆液难以进入上层细小裂隙和孔隙中。为改善粒状浆材的性质,以适应各种不同的需要,往往在浆液中加入各种外加剂。由于这种浆液具有来源丰富、成本较低、工艺设备简单、操作方便等特点,在各类工程中仍广泛使用。

一般的化学浆液属溶液型。化学浆液较粒状浆材配成的浆液不易出现颗粒的离析,且一般黏度较低,易于进入土体的细小裂隙或孔隙之中,其注入能力较强。但化学浆液通常成本较高,有污染问题等,所以它的应用受到了限制。

一、水泥浆液

注浆工程中最常用的是普通硅酸盐水泥。某些情况下也采用矿渣水泥、火山灰水泥等,但通常要求水灰比不大于1。注浆用水泥必须符合质量标准,不能使用受潮结块的水泥。水泥属颗粒性水硬性材料,最大粒径为0.085mm。配制水泥浆用水应符合拌制混凝土用水要求。水泥水化硬化依赖水,注浆浆液作为流体更需要大量的水,一般浆液中的水分远大于水泥水化硬化所需水量,所以浆液固化过程中析水较多,硬化需要的时间也较长。虽水泥浆液有不足之处,但其材料容易取得,成本较低,无毒性,施工工艺简单方便,适用于大多岩土地基的防渗与加固,常用于岩体裂隙注浆。

水泥密度的大小与熟料的矿物组成、混合材料的种类及掺量有关,硅酸盐水泥的密度一般为3 050~3 200kg/m^3。水泥储存时间延长,密度减小。

水泥的细度是决定水泥性能的重要因素之一。水泥的颗粒越细,其比表面积越大,水化反应速度越快,标准强度越高。国家标准规定细度是按《水泥细度检验方法筛析法》(GB/T 1345—2005)进行测定,该标准规定以水筛法的0.080mm方孔筛的筛余量为细度指标,注浆工程一般要求筛余量不大于5%。

水泥的凝结时间对工程施工有重要意义。国家标准规定:凝结时间用凝结时间测定仪(维卡仪)进行测定,硅酸盐水泥的初凝时间不得早于45min,终凝时间不得迟于12h。

二、水泥黏土类浆液

黏土的粒径一般极小(0.005mm),而比表面积较大,遇水具有胶体化学特性。黏土矿物的特征是其原子呈层状排列，不同的排列形式组成了不同的黏土矿物，最常见的是高岭石、伊利石、蒙脱石。其中蒙脱石晶格与品格之间联结力很弱，水分子可无定量地进入晶格之间而产生膨胀，吸水性极强，吸水后体积可增大数倍，土颗粒变得更细。这是一种水化能力极强、膨胀性极大和分散性高的活性黏土，被广泛地采用在工程中。

在水泥浆中，根据施工的目的和要求，经常需要加入一定量的黏土，有时黏土掺量比水泥的用量还要多，故单列一类水泥黏土类浆液。由于黏土的分散性高，亲水性好，因而沉淀析水性较小，在水泥浆液中加入黏土后，使浆液的稳定性大大提高。

水泥黏土浆的浓度一般按水泥、黏土、水的质量比表示，黏土颗粒密度通常取为$2.75t/m^3$。

三、水泥—水玻璃浆液

水泥—水玻璃浆液亦称 CS 浆液，C（Cement）代表水泥，S（Silicate）代表水玻璃。它是以水泥和水玻璃为主剂，两者按一定的比例采用双液方式注入，必要时加入速凝剂或缓凝剂所组成的注浆材料。这种浆液克服了单液水泥浆的凝结时间长且不能控制、结石率低等缺点，提高了水泥注浆的效果，扩大了水泥注浆的适用范围。可用于防渗和加固注浆，在地下水流速较大的地层中采用这种混合型浆液可达到快速堵漏的目的。这是一种用途极广、使用效果良好的注浆材料。

1. 水玻璃

水玻璃不是单一的化合物，而是氧化钠（Na_2O）与无水二氧化硅（SiO_2）以各种比例结合的化学物质，其分子式为 $Na_2O \cdot nSiO_2$。水泥浆中加入水玻璃有两个作用，一是作为速凝剂使用，掺量较少，一般约占水泥重量的3% ~5%，另一个作用是作为主材料使用，掺量较多。

注浆用水玻璃对其模数和浓度有一定的要求，模数 M 是描述水玻璃性能的一个重要参数，其定义为：

$$M=\frac{SiO_2\ 克分子数}{Na_2O\ 克分子数} \tag{13-1}$$

水玻璃模数的大小对注浆影响很大。模数小时，二氧化硅含量低，凝结时间长，结石体强度低；模数大时，二氧化硅含量高，凝结时间短，结合体强度高。模数过大过小都对注浆不利。注浆时，一般要求水玻璃的模数在2.4 ~3.4 较为合适。

固体的水玻璃需加水煮沸，待全部溶解后，用波美度表示浓度，但需说明固体水玻璃很难溶解。

2. 水泥水玻璃浆液的性能

根据注浆工程的实际需要，水泥水玻璃浆液一般用于加固和堵水注浆。对于堵水，特别是水压较大、流速较快或填充岩土的大裂隙时，要求浆液的凝结时间短且具有一定的抗压强度。对于加固地基，则要求浆液具有足够的抗压强度。

（1）凝胶时间。水玻璃能显著加快水泥的凝胶时间。凝胶时间随水玻璃浓度、水泥浆的浓度（水灰比）、水玻璃与水泥浆的体积比等因素的变化而变化。

一般情况下，水玻璃浓度减小，凝胶时间缩短，并呈直线关系，水灰比 W 越小，水泥与水玻璃之间的反应越快，凝胶时间越短。总的说来，水泥浆越浓，反应越快，水玻璃则越稀反应越快。

(2)抗压强度。决定水泥—水玻璃浆液抗压强度的主要因素是水泥浆的浓度(水灰比)。其他条件一定时,水泥浆越浓其抗压强度越高。

当水泥浆浓度较大时,随着水玻璃浓度的增加,抗压强度增高;当水泥浆浓度较小时,随着水玻璃浓度的增加,抗压强度降低。但当水泥浆浓度处于中间状态时,则其抗压强度变化不大,也比较复杂。

水泥浆与水玻璃体积比对结石体抗压强度有一定的影响。当水泥浆与水玻璃体积比在1:0.6~1:0.4时,其抗压强度最高,说明水泥浆与水玻璃有一个适当的配合比,在这个配合比的范围内,反应进行得最完全,强度也就最高。实际上,浓水泥浆需要浓水玻璃,稀水泥浆需要稀水玻璃,水玻璃过量对其抗压强度将产生不良影响。

综合考虑凝胶时间、抗压强度、施工及造价等因素,水泥水玻璃浆液的常用配方为:水泥为32.5级或42.5级普通硅酸盐水泥:水泥浆的水灰比为0.8:1~1:1;水泥浆与水玻璃的体积比为1:0.8~1:0.5;水玻璃模数为2.4~3.4,浓度为35~40Be′。

3.水泥水玻璃浆液的特点

(1)浆液凝胶时间可控制在几秒至几十分钟范围内。

(2)结石体抗压强度较高,可达10~20MPa。

(3)凝结后结石率可达100%。

(4)结石体渗透系数为10^{-3}cm/s。

(5)可用于裂隙为0.2mm以上的岩体或粒径为1mm以下的砂层。

(6)材料来源丰富,价格较低。

(7)对环境及地下水无毒性污染,但有碱(NaOH)溶出,对皮肤有腐蚀性。

(8)结石体易粉化,有碱溶出,化学结构不够稳定。

四、超细水泥浆液

普通水泥颗粒较大,渗透能力有限,一般只能渗入大于0.1mm的裂隙或孔隙。为解决细小孔隙的注浆问题,有时不得不使用价格较贵、耐久性差、结石体强度低、有时还存在环境污染的化学注浆材料。为解决普通水泥颗粒较大、渗透能力有限的问题,多年来,注浆工程界采用干法和湿法磨细方式以期加以改善。

超细水泥是一种性能优越的注浆材料,其颗粒的最大粒径为12μm,平均粒径可达4μm,比表面积相当大,因而在非常细小的裂隙中的渗透能力远高于普通水泥。如在其中加入一些助剂,可改善超细水泥浆液的可注性能。国内外的注浆实践证明,在细小的孔隙中,超细水泥具有较高的渗透能力,能渗入细砂层(渗透系数为10^{-3}~10^{-4}cm/s)和岩石的细裂隙中,与一般化学浆材相比具有较高的强度和较好的耐久性能。由于其比表面很大,同等流动性条件下用水量增加,欲配制流动性较好的浆液需水量较大,而保水性又很强的浆液中多余的水分不易排除,将影响结石体的强度。所以当采用超细水泥注浆时,浆液的水灰比应控制在一定范围内,往往需要掺入高效减水剂来改善浆液的流动性。目前超细水泥价格较贵,影响其使用范围。

五、水玻璃类浆液

水玻璃又称硅酸钠($Na_2O \cdot nSiO_2$)，在某些固化剂作用下，可以瞬时产生凝胶，因此可作为注浆材料。水玻璃类浆液是以水玻璃为主剂，加入胶凝剂，反应生成凝胶。它因为来源广泛，价格便宜，对环境无害而被广泛采用。它既可作为单一浆液灌注，还可以作为水泥注浆的速凝剂使用。一般用于注浆的水玻璃模数以 2.4～3.4 为宜。

水玻璃浆液用作主剂时，可以根据工程需要采用不同的固化剂，其凝胶时间及性能可通过不同的配方试验来确定。作水泥掺加剂时，也应依不同目的与要求通过试验确定。现介绍几种应用较多的浆液。

1. 水玻璃氯化钙浆液

水玻璃、氯化钙两种浆液在土体中相遇时发生反应而生成二氧化硅胶体，与土颗粒一起形成整体，起到防渗和加固的作用。这种浆液主要用于建筑、交通部门的地基加固或无黏性土的堵水。水玻璃与氯化钙浆液的反应为：

$$Na_2O \cdot SiO_2 + CaCl_2 + mH_2O \rightarrow nSiO_2(m-1)H_2O + Ca(OH)_2 \tag{13-2}$$

加固每立方米土体所需浆液视土体的空隙率而定。加固后的地基承载力：砂土为 1 500～3 000kPa，粉砂约为 500kPa，黏性土约为 800kPa。

水玻璃氯化钙浆液可用一根管交替注入，但在换液前必须清洗管路。也可用双管注入法，即一根管注入水玻璃，另一根管注入氯化钙浆液，使两种浆液在地基中相遇而起化学反应凝胶。为提高浆液的扩散能力，可为两根管通直流电，称为电动硅化法。需要说明的是：两种浆液在相遇时的瞬间可产生化学反应，凝胶时间不好控制，因此注浆效果受操作技术及施工经验影响较大。

2. 水玻璃铝酸钠浆液

水玻璃与铝酸钠在地基中反应而生成的凝胶物——硅胶和硅酸铝盐可以胶结土颗粒。其反应方程式为：

$$3Na_2O \cdot SiO_2 + 2NaAlO_2 \rightarrow Al_2(SiO_3)_2 + 4Na_2O \tag{13-3}$$

这种浆液主要用于堵水或加固地基。改变水玻璃模数、浓度、铝酸钠含铝量可调节凝胶时间。水玻璃模数越高，凝胶时间越短；浓度越低，凝胶时间越短；铝酸盐含铝量增加，凝胶时间缩短。高浓度浆液的黏度虽高，若被地下水稀释时，反而具有凝胶时间缩短的性质。其次，铝酸盐含量的多少会影响结石体的抗压强度。

六、聚氨酯类浆液

聚氨酯类浆液采用多异氰酸酯和聚醚脂等作为主要原材料，加入各种外加剂配制而成。浆液注入地层后与水发生反应生成聚氨酯泡沫体，起加固地基和防渗堵水作用。它分为非水溶性聚氨酯浆液(简称 PM)和水溶性聚氨酯浆液(简称 SPM)。

1. 非水溶性聚氯酯类浆液

非水溶性聚氨酯类浆液只溶于有机溶剂。

PM 型浆液的配方变化较大，甲苯二异氰酸酯(TDI)可用二苯基亚甲基二异氰酸酯

(MDI)或多苯基多亚甲基多异氰酸脂(PAPI)代替,聚醚也可选用其他型号。

预聚体(把主剂先合成为聚氨酯的低聚物)的制备方法有热法和冷法两种。

热法是将所需药品按一定比例称重后,放入搪瓷桶内搅拌并加热,待反应开始后停止加热(因反应释放热量)。保持温度在100℃左右,反应1h即可。

冷法是将所需药品按一定比例称量后,放入塑料桶内摇匀,将盖盖紧,如温度过高须用冷水冷却,第二天即可使用。

热法适用于做大量预聚体,冷法适用于做小量预聚体,两种方法所成预聚体性能相同。预聚体制成后,在注浆前加入发泡灵和丙酮搅拌均匀,临注浆时再加入三乙胺。

聚氨酯浆液的特点:

(1)浆液相对密度为1.036~1.125,是非水溶性的,遇水开始反应,因此不易被地下水冲稀,可用于动水条件下堵漏,封堵各种形式的地下、地面及管道漏水,止水效果好。

(2)浆液遇水反应时,放出CO_2气体,使浆液产生膨胀,向四周渗透扩散,直到反应结束时止。由于膨胀而产生了二次扩散现象,因而有较大的扩散半径和凝固体积比。

(3)浆液黏度低,可注性好,可与水泥注浆相结合,采用单液系统注浆,工艺设备简单。

(4)固砂体抗压强度高,一般在0.6~1MPa之间,渗透系数可达10^{-6}~10^{-8}cm/s。

(5)不污染环境。

(6)浆液遇水开始反应,所以受外部水或水蒸气影响较大,在存放或施工时应防止外部水进入浆液中。

(7)注浆后,管道、设备需用丙酮、二甲苯等溶剂清洗。

2. 水溶性聚氨酯类浆液

水溶性聚氨酯与非水溶性聚氨酯的主要区别在聚醚。PM浆液所用的聚醚是环氧丙烷聚合物,而SPM浆液所用的聚醚是环氧乙烷聚合物,后者具有亲水性。

水溶性聚氨酯也采用预聚体法,即将聚醚(固体)加热溶化,而后与甲苯二异氰酸酯按一定比例混合摇匀,在80℃条件下保持4h,即得到蜡状预聚体,使用时先加热溶化后,再加入一定量的溶剂即可注浆。

浆液特点:

(1)浆液能均匀地分散或溶解在大量水中,凝胶后形成包有大量水的弹性体。

(2)浆液相对密度为1.10,黏度为0.1Pa·s左右。

(3)凝胶时间为几秒到几十分钟,凝胶体的抗压强度与包水量有关。

(4)可用于水工建筑物及地下工程的防渗堵漏。

七、环氧树脂浆液

环氧树脂是一种高分子材料,具有强度高、黏结力强、收缩性小、化学稳定性好、能在常温下同化等性能。作为注浆材料则存在一些问题,如浆液黏度大、可注性小、憎水性强、与潮湿裂缝黏结力差等。目前已研制出黏度低、亲水性能好、与潮湿裂缝黏结力强的SK-E浆液,并在许多混凝土结构加固防渗工程中得到应用。

八、改性乳化沥青—水泥(及填料)复合灌浆材料

乳化沥青就是将沥青热融，经过机械剪切的作用，以细小的微滴状态分散于含有乳化剂的水溶液中，形成水包油状的沥青乳液。使用这种沥青时，不需加热，可以在常温状态下进行施工。灌浆用乳化沥青一般都采用阳离子乳化沥青乳液，在压力和有水存在的情况下，由于电荷不平衡性导致阳离子沥青乳液中正电荷的沥青微粒与水分子中的 OH 基团相互吸附而沉积成膜，即所谓的破乳，考虑到灌浆的特殊性，为提高乳化沥青的可溶性，就必须改善乳化沥青的析水性、稳定性、流动性和凝结特性。

1. 乳化沥青灌浆的作用机理

乳化沥青复合灌浆材料是一种高分子聚合物与无机材料的互穿网络结构，具有较低的温度敏感性、较好的抗裂性和防渗性，适宜作为灌浆材料对高速公路路基病害进行灌浆处治，通过合理的灌浆技术采用挤密、渗透灌浆填充路面及基的孔隙，浆液固结沥青胶结成膜后使基层成为一个密实的整体与基础弹性模量是匹配的且具有极好的承载及防水、防渗、防腐能力，阻止了水的侵蚀，可很好地解决了盐渍土的溶陷和盐胀对路基的破坏，使得应力分布均匀，满足了高速公路路面的设计要求。

2. 乳化沥青灌浆的配制

压浆材料要具有以下的性质：一是颗粒粒径小、流动性大，能顺利压进板底空隙；二是弱收缩性，能充分填充板底空隙；三是应具备比较高的强度以承受板重及车辆荷载的作用。

乳化沥青复合灌浆材料主要由阳离子乳化沥青、水泥、超细矿粉(粉煤灰)、保护助剂(高分子聚合物及高分子表面活性剂)组成。这些原料按一定比例混合，调整合理的水灰比使其具有良好可操作性和可灌性。乳化沥青—水泥复合灌浆既能解决水对路基的侵蚀，又能对路基进行充填密实、加固补强，取得了良好的效果，是目前较好的办法之一。

3. 乳化沥青保护剂的作用机理

乳化沥青复合灌浆材料主要由阳离子乳化沥青、水泥、超细矿粉(粉煤灰)、保护助剂(高分子聚合物及高分子表面活性剂)组成。这些原料按一定比例混合，调整合理的水灰比使其达到良好可操作性和可灌性。

根据乳化剂与沥青的 HLB 值，通过试验找到了乳化剂的亲油基和亲水基之间结合力的大小和力量上的平衡关系。为使体系稳定在乳化后的乳液状态，防止在压力及高温情况下乳液破乳，根据 HLB 值就是要保证分子中亲油的和亲水的这两个相反基大小和力量的平衡。根据葛利芬经验公式和乳化沥青 W-O 型的 HLB 平衡值，已研制出在常温(5～45℃)、低压(0.1～0.5MPa)及在正电荷(水泥：偏碱性)或负电荷(粉煤灰：偏酸性)搅拌状态能维持 30～40min 内不破乳的复合材料，以保证浆液的稳定性和灌浆顺利进行，使得浆液凝结后形成具备承受荷载的结石体。

九、灌浆浆材小结

理想的注浆材料应能满足工程力学性能要求，浆液应具有良好的可注性，凝胶时间可任

意调整，价格低廉，无毒、无污染，施工方便等。虽然要找出满足所有这些条件的注浆材料是很困难的，但上述的每种浆材都有其可取之处。因此需要在熟悉各种注浆材料特性的基础上，按工程需要，选择一种合适的注浆材料或几种浆材配合使用。

水泥浆具有结石体强度高和抗渗性强的特点，既可用于防渗又可用来加固地基，而且原材料成本较低，无毒性和环境污染问题，因而被广泛采用。但水泥浆析水性大，稳定性差，注入能力有限，且凝胶时间长，在地下水流速较大的条件下，浆液易受冲刷和稀释，影响注入效果。

由于水泥的颗粒性，一般只能灌注岩土的大孔隙或裂隙(0.2～0.3mm)。为提高水泥浆的可注性，采用各种细水泥可提高浆液的注入能力。目前粒径最细的超细水泥掺入适当的分散剂后，可注入0.05～0.09mm的岩石裂隙，但超细水泥的高成本影响了其应范围。

为改善水泥浆液的析水性、稳定性、流动性和凝结特性，可掺入适当的助剂进行改性。某些方面的性能也可通过一定的工艺技术得以改善。

在冲积层或基岩裂隙堵漏注浆时，往往采用水泥水玻璃浆液，该种浆液具有水泥浆和化学浆液的特点，成本和来源都比纯化学浆液优越。

水泥、水玻璃等为无机硅酸盐材料，来源丰富，价格低廉，是基本的注浆材料。

化学浆液具有一些独特性能，如浆液黏度低，可注性好，凝胶时间可准确控制等，但化学浆材价格比较昂贵，且往往有毒性和污染环境的问题，所以只在必要时才采用化学浆液注浆。

总之，对注浆材料的选择应根据工程的具体要求、地质条件、浆液性能、注浆工艺及成本等因素综合考虑，选择最适合的浆材，使工程达到理想的技术经济指标。

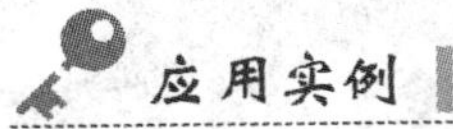

应用实例

长常高速公路资江大桥桥台跳车病害治理实践

一、工程概况

长沙至常德高速公路设计为双向四车道，已通车两年多时间，部分路段出现病害，其中长沙至长益段的资江大桥两桥台及其延长路段因路基沉降严重而出现“跳车”现象，严重地影响该高速公路的行车运营安全和道路的正常使用。为了查明桥台“跳车”原因，并针对此病害制定或采取有效治理措施和方案，业主委托湖南中大勘测设计研究院对资江人桥桥台填土层进行岩土勘查，并提交了“长沙至常德高速公路资江大桥桥台填土层岩土勘察试验报告”。

二、桥台“跳车”治理要达到的目的

治理范围：资江大桥两桥台搭板至其两端延长路段各40m，即治理总长度约80m。加固深度穿过填筑土、淤泥质黏土，至亚黏土与淤泥质黏土层面处。

资江大桥桥台"跳车"及其路基治理应达到以下目的：

(1)桥台搭板及路基经化学灌浆抬升与灌浆加固后，不出现"跳车"现象。

(2)所有经过化学灌浆处理的路基的路段将不再继续发生路基沉降病害，从而根本上消除因路基沉降而导致的道路病害隐患。

三、桥台填土岩土工程地质条件

根据湖南中大勘测设计研究院的"长沙至常德高速公路资江大桥桥台填土层岩土勘察试验报告"，资江大桥两桥台背场地钻探揭露从上至下地层为：第四系填筑土、淤泥质黏土和亚黏土。

(1)水泥混凝土路面。

(2)填筑土：黄红色，黄褐色，由亚黏土混少量砾砂组成，松散，稍密，较湿。为高压缩性土，密实度不均匀，一般表层稍密，往下松散。层厚为5.6~7.8m。

(3)淤泥质黏土：灰色，灰黄色，含腐性质，味腥，软塑状，局部可塑，湿~饱和，分布广，厚度约为3.5m。

(4)亚黏土：灰黄色，硬塑状，稍湿。注、钻孔深度均在8.0~12.4m之间。

四、重点（关键）和难点施工及其措施

深层化学灌浆抬板有灌浆量大、灌浆压力大、灌浆持续时间长的特点，尤其是深层化学灌浆作用面积大，抬板范围大，因此施工难度极高。采取的主要措施是通过调整合理的灌浆浆液配比，浆液浓度、凝固时间的合理准确性，对深层化学灌浆抬板及其土层加固非常重要。

五、治理思路

(1)场地地质条件勘察：从现场了解情况来看，路面板的沉降与该段较厚的填土密实性有一定的联系，沉降区域路基较为松散，但具体影响程度如何，应通过地面钻孔勘察（治理施工中采取超前钻方式进行），以获取沉降区域的地层参数，为后续顶升及路基加固施工提供相应的资料。

(2)桥台"跳车"及沉降较大路段顶升纠偏：在经勘察获得资料的基础上，对搭板或沉降大的路面板顶升将采取如下措施：

①充填灌浆：通过对路面板较深位置(3~12.4m)注入固化材料，一方面能使相应地层中疏松土体予以充填密实加固，提高路面地基承载能力；另一方面注入的固化材料与土体板黏结而具有一定的强度为下一阶段顶升提供"着力点"。

②压密顶升灌浆：在充填灌浆达到一定强度后，即可实施对路面的顶升作业。顶升采用压密灌浆原理，在面板下一定深度内注入具有特殊性能的浆液，以使土体挤密压缩并产生上抬力，通过对上覆土层或建（构）筑物抬升从而实现纠偏目的。

(3)除桥台"跳车"段和沉降较大路段进行顶升加固外，其他需要路基加固处理的路段采用深层化学灌浆进行处理，以最终满足道路正常使用要求。

复习思考题

1. 简述各灌浆机制的特点。
2. 简述悬浊型灌浆材料的特点。
3. 简述溶液型灌浆材料的特点。
4. 论述灌浆材料与灌浆技术的发展对现阶段我国公路交通发展之间的关系。

参考文献

[1] 中华人民共和国行业标准. JTG B01—2014 公路工程技术标准[S]. 北京:人民交通出版社,2014.

[2] 中华人民共和国行业标准. JTG H10—2009 公路养护技术规范[S]. 北京:人民交通出版社,2009.

[3] 中华人民共和国行业标准. JTG H11—2004 公路桥涵养护规范[S]. 北京:人民交通出版社,2004.

[4] 中华人民共和国行业标准. JTG E40—2007 公路土工试验规程[S]. 北京:人民交通出版社,2004.

[5] 中华人民共和国行业标准. JTJ 073.1—2001 公路水泥混凝土路面养护技术规范[S]. 北京:人民交通出版社,2001.

[6] 中华人民共和国行业标准. JTJ 073.2—2001 公路沥青路面养护技术规范[S]. 北京:人民交通出版社,2001.

[7] 中华人民共和国行业标准. JTG H20—2007 公路技术状况评定标准[S]. 北京:人民交通出版社,2007.

[8] 中华人民共和国行业标准. JTG H30—2004 公路养护安全作业规程[S]. 北京:人民交通出版社,2004.

[9] 中华人民共和国行业标准. JTG H12—2015 公路隧道养护技术规范[S]. 北京:人民交通出版社,2015.

[10] 中华人民共和国行业标准. JTG F80/1—2004 公路工程质量检验评定标准(土建分册)[S]. 北京:人民交通出版社,2004.

[11] 湖南省高速公路管理局. 湖南省高速公路沥青路面常见病害处治施工技术指南(试行). HNGSYH 006—2008.

[12] 广东省交通咨询服务中心,广东冠粤路桥有限公司,长沙理工大学. 广东省公路水泥混凝土路面养护技术指南(试用). 2010.

[13] 彭富强. 公路养护技术与管理[M]. 2版. 北京:人民交通出版社,2010.

[14] 唐杰军. 公路养护工(初级、中级、高级)[M]. 北京:人民交通出版社,2012.

[15] 袁芳. 公路养护工(技师、高级技师)[M]. 北京:人民交通出版社,2012.

[16] 邓学钧. 路基路面工程[M]. 3版. 北京:人民交通出版社,2008.

[17] 王红霞. 公路路基路面养护[M]. 北京:人民交通出版社,2009.

[18] 交通运输部公路管理司. 公路养护与管理手册[M]. 北京:人民交通出版社,1997.

[19] 文德云. 公路养护与管理[M]. 北京:人民交通出版社,1997.

[20] 许永明. 公路养护与管理[M]. 北京:人民交通出版社,1995.

[21] 高建立. 高速公路沥青路面养护关键技术与工程实例[M]. 北京:人民交通出版社,2006.

[22] 傅智,金志强. 水泥混凝土路面施工与养护技术[M]. 北京:人民交通出版社,2003.

[23] 虎增强. 乳化沥青及稀浆封层技术[M]. 北京:人民交通出版社,2001.

[24] 戴新忠. 公路路基与路面养护[M]. 北京:人民交通出版社,2009.

公路工程现行标准、规范、规程、指南一览表

（2015 年 7 月版）

序号	类别		编　号	书名（书号）	定价（元）
1	基础		JTG A02—2013	公路工程行业标准制修订管理导则（10544）	15.00
2			JTG A04—2013	公路工程标准编写导则（10538）	20.00
3			JTJ 002—87	公路工程名词术语（0346）	22.00
4			JTJ 003—86	公路自然区划标准（0348）	16.00
5			JTG B01—2014	公路工程技术标准（活页夹版，11814）	98.00
6			JTG B01—2014	公路工程技术标准（平装版，11829）	68.00
7			JTG B02—2013	公路工程抗震规范（11120）	45.00
8			JTG/T B02-01—2008	公路桥梁抗震设计细则（1228）	35.00
9			JTG B03—2006	公路建设项目环境影响评价规范（0927）	26.00
10			JTG B04—2010	公路环境保护设计规范（08473）	28.00
11			JTG/T B05—2004	公路项目安全性评价指南（0784）	18.00
12			JTG B05-01—2013	公路护栏安全性能评价标准（10992）	30.00
13			JTG B06—2007	公路工程基本建设项目概算预算编制办法（06903）	26.00
14			JTG/T B06-01—2007	★公路工程概算定额（06901）	110.00
15			JTG/T B06-02—2007	★公路工程预算定额（06902）	138.00
16			JTG/T B06-03—2007	★公路工程机械台班费用定额（06900）	24.00
17			交通部定额站 2009 版	公路工程施工定额（07864）	78.00
18			JTG/T B07-01—2006	公路工程混凝土结构防腐蚀技术规范（0973）	16.00
19			交通部 2007 年第 30 号	国家高速公路网相关标志更换工作实施技术指南（1124）	58.00
20			交通部 2007 年第 35 号	收费公路联网收费技术要求（1126）	62.00
21			JTG B10-01—2014	公路电子不停车收费联网运营和服务规范（11566）	30.00
22			交通运输部 2011 年	公路工程项目建设用地指标（09402）	36.00
23	勘测		JTG C10—2007	★公路勘测规范（06570）	28.00
24			JTG/T C10—2007	★公路勘测细则（06572）	42.00
25			JTG C20—2011	公路工程地质勘察规范（09507）	65.00
26			JTG/T C21-01—2005	公路工程地质遥感勘察规范（0839）	17.00
27			JTG/T C21-02—2014	公路工程卫星图像测绘技术规程（11540）	25.00
28			JTG/T C22—2009	公路工程物探规程（1311）	28.00
29			JTG C30—2015	公路工程水文勘测设计规范（12063）	70.00
30	设计	公路	JTG D20—2006	★公路路线设计规范（0996）	38.00
31			JTG/T D21—2014	公路立体交叉设计细则（11761）	60.00
32			JTG D30—2015	公路路基设计规范（12147）	98.00
33			JTG/T D31—2008	沙漠地区公路设计与施工指南（1206）	32.00
34			JTG/T D31-02—2013	公路软土地基路堤设计与施工技术细则（10449）	40.00
35			JTG/T D31-03—2011	★采空区公路设计与施工技术细则（09181）	40.00
36			JTG/T D31-04—2012	多年冻土地区公路设计与施工技术细则（10260）	40.00
37			JTG/T D32—2012	公路土工合成材料应用技术规范（09908）	42.00
38			JTG D40—2011	★公路水泥混凝土路面设计规范（09463）	40.00
39			JTG D50—2006	★公路沥青路面设计规范（06248）	36.00
40			JTG/T D33—2012	公路排水设计规范（10337）	40.00
41		桥隧	JTG D60—2004	公路桥涵设计通用规范（05068）	24.00
42			JTG/T D60-01—2004	公路桥梁抗风设计规范（0814）	28.00
43			JTG D61—2005	公路圬工桥涵设计规范（0887）	19.00
44			JTG D62—2004	公路钢筋混凝土及预应力混凝土桥涵设计规范（05052）	48.00
45			JTG D63—2007	公路桥涵地基与基础设计规范（06892）	48.00
46			JTJ 025—86	公路桥涵钢结构及木结构设计规范（0176）	20.00
47			JTG/T D65-01—2007	公路斜拉桥设计细则（1125）	28.00
48			JTG/T D65-04—2007	公路涵洞设计细则（06628）	26.00
49			JTG D70—2004	公路隧道设计规范（05180）	50.00
50			JTG/T D70—2010	★公路隧道设计细则（08478）	66.00
51			JTG D70/2—2014	公路隧道设计规范　第二册　交通工程与附属设施（11543）	50.00
52			JTG/T D70/2-01—2014	公路隧道照明设计细则（11541）	35.00
53			JTG/T D70/2-02—2014	公路隧道通风设计细则（11546）	70.00
54		交通工程	JTG D80—2006	高速公路交通工程及沿线设施设计通用规范（0998）	25.00
55			JTG D81—2006	★公路交通安全设施设计规范（0977）	25.00
56			JTG/T D81—2006	★公路交通安全设施设计细则（0997）	35.00
57			JTG D82—2009	公路交通标志和标线设置规范（07947）	116.00
58		综合	交公路发〔2007〕358 号	公路工程基本建设项目设计文件编制办法（06746）	26.00
59			交公路发〔2007〕358 号	公路工程基本建设项目设计文件图表示例（06770）	600.00

续上表

序号	类别		编号	书名(书号)	定价(元)
60	检测		JTG E20—2011	公路工程沥青及沥青混合料试验规程(09468)	106.00
61			JTG E30—2005	公路工程水泥及水泥混凝土试验规程(0830)	32.00
62			JTG E40—2007	★公路土工试验规程(06794)	79.00
63			JTG E41—2005	公路工程岩石试验规程(0828)	18.00
64			JTG E42—2005	公路工程集料试验规程(0829)	30.00
65			JTG E50—2006	★公路工程土工合成材料试验规程(0982)	28.00
66			JTG E51—2009	公路工程无机结合料稳定材料试验规程(08046)	48.00
67			JTG E60—2008	公路路基路面现场测试规程(07296)	38.00
68			JTG/T E61—2014	公路路面技术状况自动化检测规程(11830)	25.00
69	施工	公路	JTG F10—2006	公路路基施工技术规范(06221)	40.00
70			JTG/T F20—2015	公路路面基层施工技术细则(12367)	45.00
71			JTG/T F30—2014	公路水泥混凝土路面施工技术细则(11244)	60.00
72			JTG/T F31—2014	公路水泥混凝土路面再生利用技术细则(11360)	30.00
73			JTG F40—2004	公路沥青路面施工技术规范(05328)	38.00
74			JTG F41—2008	公路沥青路面再生技术规范(07105)	25.00
75		桥隧	JTG/T F50—2011	★公路桥涵施工技术规范(09224)	110.00
76			JTG/T F81-01—2004	公路工程基桩动测技术规程(0783)	20.00
77			JTG F60—2009	公路隧道施工技术规范(07992)	42.00
78			JTG/T F60—2009	公路隧道施工技术细则(07991)	58.00
79		交通	JTG F71—2006	★公路交通安全设施施工技术规范(0976)	20.00
80			JTG/T F72—2011	公路隧道交通工程与附属设施施工技术规范(09509)	35.00
81	质检安全		JTG F80/1—2004	公路工程质量检验评定标准　第一册　土建工程(05327)	46.00
82			JTG F80/2—2004	公路工程质量检验评定标准　第二册　机电工程(05325)	26.00
83			JTG G10—2006	公路工程施工监理规范(06267)	20.00
84			JTG F90—2015	公路工程施工安全技术规程(12138)	68.00
85	养护管理		JTG H10—2009	公路养护技术规范(08071)	49.00
86			JTJ 073.1—2001	公路水泥混凝土路面养护技术规范(0520)	12.00
87			JTJ 073.2—2001	公路沥青路面养护技术规范(0551)	13.00
88			JTG H11—2004	公路桥涵养护规范(05025)	30.00
89			JTG H12—2015	公路隧道养护技术规范(12062)	60.00
90			JTG H20—2007	公路技术状况评定标准(1140)	15.00
91			JTG/T H21—2011	★公路桥梁技术状况评定标准(09324)	46.00
92			JTG H30—2015	公路养护安全作业规程(12234)	90.00
93			JTG H40—2002	公路养护工程预算编制导则(0641)	9.00
94	加固设计与施工		JTG/T J21—2011	公路桥梁承载能力检测评定规程(09480)	20.00
95			JTG/T J22—2008	公路桥梁加固设计规范(07380)	52.00
96			JTG/T J23—2008	公路桥梁加固施工技术规范(07378)	30.00
97	改扩建		JTG/T L11—2014	高速公路改扩建设计细则(11998)	45.00
98			JTG/T L80—2014	高速公路改扩建交通工程及沿线设施设计细则(11999)	30.00
99	造价		JTG M20—2011	公路工程基本建设项目投资估算编制办法(09557)	30.00
100			JTG/T M21—2011	公路工程估算指标(09531)	110.00
1	技术指南		交公便字〔2006〕02 号	公路工程水泥混凝土外加剂与掺合料应用技术指南(0925)	50.00
2			交公便字〔2006〕02 号	公路工程抗冻设计与施工技术指南(0926)	26.00
3			厅公路字〔2006〕418 号	公路安全保障工程实施技术指南(1034)	40.00
4			交公便字〔2009〕145 号	公路交通标志和标线设置手册(07990)	165.00

注:JTG——公路工程行业标准体系;JTG/T——公路工程行业推荐性标准体系;JTJ——仍在执行的公路工程原行业标准体系。

批发业务电话:010-59757973;零售业务电话:010-85285659(北京);网上书店电话:010-59757908;业务咨询电话:010-85285922。带“★”的表示有勘误,详见中国交通运输标准服务平台 www.yuetong.cn/bzfw。